Bettina Forst

Südwestdeutsche Jakobswege

Von Würzburg nach Konstanz, Straßburg und Waldshut-Tiengen

Alle Etappen – mit Varianten und Höhenprofilen

ROTHER
BERGVERLAG

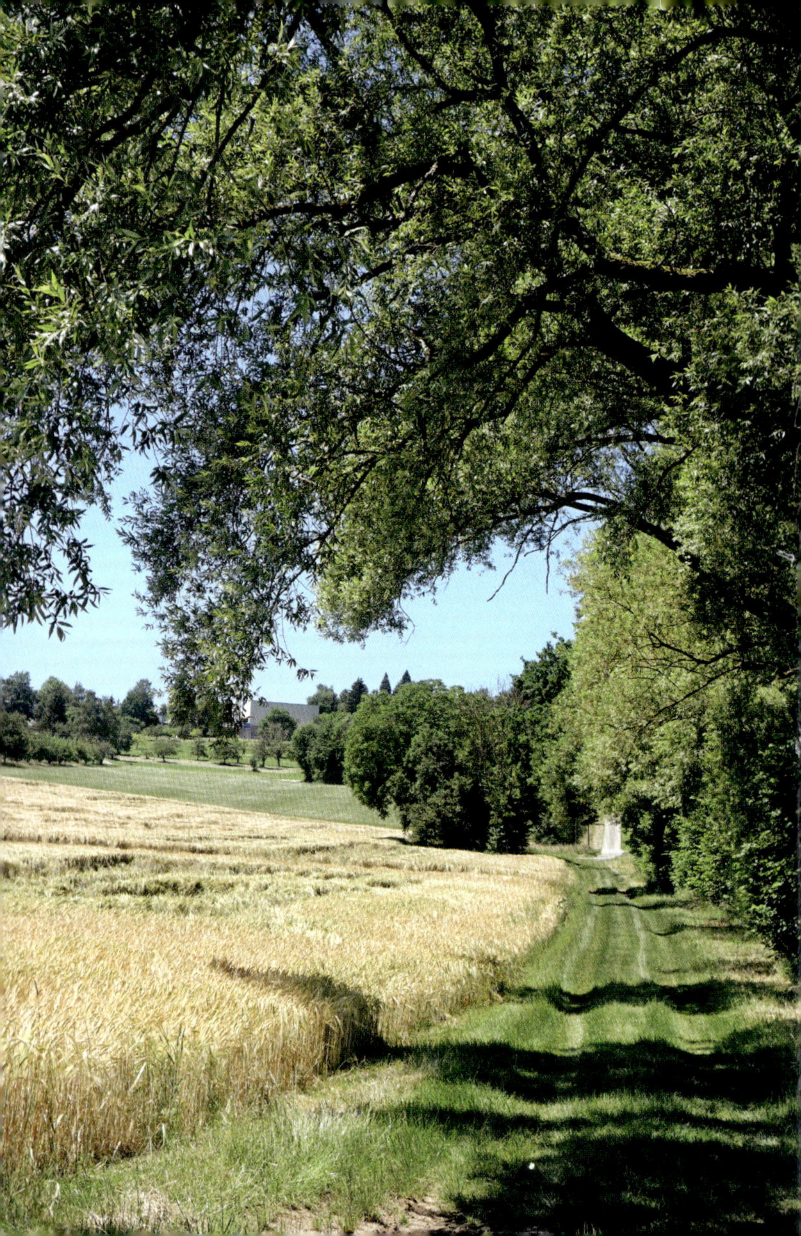

Vorwort

Die Pilgerreise zum Grab des Apostels Jakobus ist ein europäisches und inzwischen auch weltweites Phänomen. Sie führt seit dem Mittelalter Menschen auf den Wegen quer durch Europa über Frankreich in den äußersten Westen Spaniens. Johann Wolfgang von Goethe war der Überzeugung, dass durch den Jakobsweg über die Jahrhunderte hinweg eine gewisse kulturelle und innere Einheit Europas entstanden sei.
Wer sich auf den Weg macht, wird mit vielfältigen Begegnungen beschenkt, durch abwechslungsreiche Landschaften geführt, sieht berühmte Kunst- und Kulturschätze und hat stets seine persönlichen Erlebnisse. Gerade die Jakobswege, die vor der eigenen Haustüre liegen, werden immer beliebter. So weisen Freunde des Jakobsweges oder Ortsgruppen von Jahr zu Jahr neue Wege und Routen aus. Auch infolge der coronabedingten Reisebeschränkungen sowie der aktuellen politischen Entwicklungen ist das Interesse an den heimischen Jakobswegen gestiegen.
Im Süden Deutschlands gibt es mindestens seit dem 11. Jh. eine große Anzahl von Pilgerrouten gen Santiago. Hier sammelten sich die Pilger aus Nord- und Osteuropa sowie Deutschland, um über die Schweiz oder Frankreich ihre Reise fortzusetzen. Zur Blütezeit des Jakobskults im Hochmittelalter sind die Pilger so zahlreich, »dass kein freier Fleck mehr auf der Straße nach Westen zu erkennen ist«, wie ein Zeitzeuge berichtet. Wie viele Pilger auf den Süddeutschen Jakobswegen damals unterwegs waren, kann kaum geschätzt werden und auch Zahlen zur aktuellen Pilgerbewegung fehlen. Dennoch registrieren die Jakobusgesellschaften ein konstant steigendes Interesse an den Pilgerwegen.
Im vorliegenden Wanderführer sind die drei Hauptwege durch Süddeutschland aufgenommen: von Würzburg bis an den Bodensee, von Rothenburg ob der Tauber nach Rottenburg am Neckar. Von dort geht es nach Westen über den Schwarzwald nach Straßburg bzw. in südliche Richtung nach Waldshut-Tiengen. Er enthält ausführliche Routenbeschreibungen, Streckenprofile, Infrastrukturhinweise sowie kurze kulturhistorische Anmerkungen.
Die Jakobswege leben von den Landschaften, den Kirchen, Klöstern und Brücken, aber vor allem durch die Pilger und Wanderer, die sich seit Jahrhunderten – und auch heute wieder – mit den unterschiedlichsten Motiven auf den Weg begeben.
Allen, die sich auf den Weg machen, ein gutes Gelingen.
Ultreya! Immer voran!

Böblingen, im Herbst 2022 — Bettina Forst

Auf hübschen Flurwegen unterwegs (Etappe 25).

Inhaltsverzeichnis

Zeichenerklärung und Abkürzungen

⌂	Pilger-/Jugendherberge		Zuganbindung
⌂	Hotel		Fähre
Δ	Campingplatz		Kirche/Kapelle/Kloster
✕	Restaurant		Burg, Schloss, Ruine
	Laden/Supermarkt	)(	Brücke
A	Apotheke		Aussichtspunkt
+	Arzt/Krankenhaus	┐ ┌	Abzweig links /rechts

B = Betten, Zi = Zimmer, EW = Einwohner, ÜF = Übernachtung mit Frühstück

DZ = Doppelzimmer

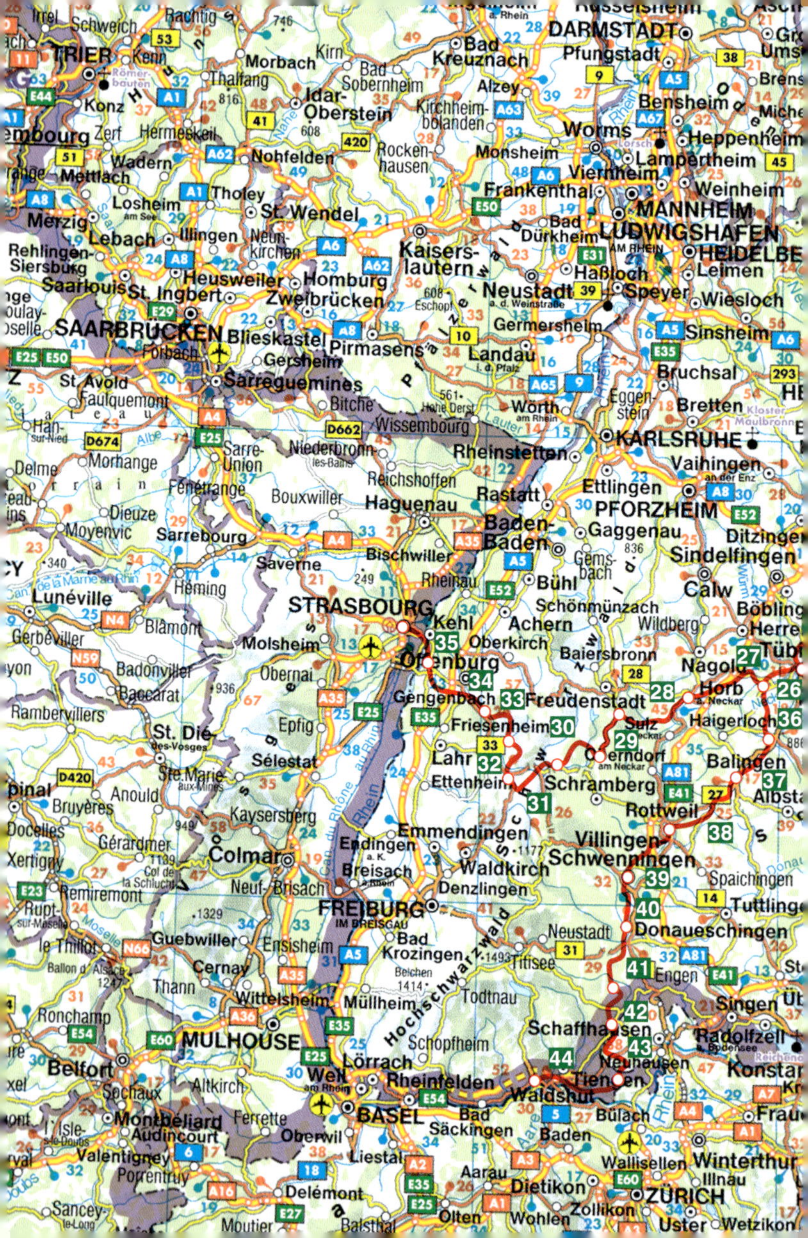

TRIER
DARMSTADT
Bad Kreuznach
Idar-Oberstein
Worms
MANNHEIM
LUDWIGSHAFEN
HEIDELBERG
Kaiserslautern
Neustadt a. d. Weinstraße
Speyer
SAARBRÜCKEN
Zweibrücken
Pirmasens
Landau i. d. Pfalz
Sarreguemines
Wissembourg
KARLSRUHE
PFORZHEIM
Haguenau
Baden-Baden
Rastatt
Saverne
Lunéville
STRASBOURG
Kehl
Offenburg
Freudenstadt
Gengenbach
Friesenheim
Lahr
Ettenheim
Schramberg
Oberndorf am Neckar
Horb a. Neckar
Sulz
Haigerloch
Balingen
Rottweil
Villingen-Schwenningen
Donaueschingen
Engen
Singen
Schaffhausen
Neuhausen
Tiengen
Waldshut
Sélestat
Colmar
St. Dié des-Vosges
Épinal
Remiremont
FREIBURG IM BREISGAU
Emmendingen
Waldkirch
Titisee
Hochschwarzwald
MULHOUSE
Belfort
Montbéliard
Lörrach
Rheinfelden
BASEL
Bad Säckingen
Liestal
Delémont
Aarau
Baden
Winterthur
ZÜRICH
Tübingen
Nagold
Calw
Sindelfingen
Achern
Bühl
Kaiserstuhl
Breisach
Müllheim
Bad Krozingen
Schopfheim
Todtnau
Bruchsal
Bretten
Ettlingen
Gaggenau

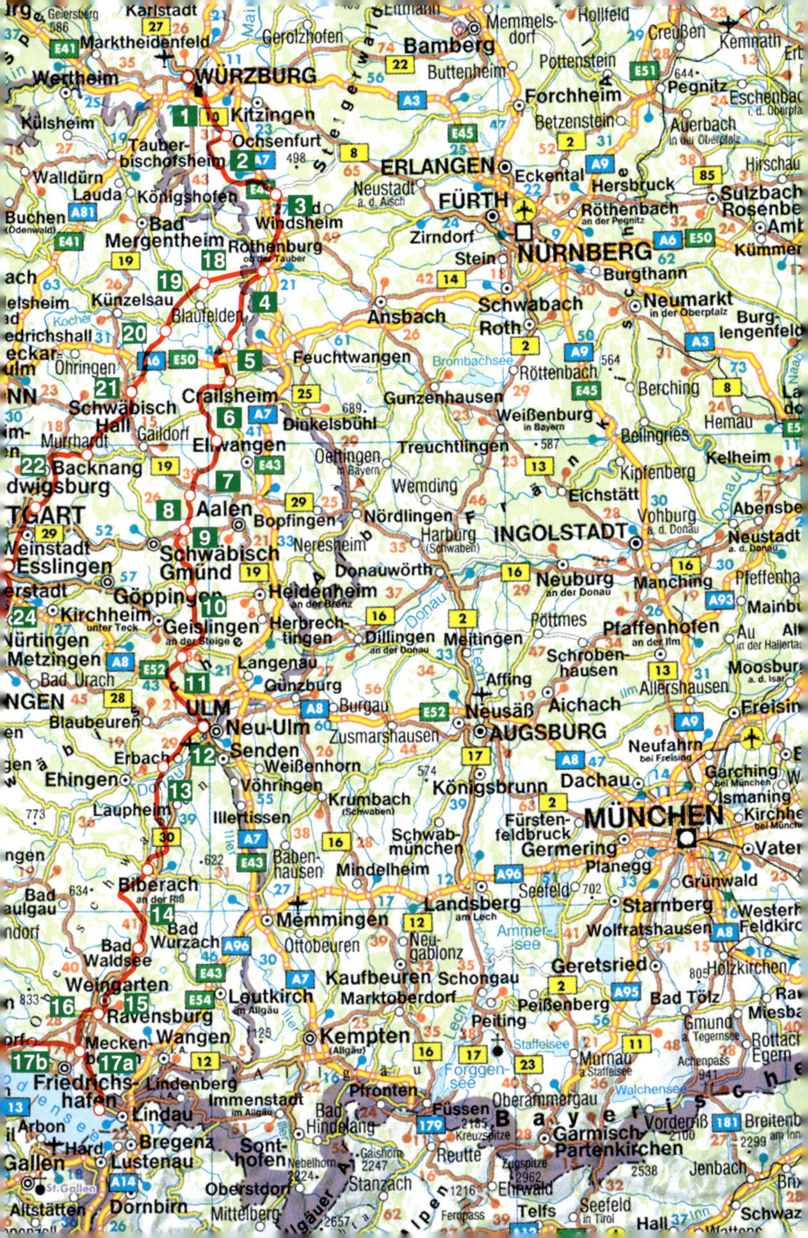

Karlstadt
Marktheidenfeld
Wertheim
WÜRZBURG
Kitzingen
Külsheim
Tauberbischofsheim
Ochsenfurt
Walldürn
Lauda
Königshofen
Buchen (Odenwald)
Bad Mergentheim
Windsheim
Rothenburg ob der Tauber
Künzelsau
Blaufelden
Öhringen
Schwäbisch Hall
Crailsheim
Gaildorf
Murrhardt
Backnang
Ellwangen
Aalen
Bopfingen
Schwäbisch Gmünd
Esslingen
Göppingen
Kirchheim unter Teck
Geislingen an der Steige
Nürtingen
Metzingen
Bad Urach
Blaubeuren
ULM
Neu-Ulm
Erbach
Senden
Ehingen
Weißenhorn
Vöhringen
Laupheim
Illertissen
Biberach an der Riß
Bad Wurzach
Bad Waldsee
Weingarten
Ravensburg
Meckenbeuren
Wangen i. A.
Friedrichshafen
Lindau
Lindenberg
Bregenz
Lustenau
Dornbirn
Altstätten
Bamberg
Buttenheim
Memmelsdorf
Hollfeld
Creußen
Kemnath
Pottenstein
Pegnitz
Forchheim
Auerbach in der Oberpfalz
Eschenbach i. d. Oberpfalz
Betzenstein
Hersbruck
Eckental
ERLANGEN
Neustadt a. d. Aisch
FÜRTH
Zirndorf
Stein
NÜRNBERG
Röthenbach an der Pegnitz
Sulzbach-Rosenberg
Burgthann
Schwabach
Roth
Neumarkt in der Oberpfalz
Burglengenfeld
Ansbach
Feuchtwangen
Brombachsee
Röttenbach
Gunzenhausen
Dinkelsbühl
Weißenburg in Bayern
Berching
Hemau
Treuchtlingen
Oettingen in Bayern
Wemding
Nördlingen
Harburg (Schwaben)
Neresheim
Eichstätt
Kipfenberg
Beilngries
Kelheim
INGOLSTADT
Vohburg a. d. Donau
Abensberg
Neustadt a. d. Donau
Donauwörth
Neuburg an der Donau
Manching
Heidenheim an der Brenz
Herbrechtingen
Dillingen an der Donau
Meitingen
Pöttmes
Pfaffenhofen an der Ilm
Au in der Hallertau
Mainburg
Langenau
Günzburg
Burgau
Schrobenhausen
Affing
Aichach
Allershausen
Moosburg a. d. Isar
Freising
Neusäß
AUGSBURG
Zusmarshausen
Neufahrn bei Freising
Garching bei München
Ismaning
Dachau
Königsbrunn
Krumbach (Schwaben)
Babenhausen
Schwabmünchen
Fürstenfeldbruck
Germering
MÜNCHEN
Mindelheim
Planegg
Grünwald
Memmingen
Ottobeuren
Landsberg am Lech
Seefeld
Starnberg
Ammersee
Wolfratshausen
Neugablonz
Kaufbeuren
Schongau
Geretsried
Holzkirchen
Leutkirch im Allgäu
Marktoberdorf
Peißenberg
Bad Tölz
Miesbach
Kempten (Allgäu)
Peiting
Staffelsee
Murnau a. Staffelsee
Gmund a. Tegernsee
Rottach-Egern
Immenstadt im Allgäu
Pfronten
Forggensee
Oberammergau
Walchensee
Bad Hindelang
Füssen
Garmisch-Partenkirchen
Sonthofen
Reutte
Zugspitze 2962
Oberstdorf
Ehrwald
Telfs
Seefeld in Tirol
Jenbach
Schwaz
Bodensee
Steigerwald
Fränkische Alb
Schwäbische Alb
Bayerische Alpen
Allgäuer Alpen
Donau

Allgemeine Hinweise

Zum Wanderführer

Den einzelnen Etappenbeschreibungen sind die wichtigsten Informationen zur schnellen Orientierung steckbriefartig vorangestellt. Anschließend folgt eine ausführliche Beschreibung des Wegverlaufes. Die gelb unterlegten Texte liefern Informationen zu Sehenswürdigkeiten, zur Geschichte oder zu kulturhistorischen Hintergründen. In der Karte mit dem Etappenverlauf sind ebenfalls Symbole zur Infrastruktur eingetragen. Die Streckenprofile geben nicht nur die aktuelle Etappe wieder, sondern auch ein Stück der vorangegangenen und der folgenden Strecke. Hier sind mit dem Symbol für Hotel Übernachtungsmöglichkeiten gekennzeichnet. Hotels, Pensionen, die raren Herbergen und Wanderunterkünfte sind in der Kurzinfo gesondert aufgelistet. Die Etappen dieses Wanderführers entsprechen den häufig in dieser Form zurückgelegten Streckenabschnitten, die kulturhistorische und sakrale Sehenswürdigkeiten berücksichtigen und meist an einem größeren Ort enden. Deshalb variieren die Etappenlängen zwischen rund 15 und über 30 km pro Tag.

Unterkunft

Entlang der Südwestdeutschen Jakobswege finden sich nur wenige Pilger-, Wander- oder Jugendherbergen. In der Regel muss auf eine alternative Übernachtungsmöglichkeit zurückgegriffen werden. Gasthäuser, Pensionen oder Hotels sind meist in ausreichender Anzahl und in erreichbaren Entfernungen vorhanden. Lediglich in den Sommermonaten sowie während der

Der Jakobsweg führt durch Felder, Wiesen und Wälder.

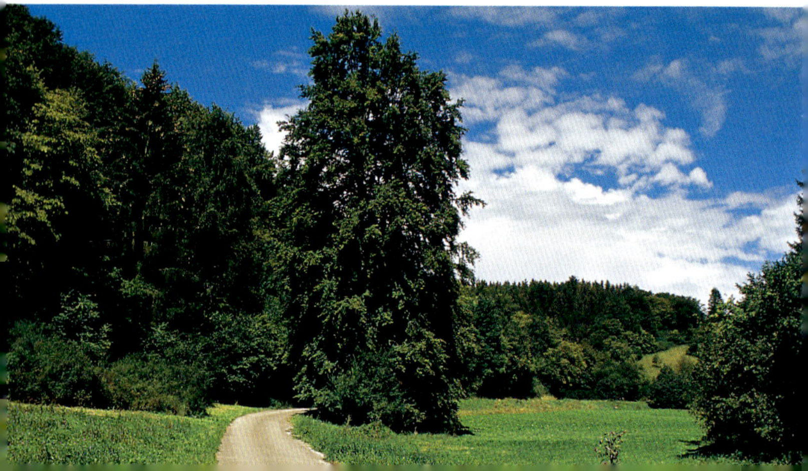

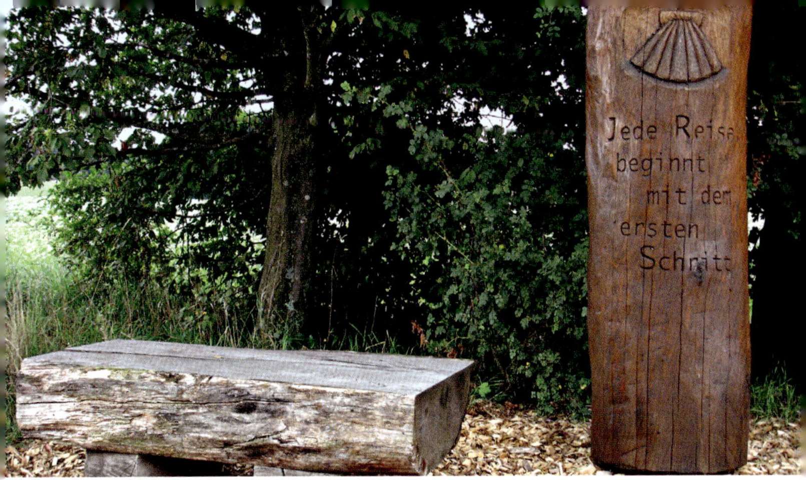

Pilgerstelen zur Wegmarkierung und Motivation.

Schulferien können in beliebten Urlaubsregionen, wie beispielsweise am Bodensee oder auch im Schwarzwald, Engpässe entstehen. Hier empfiehlt es sich, ein paar Tage im Voraus zu reservieren.
Gibt es an einem Ort eine größere Auswahl an Übernachtungsmöglichkeiten, werden in der Kurzinfo maximal drei Unterkünfte aufgelistet. Diese Auswahl ist bewertungsfrei, wobei Jugend- bzw. Pilgerherbergen bevorzugt gelistet sind sowie Hotels/Pensionen, soweit vorhanden mit der eigenen Webseite. So können Sie sich selbst ein Bild machen und entsprechend der

GPS-Tracks

Zu diesem Wanderführer stehen auf www.rother.de GPS-Tracks und Koordinaten der Ausgangspunkte zum kostenlosen Download bereit.
3. Auflage, Passwort: 436303csb
Sämtliche GPS-Daten wurden von der Autorin teilweise im Gelände, teilweise auf einer digitalen Karte erfasst. Verlag und Autorin haben die Tracks und Wegpunkte nach bestem Wissen und Gewissen überprüft. Dennoch können wir Fehler oder Abweichungen nicht ausschließen, außerdem können sich die Gegebenheiten vor Ort zwischenzeitlich verändert haben. GPS-Daten sind zwar eine hervorragende Planungs- und Navigationshilfe, erfordern aber nach wie vor sorgfältige Vorbereitung, eigene Orientierungsfähigkeit sowie Sachverstand in der Beurteilung der jeweiligen (Gelände-)Situation. Man sollte sich für die Orientierung auch niemals ausschließlich auf GPS-Gerät und -Daten verlassen.

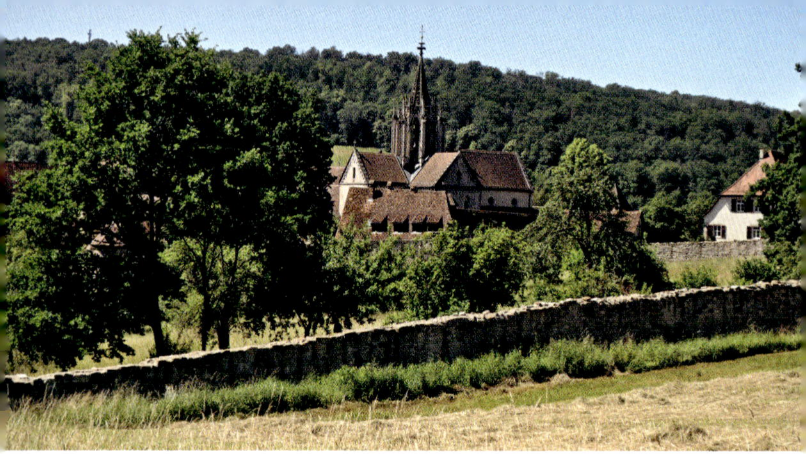

Kloster Bebenhausen inmitten des Naturparks Schönbuch (Etappe 25).

eigenen Bedürfnisse ihre Unterkunft auswählen. In der Regel helfen die Gemeindeverwaltungen, Touristeninformationen sowie die Pfarrämter bei der Vermittlung von Übernachtungen in Privatzimmern.
Listen von Privatzimmern und speziellen Pilgerquartieren können auf der Internetseite www.jakobswege-europa.de unter dem jeweiligen Weg, der Ortstabelle und dann unter »Spezielle Unterkünfte« eingesehen werden. Die angegebenen Preise beziehen sich auf eine Übernachtung für eine Person im Einzelzimmer. Ist das Frühstück im Preis inbegriffen (ÜF), oder wenn er sich auf ein Doppelzimmer (DZ) bezieht, ist dies hinter dem Preis vermerkt. Die Preise können je nach Wochentag und Saison recht unterschiedlich ausfallen und sind somit in der Regel lediglich eine Orientierung.

Infrastruktur
Die für Wanderer wichtige Infrastruktur ist mit Symbolen im Etappensteckbrief, in den Karten sowie im Höhenprofil (hier nur Restaurants und Übernachtungen) dargestellt. Das Symbol für ärztliche Versorgung bezieht sich auf Gesundheitszentren oder Krankenhäuser, nicht auf einzelne praktizierende Ärzte.

Gehzeiten
Die angegebenen Gehzeiten sind ohne Pausen und Stopps angegeben und entsprechen einer Wandergeschwindigkeit von – je nach Gelände – durchschnittlich 3,4–4,3 km pro Stunde mit einem Tagesgepäck von rund 10–12 kg. Die Zeit- und Kilometerangaben in den Etappenbeschreibungen beziehen sich auf die Spanne der zuvor angegebenen Dauer und Distanz.

Der Umwelt zuliebe ...

Auch beim Wandern hinterlassen wir einen ökologischen Fußabdruck, aber im Einklang mit der Natur unterwegs zu sein, ist gar nicht so schwer!

VORBEREITUNG UND ANFAHRT

- Sich vorab informieren, worauf in Bezug auf Natur und Umwelt in der jeweiligen Wanderregion besonders zu achten ist.
- Soweit möglich mit Bahn und Bus anreisen, Wander- und Rufbusse nutzen.
- Ist eine Anfahrt mit dem Auto nötig, Fahrgemeinschaften bilden.
- Bei weiten Anfahrten Mehrtagestouren planen oder von einem Quartier vor Ort aus mehrere Touren absolvieren.
- Flugreisen möglichst reduzieren und durch Beiträge zu Klimaschutzprojekten kompensieren.

KLEIDUNG UND AUSRÜSTUNG

- Beim Kauf von Outdoor-Kleidung auf umweltfreundliche und faire Herstellung achten und Kleidungsstücke möglichst viele Jahre nutzen.
- Ausrüstung kann man eventuell auch gebraucht kaufen oder ausleihen.
- Reparieren statt neu kaufen.

VERPFLEGUNG

- Beim Einkauf Bio-Ware, regionale und saisonale Erzeugnisse bevorzugen.
- Hütten und Gasthäuser auswählen, die regionale Produkte verwenden.
- Auf Einwegflaschen und Plastikverpackungen verzichten, stattdessen wiederverwendbare Trinkflaschen und Brotzeitboxen benutzen.

ÜBERNACHTUNG

- Bei lokalen Anbietern buchen, damit Menschen vor Ort profitieren.
- Auf Hütten und in anderen Unterkünften Strom und Wasser sparen.

UNTERWEGS

- Wege benutzen und Abkürzer vermeiden.
- Sperrungen von Wegen und Schutzgebieten respektieren.
- Keine Blumen pflücken und keine Pflanzen entnehmen.
- Waldbrandgefahr beachten.
- Müll wieder mit nach Hause nehmen und dort entsorgen.
- Toilettengänge in freier Natur möglichst vermeiden.
- Lärm vermeiden.
- Hunde an die Leine nehmen.

ROTHER
BERGVERLAG

Wandern auf dem Jakobsweg

Viele Gründe sprechen für das Abenteuer, sich auf den Jakobsweg zu begeben und durch Europa zum Apostelgrab nach Santiago de Compostela zu pilgern. Hier finden Begegnungen zwischen Wanderern und Pilgern, Jung und Alt, sportlich Motivierten oder spirituell Suchenden, Alleinreisenden und Gruppen sowie von Menschen verschiedenster Nationalitäten statt. Gerade die Südwestdeutschen Jakobswege, in möglicherweise heimatlichen oder vertrauten Gefilden, sind ein beschütztes Abenteuer, eine Fernwanderung auf einer der vielleicht bekanntesten Routen Europas.

Die Südwestdeutschen Jakobswege führen durch sehr vielfältige Naturlandschaften. Von Main- und Taubertal zur rauen Schwäbischen Alb und weiter über das romantische Oberschwaben zum Bodensee. Oder über das abwechslungsreiche Schwäbische Schichtstufenland und den wilden Schwarzwald in die Rheinebene zur französischen Grenze sowie über die Gäulandschaften und Hügelketten der Baar zur schweizerischen Grenze. Dabei verläuft der Jakobsweg meist auf Wanderpfaden, Feld- und Wirtschaftswegen und nur selten an Straßen entlang. Vorbei an geschichtsträchtigen Stätten, Kulturdenkmälern, jahrhundertealten Wegkreuzen, Brücken sowie prachtvollen Kirchen und Abteien versetzt der Weg die Wanderer in eine längst vergangene Zeit.

Wandersaison

Die schönste Reisezeit ist ab Mai bis Anfang Oktober. Die Wiesen sind dann an manchen Orten, wie zum Beispiel auf der Schwäbischen Alb, übersät von zahlreichen Wildblumen, die Laubmischwälder tragen ein dichtes Blätterkleid, die Obstbäume blühen und zeigen ihre zartgrünen Sprosse und auf den Feldern gedeihen Wein, Getreide und verschiedene Gemüse. Die Temperaturen sind meist moderat, wobei im Hochsommer auch längere Hitzeperioden auftreten können. Während der gesamten Saison muss mit Niederschlägen, Schlechtwetterperioden und Gewittern gerechnet werden. Die Route im Schwarzwald ist in der Regel ab April schneefrei und gut bis in den Oktober hinein zu begehen. Auf der Schwäbischen Alb hält sich die Schneedecke meist nur in den Monaten Dezember bis Februar, in Ausnahmen bis in den März. Allerdings muss man in beiden Mittelgebirgen auf plötzliche Wetterumschwünge, Schnee, Graupel, Sturm oder Gewitter gefasst sein.

Konditionelle Anforderungen

Die Südwestdeutschen Jakobswege sind für Wanderer mit guter Gesundheit und einer durchschnittlichen Kondition gut zu meistern. Bis auf wenige Etappen, vor allem im Schwarzwald, sind die Höhenunterschiede sehr moderat und die Wege in der Regel gut zu begehen. Die Herausforderung der Schwähischen Jakobswege liegt weniger in einer konditionellen Spitzenleistung als vielmehr in der Kontinuität, täglich eine gewisse Strecke zurückzulegen.

Falls Sie einen der Südwestdeutschen Jakobswege und weiter zum Spanischen Jakobsweg (span. Camino Francés) bis nach Santiago de Compostela gehen möchten, sollten Sie Zeit für Regenerierungsphasen einplanen, d. h. immer wieder kürzere Etappen oder, je nach Vorliebe, ganze Pausentage. Die besonderen Herausforderungen einer Fernwanderung werden immer wieder unterschätzt. Keinesfalls sollte man völlig ungeübt, schlecht vorbereitet oder mit einem zu schweren Rucksack aufbrechen. Empfehlenswert ist es, ein- bis zweimal pro Woche längere Spaziergänge und Wanderungen zu unternehmen, wobei idealerweise ein Rucksack mit dem geplanten Gewicht mitgenommen wird. Diese Probewanderungen helfen nicht nur, die Kondition zu verbessern, sondern man kann auch die Auswirkungen des Gewichts des

Tipps für die Ausrüstung

Was dabei sein sollte

- Rucksack mit Seiten- bzw. Zusatztaschen
- Regenschutz für Rucksack
- Regenkleidung
- evtl. Teleskopstöcke
- gut eingelaufene Wander- oder Trekkingschuhe
- Trekkingsandalen oder andere leichte Schuhe
- Badeschlappen
- mind. zwei Paar Wandersocken
- Softshell/Multifunktionsjacke
- evtl. eine wärmende Jacke, entsprechend der Jahreszeit
- zwei Paar Hosen
- bequeme, strapazierfähige Kleidung, der Jahreszeit angemessen
- Halstuch
- Kopfbedeckung
- Sonnenbrille
- Sonnencreme (mit hohem Lichtschutzfaktor!)
- Mückenschutz
- Mikrofaserhandtuch
- Handwaschmittel
- Toiletten- und Hygieneartikel
- Ohrenstöpsel
- Wäscheklammern oder Sicherheitsnadeln (auch zum Trocknen der Kleidung am Rucksack beim Gehen)
- Nähzeug
- Taschenmesser
- Taschenbesteck
- Kabelbinder, Panzerklebeband
- Taschenlampe oder Stirnlampe mit Ersatzbatterien
- Wasserflasche 1–1,5 Liter
- Mobiltelefon mit Ladekabel

Worauf man verzichten kann

- Zelt
- Campingkocher und Zubehör
- dicke Schmöker

Tipps für die Reiseapotheke

- Pflaster, spezielle Blasenpflaster, Leukoplast
- Desinfektionsmittel für Wunden
- antibiotische Salbe
- Schmerzmittel
- persönliche Medikamente bzw. Hygieneartikel
- evtl. entzündungshemmende Salbe bei Sonnenbrand und Insektenstichen
- elastische Binde

Wichtige Dokumente

- Personalausweis
- Pilgerausweis
- EC- und/oder Kreditkarte sowie Notrufnummern zum Sperren

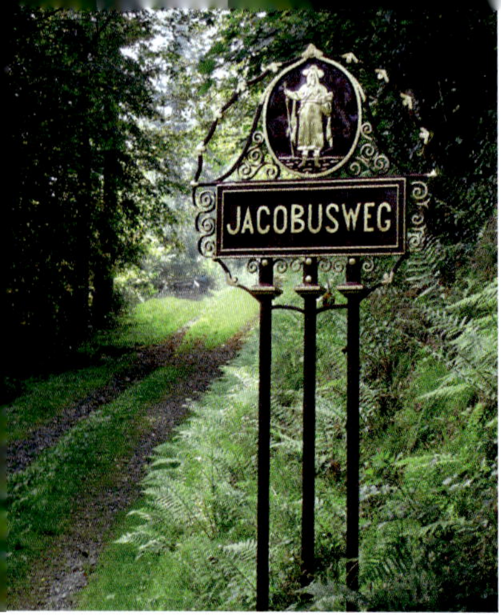

Eine besondere Kennzeichnung auf dem Kinzigtäler Jakobsweg.

gepackten Rucksacks auf Schultern, Rücken, Gelenke (Entzündungen!) und Füße (Blasen!) gut testen.

Zeitplanung und Routenwahl

Die drei Hauptwege des Südwestdeutschen Jakobsweges zeichnen sich durch recht unterschiedliche Anforderungen aus. Die nahezu gerade von Nord nach Süd verlaufende Route von Rothenburg ob der Tauber über die Schwäbische Alb, durch die einstige freie Reichsstadt Ulm und weiter durch das Kulturland Oberschwabens an den Bodensee vereinigt kulturelle Highlights, wie Barockkirchen, das Ulmer Münster oder das Kloster Weingarten, mit weiten und idyllischen Naturlandschaften. Der Weg von Rothenburg ob der Tauber über Rottenburg am Neckar und weiter durch den landschaftlich reizvollen Schwarzwald zeichnet sich durch ein recht bewegtes Relief aus, wobei auf den Schwarzwaldetappen einige Höhenmeter zurückgelegt werden müssen. Die Strecke von Rottenburg am Neckar über die Gäulandschaften und die Baar stellt eine geringere Herausforderung an die Kondition. Hier bieten traditionsreiche Städte wie Rottweil oder Villingen-Schwenningen kulturelle Sehenswürdigkeiten in liebevoll renovierten Altstädten.

Der Jakobsweg Würzburg–Ulm–Meersburg/Konstanz bzw. Nonnenhorn (rund 430 km) ist mit 18 Tagesetappen die kürzeste der drei Routen. Für die Strecke Würzburg–Rothenburg–Straßburg (rund 460 km) sowie für die Route Würzburg–Rothenburg–Waldshut-Tiengen (rund 480 km) können jeweils etwa 21 Tagesetappen kalkuliert werden.

Kosten

Für die Übernachtung in Jugend- und Pilgerherbergen sollten pro Person rund 30 € inkl. Frühstück veranschlagt werden. Der Preis richtet sich unter anderem nach der Bettenanzahl pro Zimmer, der Anzahl der Übernachtungen und dem Alter. Für die Übernachtung in Jugendherbergen empfiehlt sich das Mitführen eines Jugendherbergsausweises, Informationen zur Ausstellung auf www.jugendherberge.de. Übernachtungen in einfachen Pensionen und Privatunterkünften kosten ca. 40–60 € pro Person inkl. Frühstück. Hotels belasten – je nach Klassifizierung – die Reisekasse auch im ländlichen Raum um ein Vielfaches. Die Kosten für Mahlzeiten fallen je nach individuellen Bedürfnissen recht unterschiedlich aus. Insgesamt ist zu beachten, dass das Preisniveau in den touristischen Gebieten, wie etwa am Bodensee, gerade in den Ferienmonaten insgesamt höher ist.

Ausrüstung

Für die Wahl der Ausrüstung sollte man sich genügend Zeit lassen, denn immerhin wird Sie diese, je nach gewähltem Routenverlauf, etwa 430 bis 480 km begleiten. Die Kleidung sollte möglichst bequem, vielseitig tragbar sowie strapazierfähig sein und aus leichten sowie schnell trocknenden Fasern bestehen. Vor allem Kleidung vorzugsweise aus muelsingfreier Merinowolle ist sehr zu empfehlen. Um Volumen und Gewicht zu reduzieren, achten Sie auf Kleidung, die sich schichtweise kombinieren lässt und multifunktional ist, wie zum Beispiel Outdoor-Hosen mit abnehmbaren Beinen. Beschränken Sie sich auf die allernötigste Kleidung, denn es gibt überall die Möglichkeit zu waschen oder bei einem Engpass etwas zu kaufen.
Der Rucksack sollte genügend Volumen bieten sowie ausreichend Unterteilungen und Taschen haben, die auch von außen zugänglich sind. Sollten Sie keinen bereits erprobten Rucksack besitzen, dann lassen Sie sich in einem Fachgeschäft beraten und testen Sie die Rucksäcke dort mit dem voraussichtlichen Packgewicht, das im Normalfall 12 kg nicht überschreiten sollte. Ideal ist ein Packgewicht ohne Proviant und Trinkwasser von nicht mehr als 10 kg. Ein passender Rucksack verteilt das Gewicht gleichmäßig auf den Körper, wobei der Hüftgurt fest sitzen sollte und die Schulterriemen dem Ausbalancieren dienen. Schwere Gegenstände sollten körpernah verstaut werden.
Vor allem die Schuhe sind für dieses Vorhaben von größter Bedeutung. Begeben Sie sich auf keinen Fall mit neuen, noch nicht eingelaufenen Schuhen auf den Weg, egal ob es sich dabei um Wanderschuhe oder knöchelhohe Trekkingschuhe handelt! Es empfiehlt sich, neue Schuhe wirklich gründlich einzulaufen, auch mit Gepäck auf den Schultern, bei jeder Witterung und vor allem auch in unterschiedlichem Gelände. Bei der Auswahl des Schuhwerks sollte auf eine gute Profilsohle mit ausreichender Dämpfung geachtet werden. Für das Vorhaben gut geeignet sind i. d. R. Wanderschuhe der Kategorie A/B.

An- und Rückreise

Bahn: Die Anreise erfolgt am bequemsten mit der Bahn. Die passenden Verbindungen können auf www.bahn.de gut recherchiert und auch gebucht werden. Dies gilt ebenfalls für die Rückreise von den Routenendpunkten: Von Straßburg, Meersburg/Konstanz, Nonnenhorn und Waldshut-Tiengen gibt es tägliche Verbindungen mit ICE-, EC- oder IRE-Zügen.
Pkw: Wer mit dem eigenen Fahrzeug nach Würzburg anreist, kann sein Gefährt ab 12 € pro Tag abstellen. Über die genauen Tarife der zahlreichen Parkhäuser in Würzburg informiert die Internetseite der Würzburger Stadt-

verkehrs-GmbH www.wvv.de oder Tel. 0931/361 908. In Rothenburg ob der Tauber steht kein Parkhaus oder Parkplatz für Langzeitparker zur Verfügung. Hier empfiehlt es sich, entweder im Wohngebiet südöstlich des Bahnhofs oder nördlich der Altstadt zu parken.

Orientierung

Die Südwestdeutschen Jakobswege sind mit unterschiedlichen Muschelsymbolen gekennzeichnet. Auf der Strecke zwischen Würzburg und Ulm weist eine weiße Muschel auf blauem Grund den Weg. Ab Ulm bis nach Konstanz ist es eine gelbe Jakobsmuschel auf blauem Hintergrund, zwischen Rothenburg ob der Tauber und Horb a. N. begleitet uns wieder eine gelbe Muschel auf blauem Grund, die ebenfalls auf dem Spanischen Jakobsweg von den Pyrenäen bis nach Santiago de Compostela verwendet wird.
Auf dem Kinzigtäler Jakobsweg ab Horb bis Straßburg ist es eine orangefarbene Muschel auf weißem Grund. Allerdings sind die hier verwendeten Farben bzw. Materialien nicht lichtecht, sodass man einige Überraschungen auf dem Weg erleben kann, da die orangefarbene Muschel häufig bis zur Unkenntlichkeit verblasst ist! Zwischen Horb und Waldshut-Tiengen markiert eine hellgelbe Muschel auf blauem Grund den Weg zur Schweizer Grenze.
Auf manchen Abschnitten können oder müssen andere Wandermarkierungen mit berücksichtigt werden, möchte man zuverlässig am Etappenziel ankommen. Auf diese wird in den einzelnen Etappen oder Streckenabschnitten separat hingewiesen.

Karten

Topografische Karten im Maßstab 1:25.000, 1:50.000 oder 1:100.000 sind von der gesamten Region über den Internet-Shop des Landesvermessungsamtes Baden-Württemberg (www.lgl-bw.de) oder den Buchhandel erhältlich. Je nach Maßstab ab 5,50 € pro Kartenblatt.
Ebenfalls über das Landesvermessungsamt können Freizeitkarten im Maßstab 1:50.000 (7,90 € pro Kartenblatt) mit Informationen zu Infrastruktur (z. B. Wanderheime, Jugendherbergen, Grillhütten) und touristischen Zielen (z. B. Burgen, Schlösser, Höhlen, Museen) bezogen werden.

Medizinische Versorgung

Namen und Adressen von behandelnden Ärzten erhält man am besten in Apotheken, in der Touristeninformation oder in kleinen Orten im Rathaus. An Wochenenden oder abends sind die Adressen von Bereitschaftsärzten in den Apotheken angeschlagen.

Blasen

Wer auf dem Jakobsweg unterwegs ist, wird schon sehr bald eine Abhandlung zur Vermeidung und Behandlung von Blasen abfassen können. Die

Tipps und Erfahrungen jedes Wanderers sind unterschiedlich bis abenteuerlich. Die wirksamste Vorbeugung sind sicherlich gut eingelaufene Schuhe sowie ein nicht zu schwerer Rucksack. Hilfreich erweisen sich auch Wandersocken ohne Nähte mit speziell gepolsterten Stellen. Während der Wanderpausen sollten Schuhe, Socken und Füße so gut wie möglich gelüftet und getrocknet werden, denn Feuchtigkeit lässt die Haut aufquellen, und Blasen können sich schneller bilden. Deshalb sind zwar Fußbäder in frischen Bächen sehr angenehm, aber die Haut weicht dabei auf und das Blasenrisiko steigt. Ob es hilfreich ist, die Füße mit einer speziellen Salbe mit Kräuterauszügen oder einer Hirschtalgsalbe einzureiben, ob zwei Paar Socken übereinander besser sind als nur ein Paar, ob man die Socken über Feinstrümpfe trägt, muss jeder Wanderer für sich selbst herausfinden. Achten Sie jedoch darauf, dass gerade im Sommer die Schuhe nicht zu fest geschnürt sind, damit der Fuß sich der Wärme entsprechend ausdehnen kann und so Scheuerstellen vermieden werden.

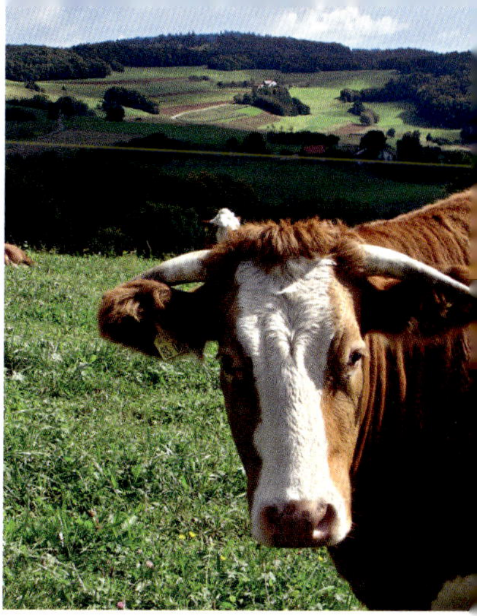

Streckenweise sind Kühe häufiger anzutreffen als Menschen.

Die Techniken und Vorgehensweisen bei der Behandlung von Blasen gehören zum kleinen Pilger-Einmaleins. Sobald erste Scheuerstellen auftreten, verhindert das sofortige Abkleben mit Blasenpflaster, herkömmlichem Pflaster oder Leukoplast weitere Reibungen und die Blasenbildung. Moderne Blasenpflaster können die Wundheilung fördern und den Druck von der Blase nehmen. Hierzu unbedingt nach der Anleitung verfahren. Das Pflaster mehrere Tage auf der Stelle lassen und notfalls mit Leukoplast fixieren.

Ernährung

Grundsätzlich gilt beim Wandern: viel Flüssigkeit aufnehmen, insbesondere im Sommer und bei größerer Anstrengung! Das Wasserpensum schwankt individuell stark, doch sind 2–3 Liter im Sommer bei einer mittleren Etappenlänge sicherlich eine untere Grenze. Denken Sie auch daran, stets einen ausreichenden Wasservorrat mit sich zu führen. In manchen Regionen liegen die Dörfer weiter verstreut, sodass sich nur wenige Möglichkeiten ergeben, Proviant und Wasser aufzufüllen. Die entsprechenden Hinweise können den Etappenbeschreibungen entnommen werden.

Trotz meist ausreichender Verfügbarkeit von Restaurants oder Lebensmittelläden sollte man stets darauf achten, eine kleine Notreserve im Rucksack zu haben. Bewährt haben sich hier einfache Kekse, Vollkorn- oder Knäckebrot, Riegel, Trockenfrüchte oder Nüsse, um einen plötzlichen Leistungsabfall kompensieren zu können.
Viele Restaurants bieten einen relativ günstigen Mittagstisch, manche Bäckereien und Metzgereien haben einen warmen Imbiss im Angebot. Abends bereiten die Restaurants meist ab 18.30/19.00 Uhr warme Gerichte zu. Die Preise können je nach Region und eigenem Gusto sehr variieren.
Aufgrund des akuten Personalmangels in der Gastronomie kommt es bei nicht wenigen Restaurants und Gaststätten zu eingeschränkten Öffnungszeiten. Wer auf Nummer sicher gehen will, sollte vorsichtshalber vorab anrufen.

Tagespensum

Die vorgeschlagenen Etappen orientieren sich, wann immer dies möglich ist, nach den Unterkunftsmöglichkeiten, aber auch nach Sehenswürdigkeiten, oder sie steuern größere Orte mit einer gewissen Infrastruktur als Tagesziel an. Jeder Wanderer legt täglich ganz unterschiedliche Entfernungen zurück, sodass die vorliegende Einteilung lediglich einen Anhaltspunkt bietet. Am schönsten ist es, sich einfach nach Lust und Laune treiben lassen zu können, auf seinen Gehrhythmus zu achten und den Tag zu beenden, wenn die Beine schwer werden. Zu Beginn einer längeren Wanderung auf dem Jakobsweg empfiehlt es sich, die Etappen eher kürzer zu wählen, damit sich der Körper und vor allem die Beine und Füße auf diese Belastung gut einstellen können.

Vierbeiner

Die lieben vierbeinigen Freunde, die uns auf dem Weg begleiten, sind ein Problem bei der Wahl der Unterkunft. In der Regel werden Hunde oder andere Vierbeiner nicht in Gemeinschaftsunterkünften wie etwa Jugendherbergen akzeptiert. Auch in Hotels und Pensionen sind diese meist nicht willkommen. Es empfiehlt sich in diesem Fall, die Route möglichst detailliert zu planen, von den Fremdenverkehrsämtern ein Unterkunftsverzeichnis anzufordern und hierin die Übernachtungsmöglichkeiten mit Hund zu recherchieren.
Wer sich mit einem größeren Vierbeiner wie Esel, Maultier oder Pferd auf den Weg begibt, sollte unbedingt im Vorfeld bei den verschiedenen Reit- und Fahrvereinen auf der Route nachfragen, ob eine Unterstellmöglichkeit für die Tiere gegeben ist. Die Adressen können über die Fremdenverkehrsämter oder über den Deutschen Reiter- und Fahrer-Verband e.V., www.drfv.de, nachgefragt werden.
Natürlich kann man sich auch täglich von Reiterhof zu Reiterhof orientieren. Im Normalfall sind die Höfe gut informiert, wo sich auf der nächsten Etappe eine Möglichkeit bietet, mit den Tieren unterzukommen.

Bank

In der Regel haben Banken wochentags 9–12 und 14–17 Uhr geöffnet. Die meisten Banken sind mit einem Geldautomaten ausgestattet, der gängige Kredit- und EC-Karten akzeptiert. Man kann meist problemlos mit den Karten in Geschäften und Restaurants bezahlen. Bei Verlust oder Diebstahl sollte umgehend die kostenlose, rund um die Uhr besetzte Hotline des Sperr-Notrufs (www.sperr-notruf.de) angerufen werden, um die Karte sperren zu lassen: 116 116.
Zusätzliche Sperrnummern der verschiedenen Kartenausgeber:
Mastercard: Tel. 08 00 07 13 542, außerhalb Deutschlands 01 63 67 22 71 11
Visa: Tel. 0800 81 18 440
American Express: Tel. 069 97 97 10 00
Diners Club: Tel. 069 90 01 50-135/136

Notrufnummern

Polizei 110, Feuerwehr und Rettungsdienst 112
Telefonauskunft 11 833 oder 11 880.

Feiertage

1. Januar, 6. Januar (Heilige Drei Könige), Ostern (Karfreitag, Ostersonntag und -montag), Christi Himmelfahrt, 1. Mai, Pfingsten (Sonntag und Montag), Fronleichnam, 3. Oktober (Tag der Deutschen Einheit), 1. November (Allerheiligen), Weihnachten (25./26. Dezember).

Internet

In der Regel bieten Unterkünfte, Restaurants, Cafés oder Touristeninformationen kostenloses WLAN an.

Jakobsweg im Internet

Folgende Internetseiten zu den deutschen Jakobswegen bieten zahlreiche Informationen, Tipps und Pilgergeschichten:

- www.deutsche-jakobswege.de
- www.jakobsweg.de
- www.fernwege.de
- www.jakobswege-europa.de
- www.wanderzentrale.de

Literaturtipps

Es gibt eine unglaubliche Fülle an Literatur zum Jakobsweg, von Erfahrungsberichten über Pilgerführer und historische Abhandlungen bis hin zu Roma-

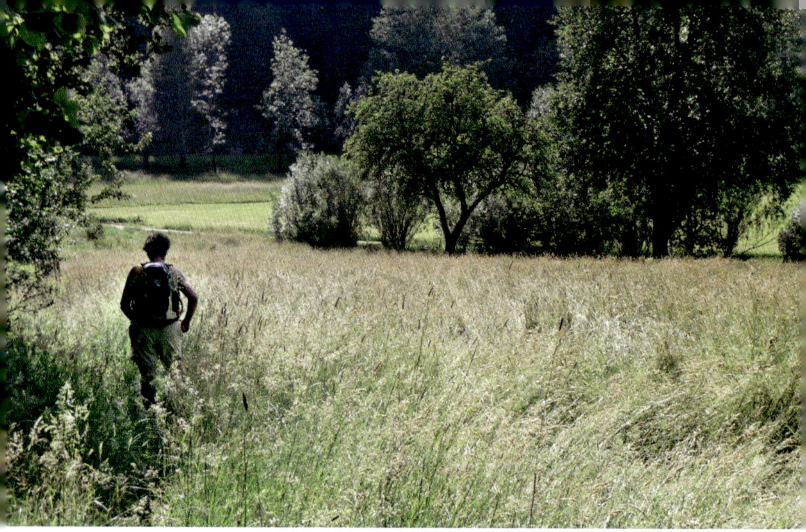

Der Jakobsweg verläuft immer wieder entlang üppiger Wiesen und Waldareale.

nen. Doch befassen sich nur wenige Autoren mit den Südwestdeutschen Jakobswegen. Die meisten beziehen sich auf den Camino Francés in Spanien. Eine Auswahl deutschsprachiger Literatur:

- Regine Heue: Jakobswege in Deutschland. Kultur- & Naturschätze entlang der Pilgerwege erwandern. Bruckmann 2021
- Pilgerwege in Deutschland: Auf der Suche nach Stille. Bildband. Kunth Verlag. 2020.
- Stefan Albus: Santiago liegt gleich um die Ecke. Pilgern in Deutschland. Gütersloher Verlagshaus 2011.
- Die schönsten Pilgerwege in Deutschland. Auf 6200 Kilometern die Stille entdecken und Reiselust erleben. Kunth 2022.
- Yves Bottineau: Der Weg der Jakobspilger. Geschichte, Kunst und Kultur der Wallfahrt nach Santiago de Compostela. Bastei Lübbe 1993.
- Pierre Barret/Jean-Noël Gurgand: Auf dem Weg nach Santiago. In den Spuren der Jakobspilger. Herder 2004. Pilgerberichte zwischen dem 12. und 18. Jh. werden durch die eigenen Erlebnisse der Autoren von 1977 ergänzt (vergriffen, derzeit nur antiquarisch erhältlich).
- René Freund: Bis ans Ende der Welt – zu Fuß auf dem Jakobsweg. Picus Lesereisen 2004. Erfahrungsbericht mit viel Humor.
- Ulrich Hagenmeyer: Das Ziel ist der Weg. Auf dem Jakobsweg nach Santiago de Compostela. Kreuz 2007. Bildband und Erfahrungsbericht einer Pilgerreise ab Süddeutschland bis nach Santiago.

- Cordula Rabe: Handbuch Pilgern. Bergverlag Rother 2022. Ratgeber zur Planung, Vorbereitung und Durchführung einer Pilgerwanderung
- Deutsche St. Jakobus-Gesellschaft: Mitgliedszeitschrift »Sternenweg«, einmal jährlich, aktuelle Informationen und Beiträge zur Geschichte, Geografie, Ikonografie, Spiritualität der Pilgerfahrt, zur Pilgerpraxis und zu Projekten sowie über die Jakobus-Literatur. Downloads als pdf-Dokumente siehe Homepage (Adresse unter Pilgerausweis).
- Klaus Herbers und Robert Plötz: Der Jakobskult in Süddeutschland. Kultgeschichte aus regionaler und europäischer Perspektive. Jakobus-Studien 7. 1995.
- Klaus Herbers und Robert Plötz: Spiritualität des Pilgerns. Kontinuität und Wandel. Jakobus-Studien 5. 1993.
- Klaus Herbers: Liber Sancti Jacobi: Auszüge aus dem Jakobsbuch des 12. Jahrhunderts. Jakobus-Studien 8. 1997.
- Klaus Herbers und Robert Plötz: Der Jakobskult in Kunst und Literatur. Zeugnisse in Bild, Monument, Schrift und Ton. Jakobus-Studien 9. 1998.
- Jakobswege Deutschland und westliches Europa: 1:1.000.000/ 3.000.000, Geo Map Landkarte 2020.

Pilgerausweis

Der sogenannte Pilgerbrief oder Pilgerausweis kann bei der Deutschen St. Jakobusgesellschaft schriftlich beantragt werden – der Antrag ist im Internet als pdf-Download hinterlegt. Die Anträge werden nach Aufbruchtermin bearbeitet, nicht nach der Reihenfolge des Eingangs. In der Regel erhält man den Pilgerbrief zwei Wochen vorher. Dabei ist zu beachten, dass weniger als zwei Wochen vor Reisebeginn gestellte Anträge nicht bearbeitet werden. Deutsche St. Jakobus-Gesellschaft e.V., Tempelhoferstr. 21, 52068 Aachen, Tel. 0241 51 00 062, www.deutsche-jakobus-gesellschaft.de.

Der Pilgerausweis weist die Besitzer als Jakobspilger aus. Er wird täglich in Kirchen, Pilgerherbergen und mancherorts auch in Touristeninformationen abgestempelt. Nur mit diesem kann in den Pilgerherbergen auf dem Weg übernachtet werden. Das Heftchen ist aber auch ein wichtiges Zeugnis der Pilgerschaft, ein Dokumentationsstück des Weges und Erinnerung.

Die Bestätigung der Wallfahrt wird erst in Santiago de Compostela gegen Vorlage des täglich abgestempelten Pilgerausweises (fr. Créanciale, span. Credencial) ausgestellt.

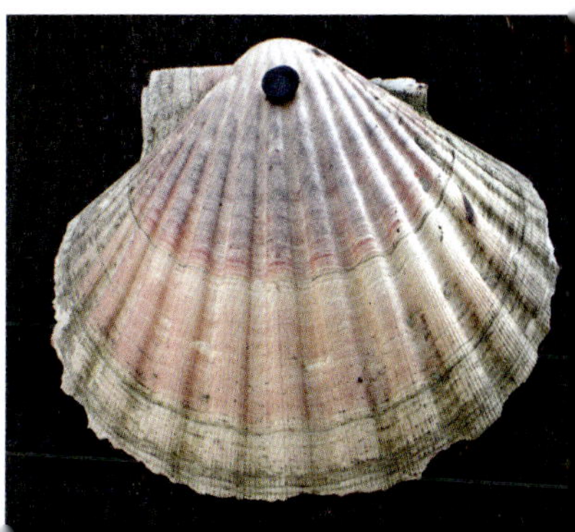

Die Jakobsmuschel, das Erkennungszeichen der Jakobspilger.

Die Legende vom Apostelgrab

Am Anfang steht die Legende vom Apostel Jakobus dem Älteren, Bruder des Evangelisten Johannes, der in Spanien missioniert haben soll – was wissenschaftlich nicht haltbar ist. Nach seiner Rückkehr nach Jerusalem erlitt er dort im Jahr 44 den Märtyrertod durch das Schwert. Sein Leichnam wurde von Jüngern in ein Schiff gebettet, das, von Engeln geleitet, in Galicien, wo er einst gepredigt hatte, an Land gespült wurde.

Ein adliger Anhänger des Apostels soll vom Anblick des ankommenden Schiffes so begeistert gewesen sein, dass er auf seinem Ross dem Schiff ins Meer entgegenritt und samt Pferd in den Wogen versank. Hier wirkte das erste Wunder, das man Jakobus zuschreibt: Er wurde gerettet, war allerdings am ganzen Körper mit Muscheln bedeckt – den Jakobsmuscheln, das Symbol des Jakobsweges. Der Apostel fand seine letzte Ruhe vermutlich auf einem ehemaligen römischen Friedhof (»compostum«, lat. für Friedhof). Durch die spätere Entdeckung des Grabes aufgrund einer Sternenerscheinung wurde der Ort bekannt als Sternenfeld (lat. »campus stellae«), dem späteren Santiago de Compostela (übersetzt also: Jakobus vom Sternenfeld).

Die Entdeckung des Grabes

Das Grab geriet in Vergessenheit und wurde erst um das Jahr 813 von dem Eremiten Pelagius, geleitet von himmlischen Zeichen, wiederentdeckt. Die »Zufallsentdeckung« fiel just in die Zeit, da fast ganz Spanien von muslimischen Eroberern eingenommen worden war. Lediglich wenige Regionen im Norden, wie etwa das neu gegründete Königreich Asturien, hatten dem 711 begonnenen Siegeszug der Araber widerstanden. Das Grab des Apostels Jakobus (span. Santiago) kam der christlichen Kirche und Asturien sehr gelegen, um den Kampf gegen die Mauren zu legitimieren und vom christlichen Europa Unterstützung zu erfahren.

Laut Legende griff im Jahr 844 der Apostel Santiago auf einem weißen Ross reitend und ein Schwert schwingend in die Schlacht bei Clavijo (La Rioja) ein und führte das christliche Heer zum Sieg über die Mauren. Von da an trug er den Beinamen Maurentöter (span. matamoros) und wurde zur spirituellen Symbolfigur und zum Schlachtenhelfer

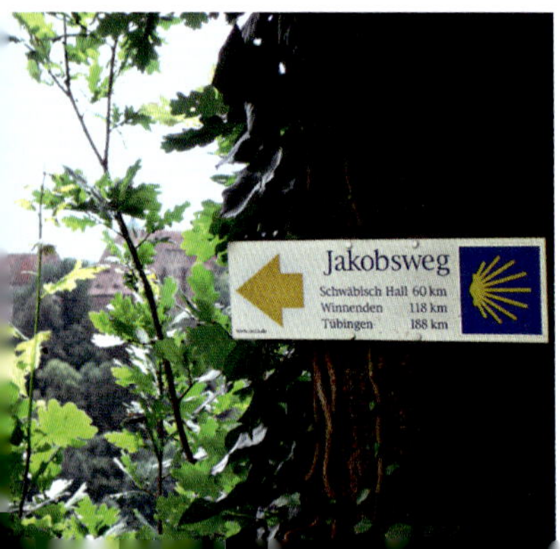

Wegweiser am Ortsausgang von Rothenburg ob der Tauber.

der Reconquista, der christlichen Rückeroberung des muslimisch bzw. maurisch besetzten Spanien. Schon vor Auffinden des Grabes soll Karl dem Großen der Pilgerweg nach Santiago im Traum wie die funkelnde Milchstraße erschienen sein. Diese Vision führte zur Bezeichnung der Pilgerstraße als »Sternenweg«. Der Spanienfeldzug Karls des Großen rund 30 Jahre vor dem Grabfund diente u. a. der Erweiterung seines Reiches. Die Entdeckung des Apostelgrabes war so sensationell, dass sie schon bald im gesamten Westen Europas bekannt wurde und die Pilgerreisen nach Compostela ihren Anfang nahmen.

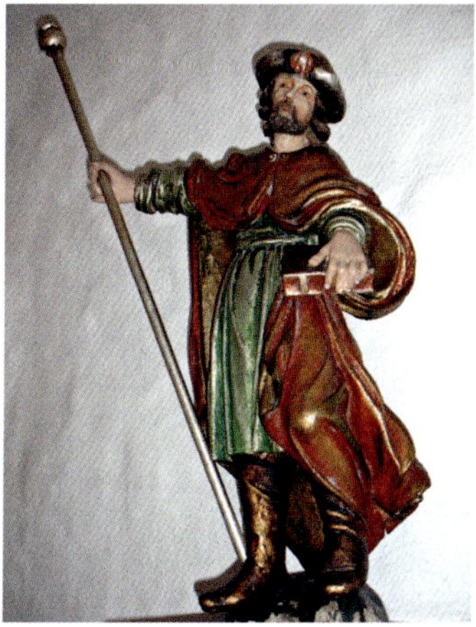

Verbreitete Jakobusdarstellung mit Pilgerstab, Mantel und Hut.

Die Anfänge

Pilger machten sich u. a. dann auf den Weg, wenn sie sich vom Besuch des Grabes oder der Reliquie eines Heiligen Heilung von körperlichen Gebrechen oder die Befreiung von seelischen Lasten erhofften. Reliquien ermöglichten den Gläubigen in der mittelalterlichen Vorstellungswelt die größte Nähe zu Gott. Dabei waren mit Jesus verbundene Reliquien, wie zum Beispiel Splitter vom Kreuz, aber auch seine Wirkungsstätten im Heiligen Land sowie Reliquien der Apostel die hochrangigsten Pilgerziele. Seit dem 10. Jh. gab es vermehrt Nachrichten von Pilgern, die von ihren körperlichen Gebrechen geheilt waren. Erster namentlich bezeugter Pilger war der asturische König Alfonso II., als erster ausländischer Pilger gilt Bischof Godeschalk von Le Puy, der Compostela in den Jahren 950/51 besucht haben soll. Auch der Herzog von Aquitanien und andere hochstehende Persönlichkeiten wie Franz von Assisi (dessen Pilgerschaft nicht eindeutig belegt ist) haben zur Verbreitung des Ansehens dieses Pilgerziels maßgeblich beigetragen.

1120 wurde Santiago zum Erzbistum erhoben und bereits um 1140 entstand ein Sammelwerk zur Ehre und Verehrung des Heiligen Jakobus, das »Liber Sancti Jacobi«, wahrscheinlich von dem Mönch Aymeric Picaud verfasst. Es gilt als einer der ersten Reiseführer des europäischen Mittelalters. Picaud beschrieb darin nicht nur die Wege, die die Pilger von Frankreich zum Apostelgrab führten, sondern er nannte auch zahlreichen Orte entlang der Routen, die selbst Pilgerziele waren, wie zum Beispiel Conques auf der Via Podiensis oder andere Kirche und Klöster mit bedeutenden Reliquien. Auf ihrer langen Reise besuchten die Pilger diese heiligen Stätten, ehe sie ihr eigentliches Ziel, Santiago de Compostela, ganz am Ende der damals bekannten Welt, erreichten.

Blütezeit im Mittelalter

Die wachsende Mobilität der Gesellschaft ab dem 11. Jh., die Reliquienfrömmigkeit und der Wunderglaube der mittelalterlichen Menschen führten zu einem raschen Anwachsen der Pilgerströme vor allem aus Frankreich, Deutschland und England. Aus und durch Frankreich kamen so viele Pilger, dass der Weg in Spanien bald den Namen »Camino Francés« (französischer Weg) erhielt.

Die Wallfahrt erlebte ihre Blütezeit zwischen dem 11. und 15. Jh. Der Jakobsweg wurde zum wichtigsten europäischen Pilgerweg und zählt seit dem 13. Jh. neben Rom und Jerusalem zu den »Peregrinationes Maiores«, den großen christlichen Pilgerzielen. Im Zuge dieser enormen Wanderbewegung wurden Wege befestigt und Brücken errichtet. Herbergen, Hospitäler und Klöster schossen aus dem Boden. Diese intensive Bautätigkeit schuf einen ersten einheitlichen und charakteristischen gesamteuropäischen Baustil, die Romanik. Für Johann Wolfgang von Goethe war die Pilgerbewegung entlang der Jakobswege sogar ein entscheidender Faktor zur Ausbildung einer gemeinsamen europäischen Identität: »Europa ist auf der Pilgerschaft geboren und das Christentum ist seine Muttersprache.«

Dank der Wallfahrten erlebten die Königreiche Nordspaniens einen bedeutenden wirtschaftlichen Aufschwung, was nicht unwesentlich zum Sieg gegen die Mauren beitrug. Nicht umsonst wurde Santiago zum Retter in der Reconquista und der Schlachtruf sowohl der Reconquistadoren als auch der spanischen Eroberer der Neuen Welt lautete folgerichtig »Santiago!«.

Nur wenige Badeseen laden ein zur Erfrischung und Rast.

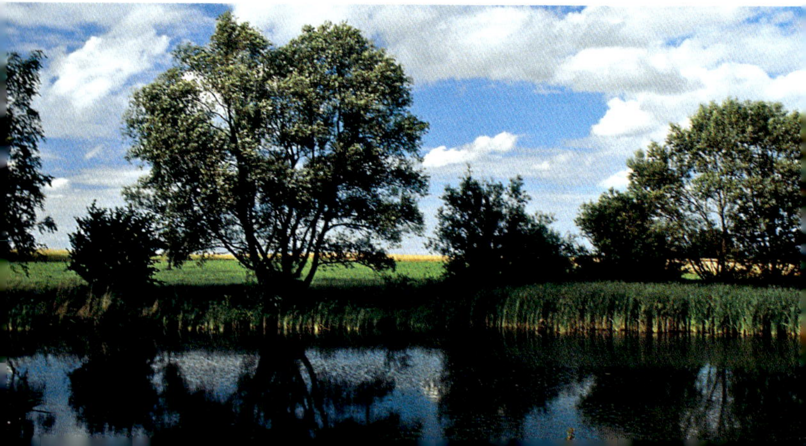

Niedergang der Pilgerbewegung

Erste Krisenzeichen zeigten sich bereits im 15. Jh. als Folge einer neuzeitlichen Lebenseinstellung. Im 16. Jh. ließ die Pilgerbegeisterung durch die Reformation, das Ende der Reconquista und vor allem aufgrund der unsicheren Zeiten nach. Der große Reformator Martin Luther zweifelte sehr an dem Pilgerwesen und speziell am Apostelgrab: »man waißt nit ob sant Jacob oder ain todter hund oder ein todts roß da liegt.«

In Frankreich wurden in den folgenden Jahrhunderten viele Kirchen, Klöster, Hospize und Brücken im Hundertjährigen Krieg, dann in den Religionskriegen und natürlich in der Französischen Revolution teilweise oder gar ganz zerstört. So wird im Spätmittelalter und in der frühen Neuzeit die Pilgerfahrt mehr zum Abenteuer und zur Bildungsreise, hinter der die religiöse Komponente zurücktritt. Das Apostelgrab geriet in Vergessenheit, Santiago de Compostela versank in Bedeutungslosigkeit und die Jakobswege verwahrlosten.

Renaissance der Jakobswege

1589 versteckte man die Gebeine des Apostels vor dem englischen Freibeuter Sir Francis Drake. Erst 1879 wurden sie bei Grabungen in der Kathedrale von Santiago »wiederentdeckt« – man hatte nämlich schlicht vergessen, wo sie genau lagen. Sogleich wurden die gefundenen Knochen durch die päpstliche Bulle Leo XIII. als die des Heiligen Jakobs ausgewiesen. Sowohl die Ausgrabungen wie die folgende römische Untersuchung mit dem Ergebnis der Bestätigungsbulle sind umstritten, doch sie verhalfen dem Pilgerwesen zu neuem Leben. General Franco bestätigte auf seine Art die Richtigkeit des Jakobskultes, indem er den Heiligen zum Landespatron erklärte und den 25. Juli, den Jakobstag, zu einem Feiertag machte, der u. a. in der spanischen Region Galicien und dort insbesondere in Santiago de Compostela groß gefeiert wird.

Ein Besuch des Grabes im Heiligen Jahr, das immer dann gefeiert wird, wenn der 25. Juli auf einen Sonntag fällt, bringt Ablass aller Sünden! Nur in diesen Jahren wird die »Puerta Santa« (Heilige Pforte) oder auch »Puerta del Perdón« (Pforte der Vergebung), das Ostportal der Kathedrale von Santiago, geöffnet. Das nächste Heilige Jahr wird 2027 sein. Wiederbelebt wurden die Pilgerwege u. a. durch den Papstbesuch im Heiligen Jahr 1982 sowie die Erklärung von Santiago de Compostela zum Kulturerbe der Menschheit durch die UNESCO im Jahr 1985. Etwas später folgten der »Camino Francés« in Spanien (1993) und die vier Hauptwege in Frankreich (1998).

Um das Grab des Apostels Jakobus des Älteren zu besuchen, machen sich alljährlich Hunderttausende auf den beschwerlichen Weg. Die meisten Pilger allerdings, die heute auf dem Jakobsweg unterwegs sind, gehen nicht aus strikt religiösen Gründen. Auf dem Jakobsweg treffen sich die unterschiedlichsten Menschen aus der ganzen Welt, und er trägt seine Bezeichnung »erste europäische Kulturstraße« zu Recht.

Die Südwestdeutschen Jakobswege

In den Anfängen des Pilgerwesens im Mittelalter orientierten sich die Pilger am bestehenden Wegesystem. Vor allem auf Straßen, die wichtige Städte und Marktflecken in ganz Europa verbanden, strebten sie ihrem Ziel entgegen. Dabei handelte es sich mit Ausnahme der Römer- und Reichsstraßen um unbefestigte Wege, die sich an der Geomorphologie der Landschaft orientierten. Diese Altstraßen bevorzugten Höhenwege, da Flüsse und Täler mit dichtem Auenwaldbewuchs oft unüberwindbare Hindernisse darstellten. Die Wahl der Pilgerstrecke wurde durch die bestehende Infrastruktur bestimmt, die sich im Wesentlichen entlang der Handelswege entwickelte. Herbergen, Gaststuben und Klöster mit Pilgerhospizen gewährleisteten die Versorgung der Reisenden. Deren Belegungsverzeichnisse sind die Grundlage für die Ausweisung der speziellen sogenannten Jakobswege, die erst in der Neuzeit angelegt wurden. Die Südwestdeutschen Jakobswege verbinden die Pilgerstraßen aus Osteuropa, Nord- und Ostdeutschland mit den Wegen in der Schweiz und Frankreich.

Von Würzburg über Ulm an den Bodensee

Der Fränkisch-Schwäbische Jakobsweg, ein historisch belegter Pilgerweg von Würzburg über Rothenburg ob der Tauber, Ulm und Bad Waldsee nach

Fachwerkfassaden in der Altstadt von Gengenbach.

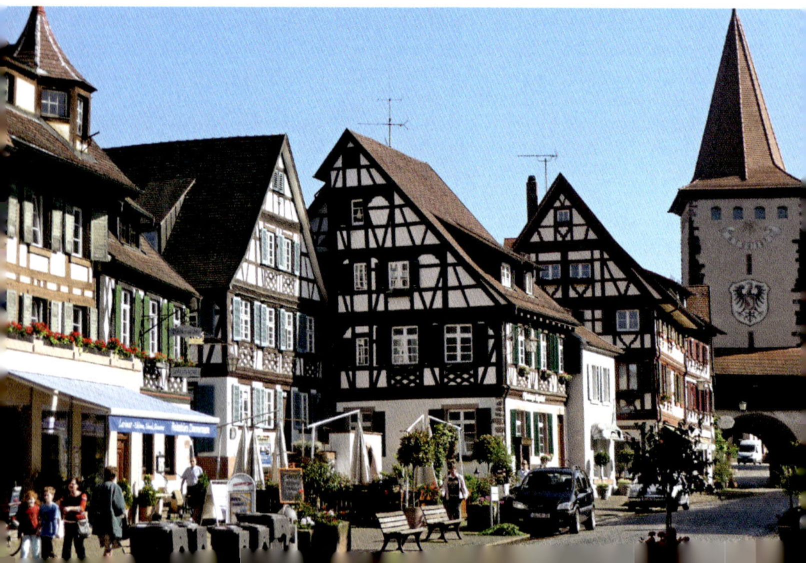

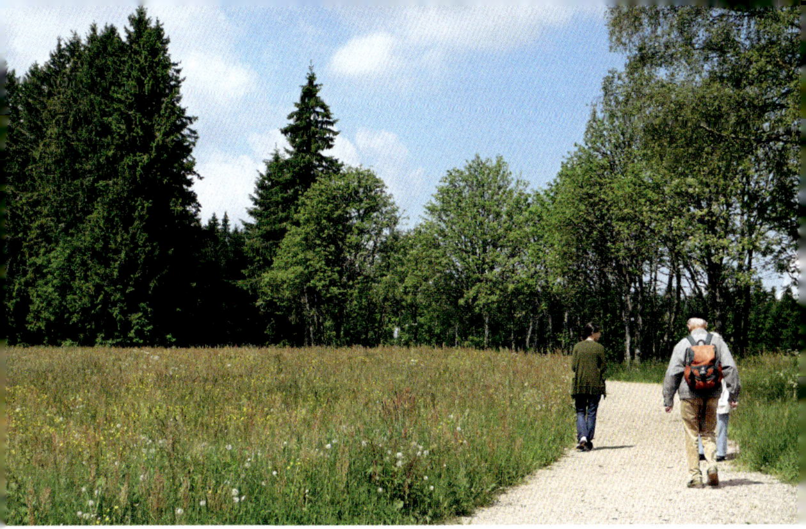

Auf Feldwegen durch die Natur im »Schwobaländle«.

Meersburg/Konstanz bzw. Nonnenhorn, wurde 1999 eingerichtet. Er bildet den Anschluss an den Schwabenweg zum schweizerischen Einsiedeln. In rund neun Tagesetappen führt dieser Weg über die Schwäbische Alb nach Ulm. Hier schließt sich der Oberschwäbische Jakobsweg an, der in etwa sieben Etappen die Pilger an die Ufer des Bodensees bringt.

Von Würzburg über Tübingen nach Straßburg

2004 ist ein 200 km langer Jakobsweg von Rothenburg ob der Tauber in südwestliche Richtung über Schwäbisch Hall und Esslingen bis nach Rottenburg am Neckar ausgeschildert worden, wo sich der Kinzigtäler Weg über den Schwarzwald anschließt. Der landschaftlich reizvolle Kinzigtäler Jakobusweg ist bereits seit 1993 ausgemuschelt. Er führt über Loßburg, Alpirsbach, Gengenbach und an Offenburg vorbei in rund zehn Etappen bis zur Rheinebene. Über Straßburg können die Pilger zwei der Hauptrouten durch Frankreich, die Via Podiensis und die Via Lemovicensis, erreichen.

Über Tübingen nach Waldshut-Tiengen

Ein markierter Jakobsweg verläuft entlang eines römischen Heerweges, der zur schnellen überregionalen Truppenverlagerung angelegt wurde, über Hechingen, Rottweil und Villingen-Schwenningen in rund acht Etappen bis Waldshut-Tiengen. Von dort geht es entweder über Basel durch das Sundgau nach Frankreich oder ab Konstanz durch die Schweiz zum Kloster Einsiedeln.

Landschaften am Weg

Taubertal

Westlich der Längsachse Würzburg – Rothenburg ob der Tauber erstreckt sich das »Liebliche Taubertal«. Diese Region wird vor allem von Wanderern, Radfahrern, Natur-, Kunst- und Weinliebhabern aufgrund ihrer Wälder, Wiesen, der idyllischen Weinberge und -orte und des romantischen Tals der Tauber sehr geschätzt.
Künstler wie Tilman Riemenschneider oder Balthasar Neumann ließen sich nicht nur durch das sanft-hügelige und milde Bild dieser Landschaft inspirieren, sondern sie haben es durch ihre Bauwerke mitgestaltet. Aber auch Clemens von Brentano, Eduard Mörike oder auch Kurt Tucholsky schwärmten für dieses Fleckchen Erde. Kein Wunder also, dass Wilhelm Riehl bei seinen Streifzügen im Jahre 1865 notiert: »Ein Gang durch das Taubertal ist ein Gang durch die deutsche Geschichte.«

Hohenloher Ebene

Diese landwirtschaftlich intensiv genutzte Fläche liegt auf etwa 300–400 m Höhe im nordöstlichen Teil Baden-Württembergs und erstreckt sich zwischen dem Bauland, dem Schwäbisch-Fränkischen Wald und der Frankenhöhe. Die Flüsse Kocher und Jagst sowie deren zahlreiche Nebenflüsse untergliedern und durchschneiden die Region kleinräumig. Die Hohenloher Ebene ist ein waldarmes und durch die eiszeitlichen Lössablagerungen ein fruchtbares, altes Bauernland. Sie ist ein Teil des Südwestdeutschen Schichtstufenlandes. Den Untergrund bilden die harten Kalk- und Dolomitschichten des Muschelkalks, in die sich Tauber, Jagst und Kocher tief einschneiden konnten und enge, canyonartige Talabschnitte herausmodelliert haben. Gleichermaßen ist die Hohenloher Ebene das größte Muschelkalk-Karstgebiet Deutschlands mit zahlreichen Dolinen, Trockentälern und vereinzelten Höhlensystemen. Meist liegen die Siedlungen in den tiefen Talgründen und werden daher häufig von Überschwemmungen heimgesucht.
Die Täler mit ihren steilen Zugängen stellten früher schwer zu überwindende Hindernisse dar. Erst die Au-

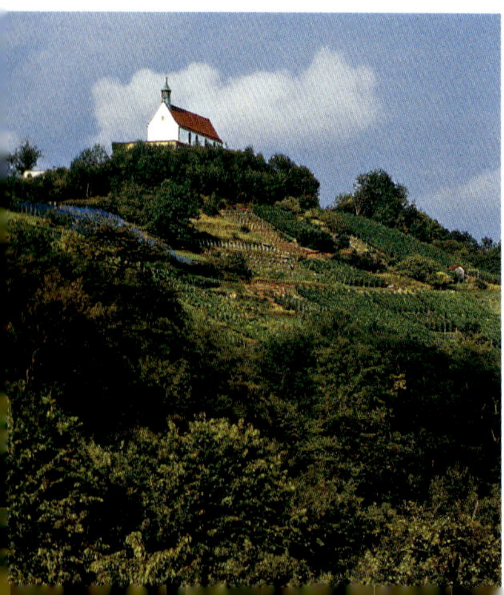

Streuobstwiesen und Kapellen begleiten die Wanderer.

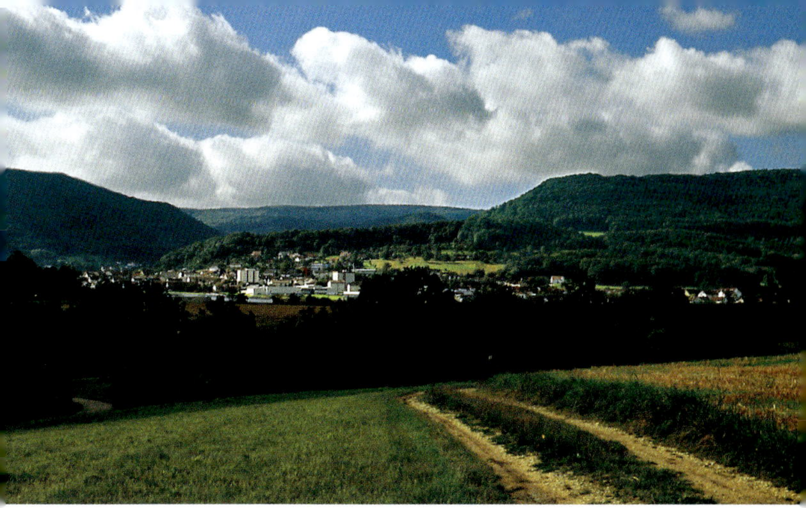

Der bewaldete Albaufstieg bei Böbingen.

tobahn A 6, die in West-Ost-Richtung die Hohenloher Ebene durchzieht, überwand diese natürlichen Barrieren. Die Kochertalbrücke war lange Zeit die höchste Autobahnbrücke Europas.

Schwäbische Alb

Die Schwäbische Alb ist ein Mittelgebirge, das nach Nordwesten durch einen markanten Steilabfall, den bis zu 400 m hohen Albtrauf, gekennzeichnet ist. Geologisch ist die Schwäbische Alb ein Teil des Südwestdeutschen Schichtstufenlandes. Die durchschnittlichen Höhenlagen nehmen in südöstliche Richtung ab. In Nordwest-Südost-Richtung können die Landschaftseinheiten Albtrauf, Schichtflächenalb, Kuppenalb und Flächenalb unterschieden werden. Die gesamte Schwäbische Alb ist stark zertalt – sowohl im Bereich des Albtraufs als auch in den zentralen Hochbereichen der sogenannten Albhochfläche. Der Albtrauf ist in der Regel dicht bewaldet, auf der Kuppenalb dominieren ausgedehnte Waldflächen und Grünland, während die Schichtflächen- und Flächenalb meist ackerbaulich genutzt wird.
Die Schwäbische Alb ist eines der größten zusammenhängenden Karstgebiete in Deutschland. Kalkstein wurde vom Wasser gelöst, sodass sich Klüfte, Dolinen, Höhlen sowie Trockentäler bildeten. Aufgrund der Verkarstung weist die Alb nur sehr wenige Oberflächengewässer auf. Anfang 2005 wurde die Schwäbische Alb als nationaler GeoPark ausgewiesen.
Im Gegensatz zu anderen Mittelgebirgen ist die Schwäbische Alb schon sehr früh dauerhaft besiedelt worden. Im frühen Neolithikum (Jungsteinzeit)

wurden erste Bauern auf der Alb bei Ulm ansässig. Von der Alb stammen bedeutende archäologische Funde, insbesondere die bislang ältesten figürlichen Darstellungen der Menschheit, kleine Schnitzereien aus Mammutelfenbein, die ungefähr 30.000 bis 35.000 Jahre alt sind. Aus der Bronzezeit (bis etwa 1000 v. Chr.) und der Hallstattzeit (800–475 v. Chr.) kennt man zahlreiche Grabhügel. Nach der Zeit der Römer entstanden viele Dörfer und vor allem die Burgen, die das heutige Bild der Schwäbischen Alb mitprägen.

Oberschwaben

Als Oberschwaben wird die Landschaft im Südosten von Baden-Württemberg zwischen Schwäbischer Alb, Donau und Bodensee bezeichnet. Es ist ein Hügelland, das landwirtschaftlich vor allem für die Milchwirtschaft und im milden Becken der Schussen für intensiven Obstbau und Hopfengärten genutzt wird. Ein richtiges Zentrum kann die Region nicht aufweisen, vielmehr entstand eine Identifikation der Bevölkerung zu den freien Reichsstädten wie Ravensburg, Biberach oder Ulm.

Seit dem Mittelalter war Oberschwaben in eine Vielzahl kleiner Territorien wie Fürstentümer, Abteien, Reichsstädte, Graf- und Ritterschaften zersplittert. Im Bauernkrieg galt diese Region als ein Zentrum der Aufständischen. Hier wurden 1525 die sogenannten Zwölf Artikel, die erste Niederschrift der Menschenrechte, verfasst. Im 17. Jh., während der Gegenreformation, entstanden in Oberschwaben zahlreiche prächtige Barockkirchen, die heute entlang der Oberschwäbischen Barockstraße sowie des Jakobsweges bestaunt werden können. Nach dem Ende des alten Reiches durch den Wiener Kongress von 1815 gelangte der größte Teil der vorherrschend katholischen Region zum protestantischen Königreich Württemberg.

Die Oberschwaben gelten als traditionsbewusst sowie konservativ und werden in der Mentalität gerne mit den Oberbayern verglichen. Die Entwicklung des Tourismus ist im Vergleich zu den angrenzenden Gebieten wie Bodensee oder Allgäu nur sehr verhalten verlaufen, sodass Wanderer hier in Ruhe und Beschaulichkeit ihre Wege beschreiten können.

Bodensee

Der Bodensee liegt im Alpenvorland und ist nach dem Plattensee und dem Genfer See flächenmäßig der drittgrößte See Mitteleuropas. Das Bodenseebecken wurde während der Würmeiszeit (bis vor 10.000 Jahren) durch den Rheingletscher geformt, in dessen Zungenbecken sich der heutige See befindet. Hauptzufluss ist der Alpenrhein und Hauptabfluss der Hochrhein. Der Alpenrhein führt sehr viel Gesteinsmaterial aus den Bergen mit sich, das im Bodensee absedimentiert wird.

Die ersten menschlichen Siedlungen am Bodensee, die Pfahlbauten, stammen aus der Jungsteinzeit (3000–1800 v. Chr.). Etwa um 400 v. Chr. siedelten sich keltische Stämme an den Ufern des Sees an. Aus dieser Zeit sind noch einige Überreste von Fliehburgen erhalten, die der lokalen Bevölkerung zum Rückzug und zur Verteidigung dienten. Die Römer gliederten die Region in ihr Reichsgebiet ein. Nach dem Untergang des römischen Imperiums besiedelten die Alemannen den Bodenseeraum. Die voranschreitende Christianisierung führte zur Gründung der Abtei Reichenau und des Bischofssitzes in Konstanz, die der Region eine bedeutende kulturelle Bedeutung verliehen. Eine wichtige Rolle kam dem Bodensee auch als Handelsplatz im deutsch-italienischen Warenverkehr zu.

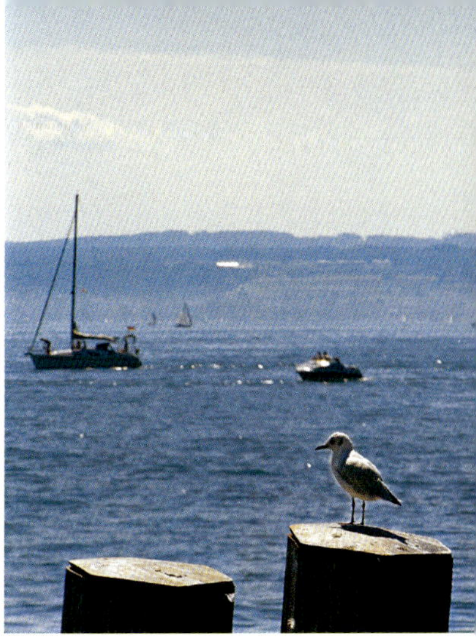

Auf dem Bodensee tummeln sich Boote und Möwen.

Bis ins 19. Jh. hinein galt der Bodensee als naturbelassenes Gewässer. Als Folge der Rodungen und Bebauung zahlreicher Uferabschnitte wurde das Ökosystem des Sees empfindlich gestört. Dennoch konnten einige naturnahe Bereiche vor allem in den Naturschutzgebieten erhalten oder renaturiert werden. Der Bodensee ist ein wichtiges Überwinterungsterritorium für rund 250.000 Vögel jährlich und ein bedeutendes Rastgebiet während des Vogelzuges.
Von wirtschaftlicher Bedeutung sind heutzutage vor allem die Funktionen des Bodensees als Transportweg, als Erholungsgebiet und als Trinkwasserspeicher. Die große Wassermasse des Sees beschert der Region ein mildes, fast mediterranes Klima, in dem vor allem Obst und Wein sehr gut gedeihen.

Schwarzwald

Der dicht bewaldete Schwarzwald erstreckt sich im Westen Baden-Württembergs. Er ist mit 160 km Nord-Süd-Ausdehnung das größte zusammenhängende Mittelgebirge Deutschlands und seit 2014 als Nationalpark ausgewiesen. Seine höchste Erhebung ist der Feldberg (1493 m). An seiner südöstlichen Grenze geht der Schwarzwald in die Hochmulde der Baar über. Geomorphologisch unterscheidet man vor allem zwischen dem östlichen Schwarzwald mit meist gerundeten Bergformen und weiten Hochplateaus und dem zertalten Abbruch zum Oberrheingraben hin. Die Täler sind hier oft schluchtartig und eng.
Geologisch besteht der östliche Bereich des Schwarzwaldes aus Buntsandstein, auf dem sich weite Nadelwälder und Nadelmischwälder ausgebildet

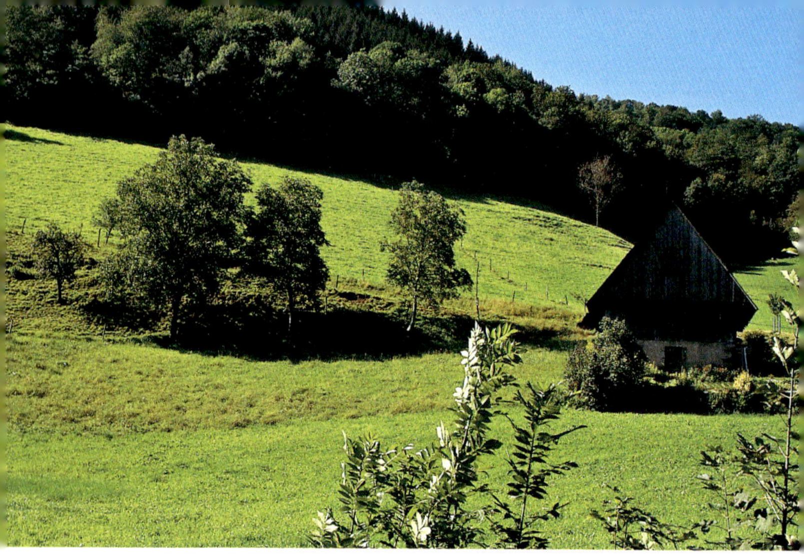

Das typische Schwarzwaldidyll ist auch entlang des Jakobsweges noch zu finden.

haben. Im Westen liegt das Grundgebirge mit metamorphen Gesteinen und Graniten frei. Eine weitere Gliederung teilt den Schwarzwald jedoch in Nord-Süd-Richtung: in Nord- und Südschwarzwald, wobei das Kinzigtal die Grenze bildet.

Bereits ab dem 5. Jh. v. Chr. gewannen die Kelten im Nordschwarzwald Eisenerz. Bedeutende Bergbaugebiete waren das Kinzigtal und seine Seitentäler mit Kobalt-, Silber- und Barytminen. Eine dauerhafte Besiedlung des Schwarzwaldes erfolgte in alemannischer Zeit (3. Jh. n. Chr.) von der Baar aus in den Talbereichen. Aus dem Schwarzwald wurde über Jahrhunderte Holz geschlagen und abtransportiert. Vor allem die langen und gerade gewachsenen Tannen fanden Verwendung im Schiffbau und als Bauholz. So wurde etwa Amsterdam zum Großteil auf Schwarzwaldtannen errichtet.

Bis heute zeugen Wiederaufforstungen mit Fichtenmonokulturen von der Zerstörung des einstigen natürlichen Mischwaldes. 1990 entstanden große Waldschäden durch Orkane. Letztmals wütete »Lothar« im Dezember 1999, wobei er noch größere Zerstörungen als die Vorläuferorkane gerade in den Monokulturen hinterließ. Heute leben weite Teile des Schwarzwaldes hauptsächlich vom Tourismus. Wanderer, Mountainbiker, Kletterer, Gleitschirmflieger und Wintersportler nutzen diesen vielfältigen Naturraum.

Der größtenteils sehr ländlich geprägte Schwarzwald besteht aus vielen verstreuten Gemeinden und wenigen städtischen Zentren. Bekannt ist der

Schwarzwald vor allem für die Bauernhäuser mit den Krüppelwalmdächern (auch als Schopfwalmdach bezeichnet), die Schwarzwälder Trachten mit den auffällig-roten Bollenhüten, Schwarzwälder Köstlichkeiten, Kuckucksuhren und die Pflege von Tradition und Brauchtum.

Rheinebene

Die Oberrheinische Tiefebene ist an ihrer größten Ausdehnung bis zu 40 km breit und bildet nicht nur mit dem Rhein die Grenze zu Frankreich, sondern ist zugleich eine der bedeutendsten geologischen Strukturen Mitteleuropas. Dieser Grabenbruch ist ein Teilstück der sogenannten Mittelmeer-Mjösen-Zone, die sich von der Nordsee bis in das westliche Mittelmeer erstreckt. Die Entwicklung des Oberrheingrabens begann vor ca. 35 Millionen Jahren und hält weiter an. Noch heute ist das Grabengebiet eine Region erhöhter seismischer Aktivität, wenn auch von allgemein geringer Intensität. Auch Überreste von Vulkanen, deren Aktivität vor rund 40 Millionen Jahren bzw. vor rund 16 Millionen Jahren lag, sind im und am Rand des Oberrheingrabens weit verbreitet.

Mit dem Einbruch des Oberrheingrabens erfolgte eine sukzessive Anhebung der Grabenschultern – des heutigen Schwarzwaldes und der Vogesen. Ein Teil des entstandenen Reliefs wurde durch die Einwirkung der Erosion wieder ausgeglichen und als Sedimente in den abgesunkenen Graben hineingetragen. Entlang des Rheines wird zum Beispiel Kies in großen Mengen abgebaut. Aus diesen Kiesen wurde tatsächlich Gold gewonnen, allerdings nur in geringen Mengen. Auch Ton wurde einst für die Herstellung von Ziegeln und Töpferwaren abgebaut. In tieferen Schichten trifft man sogar auf Erdöllagerstätten, die zum Großteil auch schon gefördert wurden.

Der Oberrheingraben und seine Randzonen zu den Gebirgen haben die mildesten Winter und die heißesten Sommer in Deutschland. So können dort mediterrane Gewächse wie Mandelbäume, Feigen, Esskastanien und Wein gedeihen.

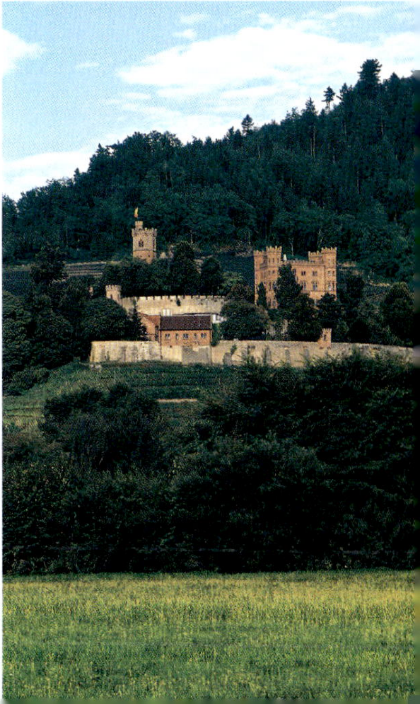

Schloss Ortenberg im unteren Kinzigtal.

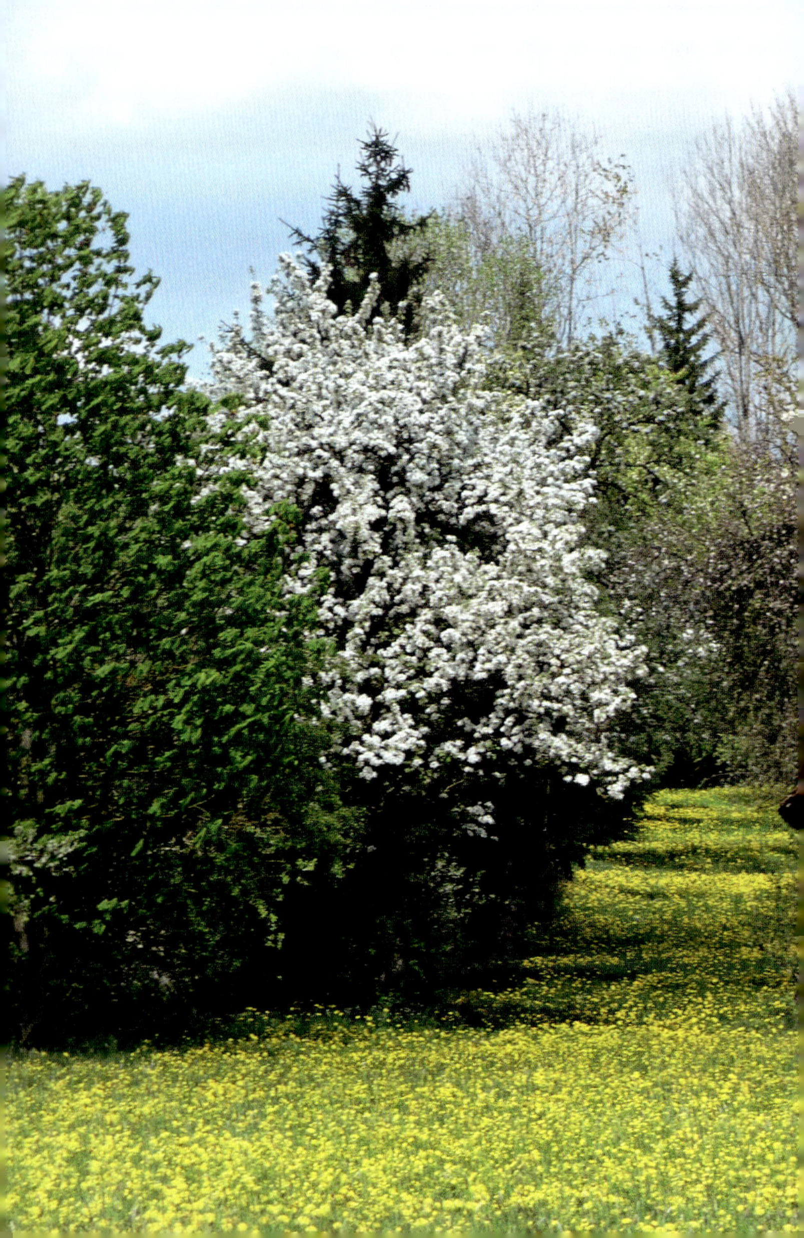

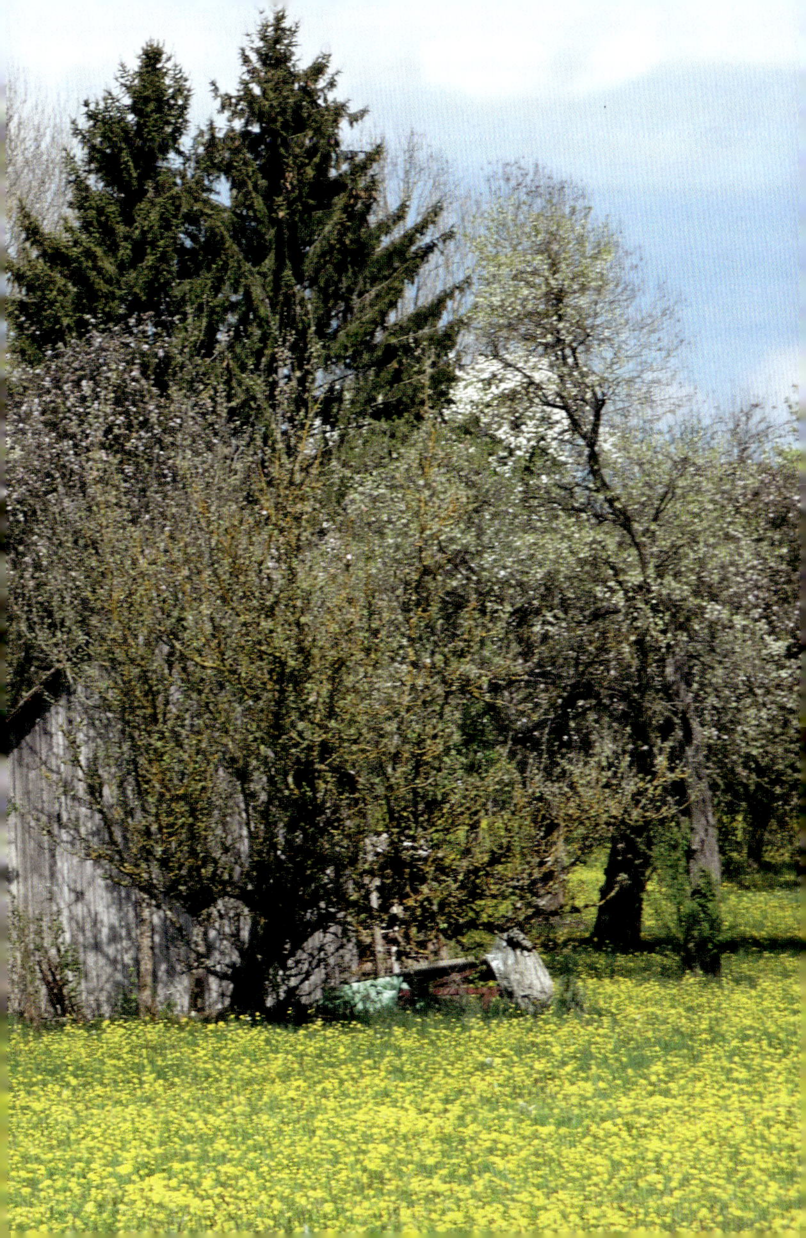

1 Würzburg – Ochsenfurt

5.00 Std.
19,9 km

Unterkunft: Würzburg (182 m/127.000 EW), **(1)** Jugendherberge, ab 27 € ÜF, Fred-Joseph-Platz 2, Tel. 0931 46 77 860, www.jugendherberge.de, ganzjährig. **(2)** Hostel Babelfish, ab 27 € ÜF, Haugerring 2, Tel. 0931 30 40 430, www.babelfish-hostel.de. **(3)** Zimmervermittlung über die Telefon-Hotel-Hotline, Tel. 0800 19 41 408 (24-Std.-Service, gebührenfrei). **(4)** Vermittlung von Privatzimmern: Bed & Breakfast, Kaiserstr. 6, Tel. 0931 40 45 609, www.bed-and-breakfast.de. **Randersacker** (175 m/3440 EW), **(1)** Hotel Demling, ab 43 €, Tel. 0931 70 00 300, www.demling-randersacker.de. **(2)** Gasthaus Krone, ab 66 €, Tel. 0931 70 540, www.krone-randersacker.de. **(3)** Hotel Gasthof Löwen, ab 68 €, Tel. 0931 70 550, www.löwen-randersacker.de. **Eibelstadt** (180 m/3100 EW), Landgasthof Mühle, ab 33 €, Tel. 09303 98 84 96 18, www.muehle-mainblick.de. **Sommerhausen** (177 m/1890 EW), **(1)** Hotel-Gasthof Schiff, ab 78 €, Tel. 09333 17 85, www.hotel-schiff.de. **(2)** Weingut Artur Steinmann, ab 70 €, Tel. 09333/904 60, www.artur-steinmann.de. **(3)** Hotel Zum Weinkrug, Tel. 09333 904 70, www.zum-weinkrug.de. **Ochsenfurt** (187 m/11.250 EW), **(1)** Gasthof Bären, ab 84 €, Tel. 09331 86 60, www.gasthof-baeren-ochsenfurt.de. **(2)** Gasthof Kauzen, ab 55 € ÜF, Tel. 09331 22 37, www.gasthof-kauzen.de. **(3)** Hotel Schmied, ab 45 € ÜF, Tel. 09331 24 38, www.hotel-schmied.de.

Die Strecke: Von Würzburg aus geht es auf ebenen Fahrradwegen, kleinen Straßen und Asphaltwegen am Main entlang. Über die gesamte Strecke außerhalb von Würzburg verläuft der Jakobsweg zwischen dem Main und der B 13. Der Streckenabschnitt ist ausreichend gut mit dem Muschelsymbol (weiße Muschel auf blauem Grund) gekennzeichnet.

Höhenunterschied: 30 m im Auf- und Abstieg.

Kritische Stellen: Im Stadtgebiet Würzburg ist erhöhte Aufmerksamkeit erforderlich, da aufgrund von Baustellen oder Plakaten das Muschelsymbol schnell übersehen werden kann. Der Jakobsweg zweigt direkt hinter der alten Mainbrücke nach rechts ab und führt nicht auf den Dom zu!

Landschaft: Der Main hat sich in weiten Schlingen in die Schichten des Muschelkalks eingegraben und formt eine liebliche Talsohle, die von Weinbergen gesäumt ist. In südöstliche Richtung folgt der Fränkische Jakobsweg ab Würzburg dem Main flussaufwärts bis Ochsenfurt.

Infrastruktur: Würzburg: alles; Randersacker; Eibelstadt; Sommerhausen; Kleinochsenfurt (182 m/1100 EW); Ochsenfurt: alles.

Touristeninformation: Würzburg: Fal-

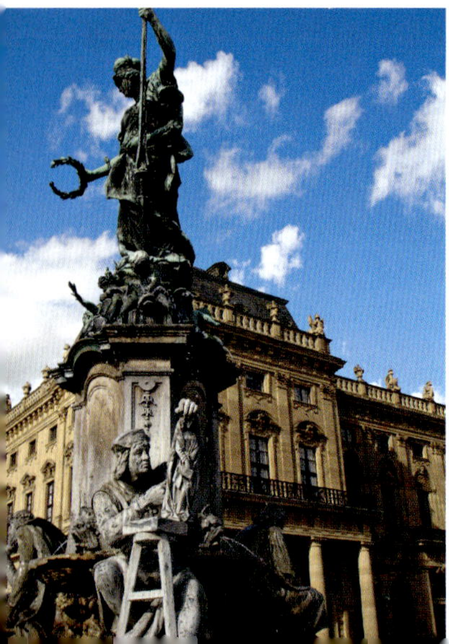

Frankoniabrunnen vor der Würzburger Residenz.

kenhaus am Markt, Tel. 0931 37 23 98, www.wuerzburg.de. Randersacker: im Rathaus, Tel. 0931 70 53 17, www.randersacker.de. Eibelstadt: Tel. 09303 90 610, www.eibelstadt.de. Sommerhausen: im Rathaus, Hauptstr. 15, Tel. 09333 216. Ochsenfurt: Hauptstr. 39, Tel. 09331 58 55, www.ochsenfurt.de.

Anmerkung: Der Jakobsweg führt ab Würzburg bis Ochsenfurt jeweils knapp an den Ortschaften vorbei, die aber durch kurze Abstecher von weniger als 500 m problemlos zu erreichen sind. Es gibt eine Variante ab Eibelstadt über die Weinberge nach Sommerhausen. Diese rund 4 km lange Strecke bietet kaum Schatten.

Wir beginnen die erste Etappe des Fränkischen Jakobsweges links vom Main an der Don-Bosco-Kirche am ehemaligen **Schottenkloster** in **Würzburg (1)**.

i *An dieser Stelle entstanden ab 1135 ein von irischen Benediktinermönchen geführtes Hospiz, ein Kloster und die Abteikirche St. Jakob. Viele Iren, im Mittelalter verallgemeinernd als »Schotten« bezeichnet, pilgerten zum hl. Kilian, einem irischen Missionar, nach Würzburg, bevor sie der Weg weiter nach Santiago de Compostela führte. Die Gebäude wurden Ende des 14. Jh. in Brand gesteckt und erfuhren im Zweiten Weltkrieg erhebliche Zerstörungen. Ab 1955 wurden die heutige Don-Bosco-Kirche und die dazugehörenden Gebäude neu errichtet.*

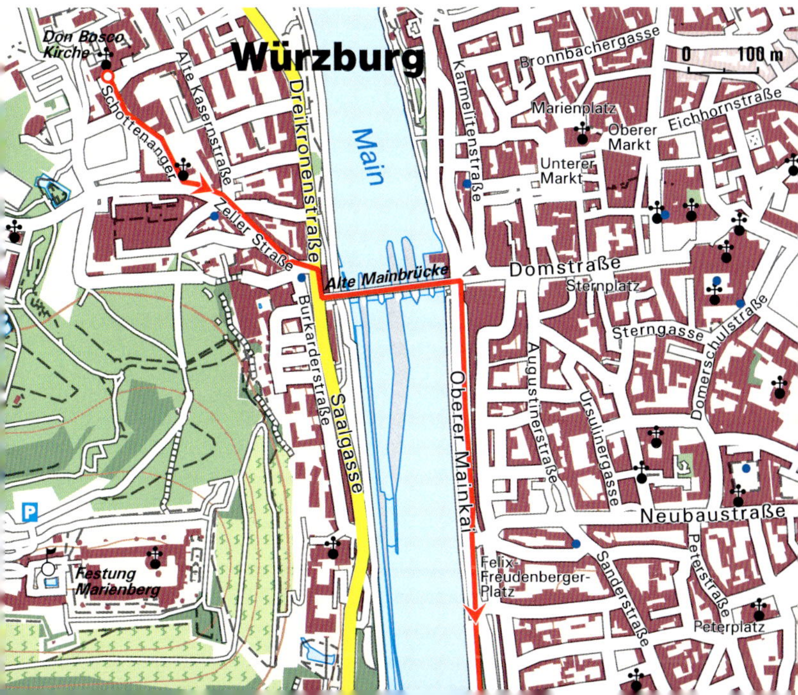

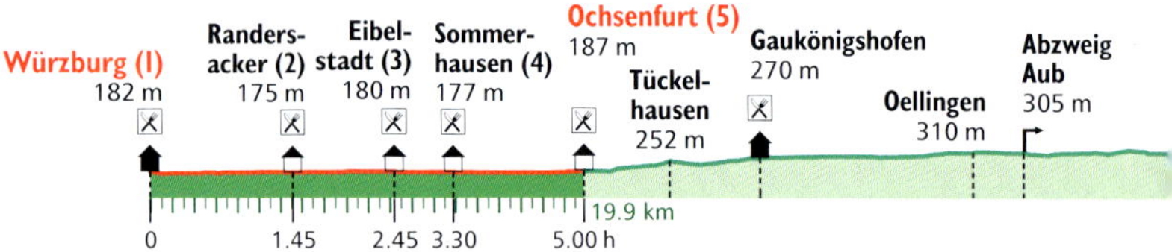

Zunächst geht es auf dem Schottenanger unter einem Anbau der Deutschhauskirche hindurch nach links in die Zeller Straße. Die reich verzierte frühgotische Kirche aus dem 13. Jh. gehörte einst dem Deutschherrenorden. In unmittelbarer Nachbarschaft befindet sich ein Bildstock mit der Darstellung eines Jakobspilgers. Die alte Mainbrücke, über die der Weg führt, bietet einen weiten Blick auf das alte Würzburg und auf das schmucklose Hauptportal des Doms St. Kilian. Die Altstadt mit den zahlreichen historischen Gebäuden ist sehr sehenswert und lohnt einen Abstecher vom markierten Jakobsweg.

i *»Diese weinreichen, so fruchtbaren, so schönen Landstriche, die allenthalben berühmt sind, umfassen das liebliche Würzburg gleich einer Rose. Trefflich ist diese Lage, wunderschön erschien sie mir, und ins Tal eingeschnitten liegt die Stadt da wie ein irdisches Paradies.« Gottfried von Viterbo, 12. Jh. Die erste Besiedlung* ***Würzburgs*** *unterhalb der heutigen Burg erfolgte um 1000 v. Chr. durch die Kelten. Nach der Christianisierung durch den hl. Kilian, der Ende des 7. Jh. den Märtyrertod erlitt, wurde Würzburg 742 zum Bistum erhoben. Ab 1000 begann man mit dem Bau des Stiftes St. Johannis, des Stiftes Neumünster sowie mit dem dritten Dombau (die ersten beiden wurden durch Brände zerstört). Der erste Dom hatte bereits 788 in Anwesenheit Kaiser Karls des Großen die Weihe erhalten. Zur Zeit der Staufer stand die Stadt in ihrer vollen Blüte: Kaiser Friedrich Barbarossa feierte 1156 in Würzburg sein rauschendes Hochzeitsfest mit Beatrix von Burgund. Im 13. Jh. verlegten die kirchlichen Oberhäupter der Stadt ihren Sitz auf die Burg, da das aufstrebende Bürgertum immer wieder versuchte, sich von den Bischöfen zu befreien. 1590 siegte endgültig der weltliche Absolutismus über das Diktat der Kirchenfürsten. Im Zuge dieses Wandels setzte eine enorme Bautätigkeit ein, wie zum Beispiel der Ausbau der Burg zum Fürstensitz oder die Gründung der Universität unter Bischof Julius Echter. Eine zweite Blütezeit (1641–1746) erlebte Würzburg unter den Fürstbischöfen aus dem Hause Schönborn. Erst die Französische Revolution und die später einsetzende Säkularisierung setzten dieser prunkvollen Epoche der Stadt ein jähes Ende. Würzburg galt schon im Mittelalter als eine Stadt der Künste, begründet u. a. durch Walther von der Vogelweide oder Tilman Riemenschneider. Der verheerende Bombenangriff im März 1945 zerstörte 80 Prozent der Stadt und der historischen Bauwerke. Doch aus dem sogenannten »Grab am Main« entstand aus den Trümmern die heutige fränkische Metropole, die in neuem Glanz erstrahlt.*

Der ***Dom St. Kilian*** *ist eine der größten romanischen Kirchen in Deutschland. Mit dem heutigen Bau wurde ab 1040 begonnen, 1187 wurde das Gotteshaus geweiht. Im 13. Jh. erhielt die Kirche eine erste Erweiterung durch den Aufbau der achteckigen Obergeschosse der Osttürme, eine neue Wölbung des Chorraumes sowie eine Erhöhung des Giebels am Querschiff. Weitere Neuerungen fanden vor allem im 18. Jh. durch den Anbau der Schönborn-Kapelle als fürstliche Grablege statt. Aber auch der Innenraum des Doms erfuhr eine Verzierung durch barocke Elemente. Nach der Zerstörung des Doms 1945 wurde das Mittelschiff im romanischen Stil neu aufgebaut. Zwischen den Pfeilern des Längsschiffes befinden sich zahlreiche Grabmäler, wie zum Beispiel das Wolfskeel-Grabmal, ein Meisterwerk der Hochgotik, oder das Scherenberg-Epitaph, das als eines der herausragenden Werke Tilman Riemenschneiders gilt. Aus der Hand Riemenschneiders stammt ebenfalls das Bibra-Grabmahl, die Skulptur des Christus Salvator mit den Aposteln Paulus und Petrus. An der Stelle der 1349 zerstörten Synagoge entstand ab 1377 in 100-jähriger Bauzeit die* ***Marienkapelle****. Der dreischiffige Bau mit einem steilen Chor gilt als eine der schönsten spätgotischen Kirchen im Süden Deutschlands. Die Portale (15. Jh.) thematisieren die Verkündigung, die Krönung Mariens sowie das Jüngste Gericht. Die Skulpturen der Apostel und von Adam und Eva sind Kopien der Arbeiten von Tilmann Riemenschneider.*

Die ***Würzburger Residenz*** *zählt zu den prachtvollsten Barockschlössern Deutschlands. Nachdem die Festung Marienberg als fürstbischöflicher Sitz nicht mehr repräsentativ genug erschien, veranlasste Johann Philipp von Schönborn 1719 die Errichtung der Residenz. Der ehrgeizige Bau mit 365 Zimmern und Sälen, Kirche und Weinkeller wurde 1753 nach Plänen von* ***Balthasar Neumann*** *vollendet. Napoleon nannte das Gebäude »den größten Pfarrhof Europas«. In der Bombennacht von 1945 blieben die prachtvolle Dreiflügelanlage mit dem prächtigen Mittelbau und dem doppelläufigen Treppenhaus (mit dem weltweit größten Deckenfresko), die zahlreichen Marmorstatuen, Stuckverzierungen und Fresken der vier damals bekannten Erdteile sowie das Vestibül weitgehend verschont.*

Die Mitte des 18. Jh. von Balthasar Neumann errichtete Wallfahrtskirche ***Käppele*** *zeichnet sich durch eine Front mit Doppeltürmen und ein kuppelförmiges Dach aus. Zum Käppele führt der vielleicht schönste Kreuzweg Deutschlands. Der Passionsweg verläuft über viele Treppen und sich immer wieder teilende Pfade vorbei an 14 Kapellchen mit lebensgroßen Figuren. Die von Weinbergen umgebene* ***Festung Marienberg*** *ist eines der beeindruckendsten Bauwerke Würzburgs. Im 6.–8. Jh. residierten in dieser Fliehburg die Herzöge Frankens. Aus dieser Zeit stammt die Marienkirche. Der zweigeschossige Rundbau mit über 3 m dicken Wänden zählt neben dem Trierer Dom zu den ältesten Kirchen Deutschlands. Die heutige Burganlage wurde zu Beginn des 13. Jh. in Auftrag gegeben und diente bis 1720 als fürstbischöflicher Sitz. Ein Brand zerstörte 1600 einen großen Teil der Festung, Wiederaufbau und Umgestaltung erfolgten im Stil des Barock. Nachdem die Bischöfe die Marienburg als Sitz aufgaben, diente sie als Arsenal und Kaserne. Heute ist das Mainfränkische Museum in Teilen der Festung untergebracht.*

__Tilman Riemenschneider__ wurde um 1460 in Heiligenstadt (Oberfranken) geboren. Seine spätere Walz führte ihn über Würzburg nach Oberschwaben und an den Oberrhein, wo er wahrscheinlich die Werke Syrlins und Schongauers kennenlernte. 1483 kehrte er nach Würzburg zurück und wurde Mitglied der Lukasbruderschaft, der Zunft der Maler, Bildhauer und Glaser. Riemenschneider erstellte ein Grabmal und den Magdalenenaltar, der ihn weit über die Stadtgrenzen hinweg bekannt machte und ihm viele Aufträge einbrachte: die Apostel, das Grabmal Kunigundes und Kaiser Heinrichs II. im Bamberger Dom.

Es bleibt unklar, was den konservativen Geist bewogen hat, den aufständischen Bauern 1525 die Stadttore zu öffnen. Für diese Tat wurde er mit anderen Bürgern auf der Marienburg gefangen gehalten. Er erhielt jedoch eine vergleichsweise gnädige Strafe: Er wurde verurteilt, die Hälfte seines Vermögens abzugeben, während andere Mitgefangene geköpft wurden. Bis zu seinem Tode im Jahr 1531 blieb der in Ungnade Gefallene ohne Großaufträge und verrichtete hauptsächlich Restaurationsarbeiten.

Direkt am Ende der Brücke gehen wir nach rechts einige Stufen hinab zum Mainufer, dem wir nun mainaufwärts aus der Stadt hinaus folgen. Auf der anderen Uferseite thront die imposante Festung Marienberg auf einem Hügel und daneben steht die barocke Wallfahrtskirche Käppele.

Wir folgen dem Mainradweg unter der Löwenbrücke hindurch und bleiben dem Weg bis kurz vor Ochsenfurt treu. Auf dem Mainkai geht es nun auf der rechten Mainseite immer flussaufwärts. Wir erreichen die kleine Gemeinde **Randersacker** (**2**, 1¾ Std.) südlich von Würzburg.

Hier besteht die Möglichkeit eines kurzen Abstechers nach Randersacker, einer kleinen denkmalgeschützten Winzergemeinde. Ein Blickfang ist der Gartenpavillon des berühmten Baumeisters Johann Balthasar Neumann, den er 1743 für seinen eigenen Garten im Stil des Barock erbaute.

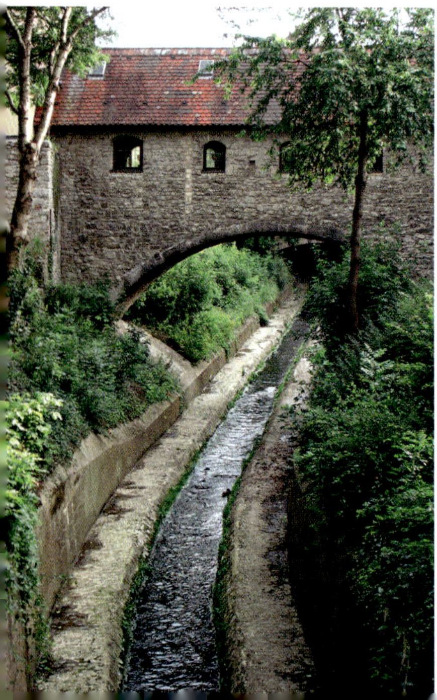

Spätmittelalterlicher Wehrbau der Stadtmauer von Heidingsfeld.

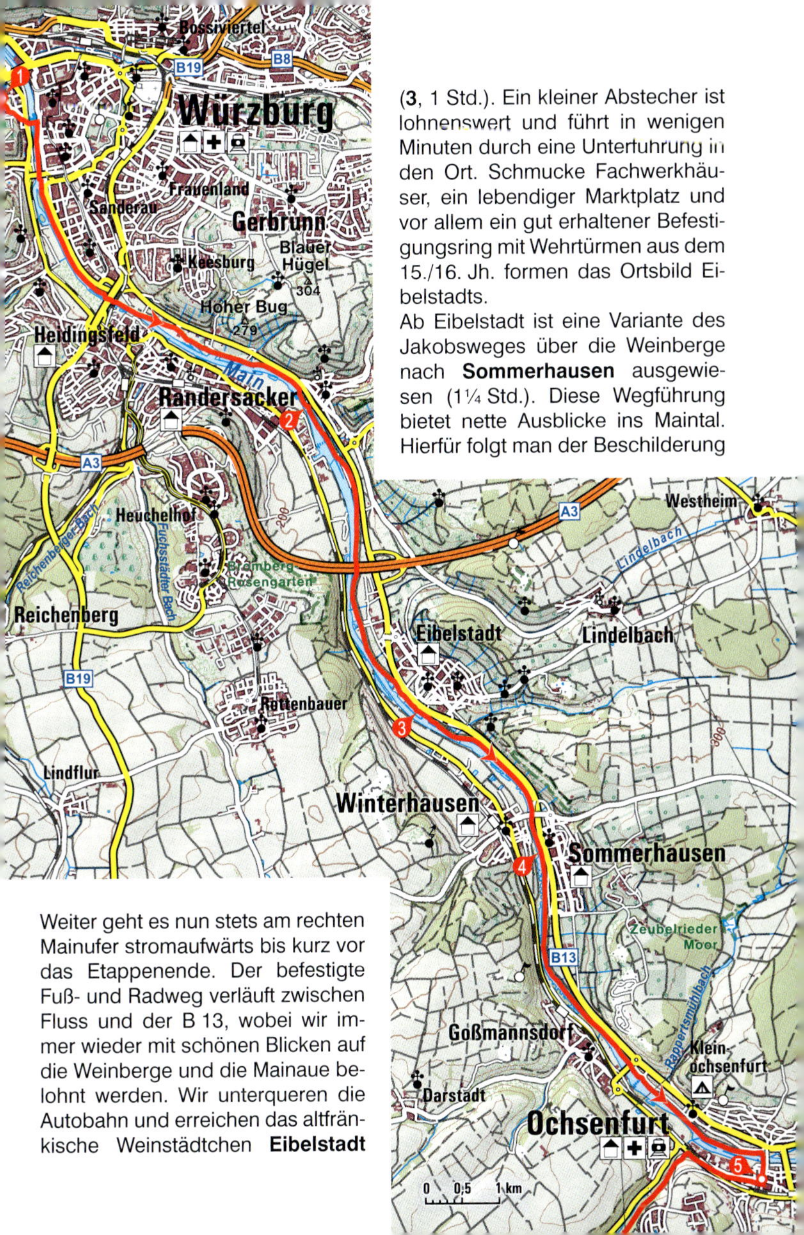

Weiter geht es nun stets am rechten Mainufer stromaufwärts bis kurz vor das Etappenende. Der befestigte Fuß- und Radweg verläuft zwischen Fluss und der B 13, wobei wir immer wieder mit schönen Blicken auf die Weinberge und die Mainaue belohnt werden. Wir unterqueren die Autobahn und erreichen das altfränkische Weinstädtchen **Eibelstadt** (**3**, 1 Std.). Ein kleiner Abstecher ist lohnenswert und führt in wenigen Minuten durch eine Unterführung in den Ort. Schmucke Fachwerkhäuser, ein lebendiger Marktplatz und vor allem ein gut erhaltener Befestigungsring mit Wehrtürmen aus dem 15./16. Jh. formen das Ortsbild Eibelstadts.

Ab Eibelstadt ist eine Variante des Jakobsweges über die Weinberge nach **Sommerhausen** ausgewiesen (1¼ Std.). Diese Wegführung bietet nette Ausblicke ins Maintal. Hierfür folgt man der Beschilderung

»Variante zwischen Eibelstadt und Sommerhausen durch die Weinberge«. Wir aber wandern stets geradeaus auf dem teils schattigen Mainuferweg weiter, bis wir den Doppelort **Sommerhausen** (**4**, ¾ Std.) auf der rechten Mainseite und Winterhausen auf dem linken Ufer erreichen.

i *Das romantische* ***Sommerhausen*** *– eine protestantische Enklave im ansonst katholischen Mainfranken – ist einen Abstecher wert. Sommerhausen gilt als der Inbegriff der fränkischen Romantik mit seinen Fachwerkhäusern, dem Schloss und der mittelalterlichen Stadtmauer mit ihren reizvollen Toren.*

Wir folgen weiterhin dem kleinen befestigten Weg, an der Schleuse von Großmannsdorf vorbei bis nach **Kleinochsenfurt** (1 Std.). Schon vor dem Ort können wir auf der gegenüberliegenden Mainseite unser Etappenziel Ochsenfurt erkennen. Über die neu errichtete Mainbrücke überqueren wir den Fluss, gehen durch den historischen Centturm und sind auch schon im hübschen mittelalterlichen Zentrum von **Ochsenfurt** (**5**, ½ Std.) mit seinen prächtigen Fachwerkhäusern angekommen.

Flussidylle am Mainufer.

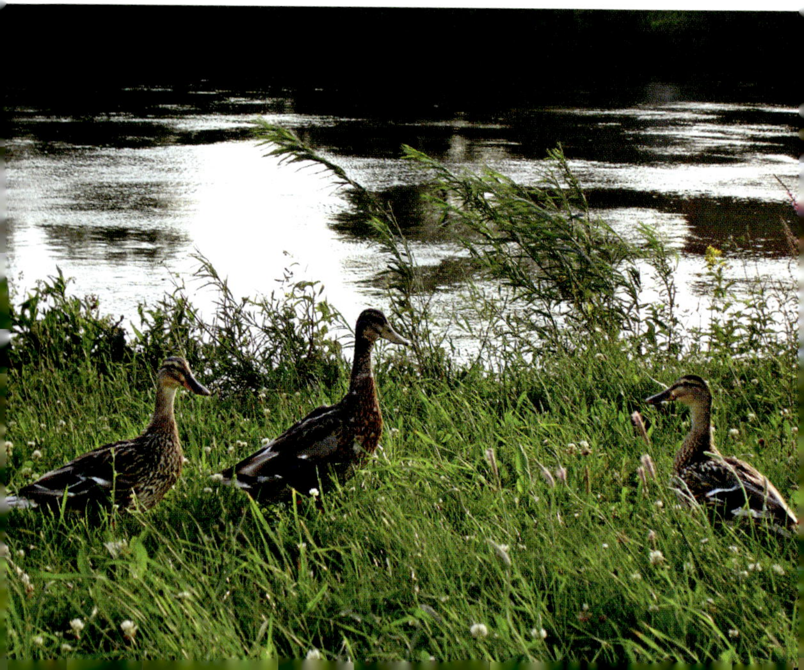

8.15 Std.
33,9 km

Ochsenfurt – Uffenheim

2

Übernachtung: **Gaukönigshofen** (270 m/ 2490 EW), Pilgerherberge im ehemaligen Schutzjudenhaus, Julius-Echter-Str. 1, Tel. 09337 623, 10 € ÜB, Frühstück 6 €, mittwochs Anmeldung bei Gemeinde, Tel. 09337 97 190. **Uffenheim** (328 m/6200 EW). **(1)** Gasthof Schwarzer Adler, ab 48 €, Tel. 09842 98 800, www.gastsein.de. **(2)** Hotel Lichterhof, 69 € ÜF, Tel. 09842 98 310, www.lichterhof.de.

Die Strecke: Von Ochsenfurt geht es zur Trasse der ehemaligen Gaubahn (s. Infokasten unten). Auf diesem befestigten Bahndamm verläuft die Route im Schatten meist leicht bergan durch die Gaulandschaft bis Rittershausen. Hier verlässt man die alte Bahnstrecke und wandert auf zumeist betonierten Feldwegen durch das sanft hügelige Kulturland mit zahlreichen kleinen Bauerndörfern und Weilern. Die Streckenführung ist ausreichend markiert.

Höhenunterschied: 240 m im Auf- und 100 m im Abstieg.

Kritische Stellen: Zwischen Herrenmühle und Riedmühle (siehe Wegbeschreibung) ist das Muschelsymbol auf den Boden aufgemalt und bei verschmutzter Straße leicht zu übersehen.

Landschaft: Südlich der Mainschlinge öffnet sich die wellige Landschaft des Ochsenfurter Gaus. Diese intensiv landwirtschaftlich genutzte Region mit ihren fruchtbaren Lössböden wird vom lieblichen Gollachtal eingerahmt.

Infrastruktur: Gaukönigshofen; Abstecher: Aub (310 m/1560 EW); Uffenheim.

Information: Gaukönigshofen, Tel. 09337 97 190, www.gaukoenigshofen.de. Aub, Tel. 09335 97 100, www.stadt-aub.de. Fremdenverkehrsamt Uffenheim, Tel. 09842 207-21, www.uffenheim.de, www.frankentourismus.de.

Anmerkung: Auf dieser längeren Etappe gibt es außer in Gaukönigshofen keine Versorgungsmöglichkeit. Man kann aber über Aub gehen und dort die Infrastruktur nutzen (zusätzlich insgesamt 1¼ Std.).

Wir verlassen die Altstadt von **Ochsenfurt (1)** durch das Klingentor und folgen der Tückelhäuser Straße gut 1 km geradeaus. Am Ortsausgang wenden wir uns nach links und gehen durch eine Unterführung. Dabei folgen wir dem Muschelsymbol in Richtung Radweg/Gaubahn. Nun führt uns der Weg kurz etwas steiler bergan zur Informationstafel der Gaubahn. Hier beginnt die ehemalige Bahntrasse, die zum Rad- und Fußweg umgestaltet wurde.

i *Auf der **Gaubahn** fuhren von 1907 bis 1992 Güter- und Personenzüge, bis die Strecke aufgrund der Umstrukturierung bei der Rübenanlieferung für die Zuckerfabrik in Ochsenfurt sowie des wenig einträglichen Personenverkehrs eingestellt wurde. Der scherzhaft genannte »Gaublitz« hielt auf 31 km an elf Stationen. Seit dem Abbau der Gleise 1994 nutzen Wanderer und Radfahrer die Trasse, die aus dem Maintal hinaus durch den Ochsenfurter Gau führt und im Taubertal endet.*

Nach gut 2 km auf dem Gaubahnweg geht es an einer querenden Straße nach rechts. Wir verlassen hier die ehemalige Bahntrasse (eine Variante führt geradeaus auf dem Gaubahnweg weiter) und wandern auf dem Lambertusweg bergan nach **Tückelhausen** (**2**, 1 Std.), das auf einer Anhöhe oberhalb des

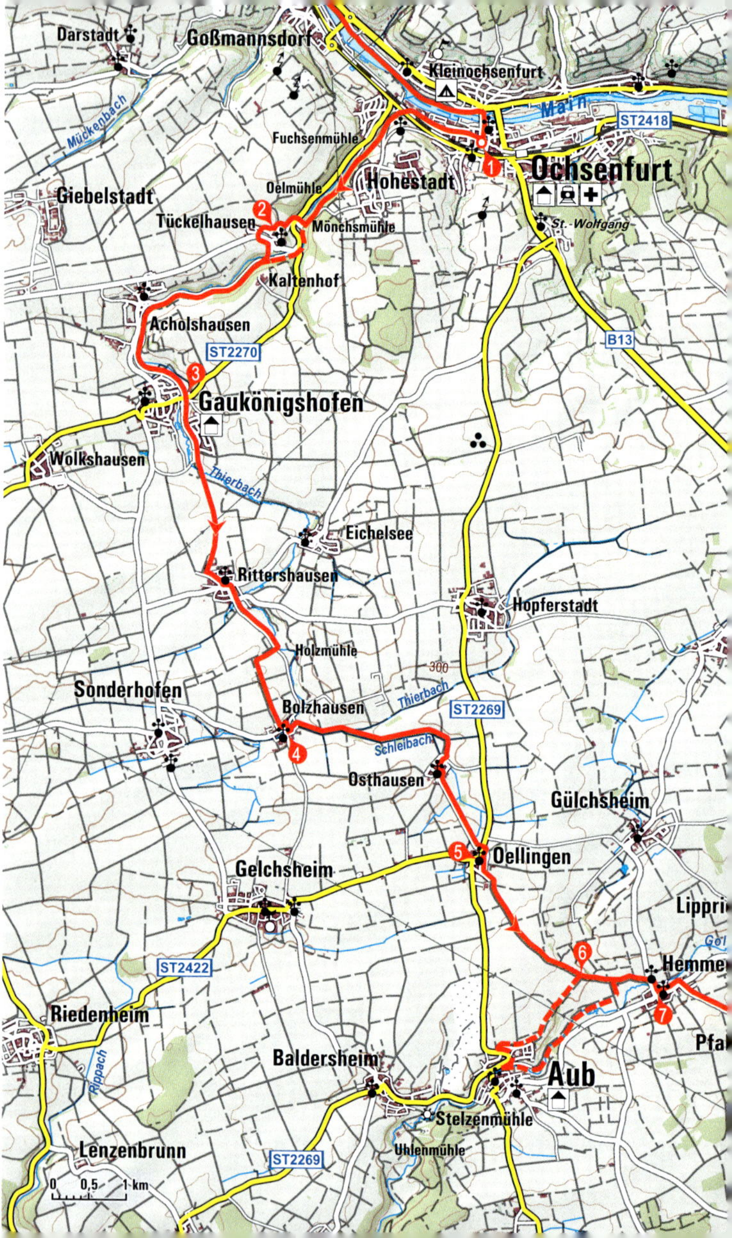

Darstadt
Goßmannsdorf
Kleinochsenfurt
Main
ST2418
Mückenbach
Fuchsenmühle
Ochsenfurt
Hohestadt
Oelmühle
Giebelstadt
Tückelhausen
Mönchsmühle
St. Wolfgang
Kaltenhof
Acholshausen
ST2270
B13
Gaukönigshofen
Wolkshausen
Thierbach
Eichelsee
Rittershausen
Hopferstadt
Holzmühle
300
Sonderhofen
Thierbach
Bolzhausen
ST2269
Schleibach
Osthausen
Gülchsheim
Oellingen
Gelchsheim
Lippri
Hemme
ST2422
Riedenheim
Pfa
Rippach
Baldersheim
Aub
Stelzenmühle
Uhlenmühle
Lenzenbrunn
ST2269
0
0,5
1 km
1
2
3
4
5
6
7

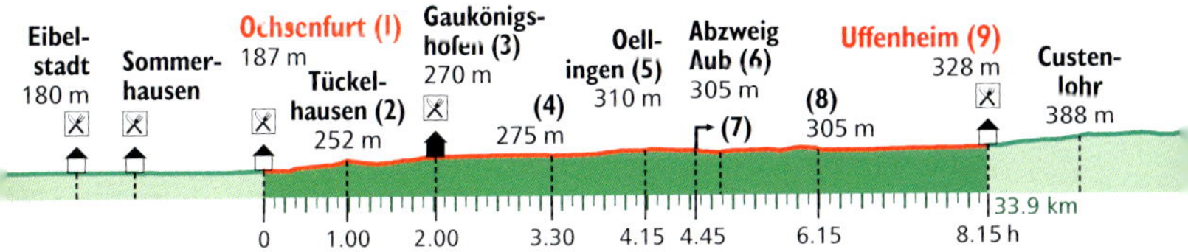

Thierbaches liegt. Die kleine Siedlung entstand durch ein ehemaliges Kloster des Prämonstratenserordens aus dem 12. Jh., dessen Kirche Besuchern offensteht. Das angegliederte Museum bietet einen Einblick in das Leben der Kartäuser. Durch die schmalen Straßen und Gassen geht es zurück zum Gaubahnweg, der geradeaus durch das liebliche Thierbachtal weiterverläuft. Über **Acholshausen** (½ Std.) geht es leicht bergan weiter auf dem Bahndamm nach **Gaukönigshofen** (**3**, ½ Std.), einen der ältesten Orte Unterfrankens.

i *Bereits aus der Zeit der Bandkeramiker (um 2000 v. Chr.) lassen sich erste Siedlungsspuren bei* ***Gaukönigshofen*** *nachweisen. Die erste urkundliche Erwähnung des Ortes stammt aus dem Jahr 741. Schon von weither sichtbar wird das Ortsbild von der Schutzengelkirche, dem »Dom vom Gau«, geprägt. Der elegante Barockbau entstand im Rohbau zwischen 1724 und 1730. Vom stark gegliederten Südflügel leuchtet die vergoldete Statue des Schutzengels mit Kind. Der Innenraum ist mit zahlreichen Engel- und Heiligendarstellungen prächtig ausgestattet. In unmittelbarer Nachbarschaft befindet sich das 1609 im Stil der Renaissance erbaute* ***Rathaus*** *mit den Volutengiebeln.*

Auf dem nun relativ eben verlaufenden Gaubahnweg pilgern wir weiter bis zum nächsten landwirtschaftlich geprägten Ort, **Rittershausen** (¾ Std.).

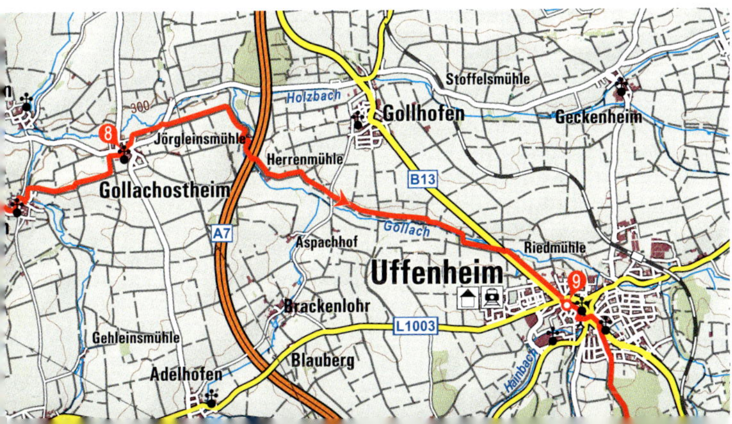

Beim ehemaligen Bahnhof von Rittershausen geht es nach links und weiter im Ortskern nach rechts an der Kirche vorbei. Am Ortsende folgen wir der Straße in Richtung Bolzhausen. Auf unserem Weg wandern wir weiter durch die Felder mit Mais und Getreide, bis wir bei zwei Linden nach rund 800 m nach rechts auf einen Feldweg abbiegen. Auf einem Betonweg nach links, entlang einer Stromleitung, kommen wir nach **Bolzhausen** (**4**, ¾ Std.), dessen Kirchturm uns schon von Weitem grüßt. Im Ort geht es nach links auf die Alleestraße und nach rechts auf einer kleinen Brücke über den Mühlbach. Dann biegen wir links in den Riedweg ein und verlassen den Ort am Friedhof nach links. An einem querenden Betonweg geht es nach rechts erst am Thierbach, dann am Schleibach entlang. Vor einem markanten Bildstock aus dem Jahre 1694 wandern wir nach rechts durch die offene Gaulandschaft. In einer Kurve zweigt der Jakobsweg nach rechts auf eine Schotterpiste ab und führt an einem Stallgebäude vorbei in den bäuerlichen Weiler **Osthausen** (½ Std.). Im Ort rechts in die Straße Osthausen, an der Kirche vorbei und nach rechts zu einem Transformatorenhäuschen. Hier zweigt ein betonierter Weg nach links ab, der uns geradeaus durch die Felder hindurch nach **Oellingen** (**5**, gut ¼ Std.) führt. In Oellingen orientieren wir uns an der Kirche und den Muschelsymbolen. Wir verlassen das Dorf auf einem befestigten Feldweg leicht bergan über die Hemmersheimer Höhe, 330 m. An einem Bildstock eröffnet sich ein weiter Rundblick über die fruchtbare Lösslandschaft des Gaus.
Nach der Höhe zweigt die empfehlenswerte **Variante** (**6**, ½ Std.) nach rechts ab. Der ausgeschilderte Weg führt direkt ins Zentrum von **Aub**.

i *Am Südhang des Gollachtals liegt das reizvolle Städtchen* ***Aub****, das von einer vollständig erhaltenen Wehrmauer mit sieben Toren und Türmen umfasst ist. Den Mittelpunkt bildet der Marktplatz mit Brunnen, dem spätgotischen Rathaus, spitzgiebligen Fachwerkhäusern und einer barocken Mariensäule. Die* ***Pfarrkirche Mariä Himmelfahrt*** *birgt ein wertvolles Kulturgut: eine Kreuzigungsgruppe von 1515 aus der Werkstatt Tilman Riemenschneiders.*

Ab dem Marktplatz von Aub ist der Weg nach Hemmersheim mit der Muschel und dem Symbol des Kunigundenweges gekennzeichnet. Er führt durch das romantische Tal der Gollach, durch kleine Wäldchen und an einem Weiher vorbei bis zu einem querenden Feldweg, der uns nach rechts zu der Straße nach **Hemmersheim** führt (insgesamt 1¼ Std.).
Wer ohne den Abstecher über Aub weitergeht, bleibt auf dem befestigten Weg geradeaus bis zum Ortsrand, dort nach rechts über einen Bach in die Dorfmitte von **Hemmersheim** (**7**, ¼ Std.) und nach links an der Dorfkirche vorbei. Bei der Feuerwehr geht es nach rechts und wir erreichen so geradeaus **Pfahlenheim** (knapp ¾ Std.). Hier entspringt eine Quelle, die der hl. Ottilie geweiht ist und deren Wasser bei Augenleiden heilend wirken soll.

Weiter geht es auf dem Fuhrweg bergab und nach links auf der Ringstraße an der Kirche St. Ursula und Wendelin vorbei. Nahe dem Ortsrand folgen wir der Ringstraße nach rechts und verlassen den Ort auf dem Mühlenweg nach links. Nach 200 m schlagen wir nach rechts einen Feldweg ein, der uns bergab zum Ortseingang von **Gollachostheim** (**8**, ½ Std.) bringt. Auch hier orientieren wir uns an der Kirche, die dem hl. Nikolaus und St. Jakobus geweiht ist, und die wir auf einem Pfad zwischen Gärten hindurch erreichen. Von der Kirche gehen wir hinunter zur Dorfstraße, der wir nach rechts zum Ortsende folgen. Hier zweigen wir nach links ab und gehen an einer T-Kreuzung nach rechts auf den Jörgleinsmühlweg. Auf dem befestigten Weg kommen wir nach rund 30 Minuten zur **Jörgleins-Mühle**. Der Jakobsweg führt über die Gollach, unter der Autobahn hindurch und nach 1,5 km an der **Herrenmühle** vorbei. Vor einem großen Baum nach einer Stromleitung geht es nach rechts in einen Wiesenweg (Achtung: Markierung auf der Straße angebracht). Der Stromleitung folgend geht es geradeaus. Nach rund 700 m überqueren wir die Gollach nach rechts und wandern danach nach links auf ein Pappelwäldchen zu. Wir umgehen das Wäldchen und gelangen nach rechts auf einen befestigten Feldweg, auf dem wir bis zur Riedmühle bleiben. Hier trifft der Jakobsweg auf die B 13, der wir parallel auf einem Wirtschaftsweg zum Etappenziel folgen. Durch das Würzburger Tor erreichen wir die Altstadt von **Uffenheim** (**9**, insg. 2 Std. ab Gollachostheim). Die »Metropole« des Gaus wirkt wie das landwirtschaftlich geprägte Umland verschlafen und wenig städtisch.

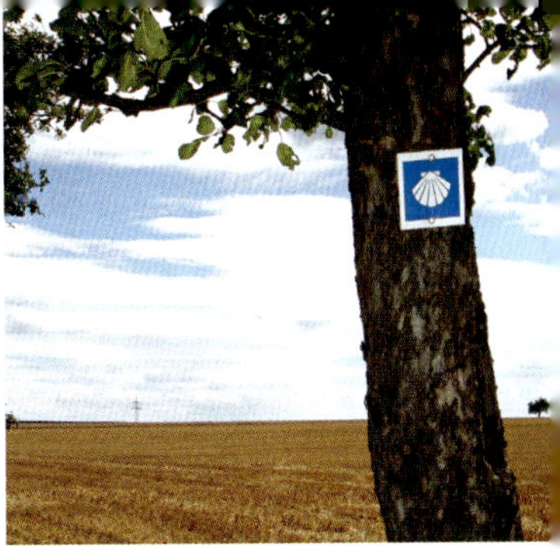

Der Jakobsweg führt über die fruchtbaren Äcker der Hohenloher Ebene.

i ***Uffenheim*** *wurde 1103 erstmalig urkundlich erwähnt und erhielt von Kaiser Karl IV. 1349 das Stadtrecht. Seit 1806 gehörte die Stadt zum Königreich Bayern. Noch heute ist Uffenheim kleinstädtisch, aber dennoch das Zentrum des fruchtbaren Gollachgaus. Das* ***Würzburger Tor****, ein Teil der Stadtbefestigung, stammt ursprünglich aus dem 14. Jh. und wurde in den beiden folgenden Jahrhunderten stark überarbeitet. Über der Tordurchfahrt ist ein gerahmter Stein mit Zollernwappen und der Jahreszahl 1583 zu sehen.*

Die ehemalige ***Wasserburg*** *war wahrscheinlich Sitz der Herren von Uffenheim und von Hohenlohe, die sie 1378 an den Zollerngrafen Friedrich V. von Nürnberg verkauften. Erhalten ist aus dieser Zeit lediglich der Torturm. Renovierungen und Umbauten haben die Wasserburg während der ersten Hälfte des 17. Jh. in ihrem Aussehen stark verändert.*

3 Uffenheim – Rothenburg ob der Tauber

6.45 Std.
27,9 km

Unterkunft: Steinsfeld (405 m/1250 EW), **(1)** Hotel Schwarzes Ross, ab 86 €, Tel. 09861 94910, www.zehntscheune.info. **(2)** Pension/Gasthaus Zur Neuen Welt, ab 45 € ÜF, Tel. 09861 32 24, www.zur-neuen-welt.de. **Rothenburg** (424 m/11.300 EW), **(1)** Jugendherberge ab 32 € ÜF und Bettwäsche, Mühlacker 1, Tel. 09861/94 160, www.jugendherberge.de, ganzjährig. **(2)** Hotel-Gasthof Zur Linde, ab 40 €, Tel. 09861 94 690. **(3)** Hotel-Gasthof Post, ab 45 €, Tel. 09861 93 88 80, www.post-rothenburg.de. **(4)** Weitere Angebote auf www.rothenburg-tourismus.de.
Die Strecke: Meist kleine Wirtschafts-, Wiesen- und schöne Waldwege bis Rothenburg o. d. T. Waldabschnitte bieten eine willkommene Abwechslung zu den ansonsten schattenlosen Wegen. Bächlein, Weiher und winzige Seen laden zur Rast und zum Picknick ein. Die Strecke ist mit weißen Jakobsmuscheln auf blauem Grund gut markiert. Einige Passagen am Waldrand und im Wald können bei feuchter Witterung recht schlammig sein.
Höhenunterschied: 240 m im Auf- und 140 m im Abstieg.
Kritische Stellen: Zwischen dem Horbsee und dem Buchwald ist der Weg nicht ausreichend markiert.
Landschaft: Zwischen Steigerwald und Frankenhöhe, die sich östlich des Jakobsweges erstreckt, hat sich ein Ausläufer der schon bekannten Gaulandschaft eingeschoben. Das Relief auf diesem Abschnitt ist etwas bewegter und abwechslungsreicher als während der vorangehenden Etappe. Zwischen den Feldern und landwirtschaftlichen Nutzflächen der Lössflächen trifft man auf kleinere Waldstücke, reizvolle Bachläufe und Weiher.
Infrastruktur: Steinsfeld ; Rothenburg ob der Tauber alle Dienstleistungen.
Touristeninformation: Rothenburg Tourismus Service, Marktplatz 2, Tel. 09861 40 48 00, www.rothenburg-tourismus.de.
Anmerkung: **(1)** Zwischen Uffenheim und Rothenburg gibt es Gaststätten, aber keine Bäckereien oder andere Läden am Weg. **(2)** In Rothenburg verzweigt sich die Route: Nach Süden geht es an den Bodensee, nach Westen nach Rottenburg a. N.

Im historischen Zentrum von **Uffenheim (1)** geht es vom kleinen Marktplatz an der Spitalkirche vorbei und durch das Ansbacher Tor aus der Altstadt hinaus. Dabei wandern wir geradeaus die Ansbacher Straße entlang und folgen dann dem Muschelsymbol nach rechts leicht bergan. Wir ignorieren sämtliche Abzweigungen und erreichen nach 20–25 Min. den Waldrand des sogenannten Hochholzes. Auf befestigten Wegen geht es zunächst am Waldrand entlang und dann rund 30 Min. weiter durch den schönen Misch-

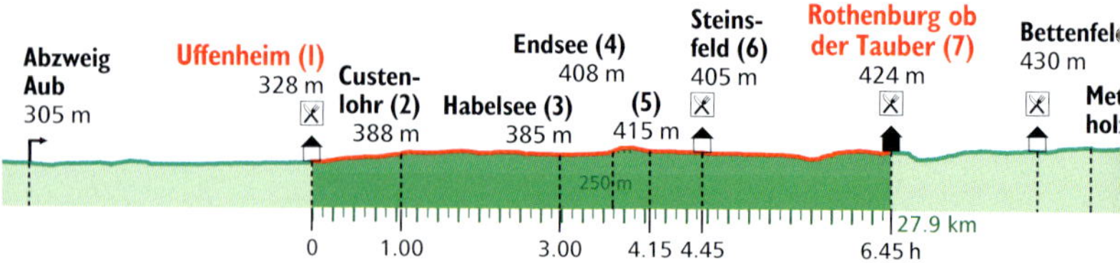

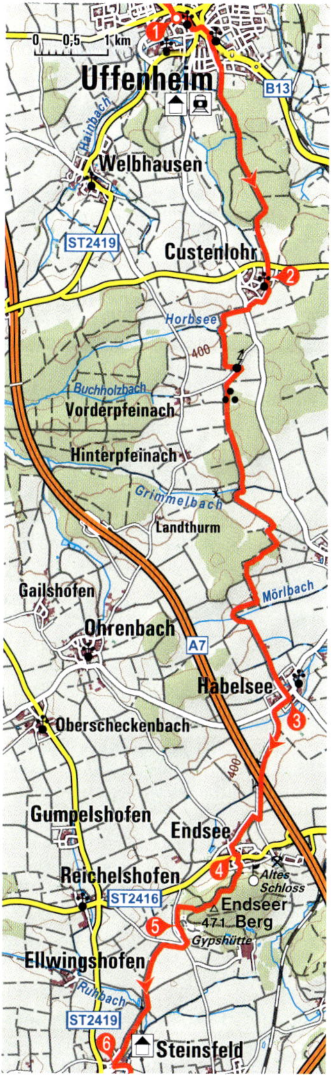

wald. Bevor wir den Wald verlassen, zweigen wir nach einer Rechtskurve nach links ab. Vor uns liegt der kleine Ort **Custenlohr (2)** mit seiner Jakobuskirche aus dem Jahr 1730, den wir auf einem Betonweg geradeaus erreichen (ab Uffenheim 1 Std.). Custenlohr gilt aufgrund von archäologischen Funden, die von einer Besiedlung ab 5500 v. Chr. zeugen, als älteste Siedlung Mittelfrankens. Von der Jakobuskirche ver-

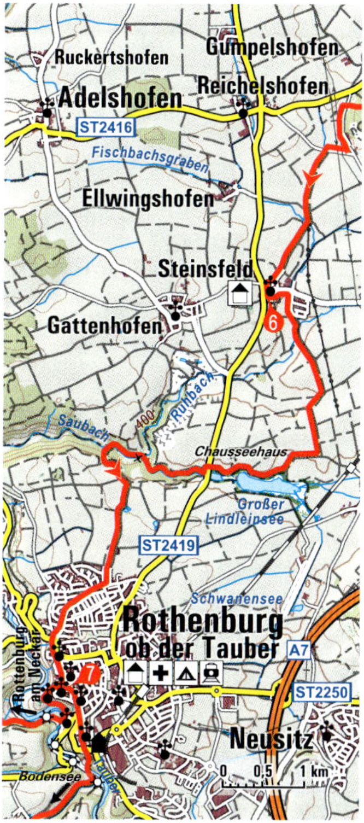

läuft unser Pilgerweg durch den Friedhof bergan nach rechts und weiter geradeaus durch die Fluren. Wir queren eine Landstraße und folgen einem betonierten Weg für knapp 500 m bis zu einer Stromleitung. Hier zweigt der Jakobsweg nach links auf einen Feldweg ab, der zum kleinen und idyllisch gelegenen **Horbsee** führt (gut ¼ Std. ab Custenlohr). Immer am Waldrand entlang gehen wir bis zu einer Straße, auf der wir uns nach rechts wenden. Bereits nach 200 m verlassen wir die Straße nach links auf einen Wiesenweg, der auf den Waldrand zuläuft (Markierung nicht offensichtlich). An diesem wandern wir weiter, queren eine kleine Wiesenfläche und halten auf einen Mast am gegenüberliegenden Waldrand zu. Unter der Stromleitung hindurch, gehen wir am Waldrand entlang (im Wald befinden sich die überwucherten Grundmauern einer alten Keltenschanze). Nun orientieren wir uns in Richtung eines Sendemastes, vor dem wir nach rechts abzweigen. Der nun wieder gut markierte Weg führt durch ein schattiges Waldgebiet, dessen Untergrund bei nasser Witterung matschig werden kann. An einer Fichtenschonung zweigen wir nach ¼ Std. nach links ab und erreichen den Waldrand. Jetzt befinden wir uns in dem Gebiet der sogenannten **Rothenburger Landhege** (1 Std. ab Custenlohr).

i *Die Mitte des 15. Jh. errichtete **Landhege** (auch Landhecke) ist eine 62 km lange Grenzsicherung, die das reichsstädtische Territorium mit rund 170 Ortschaften, 40 Burgen und rund 14.000 Einwohnern vor Überfällen und Plünderungen schützen sollte. Die Anlage war 20 m breit und bestand aus drei Erdwällen und zwei Gräben, die zusätzlich mit dichten und stacheligen Hecken bepflanzt waren. Auf dem inneren, erhöhten Erdwall befand sich ein Reitweg für die patrouillierenden Hegreiter. Neun Landtürme dienten als Durchlass und zur Erhebung des Zolls. Auf Befehl Napoleons wurde die Landhege im Jahr 1804 aufgelöst und teilweise eingeebnet. Streckenweise sind die Anlagen heute noch sichtbar, gerade in Waldabschnitten.*

Der Jakobsweg führt auf einem Wiesenweg an den Resten der Landhege vorbei, die auch durch den Buschbewuchs gut zu erkennen ist. Über einen Feldweg erreichen wir einen asphaltierten Wirtschaftsweg, der uns nach links, alle Abzweigungen ignorierend, nach **Habelsee** (**3**, 1 Std.) bringt. Im verschlafenen Weiler nach rechts die Durchgangsstraße entlang, bis kurz vor dem Ortsende eine Straße in Richtung Endsee nach links abzweigt.
Unter der Autobahn hindurch geht es wenig später nach rechts ab auf einen Asphaltweg, auf dem wir den Weiler **Endsee** (**4**, ¾ Std.) erreichen, das ebenfalls vom bäuerlichen Leben geprägt wird. Vor dem Bushäuschen nehmen wir eine ansteigende Straße nach rechts bis zum Ortsrand. Hier biegt der Jakobsweg auf einen grob geschotterten Weg bergan in den Wald hinein ab. Auf gut markierten und breiten Waldwegen geht es auf den **Endseer Berg**, 471 m. Leider bleibt uns eine Aussicht aufgrund der dichten und hohen Bewaldung verwehrt. Auf dem Weg bergab heißt es aufgepasst. Rund

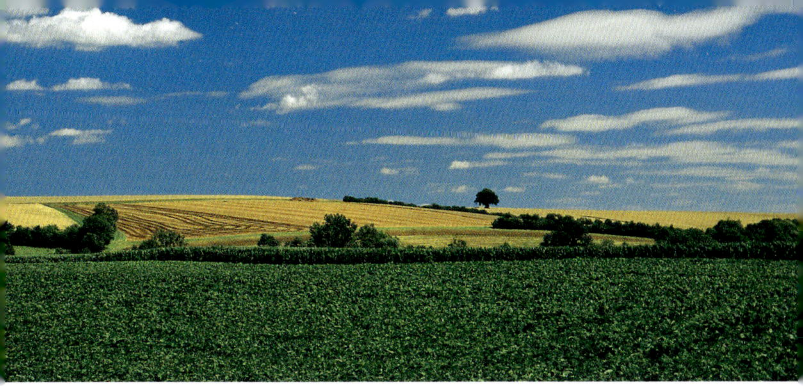

Weite Aussichten über die sanften Hügel der Gäulandschaft.

300 m nach dem höchsten Punkt biegt ein verwachsener, nicht eindeutig erkennbarer Pfad nach rechts ab. Doch die Markierung auf diesem etwas abenteuerlichen Abschnitt ist ausreichend. Bald erreichen wir den Waldrand und wandern über eine Wiese schräg links haltend auf eine Straße zu. Hier hält man sich links, bis zum **Hof Gypshütte** (**5**, ½ Std.). Der Name der Gemarkung verweist auf Gipsvorkommen am Fuße des Endseer Bergs.
Nach dem Hof nehmen wir einen rechten Straßenabzweig und folgen diesem durch die offenen Fluren, bis nach einigen Minuten links ein mit Beton gespurter Weg abbiegt, dem wir weiter durch die Felder folgen. Über eine kleine Brücke geht es über den Fischbach und weiter geradeaus auf **Steinsfeld** (**6**, ½ Std.) zu. An der Kirche gelangen wir auf die Dorfstraße, auf die wir nach links abbiegen und die uns nach 250 m über eine Brücke führt. Dann nach rechts auf eine Straße, die uns geradeaus aus Steinsfeld hinausführt bis zu einer Anhöhe (413 m) mit Bänkchen. Hier haben die Pilger das Etappenziel Rothenburg erstmals vor Augen, aber bis dahin ist es noch ein längerer Weg. Auf einem Feldweg geht es im welligen Relief etwas bergab und bergan bis zu einer kleinen Straße. Der Jakobsweg verläuft hier nach rechts und biegt kurz darauf nach links zum **Naturschutzgebiet Lindleinsee** ab. Wir wandern am hohen Schilfgürtel des Großen und des Kleinen Lindleinsees entlang auf eine Straße zu, die wir bei der **Töpferei Lindleinsee** (1 Std.) queren. Wir folgen dem Muschelsymbol bergab durch ein Wäldchen in das romantische Seitenbachtal. Dem idyllischen Flusslauf folgt der Wanderweg bis zu einer **Brücke** (gut ¼ Std.). Wir verlassen das Seitenbachtal und steigen steil bergan auf zwei große Kastanienbäume zu. An diesen geht es nach rechts auf eine Straße, die direkt bis zum Stadtrand von Rothenburg ob der Tauber führt. Die historische Altstadt ist nicht zu verfehlen; die Türme der Jakobskirche und das Muschelsymbol weisen den Pilgern den Weg ins Zentrum von **Rothenburg ob der Tauber** (**7**, 1 Std. ab Lindleinsee).

i Auf einem Hochplateau, an der Kreuzung von Burgenstraße und Romantischer Straße, türmen sich malerisch die Dächer des Städtchens **Rothenburg ob der Tauber**. Die Stadt entstand um die Burg – genannt die Rote – der Grafen von Franken aus dem 10. Jh. und der Stauferburg aus dem 12. Jh. 1274 erhielt sie die Rechte einer freien Reichsstadt und entwickelte sich in der Folge zu einem blühenden Handelszentrum. Im 16. Jh. schloss sich Rothenburg der Reformation an. Eine zweite Blüte erlebte Rothenburg während der Epoche der Romantik, als Künstler wie Carl Spitzweg das idyllische Flair des Städtchens auf ihren Bildern einfingen. Heute ist das durch die Gotik und Renaissance geprägte Rothenburg eine der wichtigsten touristischen Attraktionen in Deutschland.

Die Vorläuferkirche der gewaltigen **Stadtkirche St. Jakob** entstand im 12. Jh. Als Wallfahrten zu einer hier aufbewahrten Reliquie – einem Tropfen des Hl. Blutes Christi – einsetzten, musste man den ursprünglichen Bau im Auftrag des Deutschritterordens im 14./15. Jh. vergrößern. Die dreischiffige gotische Basilika aus Sandstein, deren über 50 m hohe Türme kilometerweit zu sehen sind, ist eines der Wahrzeichen der Stadt. Das relativ schlichte Kircheninnere ist durch die wertvollen Glasfenster des Chors geschmückt. Der spätgotische Hauptaltar von 1466 zieht den Blick auf sich.

Der bedeutendste Schatz ist der aus Lindenholz gefertigte **Heilig-Blut-Altar** von **Tilman Riemenschneider** aus dem frühen 16. Jh. Er thematisiert die Passion Christi. Es ist der Moment eingefangen, in dem Christus zu seinen Jüngern laut dem Johannesevangelium spricht: »Einer unter euch wird mich verraten.« Über dem Altar thront ein von zwei Engeln gehaltenes Kreuz mit der Blutstropfen-Reliquie in einer Glaskapsel.

Von der imposanten doppelten **Stadtbefestigung** ist der äußere Mauerring mit seinen 43 Tor- und Mauertürmen noch vollständig erhalten. Den besten Eindruck vom mittelalterlichen Festungsbau erhält man an der Spitalbastei des äußeren Mauerrings; sie ist die jüngste und mächtigste Befestigungsanlage der Stadt. Die beiden Basteibauten der Spitalbastei wurden in Form einer Acht mit sieben hintereinander liegenden Toren angelegt, wovon jede mit einem Fallgitter gesichert ist. Am Außentor steht die Inschrift: »Pax intrantibus Salus exeuntibus« (Friede den Eintretenden, Heil den Fortgehenden). Der

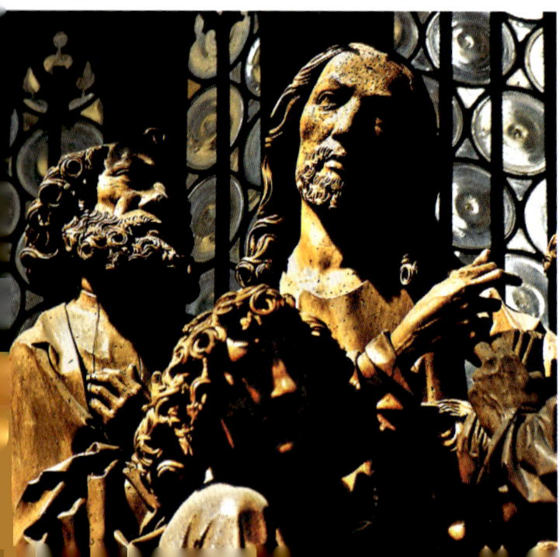

Detail des beeindruckenden Heilig-Blut-Altars.

Wallgang ist so breit angelegt, dass er von Geschützen befahren werden konnte.
Das **Rathaus** Rothenburgs zählt zu den schönsten Renaissancebauten im süddeutschen Raum. Es beherrscht stolz den Marktplatz der kleinen, aber reichen Reichsstadt. Vom ursprünglichen Bau (1250) blieb nur der 60 m hohe Turm erhalten. Ende des 16. Jh. wurde das nach mehreren Bränden zerstörte Rathaus im Stil der Renaissance neu errichtet. Durch seine strenge horizontale Gliederung, den vierstöckigen Stufengiebel und den prachtvollen Arkadenvorbau zeugt es vom einstigen Glanz der Stadt.

Die ehemalige **Franziskanerkirche** steht ganz in der Tradition der frühgotischen Basilikabauten: Der einheitlich-schlichte Raum der dreischiffigen Klosterkirche entspricht dem Stil des Bettelordens, lichte Arkaden verbinden auf einfachen Rundpfeilern die Schiffe, der Chor besitzt ein Kreuzrippengewölbe. Interessant ist der noch vorhandene Lettner, der wie ein Riegel die mönchische Welt im Chor von denen der Laien im Schiff trennt. Die Malereien auf dem Lettner stammen aus dem 14. Jh. und zeigen die Passion Christi. Von den Kapellenaltären ist der Franziskusaltar erhalten, der als ein Frühwerk Tilman Riemenschneiders gilt. Er zeigt die Stigmata des hl. Franz von Assisi.

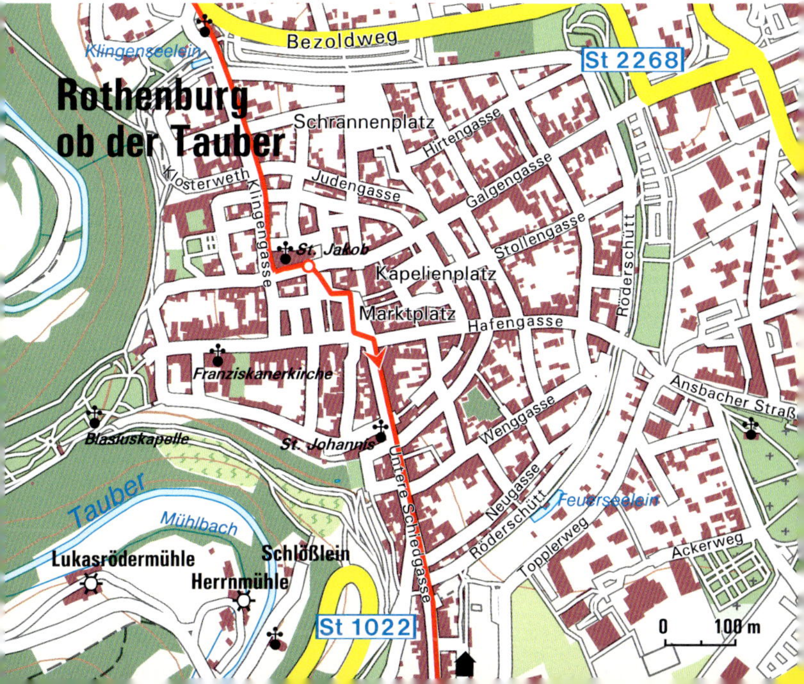

4 Rothenburg ob der Tauber – Wallhausen

6.45 Std.

29,4 km

Unterkunft: Bettenfeld (430 m/140 EW) Gasthof Grüner Baum, ab 48 € ÜF, Tel. 09861 29 33, www.gasthof-kellermann.de. **Wallhausen** (444 m/3750 EW), **(1)** Brauereigasthof Schwarzer Adler, ab 27 €, Tel. 07955 22 09. **(2)** Weitere Pensionen und Zimmer: www.wallhausen.de.

Die Strecke: Der Jakobsweg in Richtung Ulm und zum Bodensee ist mit der weißen Muschel auf blauem Grund markiert, allerdings ist die Kennzeichnung auf dieser Etappe nicht immer eindeutig. Aber auch der HW 4 des Schwäbischen Albvereins (roter Strich auf weißem Grund) verläuft auf dieser Route und gibt zusätzliche Orientierung.

Höhenunterschied: 240 m im Auf- und 220 m im Abstieg.

Kritische Stellen: Keine.

Landschaft: Der Jakobsweg führt durch die beschauliche Landschaft am Rande der Hohenloher Ebene, die von den Flussläufen der Tauber und der kurzen Schandtauber durchschnitten wird. Auf der Muschelkalkfläche wechseln sich Felder mit Weiden und Wäldchen ab und bilden ein abwechslungsreiches Landschaftsbild.

Infrastruktur: Bettenfeld ; Wallhausen .

Touristeninformation: Gemeinde Wallhausen, Tel. 07955 93 810.

Der Jakobsweg in Richtung Wallhausen verlässt die Altstadt von **Rothenburg (1)** durch das Spitaltor. Wir queren die Straße und biegen auf einen Pfad, der an einer Mauer entlang ins Tal führt, ab. Oberhalb der Gipsmühle kommen wir zur Tauber, die wir auf einer überdachten Holzbrücke queren. An der Verzweigung gehen wir geradeaus weiter auf einem idyllischen Weg entlang der Schandtauber durch einen lichten Mischwald, bis wir bergan eine Hochfläche erreichen. Hier wenden wir uns nach rechts und gehen rund ½ Std. am Waldrand und an Feldern entlang. Dann geht es wieder hinab ins **Schandtaubertal** und weiter durch den schattigen Wald.

Endlose Horizonte begleiten den Wanderer.

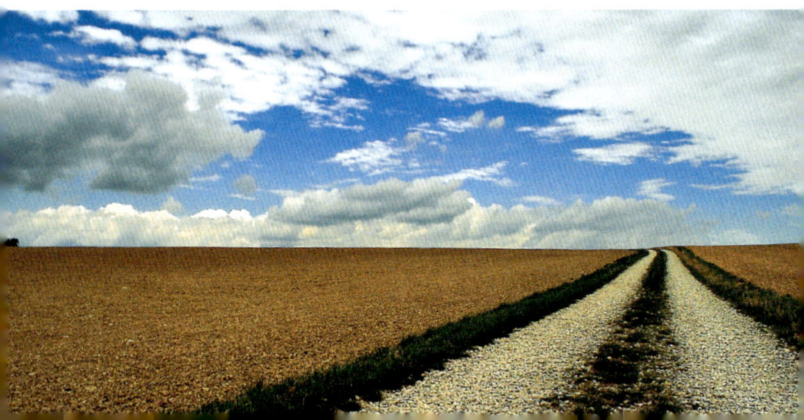

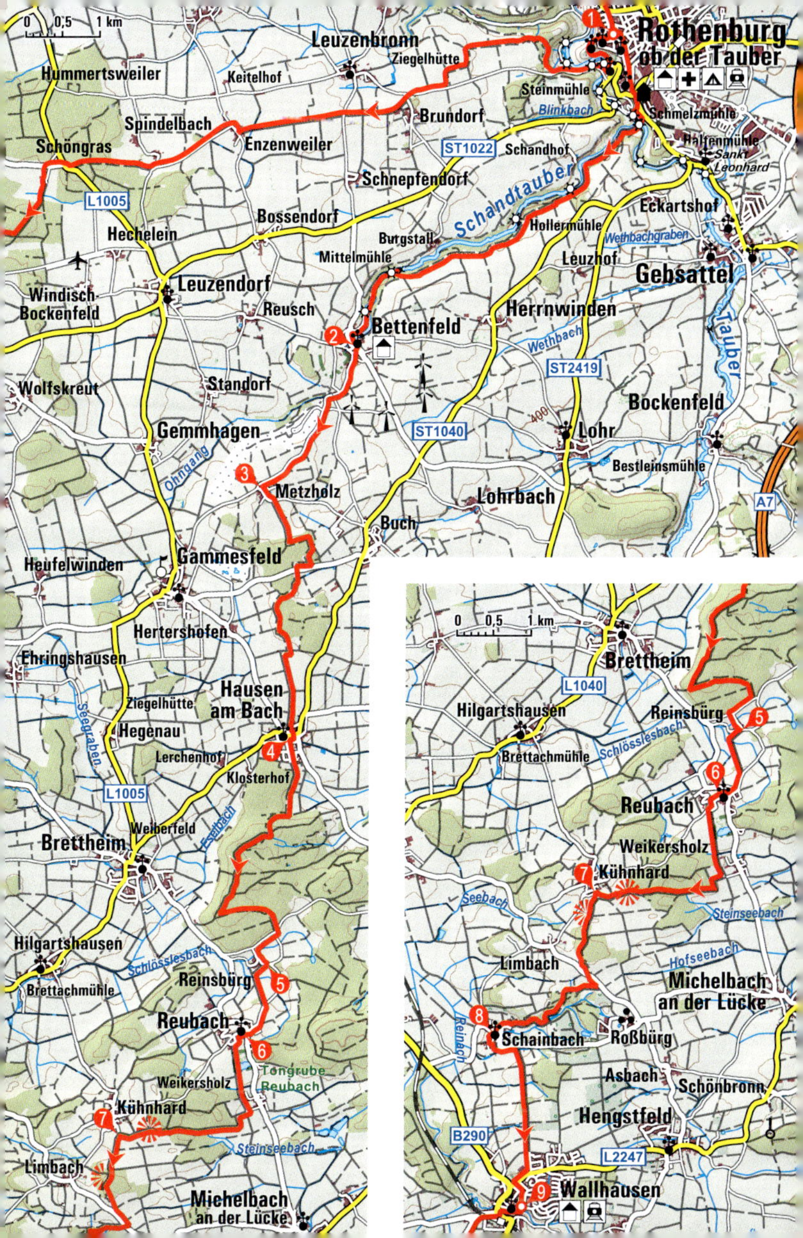

0 0,5 1 km
Leuzenbronn
Ziegelhütte
Rothenburg ob der Tauber
Hummertsweiler
Keitelhof
Steinmühle
Spindelbach
Brundorf
Blinkbach
Schmelzmühle
Schöngras
Enzenweiler
ST1022
Schandhof
Haltenmühle
Sankt Leonhard
Schnepfendorf
L1005
Schandtauber
Eckartshof
Bossendorf
Hechelein
Burgstall
Hollermühle
Wethbachgraben
Mittelmühle
Leuzhof
Windisch-Bockenfeld
Leuzendorf
Gebsattel
Reusch
Herrnwinden
Bettenfeld
Wethbach
Tauber
ST2419
Wolfskreut
Standorf
Bockenfeld
400
Gemmhagen
ST1040
Lohr
Ohngang
Bestleinsmühle
Metzholz
Lohrbach
A7
Buch
Heufelwinden
Gammesfeld
Hertershofen
Ehringshausen
Hausen am Bach
Ziegelhütte
Seegraben
Hegenau
Lerchenhof
Klosterhof
L1005
Esselbach
Weiberfeld
Brettheim
Hilgartshausen
Schlösslesbach
Brettachmühle
Reinsbürg
Reubach
Tongrube Reubach
Weikersholz
Kühnhard
Steinseebach
Limbach
Michelbach an der Lücke
0 0,5 1 km
Brettheim
L1040
Hilgartshausen
Reinsbürg
Brettachmühle
Schlösslesbach
Reubach
Weikersholz
Kühnhard
Seebach
Steinseebach
Hofseebach
Limbach
Michelbach an der Lücke
Reinach
Schainbach
Roßbürg
Asbach
Schönbronn
Hengstfeld
B290
L2247
Wallhausen

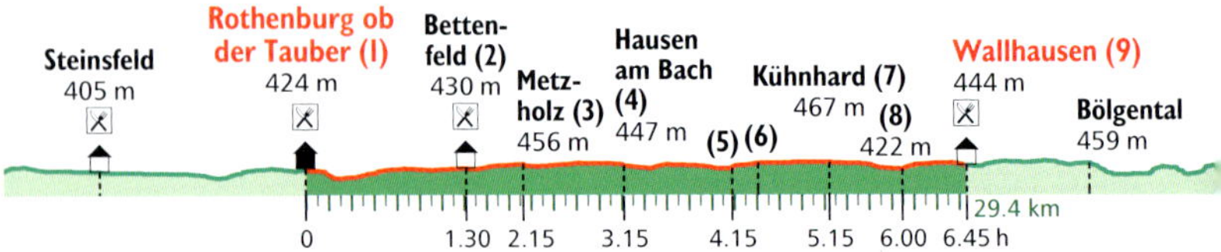

i *Der schon im Jahr 1317 belegte Name des Flüsschens lautete im Althochdeutschen »Schantauber«, was so viel wie kurze Tauber bedeutete. Die bei Bettenfeld entspringende* ***Schandtauber*** *mündet bereits nach 6 km in die Tauber. Die Schandtauber hat sich unterirdisch in den Muschelkalk gegraben, dabei große Hohlräume ausgewaschen und so die* ***Schandtauberhöhle****, die größte bekannte Muschelkalkhöhle Süddeutschlands, gebildet. Diese steht seit 1984 unter Naturschutz. Ein wasserwirtschaftlicher Lehrpfad begleitet die Wanderer auf zwei Kilometern Länge durch das idyllische Tal.*

Vor der **Mittelmühle** quert der Jakobsweg die Schandtauber. Unmittelbar danach zweigen wir links auf einen Wiesenweg ab, der uns zur **Obermühle** führt. Ein kleiner Wirtschaftsweg bringt uns nach **Bettenfeld** (**2**, 1½ Std. ab Rothenburg ob der Tauber). Wir durchqueren den kleinen Ort, kommen bei der Kirche an einem einladenden Rastplatz vorbei und biegen hier nach rechts ab. Entlang eines Bachlaufes verlassen wir Bettenfeld, passieren einen Steinbruch und kommen auf einer Asphaltstraße zum Weiler **Metzholz** (**3**, ¾ Std.), dem ersten Ort auf baden-württembergischem Boden.

In Metzholz wenden wir uns in Richtung Hausen-Buch, kommen an einem überdachten Rastplatz am Buswartehäuschen vorbei und biegen nach rechts auf einen Weg ab, der zunächst durch die Fluren und später durch ein Waldstück führt. Im Wald können wir uns gut am Symbol des Jakobsweges und am HW 4 orientieren. Auf einem Schotterweg gehen wir alsbald am Waldrand entlang und kommen dann über die Felder zu einer kleinen Asphaltstraße, der wir an einer Scheune nach links folgen. Geradeaus geht es über die Felder und mit einem schönen Blick auf die bewaldeten Kuppen der östlich gelegenen Hügellandschaft.

Dann folgen wir dem Hirtengässle zur Durchgangsstraße und dieser nach rechts zur Kirche von **Hausen am Bach** (**4**, 1 Std.). Vor dieser gehen wir nach links, aus dem Dorf hinaus durch Wiesen und am Waldrand entlang. Anschließend durchqueren wir den lichten, abwechslungsreichen Mischwald in Richtung Reubach. Einige Bereiche wurden nach einem Windbruch neu aufgeforstet. Im Wald können wir der Muschelmarkierung folgen, die uns auf Forstwegen wieder aus dem Wald hinaus auf eine kleine Straße bringt.

Vor uns sehen wir den Ort **Reinsbürg** (**5**, 1 Std.), den wir schnell erreichen. Wir wandern geradeaus zum letzten Haus des Weilers, an dem wir nach

rechts und kurz darauf wieder links abzweigen. Durch die Felder geht es leicht bergan nach **Reubach** (**6**, ¼ Std.). Geradeaus halten wir auf die Kirche zu und gehen weiter am Heimatmuseum vorbei. Bei der Sportgaststätte biegen wir links ab um einen kleinen Weiher und einen Sportplatz herum. Ein Feldweg nach links führt durch die Äcker an Weikersholz vorbei und dann nach rechts abzweigend durch ein schattiges Waldstück. Am Waldrand erkennen wir vor uns den Weiler **Kühnhard** (**7**, ¾ Std.).
Kurz vor dem Ort überquert der Jakobsweg eine Straße und verläuft weiter auf einem geschotterten Feldweg durch Wiesen, Felder und Wäldchen, wobei wir der Kennzeichnung mit dem Muschelsymbol folgen. Wir erreichen eine Ortsverbindungsstraße, an der wir rund 200 m nach links gehen. Dann biegen wir nach rechts auf einen Feldweg ab, der auf einen Mischwald zuhält. An einer Waldwiese und einem Weiher vorbei geht es über einen kleinen Staudamm nach rechts bis Schainbach. Im Ort gehen wir auf dem Honigbergweg zur Durchgangsstraße und geradeaus zur Jakobuskirche in der Ortsmitte von **Schainbach** (**8**, ¾ Std.). Wir verlassen den Ort nach rechts in Richtung Michelbach. An einer alten Pumpstation mit Häuschen wandern wir nun schnurgerade auf einem Wirtschaftsweg durch die Fluren bis zu unserem Etappenziel in **Wallhausen** (**9**, ¾ Std.).

i *Die Jakobuskirche in Schainbach soll von den Herren von Crailsheim gestiftet worden sein. Die Pfarrei bestand bereits 1435 und zählte zum Kapitel von Crailsheim. Die Kirche beherbergt einen spätgotischen Altar aus dem Jahr 1707.*

Beschaulich fließt die Schandtauber dahin.

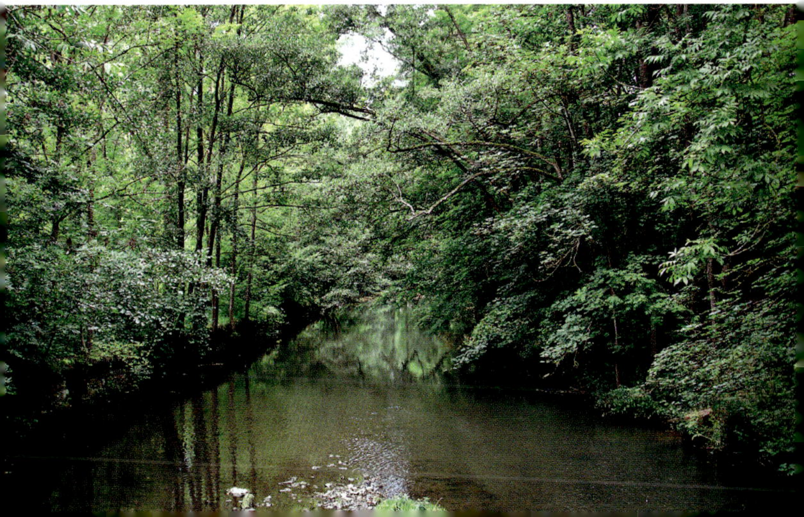

5 Wallhausen – Crailsheim

4.30 Std.
16,7 km

Unterkunft: Crailsheim (410 m/34.660 EW), **(1)** LOOK Hotel & Rooms, ab 59 €, Tel. 07951 29 69 738. **(2)** Stadthotel Crailsheim, ab 88 € ÜF, Tel. 07951 29 600, www.stadthotel-crailsheim.de. **(3)** Hotel Post-Faber, 88 € ÜF, Tel. 07951 96 50, www.postfaber.de.

Die Strecke: Ein Großteil dieses Wegabschnitts verläuft auf bequemen Wirtschafts- und Feldwegen. Die Auf- und Abstiege im Jagsttal sind bis auf kurze Abschnitte mäßig steil und führen auf breiten Forstwegen durch schöne Laubmischwälder. Die Etappe ist meist gut ausgeschildert.

Höhenunterschied: 230 m im Auf- und 260 m im Abstieg.

Kritische Stellen: Keine.

Landschaft: Auf dieser kurzen Etappe durchstreift der Jakobsweg das Jagsttal, das sich in engen Flussmäandern in die Muschelkalkflächen eingeschnitten hat. Die Hochflächen werden meist für Ackerbau und Steuobstwiesen genutzt.

Infrastruktur: Crailsheim: alles.

Touristeninformation: Crailsheim, Tel. 07951 40 31 300, www.crailsheim.de und www.kocher-jagst.de.

Anmerkung: Die kurze Etappe könnte bis Oberspeltach verlängert werden (rund 11,5 km).

In **Wallhausen (1)** gehen wir auf dem Kirchenweg an der Kirche vorbei in die Seestraße; an der Durchgangsstraße links und nach rechts auf der Kirchberger Straße aus dem Ort. Nach einer Bahnunterführung folgen wir links einer schmalen Straße nach Bölgental. Von einer kleinen Anhöhe haben wir einen netten Blick zurück auf Wallhausen und Gröningen. An Beerenplantagen vorbei wandern wir, bis links ein Wiesenweg zur **Anhäuser Mauer** (**2**, knapp ¾ Std.) abzweigt, einer völlig alleinstehenden, gemauerten Wand inmitten der Felder.

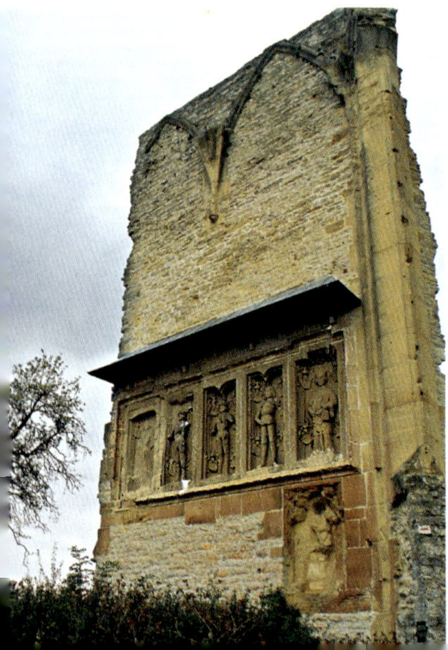

*Die **Anhäuser Mauer** (20 m hoch; 10 m breit) ist die nördliche Chorwand des ehemaligen Pauliner-Eremiten-Klosters, das vermutlich 1403 gegründet wurde. Hervorgegangen ist das Kloster aus einer Marienkapelle mit angeschlossener Einsiedelei, die einst reiche Schenkungen erhielt. Die Chorwand ist der letzte Überrest der Klosteranlage. Fünf Grabdenkmäler der Angehörigen der Familie Bebenburg*

Chorwand der Anhäuser Mauer.

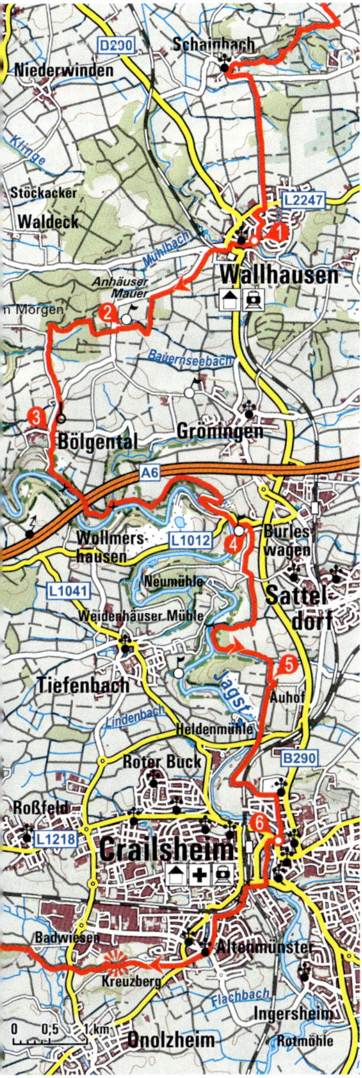

sind – heute von einem Vordach geschützt – auf der Innenseite des Chors eingelassen. Der nicht unbedeutenden Klosteranlage war jedoch nur eine kurze Lebensdauer beschieden: 1445 wurde das Kloster von einem Brand heimgesucht, 1525 ausgeplündert und teilweise zerstört, bevor es im Zuge der Reformation endgültig in einen Pachthof umgewandelt wurde. Der Abbruch setzte ein und die Mauersteine wurden abgetragen und teilweise zum Schlossbau in Kirchberg/Jagst verwendet.

Wir folgen der Jakobsmuschel auf einem Feldweg, über eine kleine Straße und geradeaus in ein Waldstück hinein. An dem querenden Forstweg halten wir uns rechts und folgen nach wenigen Metern links dem Muschelsymbol bzw. dem »Weg 6« durch den Wald. Am Waldrand geht der Forstweg in einen Wirtschaftsweg über, dem wir bis zur Kreisstraße folgen. An dieser nach rechts erreichen wir nach knapp 200 m **Bölgental** (**3**, ¾ Std.). Wir queren den Ort geradeaus und zweigen von der Durchgangsstraße nach rechts und sogleich nach links auf einen asphaltierten Weg ins Tal der Jagst ab. Ein lauschiger Weg bringt uns bergab zur Jagst, zu der wir an den Ruinen der ehemaligen Heinzenmühle gelangen. Wir wandern geradeaus an der 1997 erbauten überdachten Holzbrücke vorbei. Nach links geht es über ein paar Stufen und weiter die Hangkante hinauf. Dabei unterqueren wir die Autobahnbrücke der A 6. Der Jakobsweg orientiert sich am Verlauf der

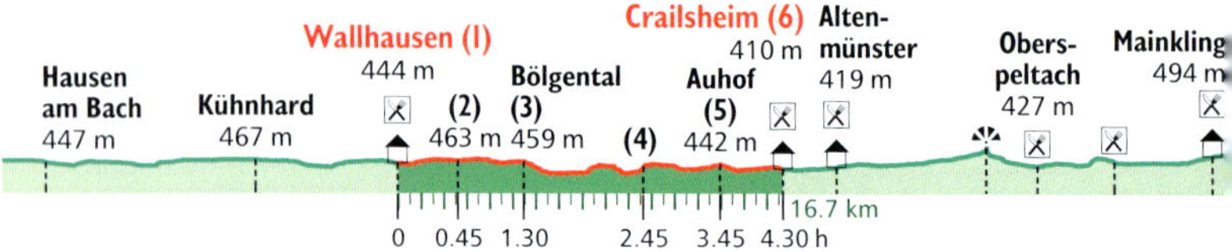

Hangkante bis zur Einmündung in einen Asphaltweg. Hier gehen wir rechts bergab zurück ins Jagsttal und passieren die Kernmühle. Auf einem Feldweg erreichen wir schnell den kleinen Ort Neidenfels im Jagsttal. Wir gehen parallel zur Durchgangsstraße bis zu einem Fußgängersteg über einen Bachlauf, der in die Jagst mündet. Ein schmaler Treppenweg bringt uns steil bergan nach **Burleswagen** (**4**, 1¼ Std.). Der kleine Weiler ist schnell durchquert und wir wandern auf einem geschotterten Feldweg mit Blick auf Crailsheim durch die Felder. Am Waldrand angekommen, biegen wir nach rechts ab auf einen Weg durch den lichten Mischwald hinab zur **Weidenhäuser Mühle** (½ Std. ab Neidenfels).

Vor der Jagstbrücke halten wir uns nach links und gehen flussaufwärts, bevor wir nach gut 500 m auf einem Waldpfad recht steil bergan die sogenannte »Teufelsklinge« erklimmen. Bei einem Grillplatz überqueren wir einen Zulauf der Jagst und nehmen einen Treppenweg bergan zurück zur Hochfläche. Am Waldrand können wir den **Auhof** (**5**, knapp ½ Std.) rechts vor uns erkennen. Wir wandern mit Blick auf Crailsheim an den Gehöften und Streu-

Auf überdachten Holzbrücken quert der Jakobsweg die Jagst.

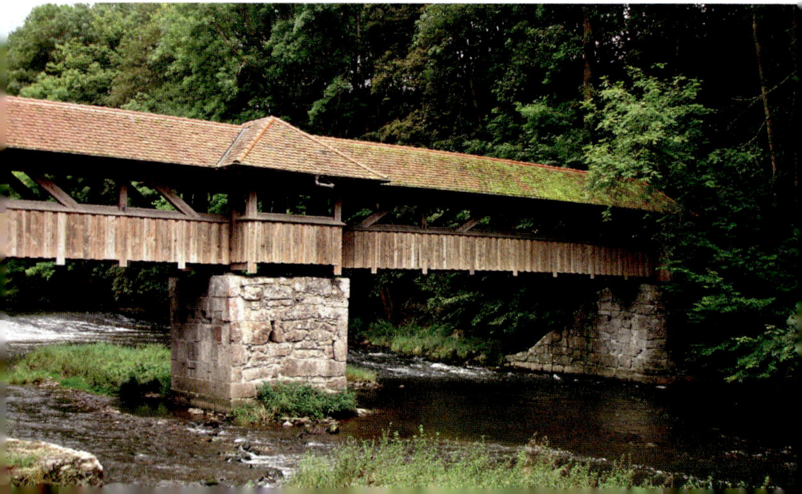

obstwiesen vorbei. Auf einem Asphaltweg gelangen wir zu einer Landstraße, kreuzen diese geradeaus und wandern weitere 700 m durch die Felder. Dann biegen wir nach links ab, überqueren die Bahngleise und haben nun den Stadtrand von Crailsheim erreicht. Wir folgen der Sandgrubenstraße, dem Hans-Neu-Weg und der Ölbergstraße sowie dem Muschelsymbol durch das Wohngebiet von Crailsheim. Von der Ölbergstraße haben wir einen hübschen Blick auf die historische Innenstadt. Auf der Bergwerkstraße gelangen wir zur Wilhelmsstraße in **Crailsheim** (**6**, ¾ Std.).

Nach links gelangt man ins historische Zentrum. Der Jakobsweg umgeht die Stadtmitte und setzt sich nach rechts über die Jagstbrücke fort.

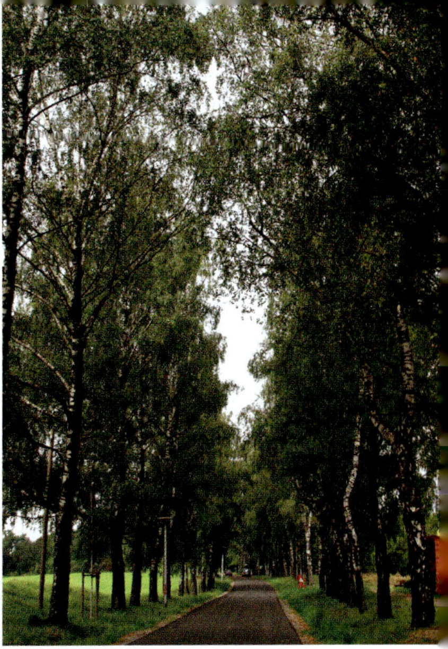

Schatten spendende Birkenallee.

i *Die Stadt **Crailsheim** hat ihren Ursprung in einer fränkischen Siedlung aus dem 7. Jh., die sich in der Nähe eines Jagstüberganges entwickelt hatte. Im 14. Jh. erhielt Crailsheim das Markt- und Stadtrecht. Bis ins 16. Jh. wechselte die Stadt häufig ihre Herren, bis sie schließlich in die Hände der Markgrafen von Brandenburg-Ansbach gelangte. Mit Eröffnung der Eisenbahn, insbesondere der Linie Stuttgart–Nürnberg 1875, wurde Crailsheim zum Eisenbahnknotenpunkt. Die Bahn brachte der Stadt und dem Umland einen deutlichen Wirtschaftsaufschwung. In den 1930er-Jahren wurde zudem im Westen der Stadt ein Flugplatz der Luftwaffe errichtet. Flugplatz und Eisenbahn waren für die Alliierten ab 1944 Grund für Luftangriffe im Zweiten Weltkrieg, wobei die historische Innenstadt zu 95 Prozent zerstört wurde.*

*Die **Johanneskirche** ist eine dreischiffige Kirche, die 1398 bis 1440 im spätgotischen Stil, nach dem Vorbild der Franziskanerkirche von Rothenburg o. d. T., entstand. Hierbei wurde der romanische Vorgängerbau zunächst ummantelt und erst später abgerissen, um seine Steine teilweise wieder beim Bau der gotischen Kirche einzusetzen. Nach einem Kirchturmbrand im Jahre 1643 erhielt der Turm seine welsche Haube mit Laterne. Im Chorraum sowie im Kirchenschiff befinden sich zahlreiche Grabdenkmäler von Markgrafen, Fürsten und Adeligen.*

6 Crailsheim – Hohenberg

7.00 Std.
27,8 km

Unterkunft: **Altenmünster** (419 m/4580 EW), InWest Hotel Garni, Tel. 07951 29 71 807, www.investhotel.de. **Rosenberg** (505 m/> 1000 EW), **(1)** Landgasthof Adler, 85 €, Tel. 07967 513, www.landgasthofadler.de. **(2)** Gasthaus Hirsch, Tel. 07967 415. **Hohenberg** (568 m/ > 100 EW), **(1)** Pilgerherberge im Pfarrhaus, 6 B/Spende, Tel. 07967/85 85, keine Reservierung möglich. **(2)** Gasthaus Löwen, Tel. 07967 68 37. **(3)** Baumhaushotel Rosenberg, ab 135 €, Tel. 0157 53 17 54 32, www.baumpalast.de.
Die Strecke: Der Jakobsweg verläuft auf Wirtschaftswegen und kleinen Straßen aus dem Jagsttal weiter in südliche Richtung auf die Ellwanger Berge zu. Im zweiten Teil der Etappe geht es überwiegend auf breiten Forstwegen durch ausgedehnte Mischwälder. Die moderaten Steigungen und Gefälle sind durchweg gut begehbar und nur bei nasser Witterung gerne schlammig. Der Weg ist bis auf wenige Ausnahmen sehr gut gekennzeichnet.
Höhenunterschied: 370 m im Auf- und 210 m im Abstieg.
Kritische Stellen: Keine.
Landschaft: Vom Jagsttal führt der Jakobsweg auf die Ellwanger Berge zu, auf deren höchster Erhebung, dem Hohenberg, 569 m, diese Etappe endet. Die Ellwanger Berge schließen sich südlich an die Hohenloher Ebene an und bilden eine Übergangsregion zu den Limpurger Bergen im Westen und der östlich gelegenen Frankenhöhe. Der aus dem sogenannten Stubensandstein bestehende Bergzug ist größtenteils bewaldet und wird nur wenig landwirtschaftlich genutzt.
Infrastruktur: Altenmünster A; Oberspeltach (427 m/550 EW); Gründelhardt (455 m/1370 EW); Mainkling (494 m/<100 EW); Rosenberg A; Hohenberg.
Touristeninformation: Gemeinde Rosenberg, Tel. 07967 90 000.

Wir starten in **Crailsheim (1)** an der Wilhelmsstraße kurz vor der Jagstbrücke und queren den Fluss. An der gegenüberliegenden Flussseite wandern wir an der Jagst entlang bis zur Goethestraße. Nach rechts und unter den Bahngleisen hindurch gelangen wir auf einen Rad-/Fußweg, der uns nach links parallel zu den Gleisen weiter aus Crailsheim hinausführt. Nochmals unterqueren wir die Bahnlinie, folgen nach rechts der Horaffenstraße, dann links in die Reinthalerstraße und nach rechts auf der Weickstraße zur historische Peter-und-Paul-Kirche von **Altenmünster** (**2**, gut ½ Std.).
Die Muschel leitet uns durch die Wohnstraßen, dann entlang einer malerischen Birkenallee am Friedhof und Ehrenmal vorbei. An der nächsten Gabe-

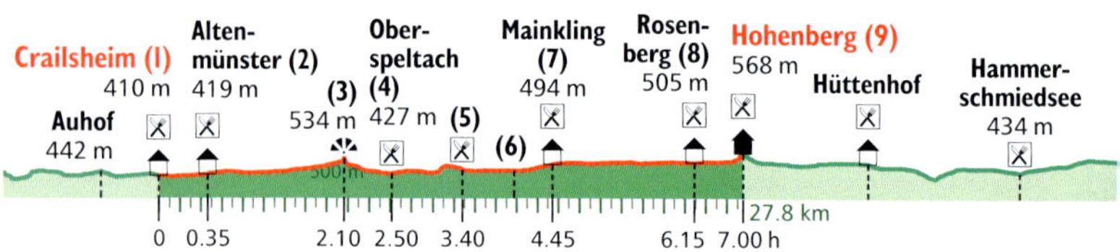

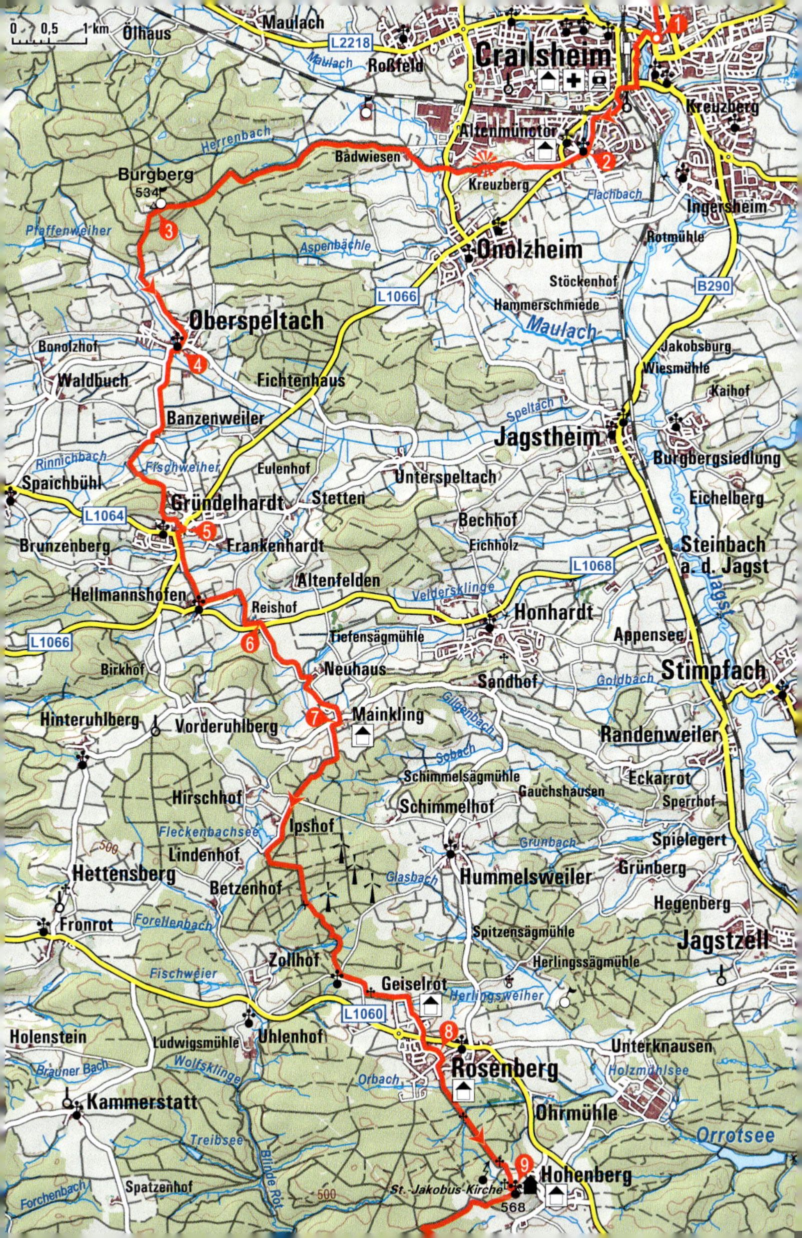

0 0,5 1 km
Ölhaus
Maulach
L2218
Roßfeld
Crailsheim
Altenmünctor
Kreuzberg
Herrenbach
Badwiesen
Burgberg
534
Flachbach
Ingersheim
Pfaffenweiher
Aspenbächle
Onolzheim
Rotmühle
Stöckenhof
L1066
B290
Hammerschmiede
Maulach
Oberspeltach
Jakobsburg
Bonolzhof
Wiesmühle
Waldbuch
Fichtenhaus
Kaihof
Speltach
Banzenweiler
Jagstheim
Rinnichbach
Burgbergsiedlung
Fischweiher
Eulenhof
Spaichbühl
Unterspeltach
Gründelhardt
Stetten
Eichelberg
L1064
Bechhof
Brunzenberg
Frankenhardt
Eichholz
Steinbach a. d. Jagst
L1068
Altenfelden
Veldersklinge
Hellmannshofen
Reishof
Honhardt
Jagst
Tiefensägmühle
Appensee
L1066
Birkhof
Neuhaus
Sandhof
Goldbach
Stimpfach
Mainkling
Hinteruhlberg
Vorderuhlberg
Randenweiler
Sobach
Schimmelsägmühle
Eckarrot
Gauchshausen
Hirschhof
Schimmelhof
Sperrhof
Ipshof
Fleckenbachsee
Grünbach
Spielegert
500
Lindenhof
Hettensberg
Hummelsweiler
Grünberg
Glasbach
Betzenhof
Hegenberg
Fronrot
Forellenbach
Spitzensägmühle
Jagstzell
Zollhof
Herlingssägmühle
Fischweier
Geiselrot
Herlingsweiher
L1060
Holenstein
Ludwigsmühle
Uhlenhof
Unterknausen
Rosenberg
Brauner Bach
Wolfsklinge
Orbach
Holzmühlsee
Kammerstatt
Ohrmühle
Treibsee
Orrotsee
Blinde Rot
Forchenbach
Spatzenhof
500
St. Jakobus-Kirche
Hohenberg
568

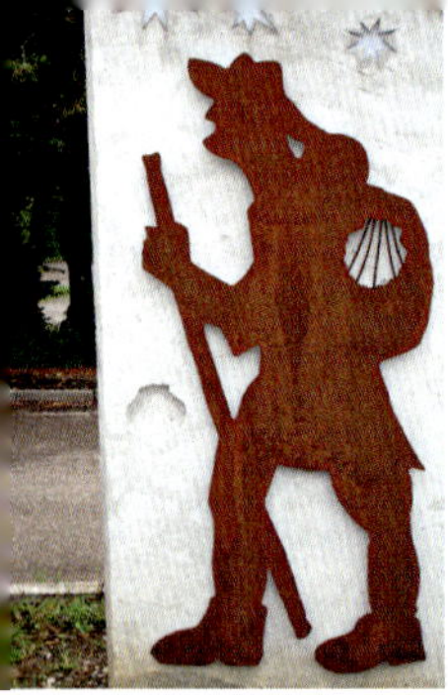

lung geht es nach rechts auf einem Asphaltweg über einen Höhenrücken mit Blick auf das weitläufige Gewerbegebiet von Crailsheim. Der Jakobsweg quert eine Straße und führt über den Parkplatz des »parc vital«-Bades vorbei zu einem weitläufigen Waldgebiet. Am Waldrand geht es auf dem mittleren Weg in den Wald hinein. Auf diesem abwechslungsreichen Waldweg passieren wir einen Rastplatz, einen kleinen Weiher, einen Nadelmischwald und wandern auf dem breiten »Amerikanerweg« geradeaus bis zu einer Wegverzweigung am **Naturdenkmal Kaiserlinde**. Hier geht es auf einem mit einer Schranke abgesperrten Waldweg bergan zum **Burgberg** (**3**, gut 1½ Std.). Auf dem Burgberg befindet sich ein Aussichtsturm mit einer Hütte des Schwäbischen Albvereins sowie ein einladender Grillplatz. Vom Turm steigen wir nach links ab zu einem Wanderparkplatz am Waldrand. Auf einer Straße sind wir dann rasch in **Oberspeltach** (**4**, knapp ¾ Std.) angekommen. Im Ort halten wir uns bei der Kirche nach rechts in Richtung Waldbuch. Am Dorfrand geht es an einer Gabelung nach links auf der Straße immer geradeaus nach **Banzenweiler** (gut ¼ Std.).

In der kleinen bäuerlichen Gemeinde folgen wir der Hauptstraße bis zu einem stattlichen Hof, vor dem ein Wirtschaftsweg nach rechts durch die Wiesen abzweigt. An einem mit Erlen bestandenen Bachlauf gehen wir über eine Brücke und dann bergan zum Wald. Auf einem Wiesenweg erreichen wir den Wald und durchwandern ihn auf einem befestigten Forstweg um die Nonnenkappel. Auf einem schmalen Fußweg erreichen wir unmittelbar nach dem Waldrand die Gemeinde Gründelhardt, einen Ortsteil von Frankenwald. Wir folgen der Sonnenstraße nach links am Friedhof vorbei. Vor einem Tante-Emma-Laden gehen wir nach rechts zur Frankenhalle in **Gründelhardt** (**5**, ½ Std.) und weiter bergab zur Durchgangsstraße. Wir wandern in Richtung Gaildorf an einem Sportplatz vorbei und verlassen die Landstraße nach links. Auf der kleinen Nebenstraße gelangen wir nach **Hellmannshofen** (¼ Std.). Hier orientieren wir uns nach links, dem HW 4 und dem Jakobsweg folgend. Nach dem Ortsende geht es nach rechts auf einem Flurpfad zur Straße und nach links zum **Reishof** (**6**, ¼ Std.). Nach dem Weiler pilgern wir rechts am Waldrand entlang und durch Wiesen und Weiden, bis wir nach einer Talsenke auf einem Wiesenweg bergan das Gehöft »Zum Wagner« erreichen. Von hier sind es nur noch wenige Minuten zur kleinen Gemeinde **Mainkling** (**7**, ½ Std.).

Von Mainkling folgen wir dem Muschelsymbol zunächst am Waldrand entlang nach rechts bis Ipshof und am idyllischen Naturschutzgebiet Fleckenbacher See vorbei. Unmittelbar vor der Fleckenbacher Sägemühle gehen wir links auf einem Wiesenweg bergan in den Wald. Auf guten Forstwegen wandern wir durch den Mischwald am Rastplatz »Jakobsdächle« vorbei zu don winzigen Dachseen. Rund drei Minuten nach den Seen zweigen wir nach rechts auf einen schmalen Waldpfad ab. Nach 50 m folgen wir einem querenden Weg nach links zum Waldrand. Hier geht es halb links aus dem Wald hinaus und über die Fluren der Markierung eines Rad-/Fußwegs folgend durch den kleinen Teilort **Geiselrot** und nahtlos weiter in die Gemeinde **Rosenberg** (**8**, 1½ Std. ab Mainkling), zu der mehr als dreißig kleine Weiler, Höfe und Dörfer zählen.

Das Muschelsymbol führt uns auf der Karl-Stirner-Straße nach rechts und auf dem Alten Kirchweg nach links durch ein Wohngebiet aus dem Ort hinaus. Ein moderner Pilgerbrunnen bietet einen einladenden Rastplatz. Auf dem Alten Kirchweg wandern wir in eine kleine Talsenke und dann geradeaus durch den Wald. Dabei kommen wir an einem Pilgerkreuz vorbei, das die Entfernung nach Santiago de Compostela mit 2000 km angibt. Vor uns sehen wir bereits unser Etappenziel, den Hohenberg, 569 m. Kurz nach dem Waldrand geht es auf einem steilen Pfad bergan zur Jakobuskirche und Pilgerherberge in **Hohenberg** (**9**, ¾ Std.).

Vom Hohenberg, an dessen Fuß sich der gleichnamige Weiler schmiegt, genießen wir einen fantastischen Rundblick bis zum Schloss von Ellwangen oder auch bis zum Rand der Schwäbischen Alb.

i *Bereits im 11. Jh. errichteten Mönche vom Kloster Ellwangen auf dem* ***Hohenberg*** *ein kleines Kloster und eine dem hl. Jakobus geweihte Kirche. Im Dorf am Fuße des Berges kümmerte sich eine Jakobusbruderschaft um die Beherbergung und Pflege der Pilger. Die alte romanische Kirche konnte dem Zahn der Zeit nicht entrinnen und musste abgerissen werden. Auf ihren Grundmauern entstand Ende des 19. Jh. eine dreischiffige Basilika mit Querschiff und Turm. Von der romanischen Kirche blieb das Nordportal erhalten. Die farbigen, modernen Glasfenster zeigen Bibelstellen aus dem Alten und Neuen Testament.*

Fernblick vom Hohenberg.

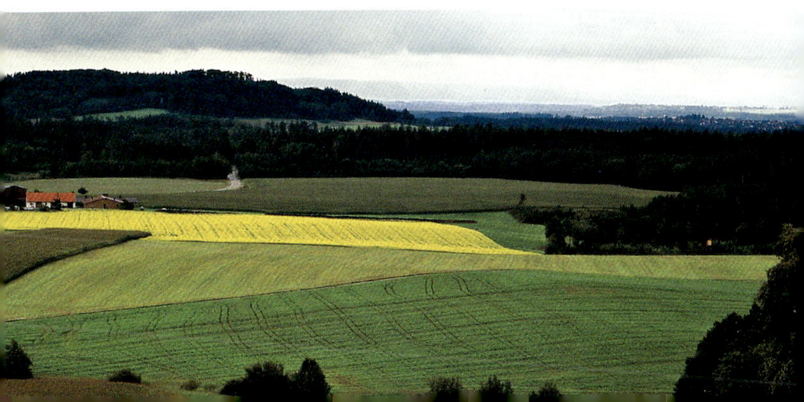

7 Hohenberg – Hohenstadt

6.15 Std.
23 km

Unterkunft: **Hüttenhof** (500 m/ <100 EW) **(1)** Waldcamping mit Matratzenlager für Wanderer, 7,50 €, Tel. 07963 201, www.waldcamp.de. **(2)** Rund 500 m abseits des Wegs im Weiler **Hütten** Privatunterkunft bei Familie Fischer, Tel. 07963 685. **Pommertsweiler** (an Variante; 458 m/870 EW) Landgasthof Albblick, ab 40 €, Tel. 07963 218, www.landgasthof-albblick.de. **Hohenstadt** (492 m/730 EW), **(1)** Gästehaus Adler, ab 40 €, Tel. 07366 63 55, www.landmetzgerei-kienhoefer.de. **(2)** Café Höfler, 10 B, Tel. 07366 61 81, cafehoefler@t-online.de.

Die Strecke: Abwechslungsreiche Wegführung: Auf kleinen Straßen, Feld- und vor allem auf Waldwegen geht es im mäßig hügeligen Gelände in Richtung Südwesten. Sehr gute Markierung (Muschelsymbol). Ab Hohenstadt verlassen wir den HW 4 (Main-Donau-Bodensee-Weitwanderweg).

Höhenunterschied: 350 m im Auf- und 430 m im Abstieg.

Kritische Stellen: Keine.

Landschaft: Auf dieser Etappe begleiten uns nochmals die meist bewaldeten Ausläufer der Ellwanger Berge, die der Jakobsweg in südwestliche Richtung durchzieht. Über das hügelige Relief erreicht er am Büchelberger Grat den Kocher. Der Fluss durchfließt wie die Jagst die Hohenloher Ebene in nordwestliche Richtung und mündet in den Neckar.

Infrastruktur: Hüttenhof; 500 m abseits in Hütten; Variante Pommertsweiler; Wöllstein (362 m/ >100 EW); Adelmannsfelden (471 m/ 1710 EW); Hammerschmiedsee (434 m/< 10 EW); Hohenstadt.

Anmerkung: An der Papiermühle vor Adelmannsfelden kann man eine alternative Route zum Jakobsweg wählen, den Wöllsteiner Kapellenweg. Dieser ist rund 2 km kürzer und führt auf schattigen Wegen direkt nach Wöllstein (Markierung: Wöllsteiner Jakobus-Kapelle).

Hinter der Jakobuskirche auf dem **Hohenberg (1)** beginnt die Etappe auf einem kleinen Wiesenpfad auf den Waldrand zu. Bergab wandern wir durch den Mischwald zu einer schmalen asphaltierten Straße. Über eine Freifläche gelangen wir wiederum zum Waldrand eines ausgedehnten Forstes. Durch den abwechslungsreichen lichten Mischwald lassen wir uns von der Jakobsmuschel leiten. An der Wegverzweigung »Stadelspitz« halten wir uns nach links. Wir folgen diesem Hauptweg geradeaus. Im Talgrund des Stadelbaches knickt der Weg nach rechts ab und verläuft ansteigend zur **Steinstaffelhütte** (**2**, ¾ Std.). Wir biegen hier links auf einen geschotterten Waldweg ab, der zum Wanderparkplatz an der »Karl-Olga-Linde« führt. Hier geht

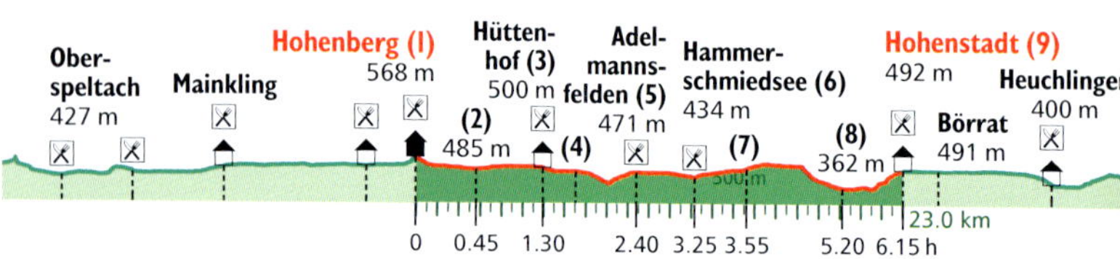

es nach rechts auf der Straße in Richtung Hütten weiter durch den Stadelsbacher Forst und über die Wiesen der einstigen Rodungsflächen. An der Abzweigung nach **Hütten** bleiben wir geradeaus auf der Straße zum **Hüttenhof** (**3**, ¾ Std), einer Gaststätte mit Campingplatz.

An den Weihern gelangen wir wieder zum Waldrand und leicht bergan zu einem Wegekreuz und der Grottenkapelle »Mutter am Wege« mit einem hübschen Blick auf unsere nächsten Ziele, Gaishardt und Adelmannsfelden. Geradeaus erreichen wir den ringsum von Wald umgebenen Ort **Gaishardt** (**4**, knapp

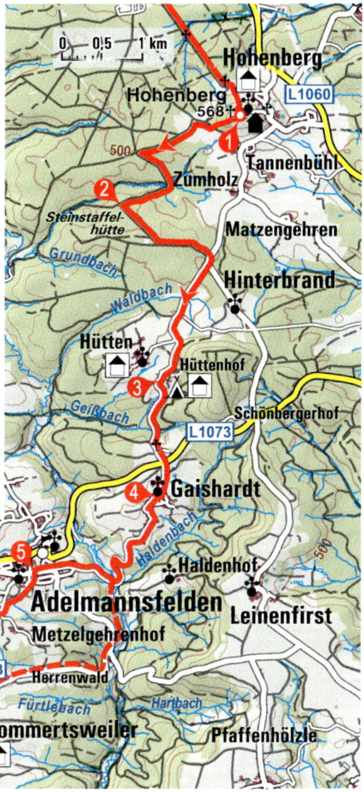

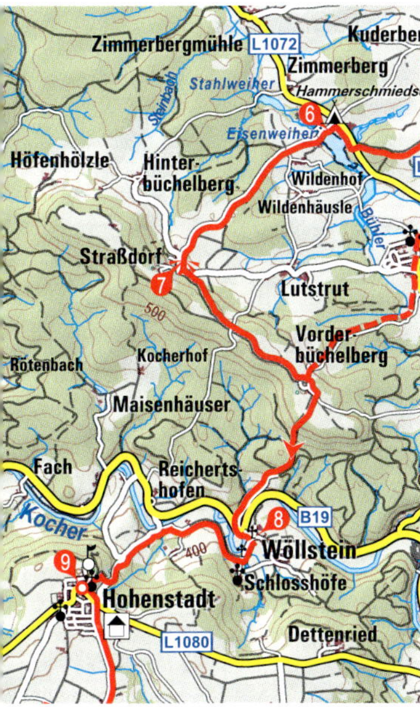

½ Std.). Vor der Kapelle Sankt Vitus zweigt der Jakobsweg nach rechts ab und führt dann wieder auf die Durchgangsstraße. Am Ortsrand gehen wir an einem Spielplatz und an Sportanlagen vorbei auf einem Asphaltsträßchen bergab durch die Fluren zum Gehöft Himmelreich und weiter ins Tal der Blinden Rot. Der ausgemuschelte Jakobsweg führt über den Flusslauf der Blinden Rot an der **Papiermühle** vorbei (hier zweigt die direkte Variante nach

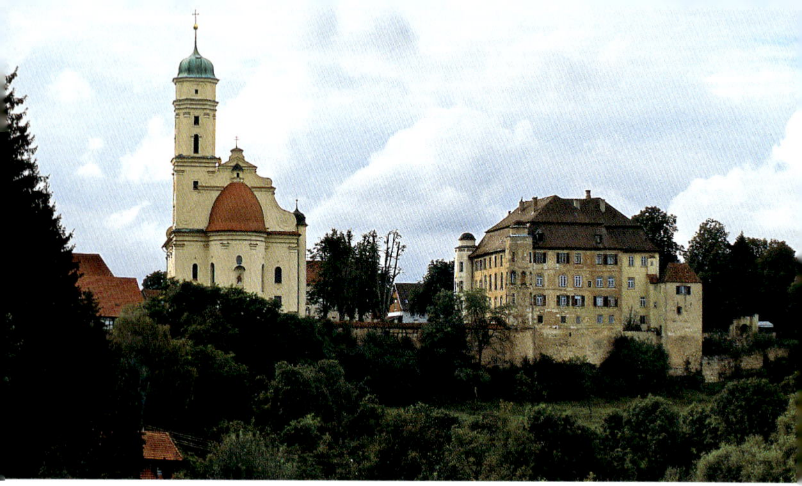

Schloss und Wallfahrtskirche von Hohenstadt.

Wöllstein ab) und dann steil bergan nach **Adelmannsfelden** (**5**, ¾ Std.). Wir durchqueren die Ortschaft, biegen nach links zur Sporthalle ab und gehen dann weiter bergab zwischen Tennis- und Sportplätzen hindurch. Auf einer kleinen Straße passieren wir einen gewerblichen Betrieb, folgen einem Feldweg nach rechts und überqueren schräg links die Landstraße. Wir durchwandern ein Wäldchen und erreichen bei einer Reihe von Stauseen eine weitere Landstraße. Auf dieser wenden wir uns nach rechts, am Schleifhäusle vorbei und weiter nach links in Richtung **Hammerschmiedsee** (**6**, ¾ Std.).
Der Pilgerweg führt am See und am Campingplatz vorbei und dann auf einer Ortsverbindungsstraße immer geradeaus über Wiesen und durch den Hirschberger Forst bis nach **Straßdorf** (**7**, ½ Std.). Im Weiler verlassen wir die Durchgangsstraße nach rechts und halten uns bergan in Richtung Waldrand. Wir wandern durch den bewaldeten Höhenzug an einem überdachten Grillplatz vorbei und bei einem Holzkreuz weiter geradeaus entlang des Büchelberger Grats bis **Vorderbüchelberg** (rund 30 Min. ab Straßdorf). Im Dorf biegen wir nach rechts ab und wandern auf dem Jakobsweg zwischen Feldern und dann durch Mischwald hinab ins Kochertal. Wir überqueren den Kocher und erreichen **Wöllstein** (**8**, 1 Std.). Von dort führt uns der Weg nach rechts der Kocherschleife folgend durch die Wiesenfluren. An einzelnen Gehöften vorbei überqueren wir am Sandhof die Kreisstraße und gelangen so zu unserem Etappenziel in **Hohenstadt** (**9**, knapp 1 Std.) mit der Wallfahrtskirche Mariä Opferung. Um das prächtige Schloss Hohenstadt wurde ein schöner Schlossgarten angelegt – der Heckengarten zählt zu den ältesten und eindrucksvollsten seiner Art.

Hohenstadt – Böbingen an der Rems

Unterkunft: **Heuchlingen** (400 m/1880 EW), Schlafen im Stroh, Werner Schwarz, werner.schwarz10@t-online.de, Tel. 0157 3822 2497. **Böbingen an der Rems** (382 m/4590 EW), **(1)** Hotel Schweizerhof, ab 60 €, Tel. 07173 91 080, www.schweizerhofboebingen.de. **(2)** Gästehaus Garni Rainer, Tel. 07173 12 903.
Die Strecke: Dieser kurze Wegabschnitt verläuft fast ausschließlich auf Wirtschaftswegen, kleinen Straßen und geschotterten Feld- und Waldwegen durch eine sanft hügelige Landschaft. Nur wenige An- und Abstiege. Der Jakobsweg ist gut gekennzeichnet.
Höhenunterschied: 100 m im Auf- und 210 m im Abstieg.
Kritische Stellen: Keine.
Landschaft: Mit großen Schritten nähert sich der Pilgerweg dem Nordrand der Schwäbischen Alb. Diese Etappe führt uns über die Ausläufer der Fränkischen Waldberge und des Welzheimer Waldes. Zwischen Kocher- und Remstal queren wir die Frickenhofer Höhe, die landwirtschaftlich vor allem als Acker- und Weideland für Rinder genutzt wird. Das Remstal markiert schließlich den Übergang zum Mittelgebirge der Schwäbischen Alb. Der Blick auf den steilen Albtrauf bildet auf dem letzten Wegabschnitt bis Böbingen eine sehr beeindruckende Kulisse.
Infrastruktur: Heuchlingen; Böbingen: alles.
Touristeninformation: Gemeindeverwaltung Böbingen, Tel. 07173 18 56 000, www.boebingen.de.

Vom Dorfkern von **Hohenstadt (1)** orientieren wir uns nach links und gehen am Ortsrand nach rechts durch die Felder. Geradeaus gelangen wir schnell zum Weiler **Börrat** (**2**, ½ Std.). Wir gehen auf dem Durchgangssträßlein nach rechts und verlassen den Weiler bereits wieder. Einem Feldweg folgen wir geradeaus, bis es an einer Stromleitung nach links auf einem Wirtschaftsweg weiter durch Äcker und Wiesen bis zu den **Klotzhöfen** (gut ¼ Std.) geht.
Auf dem folgenden Wegabschnitt bis Heuchlingen begleiten uns insgesamt sieben Holzstelen mit besinnlichen Texten zum Pilgerweg. Auf dem Wirtschaftsweg geht es an den Klotzhöfen vorbei bis zur nächsten Stele. Auf einem Feldweg gehen wir nach rechts und in den Wald hinein. Im Forst ignorieren wir sämtliche Abzweigungen und gelangen so am Waldrand zu einer Landstraße, die wir geradeaus queren. Zwischen den Gemeinden Leinweiler und Schechingen folgen wir weiterhin der Markierung und den Holzstelen

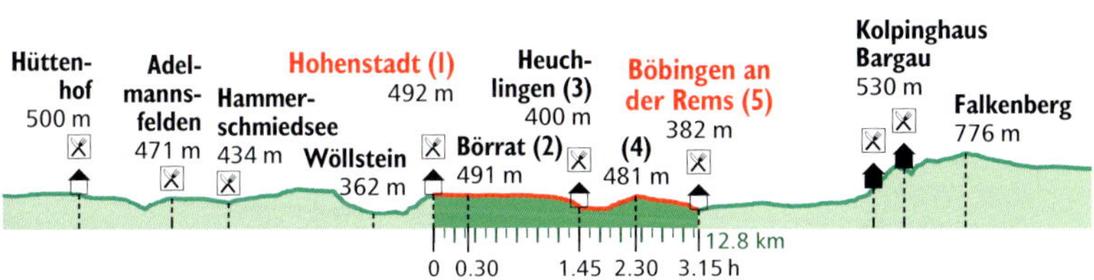

durch die offenen Fluren. Kurz vor Heuchlingen geht es auf einem Wirtschaftsweg bergab ins Leintal. Hier erreichen wir die Gemeinde **Heuchlingen** (**3**, gut 1 Std.). An der Durchgangsstraße biegen wir nach rechts zur Pfarrkirche St. Vitus ab. Auf einem Treppenweg geht es bergab in Richtung Lein. Wir gelangen auf die Landstraße (L 1075) und gehen nach rechts in Richtung Ortsende. Nach 100 m zweigen wir nach links an den Sportplätzen vorbei ab. Ein Fußgängerweg wurde hier 2005 als Meditationsweg gestaltet – ein modernes Denkmal für die Jakobspilger markiert diesen Weg. Auf dem Mühlsteg überqueren wir die Lein und wandern bergan auf der Brackwanger Straße aus dem Ort hinaus. Über einen schattigen Treppenweg erreichen wir die Hütte des Schwäbischen Albvereins. An einer Reitanlage geht es geradeaus vorbei und wir halten uns dann am Schild in Richtung Brackwang nach rechts auf einen asphaltierten Weg. Über die Fluren sind wir schnell an den Bauernhöfen **Brackwang** (**4**, ¾ Std.) angekommen.

Wir gehen weiter geradeaus und überschreiten etwa 400 m nach den Höfen den ehemaligen römischen Grenzwall, den **Limes**. Der Jakobsweg verläuft bis Böbingen in etwa entlang des Grenzwalls. Mit sanftem Gefälle wandern wir durch die Wiesen und Weiden bergab. Wir genießen beeindruckende Weitblicke auf den Albtrauf und Böbingen im Remstal. An einem Wanderparkplatz erreichen wir Böbingen.

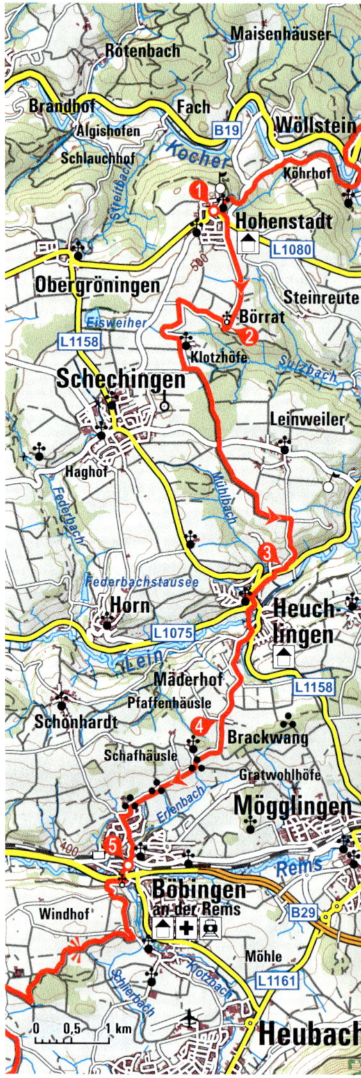

Hier sind aktuelle Informationen für Jakobspilger zu Übernachtungsmöglichkeiten und Infrastruktur auf einer Informationstafel festgehalten. Weiter geht es bergab und anschließend nach rechts, bis wir auf einem Treppenweg auf die Bahnhofsstraße gelangen. Eine Unterführung bringt uns auf der anderen Seite der Bahngleise ins Ortszentrum von **Böbingen an der Rems** (**5**, ¾ Std.).

i *Die Geschichtsschreibung von* **Böbingen an der Rems** *beginnt mit dem Limes, einem Römerkastell und zahlreichen weiteren historischen Funden, wie beispielsweise alemannischen Gräbern. Die Alemannen ließen sich um 600 hier nieder und nannten ihre Siedlung Bebo, nach einem Adeligen. Im Mittelalter wechselten die Herrschaftsrechte, und erst im Zuge der Mediatisierung kam Böbingen an das Haus Württemberg. Die Bevölkerung bestand hauptsächlich aus Bauern, die keinen eigenen Grundbesitz hatten und Frondienste leisten mussten. Im Dreißigjährigen Krieg litt Böbingen schwer an seiner geografischen Lage direkt an der Heerstraße durch das Remstal. Ab 1660 wurde der Ort vom katholischen Schwäbisch Gmünd aus wieder besiedelt. Bis heute hat sich Böbingen seinen ländlichen Charakter am Fuße der Schwäbischen Alb erhalten.*

Der steile Albtrauf bei Böbingen.

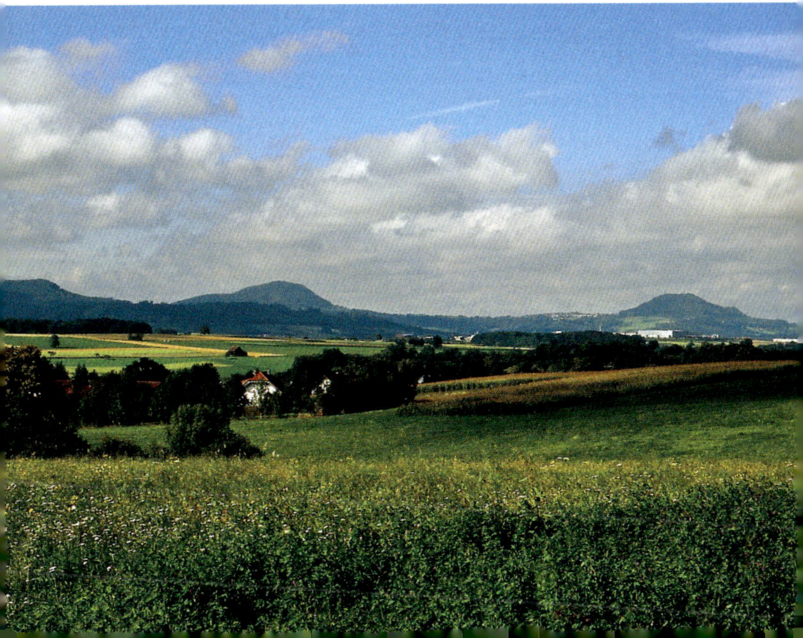

9 Böbingen an der Rems – Böhmenkirch

6.30 Std.
23,3 km

Unterkunft: **Kolpinghaus Bargau** (530 m) 2 km nach Bargau am Scheuelberg 30 B, Buchung und Preisanfrage Tel. 07172 63 36, kolpinghausbargau.wixsite.com/kolpinghaus. **Naturfreundehaus Himmelreich** (670 m), 35 B, ab 23 € für Nicht-Mitglieder, Hüttenwart Tel. 0157 35 30 07 70 (unbedingt vorher anrufen), www.naturfreundehaus-himmelreich.com. **Böhmenkirch** (696 m/ 5500 EW), **(1)** Gasthaus Rose, Tel. 07332 65 75, www.rose-boehmenkirch.de. **(2)** Gasthaus Zum Lamm, ab 20 €, Tel. 07332 52 43, www.landgasthof-lamm.de.
Die Strecke: Überwiegend mäßige bis steile Anstiege, meist Waldpfade und Forstwege durch die Nadelmischwälder am Albaufstieg. Auf der Albhochfläche gut begehbare Feld- und Wirtschaftswege. Die Etappe ist ausreichend mit dem Muschelsymbol gekennzeichnet.
Höhenunterschied: 550 m im Auf- und 240 m im Abstieg.
Kritische Stellen: Die Pfade und Waldwege am Albaufstieg sind bei Nässe zum Teil rutschig und schlammig. Vor allem in den steileren Wegabschnitten ist erhöhte Aufmerksamkeit erforderlich.
Landschaft: Der Albtrauf, der Steilabbruch der Schwäbischen und der Fränkischen Alb, ist eine der markantesten Landschaften in Baden-Württemberg. Er erstreckt sich auf der Länge von über 200 km durch das Südwestdeutsche Schichtstufenland. In den unteren Hangbereichen ist er meist von den traditionellen Streuobstwiesen und in den höheren Regionen von Mischwäldern bedeckt. Schnell geht der Albtrauf in die Hochfläche der Schwäbischen Alb über. Auf der rauen Ebene wird vor allem Ackerbau und Viehzucht betrieben.
Infrastruktur: Bargau (435 m/2790 EW); Kolpinghaus Bargau (Einkehr So 11–17 Uhr); Naturfreundehaus Himmelreich; Heidhöfe (662 m/< 10 EW); Böhmenkirch: alles außer.
Touristeninformation: Gemeindeverwaltung Böhmenkirch, Tel. 07332 96 000, www.boehmenkirch.de.
Anmerkung: Wenn das Kolpinghaus sowie das Naturfreundehaus Himmelreich geschlossen sind (z. B. im Winterhalbjahr, an Werktagen), gibt es bis Böhmenkirch direkt am Weg keine Versorgungsmöglichkeit.

In **Böbingen an der Rems (1)** gehen wir auf der Hauptstraße in südliche Richtung, geradeaus über die Stuttgarter Straße und nach rechts in den Beiswanger Weg. Bergan durch die saftigen Wiesen kommen wir zu einer Marienfigur, die »Mutter am Wege«. Hier biegen wir nach links in einen geschotterten Feldweg ein, der uns mit schönem Blick auf Böbingen und das Vorland der Schwäbischen Alb durch die Felder bringt. Kurz vor den ersten Häusern von

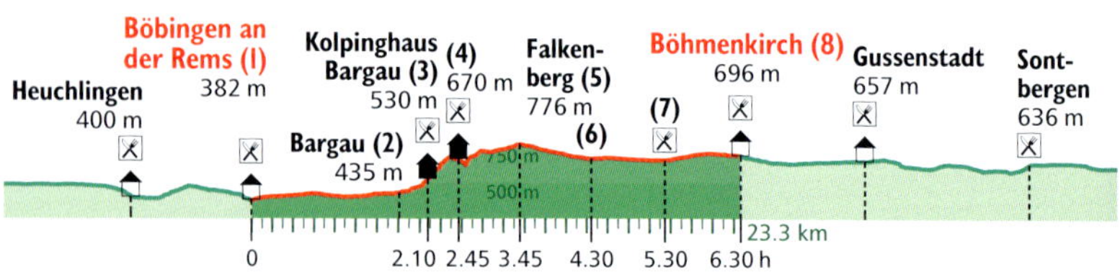

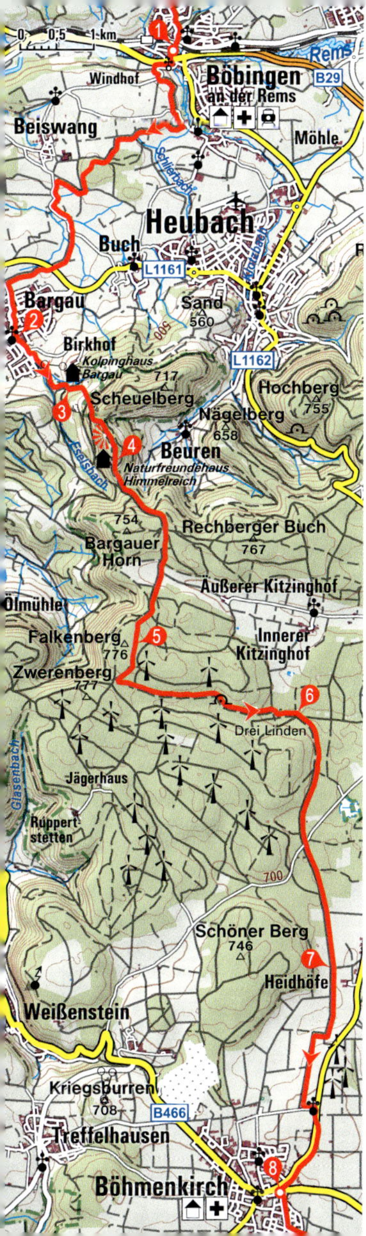

Oberböbingen zweigen wir auf einen Feldweg nach rechts ab. Nach gut 5 Min. verlassen wir den Wirtschaftsweg nach links. Mit weitem Blick auf den Albtrauf wandern wir durch die Streuobstwiesen bergan. Am Übergang des Asphaltweges in einen geschotterten Feldweg wenden wir uns nach links und halten auf ein Wäldchen zu. Weiter geht es rechts haltend am Waldrand entlang bis zu einem Asphaltsträßchen, auf diesem nach rechts bis zur Einmündung in die Landstraße zwischen Beiswang und Buch. Hier geht es nach links, nach einem kleinen Bachlauf biegen wir nach rechts auf den Radweg Bargau–Bettringen ab. Auf diesem wandern wir knapp 30 Min. durch die offenen Fluren bis an den Ortsrand von Bargau und auf der Zimmerner Straße zur Durchgangsstraße.

Geradeaus sehen wir den ungewöhnlichen Backsteinbau der St.-Jakobus-Kirche von **Bargau** (**2**, 1¾ Std.). Von der Kirche aus gehen wir durch den Friedhof (in einer großen Jakobsmuschel wird dort ein Pilgerstempel aufbewahrt), folgen dem Muschelsymbol und gelangen zum Südrand von Bargau. Hier geht es über einen Wanderparkplatz in Richtung Himmelreich und rund 1 km nach dem Ortsende am **Kolpinghaus Bargau** (**3**, knapp ½ Std.) vorbei auf den Wald am Albtrauf zu. Am Waldrand genießen wir einen letzten Blick zurück auf das Vorland der Schwäbischen Alb. Der Jakobsweg zweigt hier nach links in den Nadelwald hinein ab. Wir wandern auf einem Waldpfad

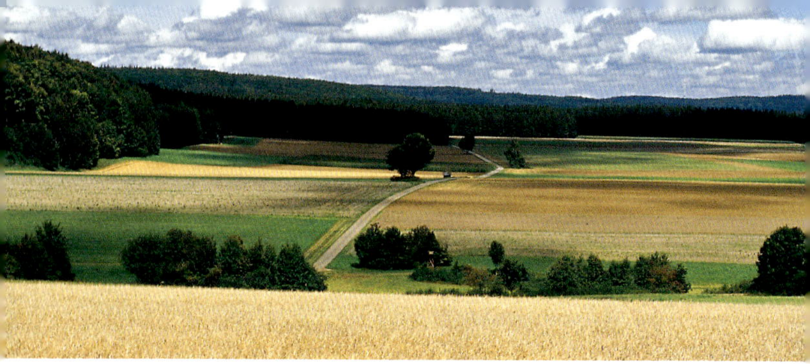

Typisches Landschaftsbild auf der Albhochfläche.

relativ steil bergan, kommen zu einem Wiesenweg und halten auf ein Gipfelkreuz zu. Ein Waldpfad steigt steil durch den Mischwald bergan, ein Wirtschaftsweg wird gequert, dann führt ein Treppenweg hinauf zu einem Sattel. Wir kehren über eine Wiese zurück in den Wald, in dem wir steil bergan bis zu einer Wacholderheide wandern. Hier haben wir die Gemarkung Himmelreich und damit den Steilanstieg des Albtraufes erreicht. Wir genießen den weiten Ausblick auf den Hornberg, den Rechberg und den Bernhardus.
Ein steiniger Weg bringt uns bergab zum **Naturfreundehaus Himmelreich** (**4**, gut ½ Std.) und weiter zur Wegverzweigung am Beurener Kreuz. Von hier verläuft der Jakobsweg wieder bergan durch den Wald zum **Bargauer Kreuz** (knapp ½ Std.). Wir wandern geradeaus weiter im sanft abfallenden Gelände. Auf einem asphaltierten Weg durchqueren wir die vom Wald umgebene, landwirtschaftlich genutzte Kitzingebene. Auf dem Fuchsteichsträßle gehen wir auf der gegenüberliegenden Seite der Kitzingebene durch den Forst auf dem Falkenberg. Wir halten uns rechts und folgen dem Muschelsymbol über die langgezogene, bewaldete Kuppe des **Falkenbergs** (**5**, gut ½ Std.). In einer Senke kommen wir zu einer Wegverzweigung, an der wir nach links einen Weg Richtung Falkenhöhle einschlagen. Auf dem Waldweg passieren wir die Falkenhöhle, eine Karsthöhle, und zweigen unmittelbar danach nach rechts ab. An der Gemarkung **Drei Linden** (**6**, ¾ Std.) wandern wir der Kennzeichnung des Jakobsweges folgend Richtung Rötenbach und uns am Wegweiser Böhmenkirch orientierend durch einen ausgedehnten, zusammenhängenden Forst. Diesem Weg folgen wir nun stets geradeaus für rund 6 km in südlicher Richtung. Vom Waldrand aus pilgern wir auf einem Wirtschaftsweg auf drei Windräder zuhaltend durch die Äcker und Fluren. Auf einem Feldweg zweigt ein Abstecher nach links zu den **Heidhöfen** (**7**, knapp 1 Std.) ab. Dort eventuell Möglichkeit zur Einkehr. Ab der Patriziuskapelle geht es auf einem Fußweg parallel zur Straße entlang eines Kreuzweges bis zum auf der Albhochfläche gelegenen Etappenziel **Böhmenkirch** (**8**, knapp 1 Std.).

7.15 Std.

28,6 km

Böhmenkirch – Lonsee

10

Unterkunft: Gussenstadt (657 m/1360 EW) **(1)** Gästehaus Krone, Tel. 07323 62 98, www.krone-gussenstadt.de. **(2)** Landgasthof Hotel Hirsch, Tel. 07323 63 39, www.hirsch-gussenstadt.de. **Lonsee** (564 m/5120 EW), Försterhaus, Fam. Mangold, Tel. 07336 84 13, wolfgang.mangold@gmx.eu.
Die Strecke: Gut zu begehende Feld- und Waldwege im Wechsel mit Wirtschaftswegen und kleinen Landstraßen. Nur geringe Höhenunterschiede.
Höhenunterschied: 230 m im Auf- und 360 m im Abstieg.
Kritische Stellen: Zwischen Zähringen und Ettlenschieß zweigt die Route von der Straße nach einer scharfen Linkskurve nach rechts auf einen schlecht zu erkennenden Wiesenpfad ab. Die Markierung könnte hier leicht übersehen werden.
Landschaft: Diese Etappe des Jakobswegs führt über die Hochfläche der Schwäbischen Alb. Dabei wechseln landwirtschaftlich genutzte Flächen mit Waldabschnitten. In den Kalkschichten haben sich während der Kalt- und Warmzeiten Trockentäler herausgebildet, die zusammen mit den Wacholderheiden eine einzigartige und reizvolle Naturlandschaft bilden.
Infrastruktur: Gussenstadt; Sontbergen (636 m/< 500 EW); Zähringen (636 m/< 500 EW); Lonsee: alles.
Touristeninformation: Gemeindeverwaltung Lonsee, Tel. 07336 810, www.lonsee.de.

Von der Hauptstraße in **Böhmenkirch (1)** gehen wir nach rechts auf der Poststraße und dem Breiten Weg aus dem Ort. Vor einer Kläranlage biegt der Jakobsweg nach rechts ab und führt an einer alleinstehenden Linde vorbei und sanft bergab ins Ulmer Tal. Nach einem Grillplatz biegen wir nach rechts auf einen leicht ansteigenden Wiesenweg ab, der am Waldrand entlangführt. Auf der Hochfläche gehen wir zunächst auf einem Asphaltweg weiter, der in einen Wiesen- und Waldweg übergeht und geradeaus an Windrädern vorbei nach Gussenstadt führt. An der Durchgangsstraße halten wir uns nach links ins Zentrum von **Gussenstadt** (**2**, 1½ Std.).

In der Ortsmitte wenden wir uns nach rechts in die Marktstraße und gehen auf einer schmalen Straße über die Bahngleise und zum Wald. Dort biegt der markierte Jakobsweg nach rechts und wenige Meter später nach links am Waldsaum entlang ab, führt an einem einladenden Rastplatz vorbei und mündet in eine Straße ein. Auf dieser wenden wir uns nach rechts über die leicht hügelige Albhochfläche. Nach rund ½ Std. geht es nach links auf einen geschotterten Feldweg, der uns über den bewaldeten Heuberg und durch das idyllische Sackental führt. Am Waldrand biegen wir nach rechts ab in ein wundervolles Trockental, dessen Hänge mit Wacholderheiden bestanden sind. Auf einem schmalen Asphaltweg gelangen wir in den Weiler **Sontbergen** (**3**, 2 Std. ab Gussenstadt).

Auf der Straße in Richtung Zähringen verlassen wir den kleinen Ort. Nach 200 m wenden wir uns auf einem Feldweg nach links und halten auf das Waldstück am Ötlenstein zu, das wir dann nach rechts haltend durchwandern. Im Hahnental kreuzen wir geradeaus eine schmale Straße und gelangen auf einem Wiesen- und Waldpfad nach **Zähringen** (**4**, ¾ Std.).

An der Kapelle und einem Brunnen vorbei durchqueren wir den beschaulichen Weiler. Am Ortsende biegen wir nach links auf einen Wirtschaftsweg ab, der uns zum bewaldeten Hungerberg bringt. Am Waldrand führt der Jakobsweg bergan durch einen lauschigen Mischwald und mündet nach rund ¼ Std. wieder in eine Straße, der wir nach rechts folgen. Nach einer nahezu rechtwinkligen Linkskurve biegen wir nach rechts in einen Pfad über eine Wiese zum Waldrand ab. Hier geht es nach rechts weiter, dann folgen wir dem Muschelsymbol in den Wald hinein. Am Ende des Forsts erreichen wir einen Wirtschaftsweg, der über die Felder an einem Windpark vorbei und schließlich entlang einer Reihe von Linden nach links zur Straße führt. Auf dieser gelangen wir gleich darauf nach **Ettlenschieß** (**5**, 1¾ Std. ab Zähringen). Wir wandern auf der Scheibenstraße durch das Dorf in Richtung Amstetten. Vor den letzten Häusern zweigen wir nach links auf einen Wirtschaftsweg ab, der uns durch die Wiesen bringt. An einer Birke biegen wir nach links auf einen Wiesenweg ab und halten auf einen Wald zu. Wir durch-

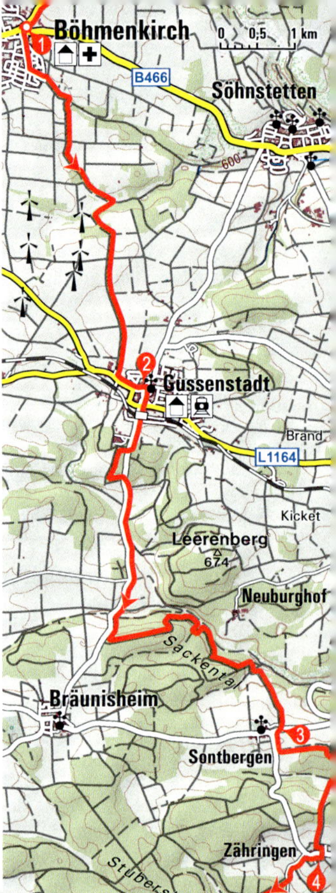

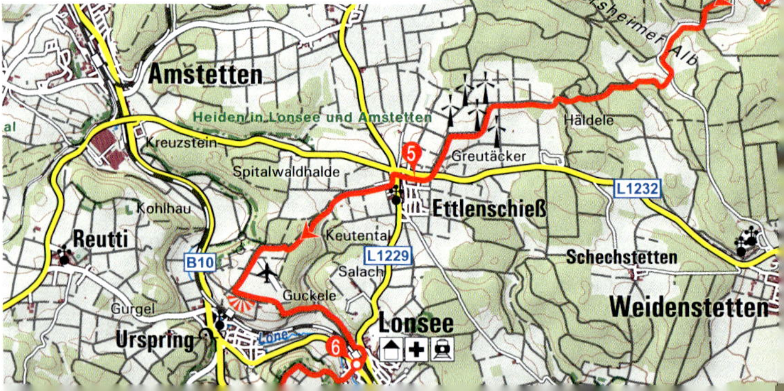

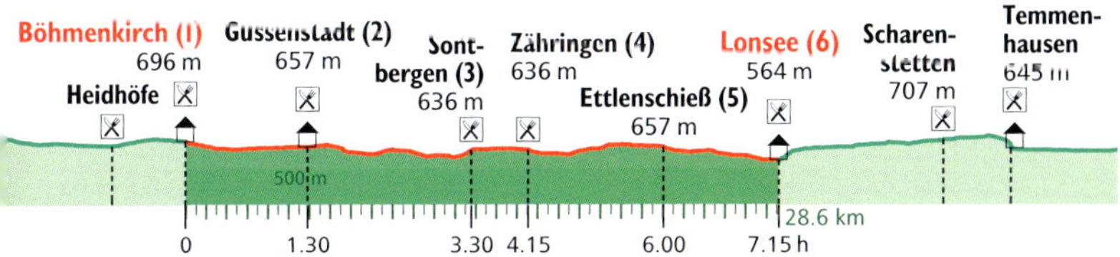

wandern den kleinen Mischwald und halten uns am Waldrand nach rechts. Wir treffen auf einen asphaltierten Weg, dem wir etwa ¼ Std. bis zur Hangkante über dem Lonetal folgen. Bei drei stattlichen Linden gehen wir links entlang der Talkante mit Blick auf Urspring, einen Teilort der Gemeinde Lonsee. Am Waldrand wenden wir uns nach rechts und wandern durch ein Wäldchen ins Lonetal. Hier treffen wir auf eine kleine Straße, der wir nach links entlang einer Wacholderweide, parallel zu den Bahngleisen, folgen. Auf der Straße »Hinter der Kirche« geht es auf einem Steg über die Gleise zum Bahnhof und links in die Bahnhofstraße, die in der Ortsmitte von **Lonsee** (**6**, 1¼ Std.) in die Hauptstraße einmündet.

i **Lonsee** *liegt zwischen Wacholderheiden und Waldflächen am Beginn des Lonetals an einem der historischen Albübergänge. Diese besondere Lage begünstigte eine Besiedlung des Gebietes, die seit dem Neolithikum nachweisbar ist. In einer nahe gelegenen Höhle konnten sogar Funde auf rund 50.000 v. Chr. datiert werden. Oberhalb des Lonetals bei Urspring befindet sich das ehemalige römische Kastell, ein Grenzkastell des sogenannten Alblimes.*

Wacholderheide am Hang eines Trockentals.

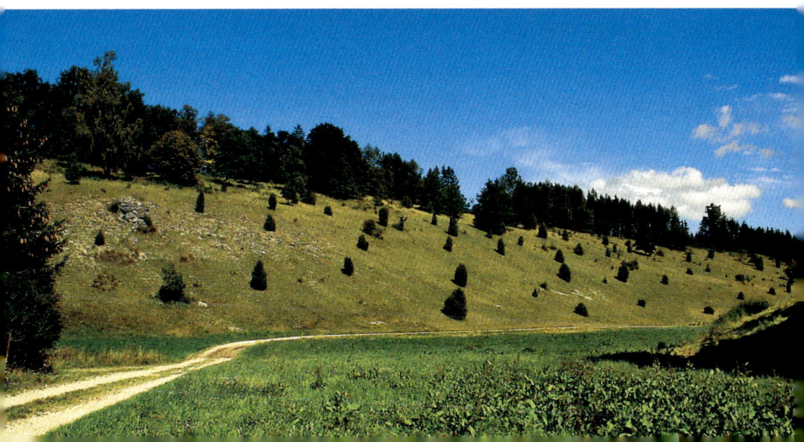

11 Lonsee – Ulm

8.00 Std.
31,2 km

Unterkunft: **Temmenhausen** (645 m/ 630 EW), Gasthof am Berg, Tel. 07348 22 329, www.gasthof-am-berg.de. **Weidacher Hütte** (635 m, 800 m abseits des Wegs), Wanderheim des Schwäbischen Albvereins, Übernachtung nur Fr–So möglich, 7,50 € für Nicht-Mitglieder, So meist bewirtschaftet, Tel. 07304 62 94, www.blaubeuren.albverein.eu. **Ulm** (477 m/126.330 EW), **(1)** Ulmer Münster Hotel, ab 80 €, Tel. 0731 55 21 86 74, www.ulmermuensterhotel.de. **(2)** Hotel am Rathaus, ab 82 €, Tel. 0731 96 84 90, www.rathausulm.de. 1.15 Std./knapp 5 km außerhalb an Etappe 12 nahe Oberer Kuhberg: **(3)** Jugendherberge, 114 B/ab 35 € ÜF. Grimmelfinger Weg 45, Tel. 0731 38 44 55, www.jugendherberge.de.
Die Strecke: Zumeist breite Wirtschafts-, Feld- und Waldwege über die südliche Albhochfläche. Dabei müssen nur wenige und kurze An- und Abstiege überwunden werden, bevor die südliche Abbruchkante der Alb erreicht ist. Über Wohngebiete erreicht der Pilgerweg die Innenstadt von Ulm.
Höhenunterschied: 360 m im Auf- und 440 m im Abstieg.
Kritische Stellen: Nach der A 8 ist der Weg anfangs nur unzureichend markiert.
Landschaft: Von der Hochfläche der Schwäbischen Alb geht es durch zahlreiche Waldgebiete, Äcker sowie durch bezaubernde Trockentäler, die diesem Naturraum einen besonderen Reiz verleihen. An den Hängen sind noch Wacholderheiden anzutreffen, die für dieses Biotop die ursprüngliche Vegetation darstellen. Die unter Schutz gestellten Wacholderheiden werden durch die Beweidung mit Schafen gepflegt. Kurz vor Ulm erreichen wir am Eselsberg die südliche Abbruchkante der Schwäbischen Alb und bei Ulm das Donautal.
Infrastruktur: Scharenstetten (707 m/ 800 EW); Temmenhausen; Bollingen (610 m/1180 EW); Mähringen (542 m/1310 EW); Ulm: alles.
Touristeninformation: Ulm/Neu-Ulm Touristik GmbH, Tel. 0731 16 12 830, www.tourismus.ulm.de.
Anmerkung: Der Jakobsweg ist im Stadtgebiet von Ulm ausreichend markiert, durch viele Schilder oder Reklame jedoch nicht immer offensichtlich erkennbar. Im Zweifelsfall ist die beste Orientierungshilfe das weithin sichtbare Ulmer Münster.

Von der Hauptstraße im Ortszentrum von **Lonsee (1)** gehen wir in südwestliche Richtung auf der Hindenburgstraße und Haldestraß über die Lonebrücke und geradeaus weiter bergan aus dem Ort hinaus in den Wald. Auf einem Waldpfad erklimmen wir den Westhang des Lonetals. Auf der Hochfläche halten wir uns an einer offenen Heide nach rechts und gelangen zur Bundesstraße. Parallel zur vielbefahrenen Straße gehen wir nach links und rund ¼ Std. auf einem Feldweg. Wir können einen überraschenden Ausblick

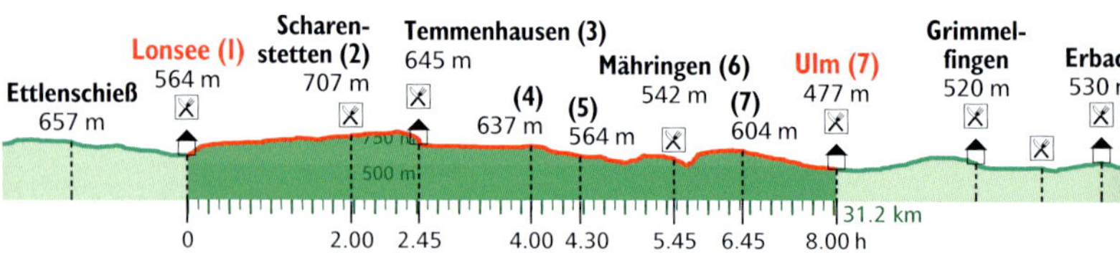

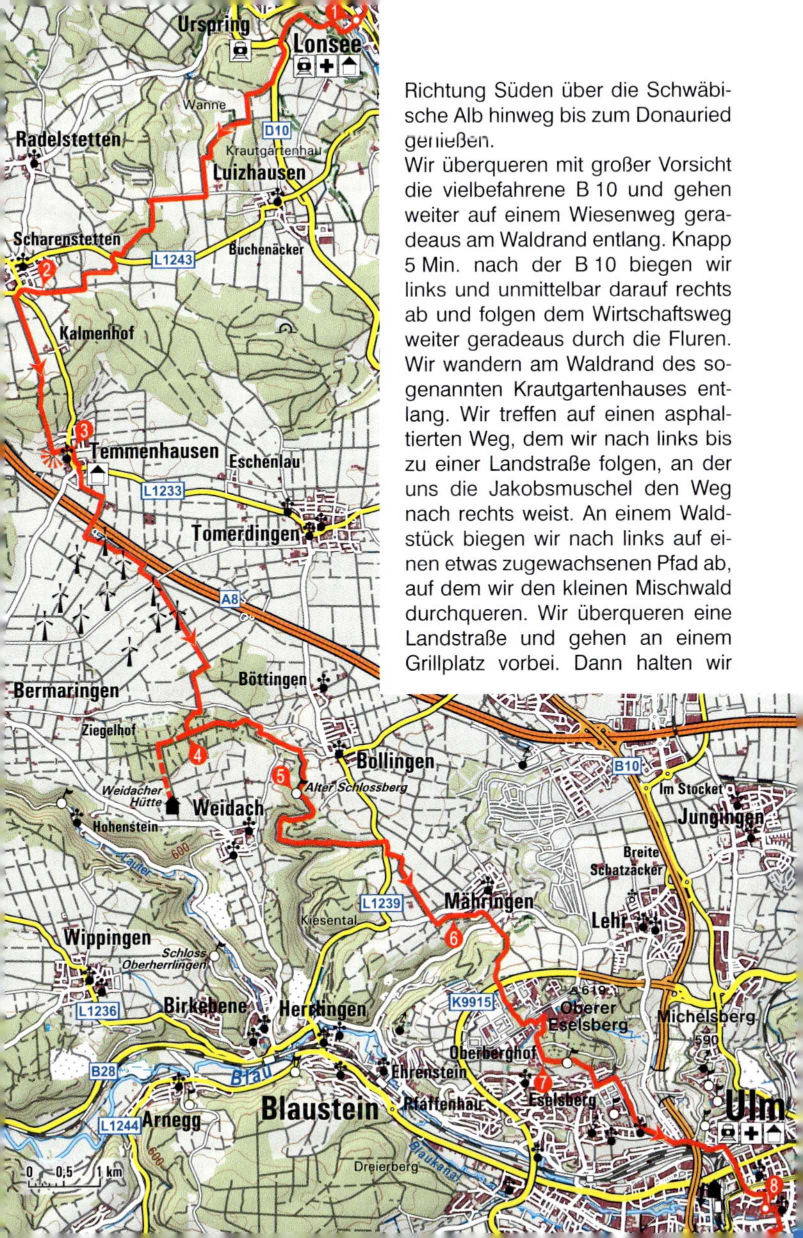

Richtung Süden über die Schwäbische Alb hinweg bis zum Donauried genießen.

Wir überqueren mit großer Vorsicht die vielbefahrene B 10 und gehen weiter auf einem Wiesenweg geradeaus am Waldrand entlang. Knapp 5 Min. nach der B 10 biegen wir links und unmittelbar darauf rechts ab und folgen dem Wirtschaftsweg weiter geradeaus durch die Fluren. Wir wandern am Waldrand des sogenannten Krautgartenhauses entlang. Wir treffen auf einen asphaltierten Weg, dem wir nach links bis zu einer Landstraße folgen, an der uns die Jakobsmuschel den Weg nach rechts weist. An einem Waldstück biegen wir nach links auf einen etwas zugewachsenen Pfad ab, auf dem wir den kleinen Mischwald durchqueren. Wir überqueren eine Landstraße und gehen an einem Grillplatz vorbei. Dann halten wir uns an einem Wirtschaftsweg nach links und biegen kurz darauf nach rechts in den Salachweg ein, der uns geradewegs zum südlichen Ortsrand von **Scharenstetten** (**2**, 2 Std.) bringt. Auf der Durchgangsstraße kommen wir zur Landstraße nach Merklingen. Von dieser zweigt der Jakobsweg nach wenigen Metern links in einen Wirtschaftsweg ab. Auf diesem geht es nun stets geradeaus durch die Felder und auf einem etwas eingewachsenen Wiesenweg durch ein Waldstück. Rund 350 m nach dem Waldrand folgen wir nach links bergab einem neu eingerichteten Pilger- und Naturlehrpfad mit zahlreichen Informationstafeln zur Wallfahrt nach Santiago de Compostela. Wir erreichen die Durchgangsstraße des Örtchens **Temmenhausen** (**3**, gut ¾ Std.).

Am ehemaligen Dorfanger gehen wir nach rechts durch das Eiergässle bis zum Dorfende. Über die Äcker gelangen wir an einem Aussiedlerhof vorbei zur A 8, die wir auf einer kleinen Brücke queren. Auf der anderen Seite der A 8 ist der Jakobsweg zunächst nur unzureichend markiert. An der ersten Verzweigung gehen wir links, parallel zur A 8, weiter und dann vor einer Unterführung nicht entlang der Hochspannungsleitungen, sondern auf einem Feldweg schräg rechts an einem Windpark entlang auf einen Wald zu. Am Waldrand des Katharinenholzes folgen wir wieder dem Muschelsymbol, das uns zu einer kleinen Straße führt. Wir wenden uns kurz nach rechts und zweigen dann nach links ab in den Läuberhau. Wir wandern auf einem breiten geschotterten Waldweg durch den schattigen Mischwald zu einer **Wegverzweigung** (**4**, 1¼ Std.): Nach rechts geht es zur 800 m entfernten Weidacher Hütte. Wir gehen nach links, bald an einer Waldwiese entlang. An deren Ende biegen wir rechts in den Wald hinauf ab. Nun gehen wir durch ein ganz bezauberndes Trockental, immer der Markierung folgend, an einem Unterstand mit Picknickplatz vorbei. Wir passieren die Felsen am **Alten Schlossberg** (**5**, ½ Std.) und bleiben weiter im Talgrund nach links.

An einer noch recht ursprünglichen Wacholderheide vorbei gelangen wir bergan auf die Hochebene. Wir queren eine Straße, halten uns 200 m nach rechts und gehen dann links auf einem Feldweg über die Fluren, wobei wir auf einen Sendemast zuhalten. Von hier aus haben

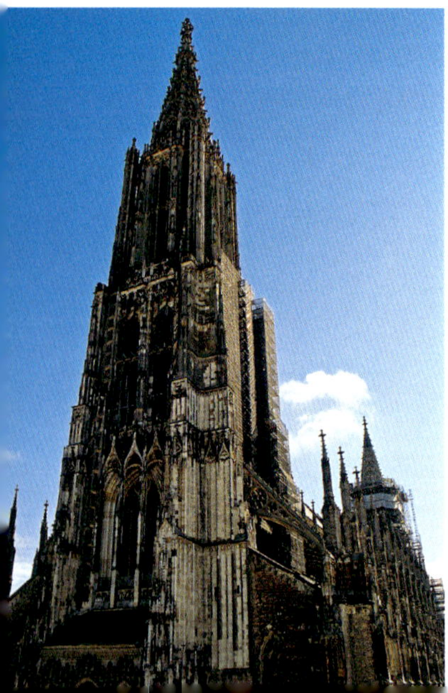

Der Kirchturm des Ulmer Münsters.

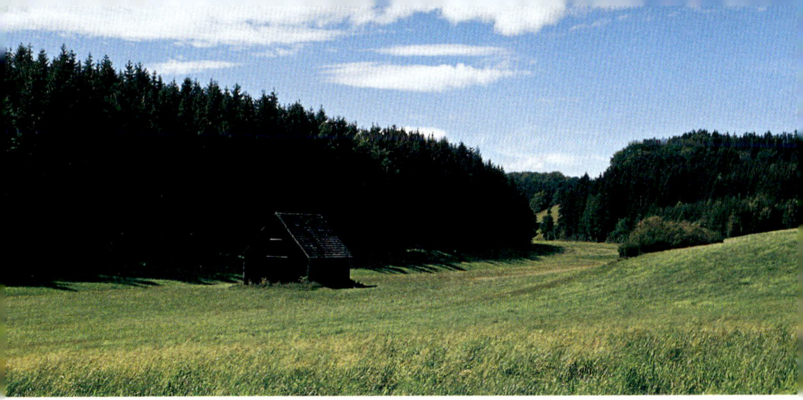

Wälder und Wiesen sind eine typische Landschaftsform der Schwäbischen Alb.

wir bereits einen ersten Blick auf den nördlichen Stadtrand von Ulm mit den wissenschaftlichen und medizinischen Einrichtungen auf dem Eselsberg. Nach dem Überqueren einer Landstraße kommen wir nach links gehend schnell an den Ortsrand von **Mähringen** (**6**, 1¼ Std.).
Der Jakobsweg orientiert sich am Ortsrand des Vorortes und führt dann hinab ins Schammental. Auf einem Wiesen- und Waldpfad geht es die steile Talschulter wieder bergan. Auf der Höhe des Eselsberges angekommen, unterqueren wir eine verkehrsreiche Straße und folgen nun der Kennzeichnung des Jakobsweges durch die »Wissenschaftsstadt Ulm«. Am **Oberberghof** (**7**, 1 Std.) vorbei geht es nun rechts bergab an einem Wäldchen entlang. Der Weg mündet, im Wohngebiet angekommen, in den »Weinbergweg«. Wieder können wir dem Muschelsymbol folgen und uns über den »Mähringer Weg«, die Kienlesbergstraße immer weiter bergab und unter der Bundesstraße hindurch dem Stadtzentrum von Ulm nähern. Die Silhouette des imposanten Münsterbaus vor Augen gehen wir auf der Neutorstraße über die Bahngleise, am Theater vorbei in die Sterngasse und durch die Dreikönigsgasse und die Platzgasse direkt auf den Münsterbau zu, im Herzen der Donaumetropole **Ulm** (**8**, 1¼ Std.).

i ***Ulm*** *liegt am linken Ufer der Donau, die hier den Südrand der Schwäbischen Alb markiert. Die Stadt ist das wirtschaftliche und kulturelle Zentrum der Region. Die bewegte Vergangenheit Ulms beginnt mit einer Siedlung während der Jungsteinzeit. Dann ließen sich die Kelten nahe der Mündung der Blau in die Donau nieder, und die Römer erbauten einen Gutshof oberhalb der Stadt. Im 9. Jh. wurde Ulm eine Königspfalz der Karolinger. Sie war eine der mächtigsten in Schwaben und ein bedeutender Marktplatz. Die Stadtgründung erfolgte im 11. Jh. unter den Stau-*

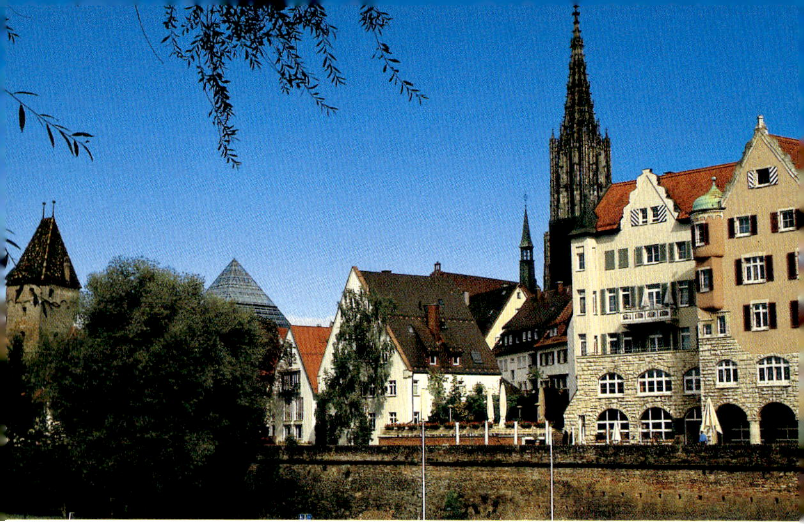

Blick auf die prächtigen Fassaden Ulms vom Donauufer aus.

fern. Kaiser Friedrich Barbarossa (12. Jh.) hielt in Ulm mindestens sieben große Hoftage ab. Ulm wurde bald zu einer Handelsmetropole, die mit ihren sogenannten Ulmer Schachteln wertvolle Güter die Donau flussabwärts transportierte. Im 12. Jh. wurde mit dem Bau einer Stadtmauer begonnen, die im 14. Jh. eine Erweiterung erfuhr. Von der Stadtmauer sind entlang der Donau noch größere Abschnitte erhalten, wie etwa der **Metzgerturm** *oder die* **Adlerbastei***. Von dieser wagte der* **Schneider von Ulm***, Albrecht Berblinger, im Mai 1811 seinen spektakulären, aber erfolglosen Hüpfer mit einem selbst gebastelten Fluggerät: Statt über, sprang er in die Donau. Im 15. Jh. blühte die Stadt durch den Handel auf der Donau bis hin zum Schwarzen Meer auf. Sie erlangte wirtschaftlichen und kulturellen Reichtum und führte den Schwäbischen Städtebund an. Im Dreißigjährigen Krieg verlor die alte Reichsstadt ihre politische Vormachtstellung. Auch im 19. Jh. ging es wechselhaft weiter, Bayern, Franzosen und Österreicher beherrschten die Stadt, bis sie 1810 zu Württemberg kam. Der Deutsche Bund beschloss den Ausbau Ulms zur Bundesfestung. Der einst mit 41 Forts und Bastionen größte Befestigungsgürtel Europas ist heute noch weitgehend erhalten. Im Zweiten Weltkrieg fiel die Innenstadt einem Bombenangriff zum Opfer, wobei das Ulmer Münster und das mittelalterliche Fischerviertel weitgehend verschont blieben.*

Das **Ulmer Münster** *ist ein Kirchenbau der Superlative: Es ist nach dem Kölner Dom die größte gotische Kirche Deutschlands mit dem höchsten Kirchturm der Welt (161,5 m). Am Münsterbau verwirklichten fünf Meister bzw. Familien von*

1377 bis zur Fertigstellung 1890 ihre Baukünste. Das Kircheninnere ist ein lichtdurchfluteter Raum (125 m lang, 49 m breit, 42 m hoch). Schlanke Rundpfeiler tragen das hohe Gewölbe und verleihen dem Raum eine besondere Eleganz. Der Bildersturm von 1531 verschonte nur das prächtige Chorgestühl, das Westportal mit einer Kopie der Skulptur des Schmerzensmannes von Hans Multscher, das Sakramentshaus sowie die Chorfenster. Das Chorgestühl ist ein Hauptwerk der Schnitz- und Skulpturkunst des späten Mittelalters, das Jörg Syrlin d. Ä. erschuf. Zahlreiche Büsten, reicher figürlicher Dekor schmücken das Kunstwerk. Besonders beachtenswert sind die grotesken Fantasiegestalten an den Miserikordien. Neben dem Münster ist der auf dem Dach verewigte **Ulmer Spatz** das Wahrzeichen der Stadt. Dieser erinnert die Ulmer an den Münsterbau, als sie von einem Spatz lernen mussten, dass ein langer Balken selten quer durch ein Tor passt. Auf dem Münsterplatz bietet das postmoderne weiße Stadthaus, der sogenannte **Meierbau** von Stararchitekt Richard Meier, überraschende Ausblicke auf das Münster. Das repräsentative **Rathaus** am Marktplatz wurde 1370 ursprünglich als Kaufhaus erbaut. Ab dem 15. Jh. erhielt die Fassade farbenfrohe Wandmalereien, Prunkfenster, dekorativen Schmuck und die kunstvolle astronomische Uhr. Auf der **Blauinsel** befindet sich das älteste Viertel der Stadt, das malerische **Fischerviertel**, mit seinen stattlichen Fachwerkhäusern aus dem 15./16. Jh.

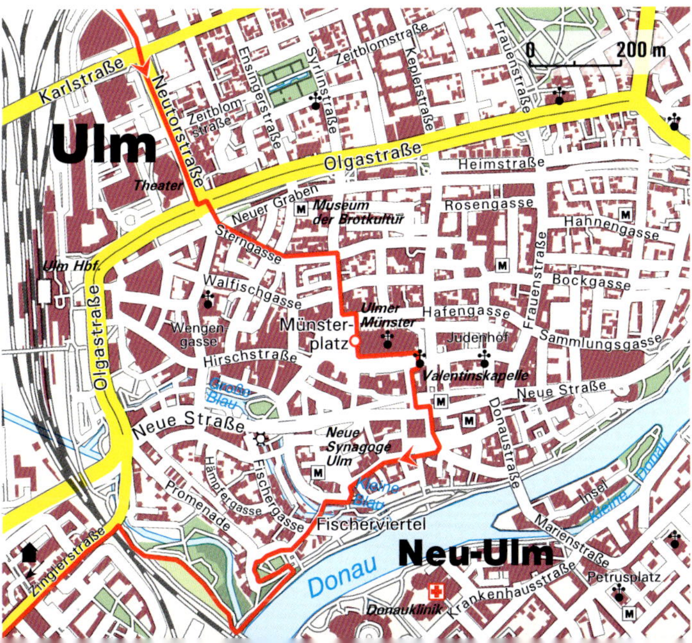

12 Ulm – Oberdischingen

5.00 Std.
20,3 km

Unterkunft: Grimmelfingen (520 m/1150 EW), **(1)** Hotel/Gasthof Hirsch, ab 65 € ÜF, Tel. 0731393 79 30, www.hirsch-ulm.de. **(2)** Hotel Gasthof Adler, ab 84 € ÜF, Tel. 0731 93 80 80, www.hotel-adler-ulm.de. **Erbach** (530 m/13.730 EW), **(1)** Hotel Kögel, ab 84 €, Tel. 07305 80 21, www.hotel-koegel.de. **(2)** Hotel Landgasthof Schwabenpfanne, 58 €, Tel. 07305 24 444, www.schwabenpfanne.de. **(3)** Hotel Zur Linde, 58 €, Tel. 07305 93 11 00, www.linde-erbach.de. **Donaurieden** (510 m/700 EW) Pension Steinle, ab 40 €, Tel. 07305 52 16, www.pension-steinle.de. **Oberdischingen** (490 m/2000 EW), **(1)** Pilgerherberge im Cursillo-Haus, 26 B. Andachtsraum. Tel. 07305 91 95 75, www.haus-st-jakobus.de. **(2)** Privatunterkunft bei der Pilgerin M. Maxa, 5 B/ab 22 € ÜF, Tel. 07305 24 318.

Die Strecke: Meist auf kleinen Straßen durch das Stadtgebiet von Ulm, danach auf Wirtschafts- und Feldwegen durch das Donautal. Die Wege sind sehr gut begehbar, aber in der Regel der Sonne ausgesetzt. Nur geringe Höhendifferenzen.

Höhenunterschied: 250 m im Auf- und 240 m im Abstieg.

Kritische Stellen: Im Stadtgebiet von Ulm ist der Jakobsweg gut gekennzeichnet, trotzdem können die Symbole aufgrund von Plakatierungen, Schildern usw. leicht übersehen werden.

Landschaft: Der Jakobsweg verlässt Ulm in südwestliche Richtung und hält sich zunächst entlang der südlichen Abbruchkante der Schwäbischen Alb über dem Donautal. Bis zum Etappenziel folgt die Route dann dem Flusstal. Die weiten, aus den angespülten Schottern und Sanden der Donau entstandenen Flächen werden intensiv landwirtschaftlich genutzt.

Infrastruktur: Grimmelfingen ; Einsingen (492 m/2640 EW) ; Erbach: alles; Schloss Erbach (524 m) ; Donaurieden ; Oberdischingen alles außer .

Touristeninformation: Stadtverwaltung Erbach, Tel. 07305 96 760, www.erbach-donau.de. Gemeindeverwaltung Oberdischingen, 07305 93 11 30, www.oberdischingen.de.

Den Jakobsweg durch Oberschwaben von der Donau bis zum Bodensee beginnen wir am **Ulmer Münster (1)**. Wir gehen am südlichen Kirchenschiff entlang, nach rechts in die Brautgasse und am Rathaus und Marktplatz vorbei in die Kronengasse. Über die Schwörhausgasse gelangen wir ins Fischerviertel, den ältesten Stadtteil Ulms mit prächtigen Fachwerkhäusern. Nach links über die Blau, kurz nach rechts in die Fischergasse, nach links in den Schweinmarkt und dann nach links zur Stadtmauer. Am Donauufer geht es flussaufwärts und an der Eisenbahnbrücke nach rechts, an den Bahnlinien entlang, und vor dem Bahnhof nach links über die Gleise in die Zinglerstraße, der wir für 600 m folgen. Im der Weststadt angekommen geht es

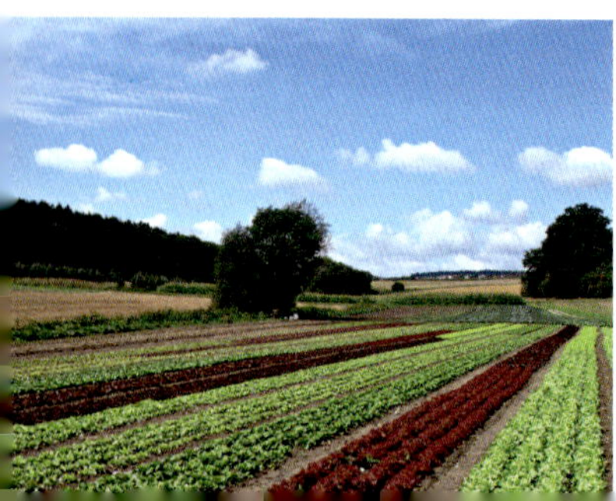

Gemüseanbau im Donautal.

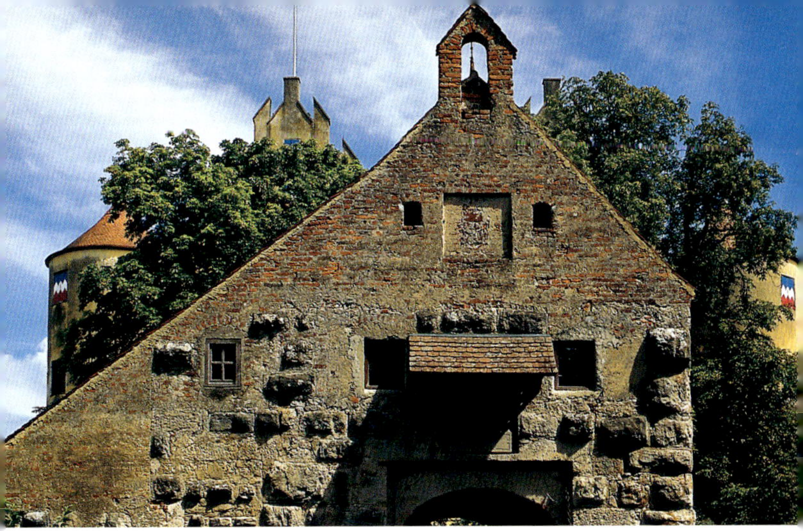

Das malerische Schloss Erbach mit dem trutzigen Torturm.

rechts in die Beyerstraße, gleich links in die Römerstraße und geradeaus bergan auf den Kuhberg. Auf dem Kuhberg wandern wir weiter auf dem Egginger Weg an den Schulzentren auf dem Oberen Kuhberg vorbei und überqueren auf einer Fußgängerbrücke eine Umgehungsstraße. Das Fort **Oberer Kuhberg** (**2**, $1\frac{1}{4}$ Std.) befindet sich auf dem sogenannten Hochsträß, der südlichen Abbruchkante der Schwäbischen Alb. Von hier haben wir einen wunderbaren Ausblick auf die vor uns liegende oberschwäbische Ebene, die der Jakobsweg im weiteren Verlauf durchzieht.

Wir folgen dem Hochsträß gut $\frac{1}{4}$ Std. geradeaus und wenden uns dann nach rechts zu einem Aussichtspunkt an der Gert-Walter-Linde. Nochmals blicken wir zurück auf den Eselsberg und auf die Innenstadt Ulms mit dem Münster. Wir gehen links auf der Anhöhe weiter, bis wir an einer Gabelung nach links bergab nach **Grimmelfingen** (**3**, $\frac{1}{2}$ Std. ab Kuhberg) gelangen. Stets bergab kommen wir zum Ortszentrum und zur Pfarrkirche St. Jakobus. An der Kirche verlassen wir das Dorf nach rechts. Geradeaus geht es auf einem Wirtschaftsweg über die Felder und durch ein Wäldchen. Immer auf dem offensichtlichen Hauptweg bleibend erreichen wir den Ortsrand von **Einsingen** (**4**, $\frac{3}{4}$ Std.). Hier führt ein Weg links durch das Gewerbegebiet zur Durchgangsstraße.

Wir queren einen schmalen Bachlauf und die Straße, bevor wir auf der gegenüberliegenden Seite auf einem leicht ansteigenden Feldweg entlang eines Neubaugebiets Einsingen wieder verlassen. Auf der Kuppe sind wir auf einem denkmalgeschützten Wirtschaftsweg angelangt. Auf dieser alten

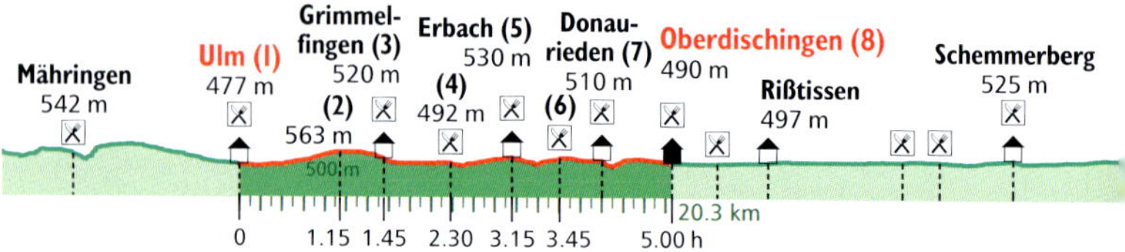

Reichsstraße reiste im Jahre 1770 Marie Antoinette zu ihrer Vermählung mit Ludwig XVI., dem späteren König von Frankreich. In etwa 400 m Entfernung wandern wir links am Weiler Wernau vorbei. Ein letztes Mal grüßt uns beim Blick zurück der beeindruckende Turm des Ulmer Münsters. Wir passieren eine Radarstation, gehen an einem querenden Feldweg nach links und kommen rasch zum Ortseingang von **Erbach** (**5**, ¾ Std.). Wir folgen der Straße durch ein Wohngebiet bergab bis zur Jakobsstraße und lassen die Kirche rechts liegen. Im Ort zweigt von der Durchgangsstraße ein Fußweg rechts bergan zum **Schloss Erbach** (**6**, 30 Min.) ab.

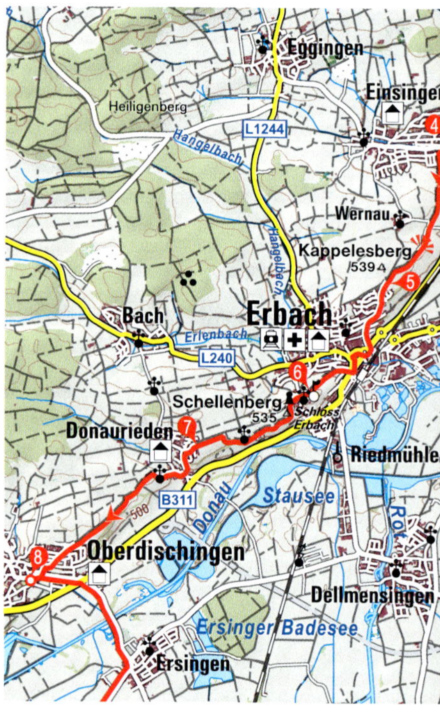

i *Das weithin sichtbare Wahrzeichen von* ***Erbach*** *ist das* ***Schloss*** *aus dem 16. Jh. im Stil der Renaissance. Eine Zugbrücke führt in den burgartig befestigten Schlosshof, wo sich die Stallungen und Dienstgebäude befinden. Der aus Buckelquadern errichtete Torturm gilt als ältester Teil des Haupthauses. Gekrönt wird es durch eine eindrucksvolle Doppelgiebelfassade. Das Schloss befindet sich im Besitz der Reichsfreiherren von Ulm zu Erbach. Ein Teil des Schlosses wird als Museum, Gaststätte und Theater genutzt. Auf derselben Anhöhe erhebt sich die* ***Pfarrkirche St. Martin*** *in unmittelbarer Nachbarschaft*

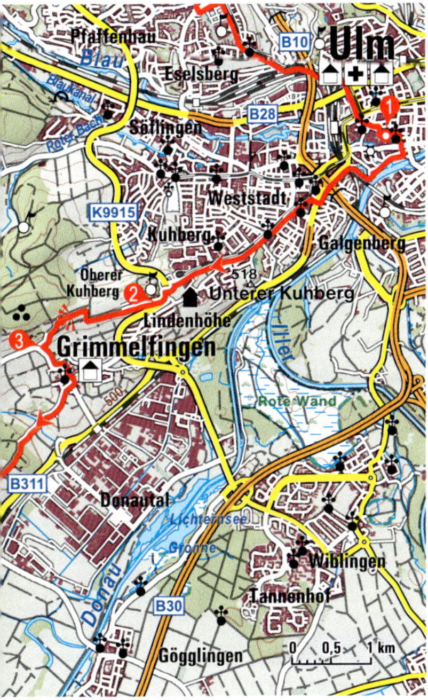

des Erbacher Schlosses. Die Kirche und die zugehörige Pfarrgemeinde gelten als eine der ersten im Umkreis Erbachs. Die baufällig gewordene Kirche konnte im 18. Jh. in nur zwei Jahren neu errichtet werden. Der Innenraum der weiten Hallenkirche ist im prachtvollen Stil des späten Rokoko mit Blumengirlanden, Stuckaturen und Fresken ausgestaltet.

Der Jakobsweg lässt das Schloss links liegen und führt am Friedhof vorbei nach links und über den Schellenberg zu einer Marienkapelle, im Volksmund auch »Gruabänkle« genannt. Die Bezeichnung stammt wohl von ausruhen (gruabet). Damit sind die Totengräber gemeint, die einst die Verstorbenen von Donaurieden über den sogenannten Totenweg zum Friedhof von Erbach getragen haben. Schnell gelangen wir nach **Donaurieden** (**7**, ½ Std.), dessen Ortskern wir bergab auf der Durchgangsstraße erreichen. Am Rathaus wenden wir uns rechts und wandern geradeaus entlang des Hungerberges auf einem Feldweg bis nach **Oberdischingen** (**8**, ¾ Std.). Der Weg mündet in die Hauptstraße und endet vor dem »Schwäbischen Pantheon« am Schlossplatz.

i *Das außergewöhnliche historische Zentrum von* ***Oberdischingen*** *ist sehenswert: Häuser im französischen sogenannten Mansard-Stil (damit wird ein Zimmer oder eine Wohnung im ausgebauten Dachgeschoss bezeichnet) bilden die Kulisse für den herrschaftlichen Charakter der Residenzanlage. Anlass für den Ausbau der Residenz des Reichsgrafen Schenk von Castell war der Brautzug der Prinzessin Marie Antoinette nach Paris. Die klassizistische und ungewöhnliche* ***Kuppelkirche Zum Heiligen Namen Jesu*** *aus dem Jahr 1804, auch Schwäbisches Pantheon genannt, ist ein reiner Zentralbau mit Rotunde und Kuppel. Durch den Portikus mit seinen vier toskanischen Säulen und seinem Dreiecksgiebel gelangt man in den Kirchenraum mit seiner majestätischen Kuppel.*

13 Oberdischingen – Biberach an der Riß

8.15 Std.
34,6 km

Unterkunft: Rißtissen (497 m/1370 EW), **(1)** Zimmervermietung Gambrinus, ab 35 €, Tel. 0174 16 12 883, www.zimmervermietungen.online. **(2)** Gästehaus Krone, Tel. 07392 47318. **Schemmerberg** (525 m/1260 EW), **(1)** Pension Zum Hecht, 52 €, Tel. 07356 95 07 640, www.pension-zum-hecht.de. **(2)** Hotel Zug um Zug, 53 €, Tel. 07356 66 20 478, www.zug-um-zug.net. **Äpfingen** (530 m/1140 EW) Landgasthof Zum Adler, 43 €, Tel. 07356 23 03, www.adler-aepfingen.com. **Biberach an der Riß** (533 m/32.330 EW), **(1)** Jugendherberge, 120 B/ab 34,20 € ÜF, Tel. 07351 21 885, www.jugendherberge.de. **(2)** Restaurant Ente, ab 89 €, Tel. 07351 13 394, www.restaurant-ente.de. **(3)** Hotel Kapuzinerhof, ab 69 €, Tel. 07351 50 60, www.hotel-kapuzinerhof.de.

Die Strecke: Bis Schemmerberg meist kleine Straßen und Asphaltwege. Danach bis Biberach meist relativ ebene Rad-/Fußwege, Wirtschafts- und Feldwege. Der Weg ist bis auf den Abschnitt zwischen Rißtissen und Untersulmetingen gut gekennzeichnet.

Höhenunterschied: 210 m im Auf- und 160 m im Abstieg.

Kritische Stellen: Keine.

Landschaft: Der Jakobsweg verlässt das Donautal und führt weiter durch die vorwiegend ebene, von Bächen und der Riß geprägte Landschaft. Die ausgedehnten Riedgebiete wechseln mit Wäldern und Feldern und gestalten diese Region zwischen Donau und Riß zu einer flachen und dennoch abwechslungsreichen Region.

Infrastruktur: Ersingen (487 m/1200 EW) ; Rißtissen ; Untersulmetingen (406 m/2180 EW) ; Obersulmetingen (508 m/1290 EW) ; Schemmerberg ; Äpfingen ; Laupertshausen (568 m/1070 EW) ; Mettenberg (600 m/1270 EW) ; Biberach: alles.

Touristeninformation: Gemeinde Maselheim (Äpfingen), Tel. 07351 18 400, www.maselheim.de. Biberach an der Riß: Tourismus & Stadtmarketing, Tel. 07351 51 165, www.tourismus.biberach-riss.de.

Von der Pfarrkirche in **Oberdischingen (1)** gehen wir auf der Herrengasse in östlicher Richtung aus dem Ort, dann über die B 311, auf der Ersinger Straße über die Donau und wandern auf einem Rad-/Fußweg nach **Ersingen (2**, ½ Std.). Wir verlassen Ersingen auf einem Rad-/Fußweg geradeaus durch die landwirtschaftlich genutzten Donauauen zum Ortseingang von **Rißtissen (3**, gut ½ Std.). Kurz danach wenden wir uns nach links in die Kastellstraße und kommen so auf einem Fußweg zur Pfarrkirche St. Pankratius und Dorothea. Von hier verlassen wir am ehemaligen Schloss der Freiherren Schenk von Stauffenberg vorbei das Dorf. Auf einem Rad-/Fußweg wandern wir durch Felder und durch ein Wäldchen durch das flache Gelände im Rißtal. In Niederkirch, einem Teilort von Untersulmetingen, biegen wir zur Dorfkirche ab und wandern auf einem hübschen Weg entlang der Riß vorbei an Gärten bis zur Ortsmitte von **Untersulmetingen (4**, 1½ Std.)

*i Die **St. Otmarskapelle** und das **Renaissanceschloss** bilden das weithin sichtbare Wahrzeichen von **Untersulmetingen**. Der Ursrpung der Kapelle liegt im Dunkeln. Sie wurde allerdings schon lange vor der um 1400 erbauten Burg auf dem Kapellenberg errichtet. In den Bauernkriegen wurden die Burg sowie die Ka-*

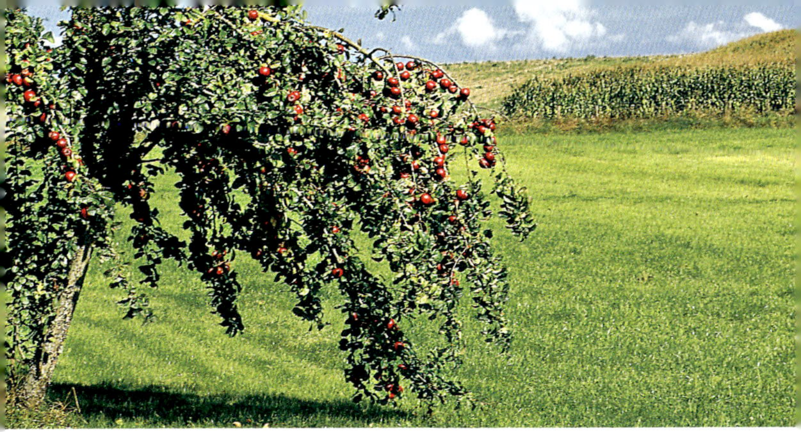

Felder und Streuobstwiesen prägen das Landschaftsbild im Rißtal.

pelle in Brand gesetzt und zerstört. Ende des 16. Jh. erwarb Trajan Fugger dieses Lehen und ließ Kapelle und Burg wieder aufbauen. Mitte des 17. Jh. wurde die Kapelle im Stil des Rokoko grundlegend erneuert. In ihr wird der Schrein mit einer Reliquie des hl. Otmar aufbewahrt. Beachtenswert ist der figurenreiche Hochaltar.

Wir queren die Durchgangsstraße und gehen auf der Murrstraße und Oberdorf bergan durch den Ortskern. Dann geht es links in die Straße Beckenkreuz und weiter geradeaus. Am Ortsausgang passieren wir auf einem Rad-/Fußweg einen Sportplatz und gelangen nach **Obersulmetingen** (**5**, knapp ½ Std.). Wir durchqueren den Ort am barocken Schloss und der Schlosskirche vorbei in Richtung Biberach. An einer mächtigen Linde geht es nach rechts in den Rotbachweg, der am Rand eines Neubaugebiets aus dem Ort hinausführt. Der Feldweg bringt uns durch die Fluren am Hirschenberg entlang durch das Sündental und am Gehöft »Öschhof« vorbei.
Schon von Weitem ist auf einem langgezogenen Bergrücken Schemmerberg zu sehen. Geradeaus führt ein Wiesenweg durch die Streuobstwiesen relativ steil bergan zur Pfarrkirche von **Schemmerberg** (**6**, knapp 1 Std.).

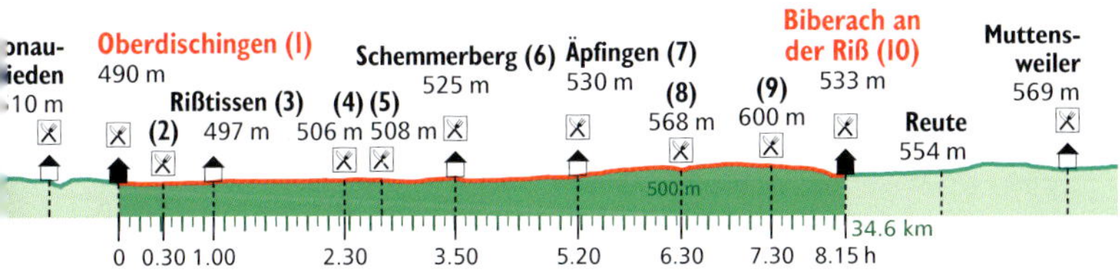

In ***Schemmerberg an der Riß*** *stand vermutlich die Burg der Herren von Schämmern. Im ausgehenden Mittelalter war die Ortschaft geteilt. Ende des 15. Jh. erwarb das Kloster von Salem die Burg und den kleinen Ort. Während des Bauernkrieges überfielen die zum Baltringer Haufen vereinten Bauern im Jahre 1525 das Schloss Schemmerberg und setzten es in Brand.*

Über den Oberen Kirchberg geht es nach links auf dem Unteren Kirchberg bergab und auf einem Steg über die Riß. Wir überqueren die Bahngleise und folgen auf einem Rad- und Fußweg einer Birkenallee ins Ried. Nach rund 15 Min. wenden wir uns nach rechts auf einen fein geschotterten Weg. Dieser Alleenweg führt uns die gesamte Wegstrecke durchs Ried. Dabei folgen wir stets dem offensichtlichen Hauptweg, der uns bis vor den Ortsrand von Äpfingen bringt. An einem mit Eichen bestandenen Rastplatz gehen wir durch eine Unterführung unter der B 30 hindurch. Immer geradeaus erreichen wir die Pfarrkirche St. Blasius in der Ortsmitte von **Äpfingen** (**7**, 1½ Std.). Wir bleiben auf der Hauptstraße in Richtung Lampertshausen, dann nach rechts in die Biberacher Straße und nach links in »Am Bahnhof« und auf der ansteigenden Hauchenstraße aus dem Ort. Auf einem Betonweg zwischen den Äckern halten wir auf ein ausgedehntes Waldstück, das Herrschaftsholz, zu. Am Waldrand nehmen wir an der Verzweigung den mittleren Weg am Waldsaum entlang, links vom Wald. An der nächsten Verzweigung halten wir uns nach

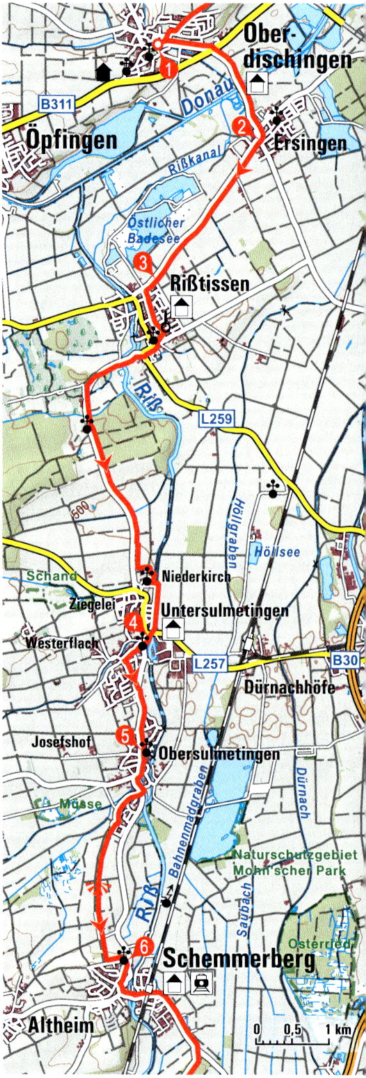

links und gehen erst an der tiefsten Stelle rechts in den Nadelmischwald. Bei einer Forsthütte wenden wir uns nach links und folgen dem Muschelsymbol aus dem Wald hinaus. Auf einem kleinen Wirtschaftsweg erreichen wir **Laupertshausen** (**8**, 1¼ Std.). Wir folgen der Durchgangsstraße nach rechts an der Kirche vorbei in Richtung Biberach. Kurz vor dem Ortsende biegen wir links auf den Königshofer Weg ab. Auf diesem Feldweg kommen wir zum stattlichen **Gehöft Königshofen**. Ab hier leitet uns die Markierung des Jakobsweges zu einem kleinen Forst. Im Wald überqueren wir die L 280 und wenden uns an der nächsten Verzweigung links, unterqueren die B 30, halten uns links und gelangen zum Ortsrand von **Mettenberg** (**9**, 1 Std.). Auf der Durchgangsstraße gehen wir nach rechts durch das Dorf bis zu einem Kreisverkehr, dann auf einem Rad-/Fußweg über einen Bachlauf. Wir biegen rechts auf einen Wiesen- und Feldweg ab und erreichen an einem Spielplatz den östlichen Stadtrand von Biberach. Auf der Mozartstraße geht es geradeaus an einem Hochhaus vorbei. Die Talfeldstraße und rechts der Mettenberger Weg bringen uns zur Heilig-Geist-Kirche. Die Muschel führt uns über mehrere Kreuzungen und die Bahngleise. Durch das Ulmer Tor gelangen wir zur Kirche St. Martinus und Maria in der Alstadt von **Biberach an der Riß** (**10**, ¾ Std.).

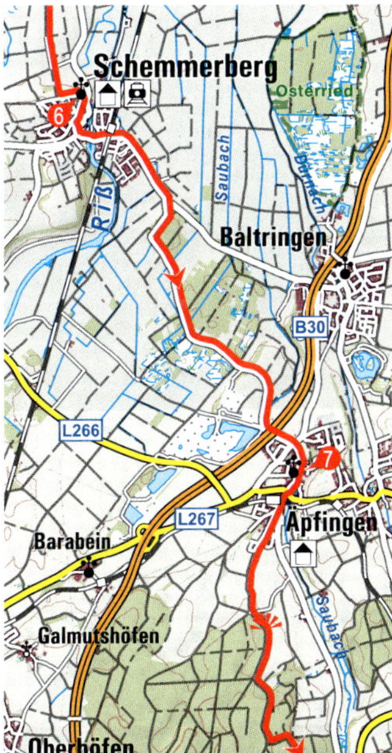

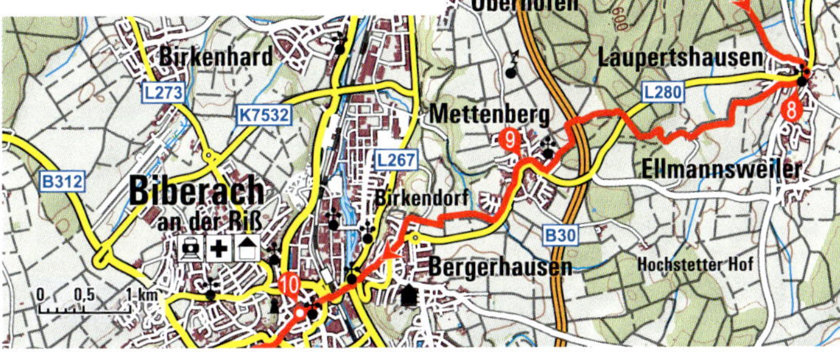

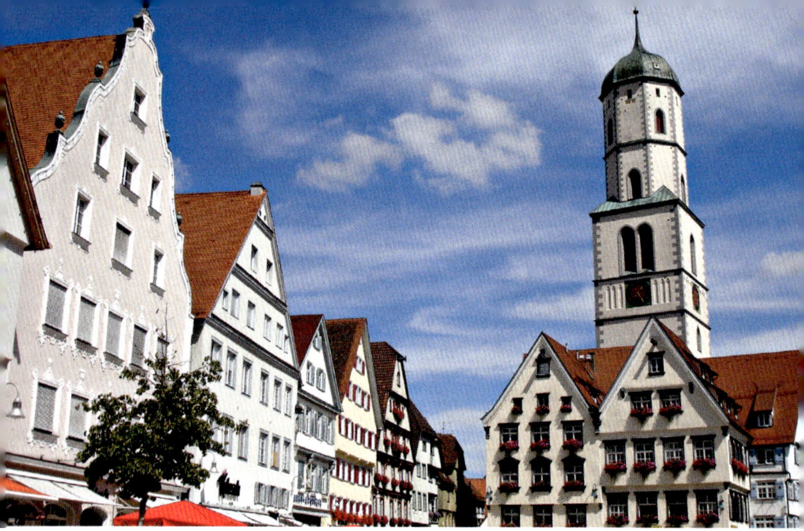

Prächtige giebelständige Bürgerhäuser säumen den Marktplatz von Biberach.

i ***Biberach an der Riß*** *war im 11. Jh. Sitz der Herren von Bibra, die Ursprünge der Siedlung gehen aber bis ins 5. Jh. zurück. Im Jahre 1170 erwarb Kaiser Friedrich Barbarossa den Besitz und gründete eine Stadt. Neben Ulm und Ravensburg war Biberach im 14. Jh. die drittgrößte Reichsstadt Oberschwabens, deren Reichtum sich auf die Barchent- und Leinwandweberei stützte. Die* ***Stadtkirche St. Maria und Martinus*** *wurde im 14. Jh. als Pfeilerbasilika errichtet. Der Nonnenschopf, ein zweigeschossiger Anbau im Seitenschiff mit der Grablege der Nonnen, entstand im 15. Jh. Im späten Mittelalter wurde der Innenraum reich ausgemalt und mit zahlreichen Altären prächtig ausgestattet (u.a. Hochaltar von Martin Schongauer). Im 18. Jh. erfuhr die Kirche eine Erweiterung und Umgestaltung im Stile des Barock. Sie wird von beiden christlichen Konfessionen gemeinsam genutzt (Simultankirche). Der* ***Marktplatz Biberachs*** *gilt als einer der schönsten in Oberschwaben. Die Bürgerhäuser zeugen von der Blüte Biberachs im späten Mittelalter. In unmittelbarer Nachbarschaft befinden sich die beiden Rathäuser der Stadt: das* ***Alte Rathaus*** *(1432), ein Fachwerkbau mit einem prachtvollen dreigeschossigen Schopfwalmdach, und das* ***Neue Rathaus****, ein dreigeschossiger Ziegelbau mit Staffelgiebel (1503). Das* ***Ulmer Tor*** *(1365) ist das letzte erhaltene Stadttor der mittelalterlichen Stadtbefestigung. Christoph Martin Wieland, der 1760 bis 1769 in Biberach lebte, gilt als Begründer des deutschen Bildungsromans. Während seiner Zeit in Biberach wurde hier 1761 erstmals ein Shakespeare-Drama (»Sturm oder Der erstaunliche Schiffbruch«) in deutscher Sprache aufgeführt.*

8.15 Std.
34,9 km

Biberach an der Riß – Bad Waldsee

14

Unterkunft: **Muttensweiler** (569 m/ 200 EW), Gasthof Löwen, ab 24 €, Tel. 07583 31 65. **Steinhausen** (582 m/ 400 EW) Landgasthof Linde, 69 € ÜF, Tel. 07583 23 81, www.zur-linde-steinhausen.de. **Mattenhaus** (618 m/>100 EW), Hotel Landgasthof Kreuz, ab 76 €, Tel. 07524 97 570, www.hotel-kreuz.de. **Bad Waldsee** (584 m/20.100 EW), **(1)** Gasthof Kreuz, 84 €, Tel. 07524 39 27, www.kreuz-gasthof.de. **(2)** Hotel Grüner Baum, ab 78 €, Tel. 07524 97 900, www.baum-waldsee.de. **(3)** Parkhotel, ab 61 €, Tel. 07524/97 070, www.parkhotel-bw.de.

Die Strecke: Gut ausgewiesen, bis Steinhausen Feld- und Wirtschaftswege mit leichten und kurzen An- und Abstiegen. Bis zum Etappenende meist breite Waldwege durch Forstgebiete.

Höhenunterschied: 270 m im Auf- und 220 m im Abstieg.

Kritische Stellen: Nach Steinhausen, im Waldstück am Franzosengrab, zweigt der Jakobsweg von einer schmalen Straße nach links ab. Der Abzweig ist markiert, aber nicht offensichtlich angebracht.

Landschaft: Der Jakobsweg durchläuft die typische Landschaft Oberschwabens mit ausgedehnten Waldgebieten, saftig grünen Wiesen und Feldern, in die Weiler und kleine bäuerlich geprägte Ortschaften eingebettet sind. Die abwechslungsreiche Region mit den sanften Hügeln und weiten Talgründen bildet eine liebliche Landschaft im Herzen Baden-Württembergs.

Infrastruktur: Muttensweiler; Steinhausen; Winterstettenstadt (564 m/590 EW); Mattenhaus; Bad Waldsee: alles.

Touristeninformation: Kurverwaltung von Bad Waldsee, Tel. 07524 94 13 42, www.bad-waldsee.de.

Vom Marktplatz von **Biberach an der Riß (1)** aus geht es an der Stadthalle vorbei, nach rechts in die Riedlinger Straße und sogleich links in die Kapuzinerstraße. Bald sind wir am Ortsende von Biberach angekommen und folgen dem Muschelsymbol nach links. Wir sind im idyllischen Tal des Rotbaches, dem wir bis Reute folgen werden. Der kleine Flusslauf bildet eine liebliche Flusslandschaft mit grünen Wiesen und Weiden. Lang gestreckte bewaldete Hügel begrenzen das hübsche Tal. Auf unserem Weg bleiben wir auf einem geschotterten Feldweg, der stets parallel zum Fluss verläuft. An der **Wolfentalmühle** (¾ Std.) vorbei erreichen wir **Reute** (**2**, ½ Std.).

Wir kommen geradeaus über die Durchgangsstraße in die Blumenstraße und dann auf der Saulgauer Straße zum Ortsrand. Kurz danach gehen wir

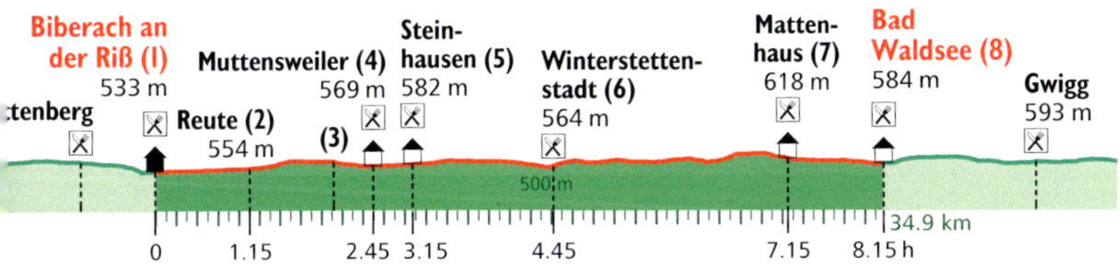

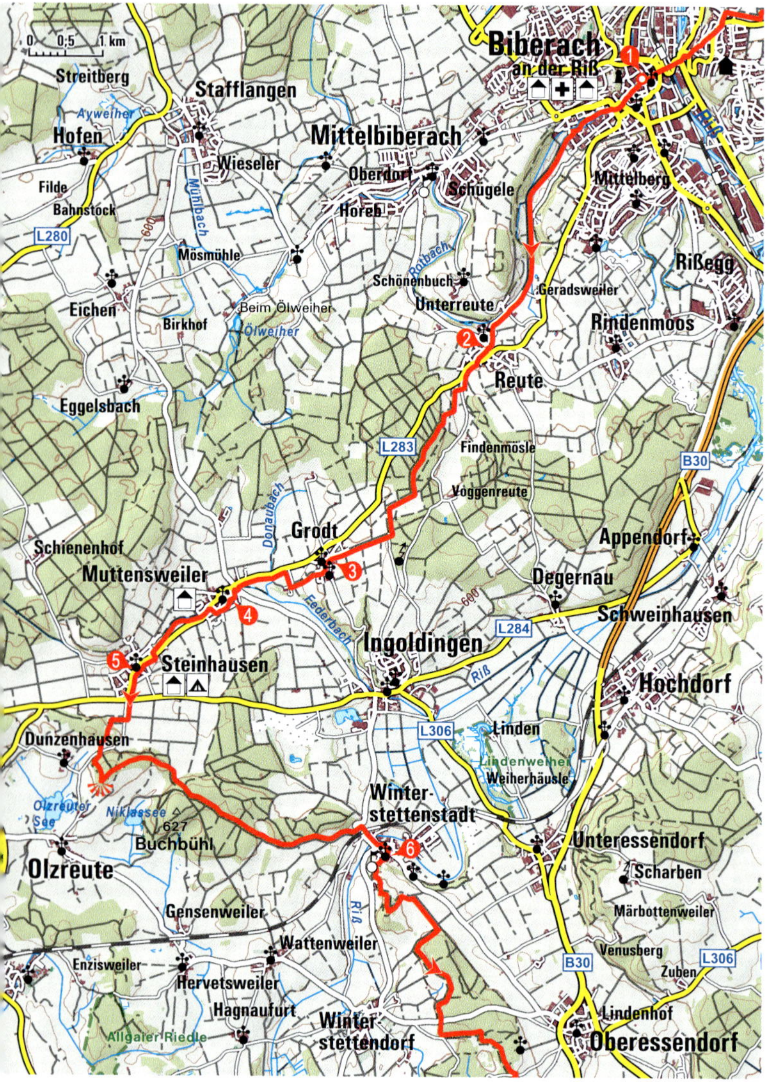
0 0,5 1 km
Streitberg
Stafflangen
Aywaiher
Hofen
Mittelbiberach
Biberach
an der Riß
Wieseler
Oberdorf
Schügele
Mittelberg
Filde
Bahnstock
Horeb
Mühlbach
L280
600
Mösmühle
Rotbach
Rißegg
Schönenbuch
Geradsweiler
Riß
Eichen
Birkhof
Beim Ölweiher
Ölweiher
Unterreute
Rindenmoos
Reute
Eggelsbach
L283
Findenmösle
B30
Voggenreute
Donaubach
Grodt
Appendorf
Schienenhof
Muttensweiler
Degernau
Federbach
600
Schweinhausen
L284
Ingoldingen
Steinhausen
Riß
Hochdorf
L306
Linden
Dunzenhausen
Lindenweiher
Weiherhäusle
Olzreuter See
Niklassee
627
Buchbühl
Winter-
stettenstadt
Unteressendorf
Olzreute
Scharben
Riß
Gensenweiler
Märbottenweiler
Wattenweiler
Venusberg
B30
L306
Enzisweiler
Zuben
Hervetsweiler
Hagnaufurt
Lindenhof
Allgaier Riedle
Winter-
stettendorf
Oberessendorf

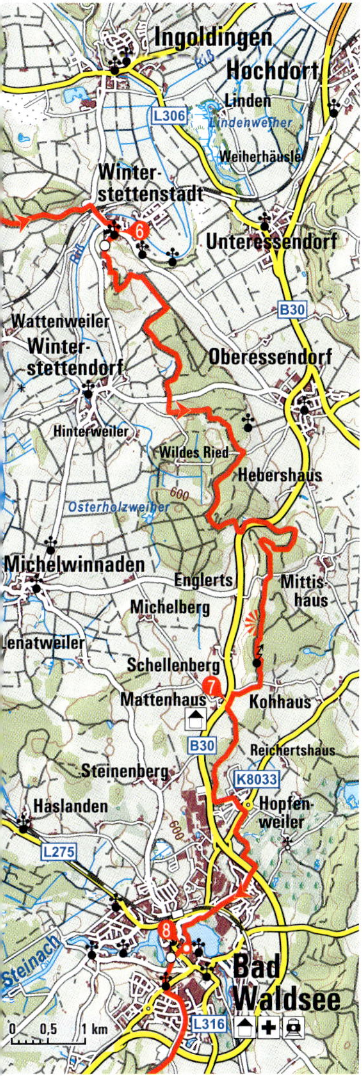

nach links auf einem Feldweg an Schrebergärten vorbei und dann am Waldrand entlang nach links. Das Muschelsymbol leitet uns durch ein größeres Forstgebiet – in dem es an einer Gabelung nach 500 Meter im Wald nach links geht – und führt uns dann auf einem Wirtschaftsweg durch die Felder. Ein kurioses Schild mit Gartenzwerg an einem Bänkchen weist uns den Weg bergab nach **Grodt** (**3**, gut 1 Std.). Wir durchqueren den verschlafenen kleinen Ort und wenden uns an einem großen Bauernhof nach links. Auf einem Feldweg geht es bergab in ein weites Tal, aus dessen grünen Wiesen und Weiden sich die prunkvolle Kirche von Steinhausen erhebt. Mit Blick auf die Wallfahrtskirche wandern wir parallel zur Straße nach **Muttensweiler** (**4**, ½ Std.). Im Ort zweigt der Jakobsweg links von der Hauptstraße ab und führt an der Pfarrkirche St. Jakobus vorbei. Am Ortsende biegen wir in den Steinrinnenweg ab, von dem ein Wiesenweg nach links am Federbach entlangführt. Geradeaus erreichen wir **Steinhausen** (**5**, knapp ½ Std.).

i *Die mächtige **Wallfahrtskirche St. Peter und Paul** in **Steinhausen** gilt als eine der schönsten Dorfkirchen Deutschlands. Ein Muttergottesbild in der einstigen mittelalterlichen Klosterkirche zog zahlreiche Wallfahrer an, sodass ein neuer und größerer Bau notwendig wurde. Im 18. Jh. nutzte der Abt des Prämonstratenserklosters die Gunst der Stunde und beauftragte den bekannten Baumeister Dominikus Zimmermann, der die prachtvolle Kir-*

che im Barockstil neu errichtete. Das eigentliche barocke Juwel zeigt sich im Kircheninneren. Der Raum ist als zweifaches Oval angelegt und wird von einer Kuppel überwölbt, auf der ein farbenfrohes Deckenfresko mit einer Darstellung der Glorie Mariens erstrahlt. Pilaster tragen die flache Kuppel des Innenraumes und spannen so eine Art Leinwand auf, auf der sich die Fresken wie ein zweiter Himmel entfalten können. Durch die Pfeiler und die Außenwand entsteht ein Umgang, der dem Innenraum eine effektvolle doppelte Wandschale verleiht. Das gesamte Kircheninnere ist mit zauberhaften Tierstuckaturen, Statuen und Putten reich verziert. Trotz der schmuckvollen Ausstattung wirkt die Kirche verspielt und leicht. Die Wallfahrtskirche ist eine Hauptsehenswürdigkeit der Oberschwäbischen Barockstraße.

Der Jakobsweg verlässt Steinhausen auf der Dorfstraße. Über eine Landstraße hinweg halten wir auf ein Waldstück zu und biegen nach rechts ab. An einem Bildstock mit einer Schutzmantelmadonna vorbei geht es nach links zum Franzosengrab. Weiter geradeaus treffen wir im Wald auf eine schmale Straße, auf der wir bis zum Waldende weiterwandern. Am Bergrücken biegen wir nach links ab und bleiben nun bis Winterstettenstadt stets im ausgedehnten Mischwald oder entlang des Waldrandes. Zunächst geht es hinab in die kleine Senke und dann bergan auf den Buchbühl. An einer Gabelung gehen wir links auf einen befestigten Forstweg und alle Abzweigungen ignorierend bergab nach Winterstettenstadt. Am Bahndamm gehen wir links, dann rechts und unterqueren die Gleise. Wir gelangen in die Ortsmitte von **Winterstettenstadt** (**6**, 1½ Std.) mit der kleinen Georgskirche, die im Innenraum mit schönen Holztafeln des Kreuzweges geschmückt ist. Über die Obere Gasse kommen wir steil bergan aus dem Ort hinaus, der um die ehemalige Schenkenburg, eine spätmittelalterliche Burgruine, herumführt. Am **Stadelhof** (¼ Std.) vorbei halten wir nach links bergan zum Waldrand. Das kleine Waldstück haben wir schnell nach links haltend durchquert. Wieder auf den offenen Fluren angelangt, wenden wir uns nach rechts und orientieren uns auf ein größeres Waldareal zu.

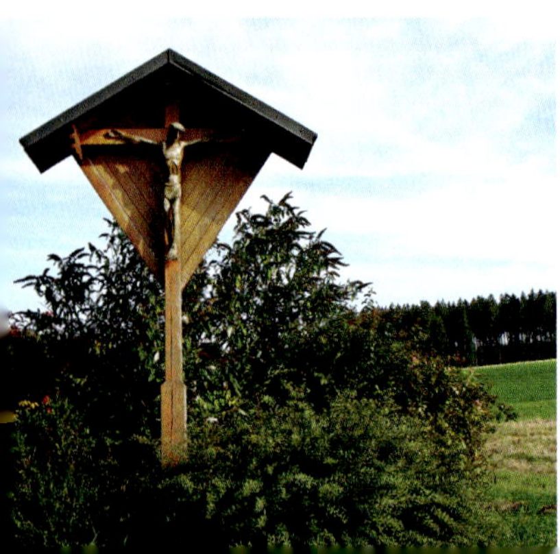

Der Jakobsweg verläuft rund 45 Min. am Waldrand entlang, an Winterstettendorf vorbei und weiter für gut 15 Min., stets dem Hauptweg folgend, durch den dichten Mischwald. Seit 2012 ist hier eine Variante ausgemuschelt: durch die Unterführung der B 30 nach Oberessendorf, Hebershaus und Mittishaus wieder auf den ursprünglichen Jakobsweg.

Wegekreuze laden zum Innehalten und Gedenken ein.

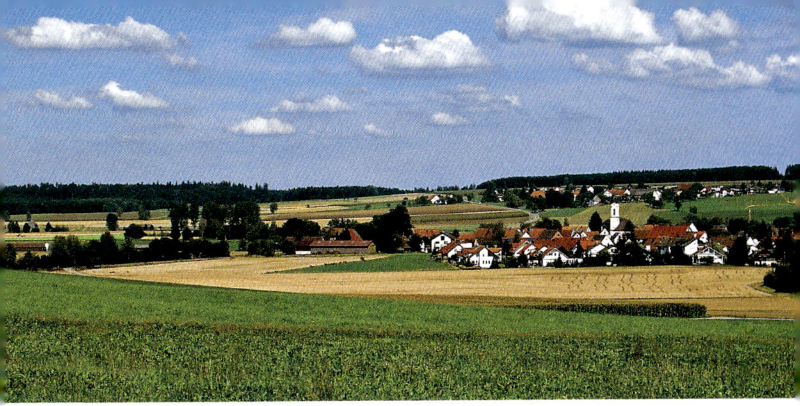

Typisch Oberschwaben: Felder, Wiesen, Wälder mit kleinen Haufendörfern.

Die Hauptroute quert die verkehrsreiche Bundesstraße B 30, dann folgen wir dem Muschelsymbol bergan. Wir wandern auf angenehmen Waldwegen, queren die Verbindungsstraße nach Englerts (2¼ Std. ab Stadelhof) und gehen bis zu einem Marien-Bildstock an der Landstraße bei Kohaus. Hier biegen wir nach rechts ab und gehen auf einem Rad-/Fußweg nach links durch den Weiler **Mattenhaus** (**7**, ½ Std.) und weiter zum Gehöft **Wasserstall**. Durch eine Unterführung unter der Bundesstraße kommen wir zum Stadtrand von Bad Waldsee. Wir gehen immer geradeaus die Weidenstraße bergab, unter den Bahngleisen hindurch auf das Kreiskrankenhaus zu. Dann nach rechts am Stadtsee entlang ins Zentrum von **Bad Waldsee** (**8**, 1 Std.) mit der Pfarrkirche St. Peter.

i *Das Stadtzentrum von **Bad Waldsee** liegt zwischen dem Stadt- und dem Schlosssee, die das besondere Flair der Stadt prägen. Die Herren von Waldsee gründeten im 12./13. Jh. die Stadt Waldsee auf dem von Ungarn zerstörten Herrenhof aus dem 9. Jh. Sehenswert ist das gotische **Rathaus** mit hohem Staffelgiebel, Spitzbogenfenstern und einem Treppentürmchen. Das **Kornhaus**, ebenfalls mit zwei Staffelgiebeln verziert, entstand im 15. Jh. als lang gestreckter Kastenbau. An den Gassen der Altstadt steht eine Reihe malerischer Fachwerkbauten. Überragt wird das historische Zentrum von den beiden Türmen der **Pfarrkirche St. Peter**. Sie gehörte zum 1181 gegründeten Chorherrenstift der Augustiner. Die heutige Stadtkirche stammt aus dem 15. Jh. und wurde ab dem 18. Jh. grundlegend barockisiert und mit einer Doppelturmfassade versehen. Im Inneren der Pfeilerbasilika dominiert der Hochaltar – ein Werk des Meisters Dominikus Zimmermann. Von der ehemaligen Stadtmauer sind nur noch wenige Reste erhalten, so etwa das Wurzacher Tor, das letzte erhaltene Stadttor, oder der Vötschenturm. In den 1950er-Jahren avancierte Bad Waldsee zur Kur- und Bäderstadt.*

15 Bad Waldsee – Ravensburg

6.30 Std.
25,8 km

Unterkunft: **Weingarten** (484 m/ 23.700 EW), **(1)** Gasthof Rössle, ab 80 € ÜF, Tel. 0751 509 250, www.roessle-weingarten.de. **(2)** Hotel-Rest. Sonne, ab 69 € ÜF, Tel. 0751 560 790, www.sonnehotel.de. **(3)** Hotel Gasthof Bären, ab 72 € ÜF, Tel. 0751 561 200, www.baeren-weingarten.de. **Ravensburg** (433 m/50.400 EW), **(1)** Jugenherberge in der Veitsburg, 132 B/ab 32 €, Tel. 0751325 363, www.jugendherberge.de. **(2)** Hotel Residenz, 50 €, Tel. 0751 369 80, www.residenz-ravensburg.de. **(3)** Rebgarten Hotel, ab 80 € ÜF, Tel. 0751 362 330, www.rebgarten-schulgasse.de.

Die Strecke: Der Großteil dieser Etappe verläuft auf kleinen Straßen, Feldwegen und auf angenehmen Forstwegen. Die Steigungen und Gefälle sind meist moderat und von kurzer Dauer. Die Strecke ist auch in den Stadtgebieten gut gekennzeichnet.

Höhenunterschied: 270 m im Auf- und 420 m im Abstieg.

Kritische Stellen: Keine.

Landschaft: Die Region am Übergang zwischen Oberschwaben und dem Allgäu ist recht lieblich und vor allem ländlich. Ausgedehnte Wälder, Wiesen und Weiden prägen die Landschaft im südlichen Baden-Württemberg. Flüsse und Gletscherzungen schufen weite Täler mit breiten Talsohlen und langgezogene Bergrücken, die das abwechslungsreiche und scheinbar naturbelassene Gebiet zwischen Bad Waldsee und Ravensburg gliedern.

Infrastruktur: Gwigg (593 m/120 EW) in Metzgerei; Freibad Weingarten; Weingarten und Ravensburg: alles.

Touristeninformation: Amt für Kultur und Tourismus in Weingarten, Tel. 0751 40 52 32, www.weingarten-online.de. Tourist Information Ravensburg, Tel. 0751 82 800, www.ravensburg.de.

Anmerkung: Bis Weingarten nur wenige Versorgungsmöglichkeiten.

Diese Etappe beginnt an der am Gut-Betha-Platz gelegenen **Stadtkirche** von **Bad Waldsee (1)**. Wir überqueren den Platz und gehen über einen Holzsteg direkt auf das Schloss zu. Ein Fußweg führt uns am Schloss vorbei, dann gelangen wir über die Steinacher Straße in einen Weg mit Kreuzwegstationen, der uns zur Frauenbergkapelle bringt. Bei der Kirche gehen wir nach rechts und gleich links in den Rotkreuzweg, auf dem wir durch ein Wohngebiet Bad Waldsee verlassen. Geradeaus überqueren wir die B 30 und halten auf das Schorrenwäldchen zu, das wir in 15 Min. auf einem Forstweg durchwandern. An der Gabelung gehen wir links auf einem asphaltierten Weg über die Felder nach **Arisheim** (**2**, 1 Std.). Von dem kleinen Weiler genießen wir den

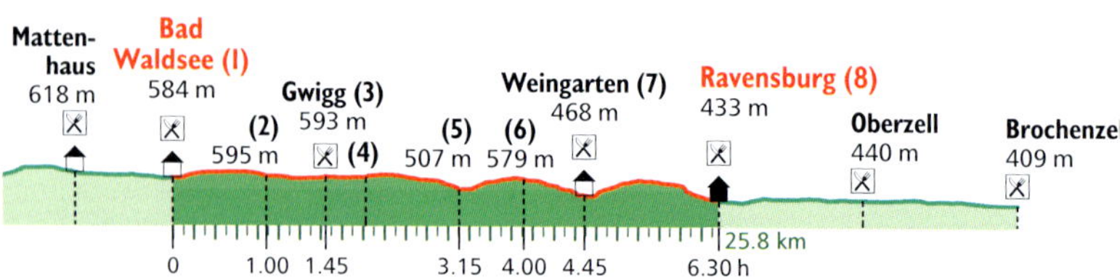

Blick auf die grüne und hügelige Landschaft Oberschwabens, bei der sich Wälder, Weiden und Wiesen mischen. Im Dorf folgen wir kurz der Durchgangsstraße und biegen nach dem Ortsrand vor dem Gehöft nach rechts auf einen Feld- und Wiesenweg zum Weiler **Dinnenried** (¼ Std.) ab. Wir queren den Weiler an der Kapelle vorbei und folgen dem Asphaltsträßchen nach **Gwigg** (**3**, ½ Std.). Im Ort geht es nach rechts auf einer Landstraße bis **Gambach** (¼ Std.). Dort biegt der Jakobsweg nach rechts ab zum nahe gelegenen Weiler **Engenreute** (**4**, ¼ Std.).
Wir durchqueren das Dorf geradeaus und halten auf den weitläufigen Bergatreuter Forst zu. Am Waldrand zweigen wir nach links ab und treten nach 200 m in den Mischwald ein. Im Forstgebiet orientieren wir uns an der Wegmarkierung durch das Muschelsymbol. Der Forstweg führt uns an einer Waldhütte vorbei, nach der wir nach rechts abbiegen. Wir kreuzen eine kleine Straße, wandern weiter durch das Hengstmoos und überqueren eine verkehrsreiche Landstraße über eine Brücke am **Freibad** (**5**, 1 Std.). Auf einem Wald-

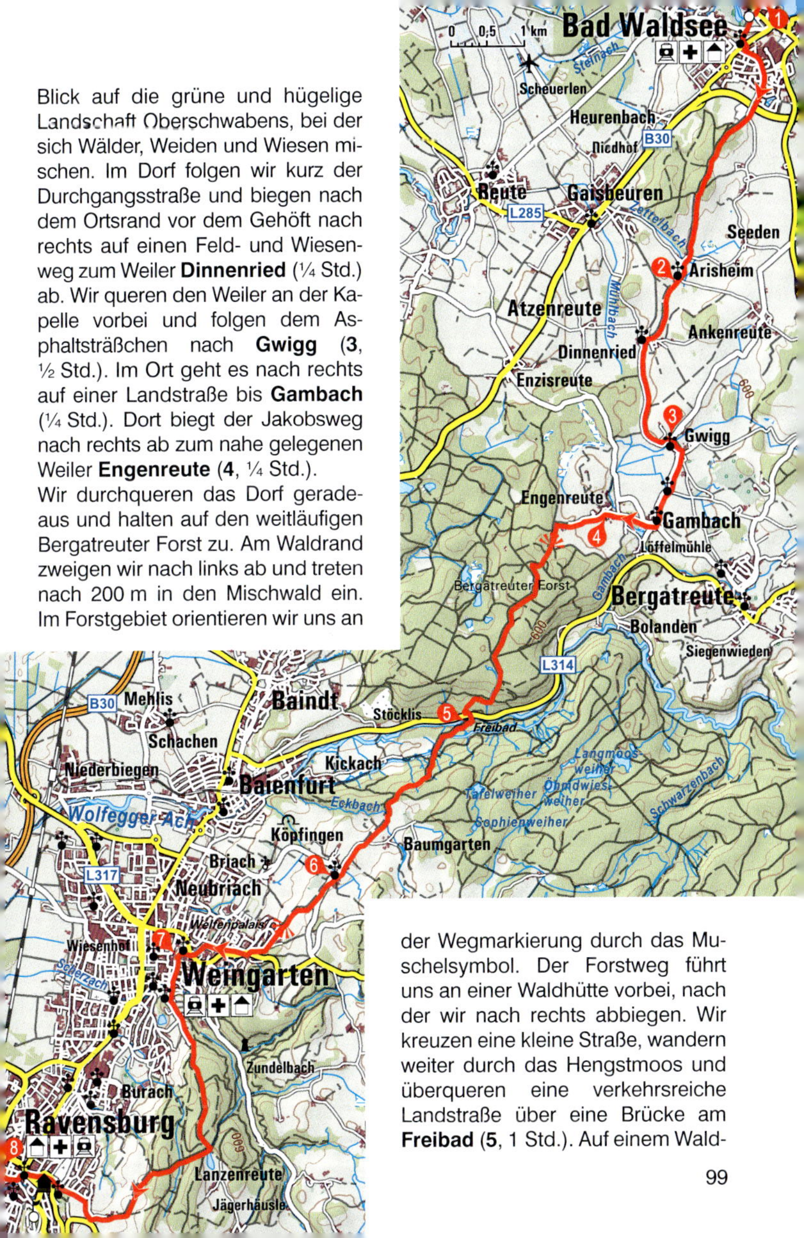

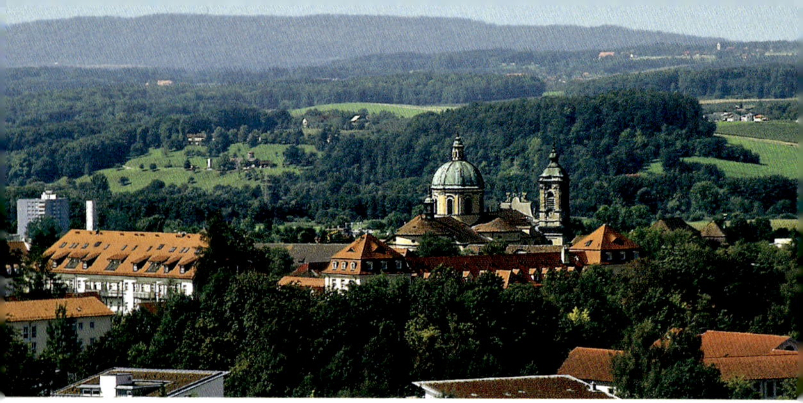

Die mächtige Benediktinerabtei St. Martin in Weingarten.

weg geht es über die Wolfegger Ach und einen Kanal bergan. Dabei halten wir uns nach rechts, verlassen wenig später den Wald und durchwandern geradeaus die Gemeinde **Köpfingen** (**6**, knapp ¾ Std.). Von der Anhöhe haben wir einen umfassenden Blick in das weite und lang gestreckte Tal der Schussen, in dem sich die Städte Weingarten und Ravensburg entwickelt haben. Am Ortsende zweigt ein Fußweg nach rechts durch die Felder und Wiesen in Richtung Weingarten ab.
Die mächtige Klosterkirche von Weingarten, auf die wir nun zusteuern, erhebt sich schon greifbar nah über die Dächer der Stadt. Wir erreichen den Ortsrand von Weingarten und gehen weiter relativ steil bergab durch ein Wohngebiet. Die Köpfinger Straße und die Lazarettstraße bringen uns in Richtung Zentrum. Wir zweigen auf einen Fußweg nach links ab, passieren den Schwanenweiher und betreten durch einen Torbogen den Klosterhof. Durch einen weiteren Torbogen innerhalb des Klosterkomplexes, an dem ein Hinweisschild »Santiago de Compostela 2400 km« angebracht ist, gelangen wir zum Eingang der **Basilika** von **Weingarten** (**7**, knapp ¾ Std.).

i *Bis 1865 wurde der Name **Weingarten** nur für das Kloster Weingarten verwendet, die umgebende Ortschaft hieß Altdorf. Altdorf war schon im 5. Jh. von Alemannen besiedelt. Wahrscheinlich befand sich hier auch ein alemannischer Herrensitz. Ab dem 13. Jh. entwickelte sich in Altdorf ein Markt, der allerdings den Ravensburger Markt nicht gefährden durfte. Auch eine Stadtbefestigung wurde untersagt. Die konkurrierende Nachbarstadt Ravensburg zog in dieser Zeit als freie Reichsstadt zahlreiche Einwohner aus Altdorf an. Im 19. Jh. entwickelte sich Altdorf zum Militärstandort, und wie in Ravensburg entstand hier eine bedeutende Maschinenbauindustrie. 1865 wurde Altdorf nach dem Namen der Abtei in Weingarten umbenannt und zur Stadt erhoben. 1056 gründete der Graf Welf IV., nach* *der Verlegung der Stammburg ins benachbarte Ravensburg, auf dem Martinsberg ein neues Benediktinerkloster, das* ***Kloster Weingarten****. Die Mönche beschäftigten sich u. a. mit der Buchmalerei; ihr berühmtestes Werk ist das Berthold-Sakramentar (1217). Kurz vor ihrem Tod 1094 stiftete die Gattin Welfs IV. der Abtei die Heilig-Blut-Reliquie. Diese besteht aus Erde des Berges Golgotha, die mit Jesu Blut getränkt sein soll. Das Kloster Weingarten wurde 1274 zur Reichsabtei erhoben und erwarb im Laufe der Zeit großen Landbesitz vom Allgäu bis zum westlichen Bodensee. Damit war Weingarten eines der reichsten und mächtigsten Klöster in Süddeutschland. Im Jahre 1715 wurde die romanische Klosterkirche aus dem 12. Jh. abgerissen. An ihrer Stelle entstand eine große, reich ausgestattete barocke Basilika, die inmitten einer idealtypischen Klosteranlage stehen sollte. Der Idealplan des Klosters wurde jedoch nur teilweise realisiert.*

Die monumentale ***Basilika St. Martin*** *ist mit 102 Metern die längste Barockkirche nördlich der Alpen. Über 200 Künstler waren von 1715 bis 1724 an ihrer Errichtung und Ausschmückung beteiligt. Neben ihrer Architektur ist die Weingarter Basilika berühmt für ihre klangvolle* ***Hauptorgel****. Die sechs Fenster der Westfassade sollten beim Orgelbau nicht verdeckt werden, sodass eine höchst aufwendige Konstruktion und Anordnung für die Orgel um die Fenster herum entwickelt werden musste. Seit 1949 dient der größte Teil der ehemaligen Klostergebäude der Pädagogischen Hochschule, nur noch ein kleinerer Teil wird durch das Benediktinerkloster belegt.*

Über die ausladende Treppe steigen wir hinab zum Münsterplatz und folgen der Stern- und Ochsengasse durch die Kernstadt von Weingarten. Dann geht es durch die Scherzachstraße und nach links auf der Reutebühlstraße zum Stadtrand. Hier folgen wir weiter der Straße durch den Mischwald zur ehemaligen Welfenburg mit Kapelle und Kreuzigungsgruppe.

Weiter bergan wandern wir, vorbei an einem Wanderparkplatz, auf einer bewaldeten Anhöhe entlang des Schussentals bis zum Waldrand. Von hier genießen wir einen schönen Ausblick auf das romantische Schussental. Beim Weiler **Albertshofen** (1¼ Std.) haben wir gleich den Stadtrand von Ravensburg erreicht. Die Jakobswegmarkierung führt uns durch ein Wohngebiet bergab. Auf der Friedhofstraße gehen wir durch das Frauentor in die Altstadt. Am Marienplatz folgen wir nach rechts der Eisenbahnstraße zur St.-Jodok-Kirche in **Ravensburg** (**8**, ½ Std.).

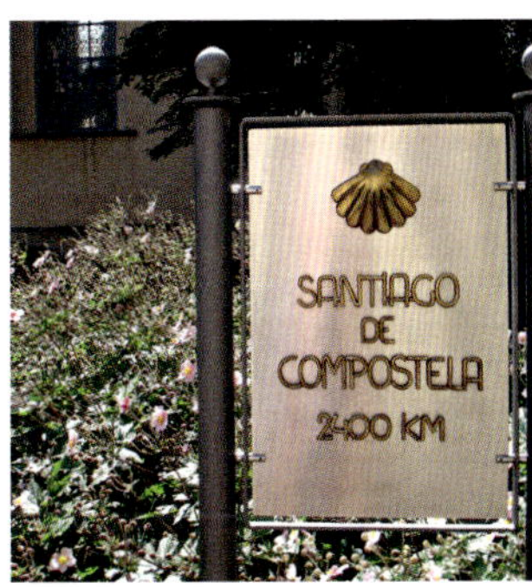

Wegemarke am Zugang des Klosterhofes von Weingarten.

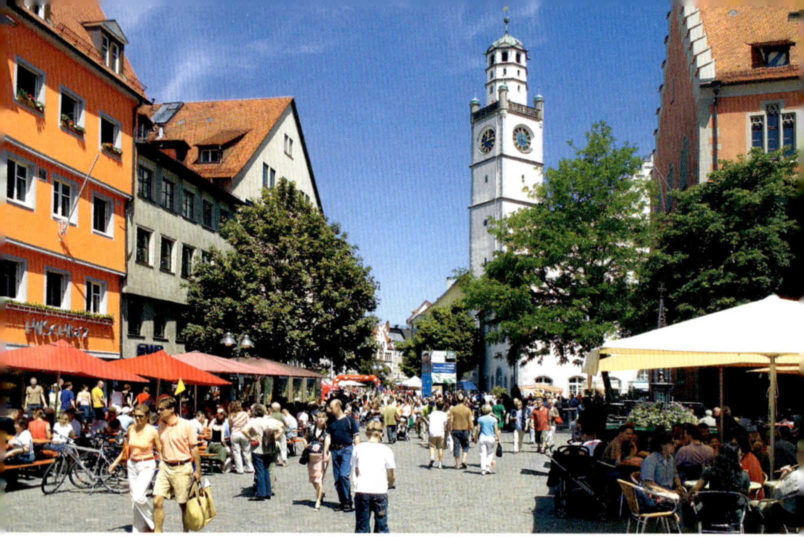

In der Fußgängerzone von Ravensburg erhebt sich der Blaserturm.

i *Die **Veitsburg** entstand als zweite Stammburg der Welfen um 1050 auf einem Höhenrücken, der das Schussental-Becken im Osten begrenzt. Die gut erhaltene mittelalterliche Stadt **Ravensburg** entwickelte sich auf halber Höhe unterhalb der Veitsburg. Im Spätmittelalter war Ravensburg Sitz der Großen Ravensburger Handelsgesellschaft, die in ganz Europa Niederlassungen hatte. Die gute wirtschaftliche Entwicklung führte vor allem im 14. Jh. zu mehrfachen Erweiterungen des Stadtgebiets. Die sogenannte Unterstadt wurde in die Stadtbefestigung mit einbezogen, was den Abriss der alten Stadtmauer zwischen den beiden Stadtteilen zur Folge hatte. Dabei entstand auf der Fläche des alten, zugeschütteten Stadtgrabens der Marienplatz. An der höchsten Stelle des Stadtgebiets wurde der über 50 Meter hohe **St.-Michaels-Turm** errichtet. Im Volksmund hieß dieser Rundturm der Stadtbefestigung bald »Mehlsack«.*

Um 1530 ging die Große Ravensburger Handelsgesellschaft sang- und klanglos unter und damit endete auch die Blütezeit der Stadt. Die wirtschaftlich geschwächte Stadt erlebte im Dreißigjährigen Krieg, vor allem durch Hunger und Seuchen, einen starken Bevölkerungsrückgang. 1810 kam Ravensburg zum Königreich Württemberg, das zuvor auch schon die ausgedehnten Territorien von Weingarten erworben hatte. Mit der Zugehörigkeit zum Königreich Württemberg begann eine allmähliche wirtschaftliche Erholung durch die Textilindustrie und den Maschinenbau. Der Bau der Bahnstrecke Ulm–Friedrichshafen trug ab 1847 erheblich zum wirtschaftlichen Aufschwung bei.

Ravensburg – Brochenzell

Unterkunft: Derzeit keine Unterkunft in Brochenzell, sondern nur knapp 30 Min. entfernt in **Meckenbeuren** (vgl. Etappe 17a; 416 m/31.620 EW). **(1)** Hotel Löwen, 70 € ÜF, Tel. 08542 509 050, www.loewen-bodensee.de. **(2)** Gästehaus Haus am Geissbock, ab 45 €, Tel. 07542 21936, www.haus-am-geissbock.de. **(3)** Hotel Wiesental, Tel. 07542 44 62, www.hotel-wiesental-meckenbeuren.de.
Die Strecke: Straßen, asphaltierte Wirtschaftswege und geschotterte Waldwege durch Wälder und Obstplantagen. Nur geringe Höhendifferenzen.
Höhenunterschied: 70 m im Auf- und 90 m im Abstieg.
Kritische Stellen: Keine.
Landschaft: Über das waldreiche Umland von Ravensburg und entlang des Schussentals verlässt der Jakobsweg die Wald- und Wiesen-Landschaft von Oberschwaben. Das Klima wird, begünstigt durch den Einfluss des Bodensees, milder und auf den Fluren wird intensiver Obstanbau betrieben. Vor allem bei Brochenzell finden wir die ersten Hopfengärten im Hinterland des »Schwäbischen Meeres«.
Infrastruktur: Oberzell (440 m/2120 EW) ✕ ⊡ ⊡; Brochenzell (409 m/2000 EW) ✕ ⊡.
Touristeninformation: Meckenbeuren Tourismus, Tel. 07542 94 140, www.meckenbeuren.de.
Anmerkung: Ab Brochenzell gibt es zwei Varianten in Richtung Bodensee.

Von der St.-Jodok-Kirche in **Ravensburg (1)** gehen wir auf der Eisenbahnstraße zum Bahnhof, queren dort die Gleise und biegen links in die Escher-Wyss-Straße ein. Auf einem Fußgängersteg überqueren wir den Flusslauf der Schussen und folgen dem Weg weiter geradeaus in die Galgenhalde. Dann verlassen wir nach links auf der Sunthaimstraße den westlichen Stadtteil von Ravensburg. Auf einer schmalen Kuppe über dem Schussental können wir das Kloster Weißenau mit den beiden barocken Türmen der Klosterkirche erkennen. Der Jakobsweg führt durch ein kleines Waldstück, an einem Grillplatz mit Hütte vorbei und durch eine Unterführung unter der **B 33** (knapp 1 Std.) hindurch. Sogleich treten wir in ein ausgedehntes Waldstück ein, das Hotterloch, das nahtlos in den Adelsreuter

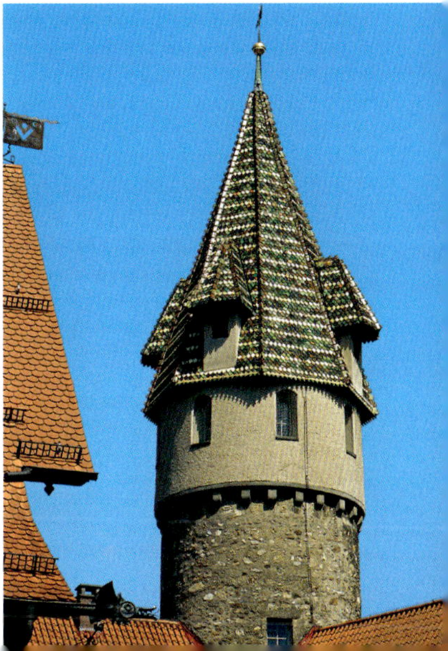

Der Grüne Turm in Ravensburg.

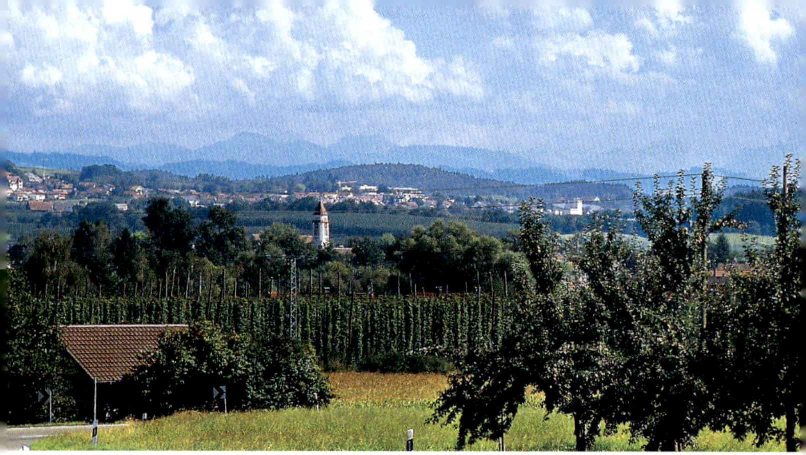

Erstmals grüßen die nahen Alpen auf dem Jakobsweg.

und Weißenauer Wald übergeht. Wir durchqueren auf breiten Forstwegen den schattigen Mischwald. Der Jakobsweg verläuft im Zickzackkurs durch den Forst, sodass wir die ausreichende Kennzeichnung mit dem Muschelsymbol nicht aus den Augen verlieren sollten. Wir queren auf einem Steg einen kleinen Bach und wandern auf einem Pfad leicht etwas bergan. Am Waldrand sehen wir vor uns den Ort Oberzell, den wir westlich im Wald umgehen. Am Picknickplatz biegen wir nach rechts ab und nach 150 m nach links. Der Jakobsweg führt uns durch den Mischwald; nach 15 Minuten treffen wir 200 m vom Ortsrand von **Oberzell** (**2**, 1½ Std.) entfernt auf eine Landstraße.
Wir überqueren die Straße geradeaus und wandern weiter alle abzweigenden Wege ignorierend geradeaus durch das Waldgebiet. Wir passieren eine Waldhütte mit Unterstehmöglichkeit und queren erneut einen Bachlauf. Im Adelsreuter Wald biegen wir 500 m nach dem zweiten Bach an einer Verzweigung nach links ab und bleiben wiederum alle Abzweigungen ignorierend auf dem Hauptweg. Nach gut 20 Minuten auf dem Forstweg geht es am Waldrand nach rechts und 5 Minuten später nach links auf einen breiten Forstweg. Wir erreichen wiederum den Waldrand und wenden uns nach

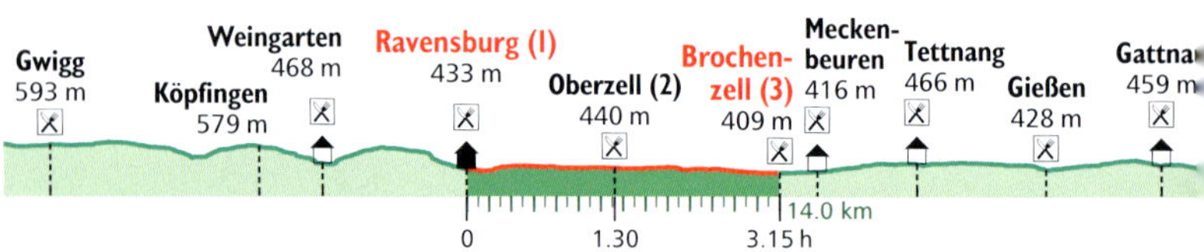

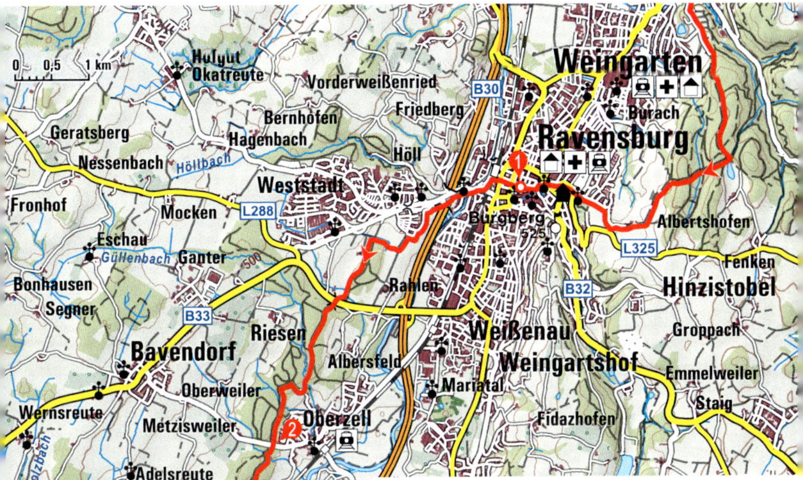
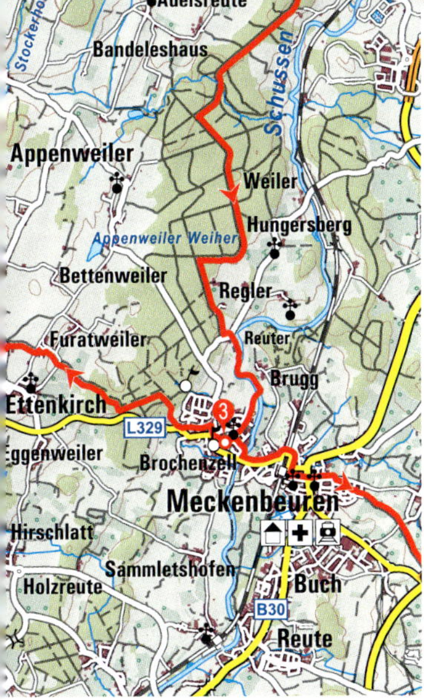

links und sogleich nach rechts zum Flusslauf der Schussen. An Apfelplantagen und Hopfengärten vorbei gelangen wir an den Ortsrand und auf der Eugen-Bolz-Straße ins Ortszentrum von **Brochenzell** (**3**, 1¾ Std. ab Oberzell) mit der Jakobskirche.

i *Die **St. Jakobuskirche** in **Brochenzell** entstand in ihrer heutigen Form vor allem in der ersten Hälfte des 17. Jh., als die Dorfkirche nachträglich gotisiert wurde. Der Turm erhielt seine Form mit Staffelgiebeln und Satteldach. Die zweigeteilten Fensteröffnungen sind romanischen Ursprungs. Ab 1734 wurde die Innenausstattung erneuert und zum Teil barockisiert. Eine einschneidende Veränderung erfolgte 1971 mit dem modernen Anbau an der Südseite der Kirche.*

17a Brochenzell – Nonnenhorn

5.15 Std.
21,3 km

Unterkunft: Meckenbeuren (416 m/ 31.620 EW), **(1)** Hotel Löwen, 70 € ÜF, Tel. 08542 509 050. www.loewen-bodensee.de. **(2)** Gästehaus Haus am Geissbock, ab 45 €, Tel. 07542 21936, www.haus-am-geissbock.de. **(3)** Hotel Wiesental, Tel. 07542 44 62, www.hotel-wiesental-meckenbeuren.de. **Tettnang** (466 m/ 18.540 EW), **(1)** Hotel Bären, 40 €, Tel. 07542 69 45, www.baeren-tettnang.de. **(2)** Gasthof Traube, ab 40 €, Tel. 07542 73 07, www.traube-tettnang.de. **(3)** Gasthof zur Krone, ab 82 € ÜF, Tel. 07542 74 52, www.tettnanger-krone.de. **Gattnau** (459 m/< 150 EW), Landgasthof Rössle, ab 40 €, Tel. 07543 500 887, www.roessle-gattnau.de. **Nonnenhorn** (394 m/ 1640 EW), **(1)** Hotel Seehalde, ab 65 €, Tel. 08382 277 56 90, www.hotel-seehalde.de. **(2)** Hotel Gasthof Adler, Tel. 08382 82 34, www.hotel-adler.de. **(3)** Hotel Torkel, ab 135 € ÜF, Tel. 08382 986 20, www.hotel-torkel.de.

Die Strecke: Zumeist Wirtschaftswege durch Obst- und Hopfenfelder. Die kleinen An- und Abstiege sind zum Teil steil, aber schnell überwunden.

Höhenunterschied: 160 m im Auf- und 180 m im Abstieg.

Kritische Stellen: Keine.

Landschaft: Im Hinterland des Bodensees konnte sich aufgrund der günstigen klimatischen Verhältnisse eine besondere landwirtschaftliche Vielfalt ausbilden, von den bekannten Apfelplantagen bis hin zum Anbau von Hopfen. Ein kleiner Garten Eden, der von flachen bewaldeten Kuppen und Hügeln durchsetzt ist und vor der imposanten Alpenkette eine abwechslungsreiche Landschaft mit vielen verstreut liegenden Dörfern, Weilern und Höfen bildet.

Infrastruktur: Meckenbeuren und Tettnang: alles; Gießen (428 m/< 50 EW); Hüttmannsberg (483 m/< 50 EW); Gattnau; Nonnenhorn.

Touristeninformation: Tourist-Info-Büro TIB in Tettnang, Tel. 07542 51 05 00, www.tettnang.de. Verkehrsamt Nonnenhorn, Tel. 08382 82 50, www.nonnenhorn.de.

Anmerkung: Von Nonnenhorn kann man über Friedrichshafen nach Romanshorn oder nach Konstanz übersetzen. Von beiden Orten führen Jakobswege nach Einsiedeln und weiter durch die Schweiz.

Von der Jakobuskirche in **Brochenzell (1)** gelangen wir auf der Humpisstraße zur Durchgangsstraße und nach links über die Schussenbrücke. Wir folgen der Brochenzeller Straße, unterqueren die Gleise, gehen nach rechts am Bahnhof vorbei und links auf der Graf-Zeppelin-Straße zur Hauptstraße in **Meckenbeuren** (**2**, knapp ½ Std.). Weiter auf Schul-, Ludwig-Richter- und Arnold-Böcklin-Straße in Richtung Ortsende. Ab dort geht es auf einem nach rechts abzweigenden Wiesenweg durch die Obst- und Hopfenfelder. Dabei begleitet uns ein faszinierender Ausblick auf das Alpenpanorama.

Wir queren eine schmale Straße und auf einer Brücke die Bundesstraße. Weiter geht es geradeaus bis zur nächsten Straße, an der wir auf einem Rad-/Fußweg den Weiler Fünfehrlen passieren. Wir erreichen Tettnang, das Zentrum des Hopfenanbaus. An der Pfarrkirche St. Gallus vorbei betreten wir durch das Torschloss den Bärenplatz in der Altstadt von **Tettnang** (**3**, gut 1 Std.). Über die Montfortstraße gelangen wir direkt zum gotischen Rathaus und zu dem barocken Schloss der Grafen von Montfort.

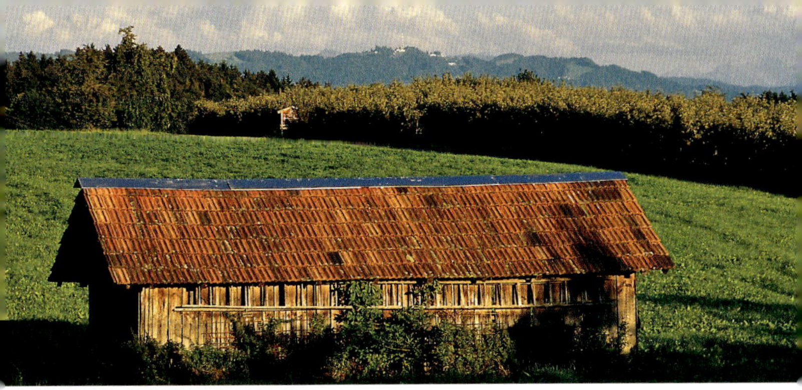

Blick auf die Alpenkette nahe dem Bodensee.

Eine zu Beginn des 12. Jh. errichtete Burg bildete das Zentrum der neuen Grafschaft ***Tettnang****. Schon bald darauf erhielt die Siedlung, aufgrund der günstigen Lage an der Fern- und Handelsstraße Ulm–Ravensburg–Lindau, die Marktrechte verliehen. Die Schaffung des Marktes war die Grundlage zur Verleihung des Stadtrechts. Tettnang wurde 1322 vom Habsburger Herzog Leopold belagert und völlig zerstört. Im 14. Jh. gehörte Tettnang unter anderem dem Schwäbischen Städtebund und dem Bund der Bodenseestädte an. Der Graf von Montfort ließ die alte Burg aus dem 12. Jh. abreißen und an deren Stelle ab 1712 das* ***Neue Schloss*** *errichten. Bei einem Brand 1753 wurde ein großer Teil der Fassaden und der Innendekoration beschädigt. Das Schloss wurde in den Jahren 1960 bis 1982 restauriert und ist seit 1997 weitgehend der Öffentlichkeit zugänglich. Erste Zeugnisse einer dem hl. Gallus geweihten Kirche finden sich bereits in den frühen Urkunden der Stadt Tettnang. Zwischen 1410 und 1450 entstand die* ***Pfarrkirche hl. Gallus****, von der noch der gotische Turm zu sehen ist. Das Kirchenschiff erhielt sein heutiges Aussehen im Jahr 1860 nach dem Abriss des barocken Vorgängerbaus.*

Vor dem Schloss wenden wir uns nach links und wandern geradeaus bis zu einer kleinen Grünfläche, vor der wir nach rechts abbiegen. Wir kommen gleich darauf an der St.-Anna-Kapelle vorbei in ein Wohngebiet.

Die ***St.-Anna-Kapelle*** *ist das älteste sakrale Gebäude der Stadt. Graf Ulrich VII. von Montfort stiftete sie im Jahr 1513. Auffällig ist, dass der Kapelle ein Glockenturm fehlt. Die Decke besteht aus einem spätgotischen Netzrippengewölbe.*

Auf einem Fußweg kommen wir zu einem Gewerbegebiet, das wir durchqueren. Nach einer Unterführung pilgern wir geradeaus in den Tettnanger Forst und folgen dem Waldweg für gut ¼ Std. An einer Gabelung in einer Senke zweigen wir nach links ab und unterqueren die Bundesstraße. Unser Weg mündet am Waldrand in eine kleine Straße, die uns nach rechts zum Weiler **Gießen** (**4**, 1¼ Std.) bringt. Auf einem Rad-/Fußweg geht es über die Brücke und gleich nach rechts auf einem Wirtschaftsweg zum Schlösslein Gießen. Auf dessen Höhe zweigen wir auf einen Feldweg nach links ab, der in eine schmale Straße mündet. Der Jakobsweg führt nach rechts in ein Wäldchen, steil bergan.

Auf der Höhe angekommen, genießen wir einen Traumblick auf die Alpengipfel. Nach dem Heiligenhof geht es zunächst bergan auf einen bewaldeten Hügel und bergab zu einer kleinen Landstraße, der wir nach links folgen. Bereits nach wenigen Minuten zweigt der Jakobs-

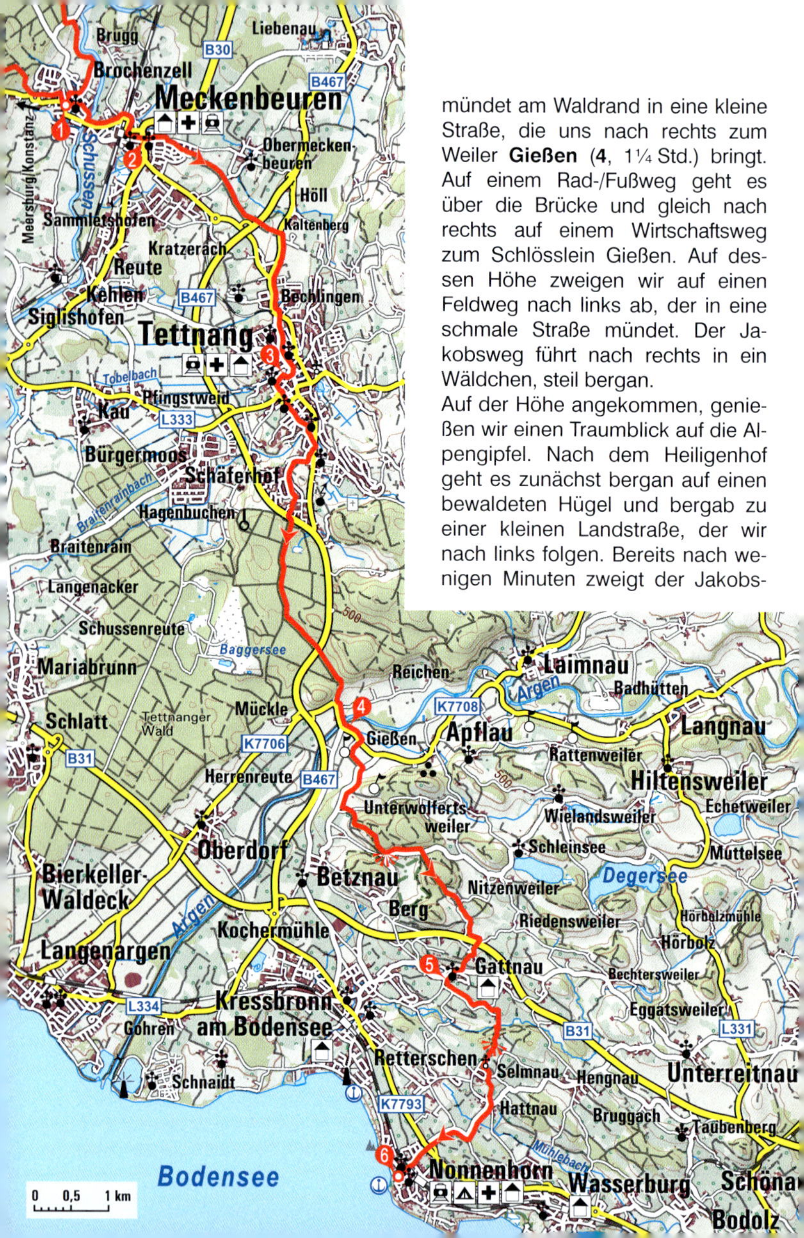

weg nach rechts ab. Durch ein kleines Waldstück erreichen wir den Weiler **Atlashofen** (1 Std.). Bergab gehen wir unter der B 31 hindurch und an Hüttmannsberg vorbei nach **Gattnau** (**5**, ¼ Std.). Auf einem Wirtschaftsweg wandern wir bergab und auf einem Steg über einen Bachlauf zum Wald. In diesem gehen wir bergan und sehen am Waldrand vor uns auf einem Hügel die St.-Antonius-Kapelle. Durch die für den Bodenseeraum typischen Obstplantagen gelangen wir zur Kapelle. Vor uns breitet sich der Bodensee mit den malerischen Alpen im Hintergrund aus. Am Fuße des Hügels liegt **Selmnau**. Geradeaus queren wir die Durchgangsstraße und sind in wenigen Minuten bereits im kleinen Ort Hattnau angekommen. Im Dorf wenden wir uns nach rechts auf eine schmale Straße und unter der Bundesstraße hindurch direkt nach Nonnenhorn. Auf der Mauthausstraße überqueren wir die Gleise und biegen nach links auf den Kapellenplatz ab, wo an der St.-Jakobus-Kapelle dieser Zweig des Jakobsweges in **Nonnenhorn** (**6**, 1 Std.) endet.

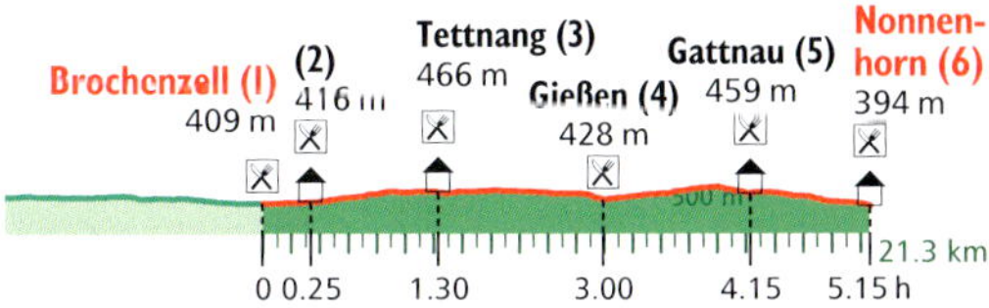

Von Nonnenhorn führt der Pilgerweg über den Bodensee entweder nach Romanshorn oder nach Konstanz. Beide Wege vereinigen sich in Einsiedeln, um von dort die Schweiz, Frankreich und Spanien zu durchqueren und am Apostelgrab in Santiago de Compostela zu enden.

Malerisch thront die St.-Antonius-Kapelle über den Obstplantagen.

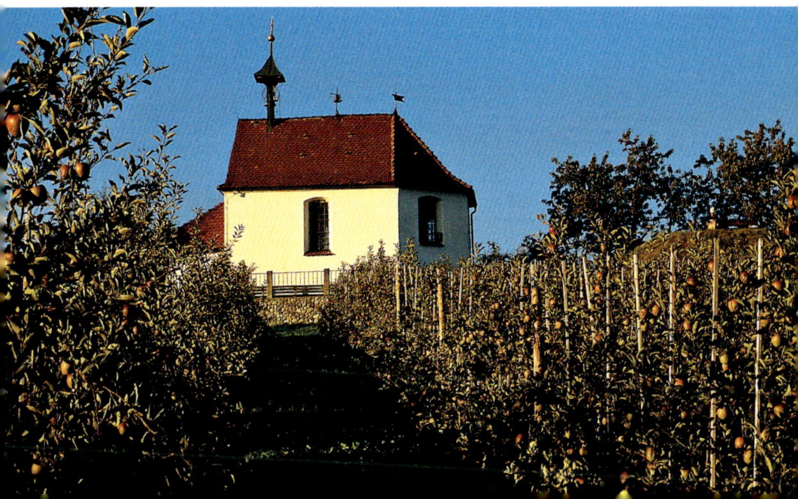

17b Brochenzell – Konstanz

8.00 Std.
32,3 km

Unterkunft: **Markdorf** (453 m/ 14.155 EW), **(1)** Hotel Wirtshof, Tel. 07544 962 70, www.wirtshof.de. **(2)** Hotel Gasthof Krone, ab 45 €, Tel. 07544 954 25 51, www.krone-markdorf.de. **Meersburg** (400 m/5620 EW), **(1)** Hotel zum Schiff, 96 € ÜF, Tel. 07532 450 00, www.hotel-zumschiff.de. **(2)** JUFA Hotel Meersburg, ab 85 €, Tel. 07532 445 80 92, www.jufa.eu. **(3)** Hotel Garni Eden, ab 118 €, Tel. 07532 430 50, www.hotel-meersburg.de. **Konstanz** (405 m/84.910 EW), **(1)** Jugendherberge 177 B/ab 34 € ÜF, Waschmaschine, Trockner. Zur Allmannshöhe 16 (20 Min./1,3 km ab Fähre), Tel. 07531 32 260, www.jugendherberge.de. **(2)** Hotel am Fischmarkt, ab 86 €, Tel. 07531 455 825, www.hotel-fischmarkt.de. **(3)** ibis budget, 99 €, Tel. 07531 921 51 21, www.all.accor.com.

Die Strecke: Welliges Relief mit geringen Höhendifferenzen, Wirtschaftswege, schmale Straßen und Waldwege, die alle gut zu begehen sind.

Höhenunterschied: 240 m im Auf- und 240 m im Abstieg.

Kritische Stellen: Im Haslacher Forst geht es an einer Vielfachverzweigung auf einem schmalen Weg entlang eines kleinen Bachlaufs und nicht auf dem offensichtlichen Hauptweg weiter.

Landschaft: Die Landschaft im Hinterland des östlichen Bodensees wird intensiv landwirtschaftlich genutzt und ist mit zahlreichen Dörfern, Weilern und Höfen besiedelt. Diese Region ist der »Obstkorb« Baden-Württembergs, der auch touristisch gut erschlossen ist. Kleine Waldflächen bilden abwechslungsreiche Inseln in dieser bezaubernden Kulturlandschaft, die der Jakobsweg bis Meersburg durchstreift.

Infrastruktur: Markdorf, Meersburg und Konstanz: alles.

Touristeninformation: Rathaus Markdorf, Tel. 07544 50 00, www.markdorf.de. Meersburg Tourismus, Tel. 07532 44 04 00, www.meersburg.de. Konstanz Tourist-Information, Fischmarkt 2, Tel. 07531 13 30 30, www.konstanz.de.

Anmerkungen: **(1)** In Markdorf verzweigt sich der Jakobsweg: Eine Variante führt nach Nonnenhorn, die hier beschriebene nach Meersburg bzw. Konstanz. An der Jakobuskirche heißt es aufgepasst, um nicht dem »falschen« Weg zu folgen. **(2)** In Meersburg Fähranbindung nach Konstanz (Dauer der Überfahrt: ca. 30 Min.).

Die letzte Etappe der Süddeutschen Jakobswege in Richtung Meersburg beginnt an der Jakobuskirche in **Brochenzell (1)**. Wir gehen nach links in die Andreas-Hofer-Straße und sogleich nach rechts in die Ferdinand-von-Schill-Straße, bis ein schmaler Fußweg nach links abzweigt. Wir verlassen Brochenzell auf diesem Weg und halten auf den Waldrand zu. Hier leitet uns das ver-

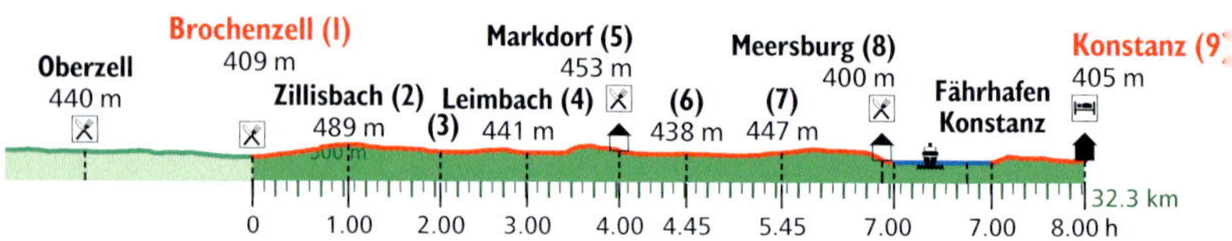

traute Muschelsymbol auf guten Waldwegen durch den Brochenzeller Forst, danach durchstreifen wir Wiesen und Obstgärten bis **Furatweiler** (¾ Std.). Im Ort gehen wir nach links und folgen dann einem Wirtschaftsweg nach rechts durch die Plantagen, überqueren eine Landstraße und gehen am Gehöft **Zillisbach** (**2**, ¼ Std.) vorbei bis Krehenberg. Geradeaus geht es durch den Weiler und weiter auf einem asphaltierten Sträßchen im ebenen Gelände durch die Obstplantagen zum Ort Blankenried. Hier queren wir eine Landstraße und treten in ein Wäldchen ein, bis wir zur Gemeinde **Rammetshofen** (¾ Std.) gelangen.

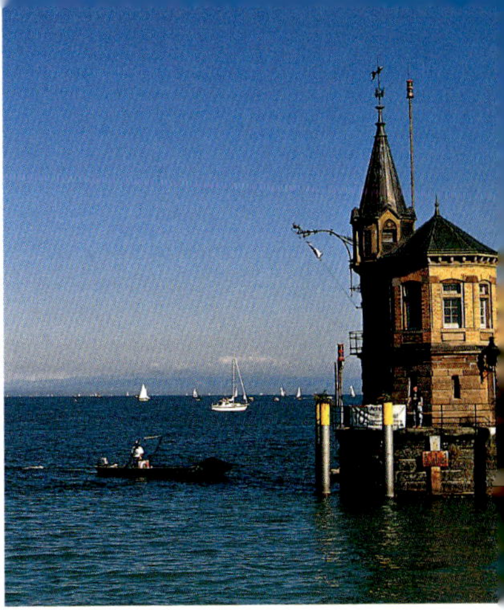

Hafeneinfahrt von Konstanz.

An der Hauptstraße durchqueren wir das Dorf, alle Abzweigungen anderer Wanderwege ignorierend. Im kurz darauffolgenden Ort **Unterteuringen** (**3**, knapp ¼ Std.) folgen wir der Markierung und wandern auf einem Sträßchen in Richtung **Hepbach**. Nach rund ½ Std. biegen wir an einer Verzweigung nach links ab, erreichen auf diesem Weg den Ortsrand der Gemeinde **Leimbach** (**4**, ½ Std.) und gehen im Zickzackkurs durch den Ort. Über den Apfelweg geht es auf einem Fußweg durch Obstanbau und Felder. An einer Straße halten wir uns nach rechts, passieren Campingplätze und queren die B 33. Dann bringen uns der HW 7 und der Jakobsweg nach **Möggenweiler** (¾ Std.). Im Ort geht es an einem Brunnen vorbei auf eine kleine Anhöhe mit Blick auf den Bodensee. Bergab erreichen wir durch das Obertor **Markdorf** (**5**, ¼ Std.) und weiter geradeaus die Pfarrkirche.

i *Das Städtchen **Markdorf** war bereits im 11. Jh. ein befestigter Marktort, im Jahre 1250 erhielt es die Stadtrechte. Der Ausbau der Stadt wurde vom 12. bis zum 14. Jh. von den Herren von Markdorf vorangetrieben. Ihre Blütezeit erlebte die Stadt als Sommerresidenz der Konstanzer Bischöfe und vor allem dank des Weinanbaus. Der Dreißigjährige Krieg und die Napoleonischen Kriege setzten Markdorf stark zu. Im Juli 1842 stand ein Großteil von Markdorf in Flammen. Sehenswert sind in der Altstadt die gotische **Pfarrkirche St. Nikolaus**, das mittelalterliche **Heilig-Geist-Spital** mit der **Kapelle St. Mauritius**, die 1771 barockisiert wurde, die barocke **Spitalkirche St. Peter und Paul**, das **Bischofsschloss** mit dekorativem Staffelgiebel (16. Jh.) sowie der **Hexenturm** aus dem 13. Jh.*

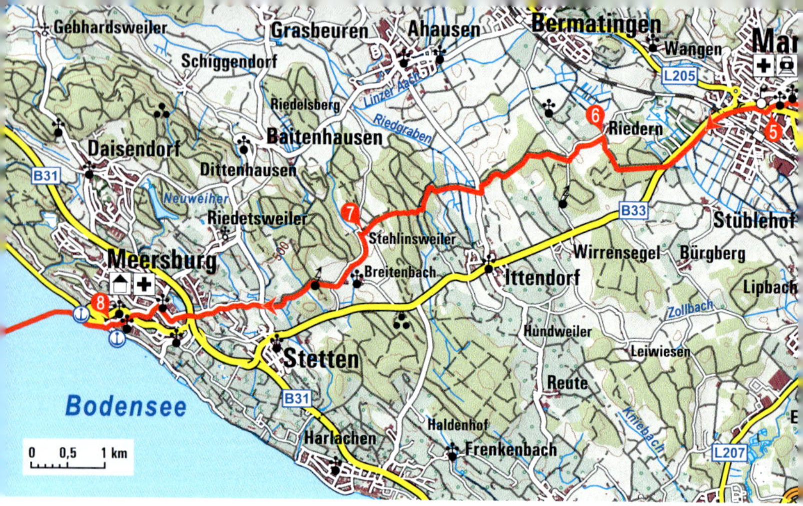

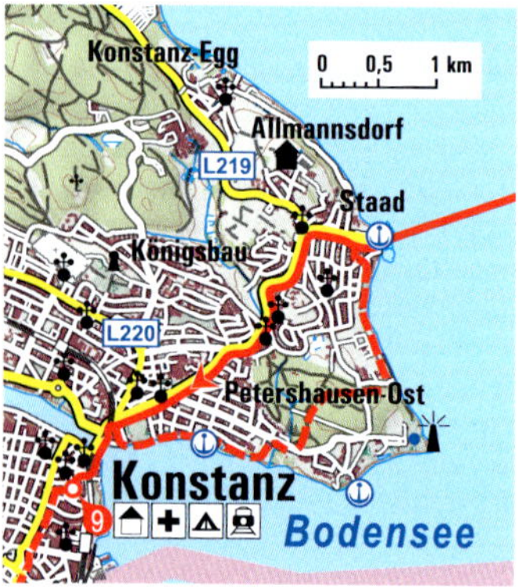

Durch die Altstadt geht es über den Schlossberg und nach rechts in die Ravensburger Straße (B 33), auf der wir Markdorf verlassen. Rund 700 m nach dem Ortsrand biegen wir auf einem Rad-/Fußweg rechts ab zu einem Wanderparkplatz vor einem Wäldchen. Auf dem mittleren Forstweg durchqueren wir den schönen Mischwald. An einer Forsthütte biegen wir rechts ab und erreichen bald darauf den Weiler **Riedern** (**6**, ¾ Std.).

Das Muschelsymbol führt uns zu einem Waldstück und durch den lichten Forst. An einer Grillhütte gelangen wir zu einer Landstraße. Auf dem gegenüberliegenden Feldweg halten wir erneut auf ein Waldstück zu. Im Haslacher Forst gehen wir an einer Vielfachverzweigung (hier heißt es aufgepasst) halbrechts auf einen kleinen Waldpfad entlang eines Bachlaufs. Bald erreichen wir auf direktem Weg **Stehlinsweiler** (**7**, 1 Std.).

Wir wandern in einem Linksbogen um den kleinen Weiler und dann am Waldrand entlang zum Gehöft **Breitenbach**. Nun halten wir auf einen Sendemast auf einer bewaldeten Anhöhe zu. Von nun an geht es stets bergab auf der »Alten Landstraße« durch abwechslungsreiche Obstwiesen und Weinber-

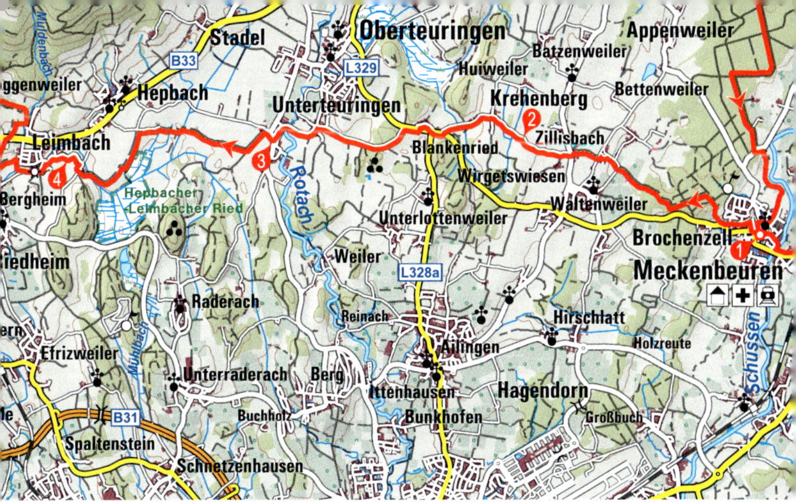

ge. Über die Siedlung »Auf dem Roggele« geht es weiter zum Ortsrand von Meersburg. An einem Weiher vorbei und am Friedhof nach links gelangen wir zum historischen Zentrum von **Meersburg** (**8**, 1 Std.).

Am Schloss vorbei durch die Fußgängerzonen der Altstadt erreichen wir schließlich das Bodenseeufer und den **Fährhafen** (¼ Std.) nach **Konstanz**.

i *Vom Bodensee aus zeigt sich* ***Meersburg*** *von seiner schönsten Seite. Neben dem Alten und dem Neuen Schloss, dem Reit- und Stallhof und dem ehemaligen Priesterseminar bilden die renovierten Fachwerkhäuser ein romantisches Ensemble. Die* ***Burg*** *ist das Wahrzeichen der Stadt und wurde erstmals 988 als Merdesburch bezeichnet. Sie geht vermutlich auf eine merowingische Befestigung zurück. Die Burg gelangte 1210 in den Besitz des Bistums von Konstanz, das mit der Reformation das Exil dieses beschaulichen Ortes vorzog. Die Burg Meersburg war bis zur Fertigstellung des Neuen Schlosses 1750 der Wohnsitz der Bischöfe. Heute beherbergt sie ein Museum und gilt als »älteste vollständig erhaltene und bewohnte Burg Deutschlands«. Die berühmte Dichterin* ***Annette von Droste-Hülshoff*** *(1797–1848) verbrachte ihre letzten Lebensjahre in der Burg.*

Die mittelalterliche Siedlung entwickelte sich vor allem oberhalb der Burg. Sie erhielt 1233 das Marktrecht sowie eine Stadtmauer. Das Unterstadttor und das Obertor sind noch Überreste der Stadtbefestigung. Das Seeufer wurde durch Aufschüttung vergrößert, sodass hier der große Marktplatz und die Siedlung zur Unterstadt entstehen konnten. Der seit dem 14. Jh. betriebene Weinanbau rund um Meersburg ist dem milden Seeklima zu verdanken. Hier gedeihen Rebsorten für Rot- und Weißweine.

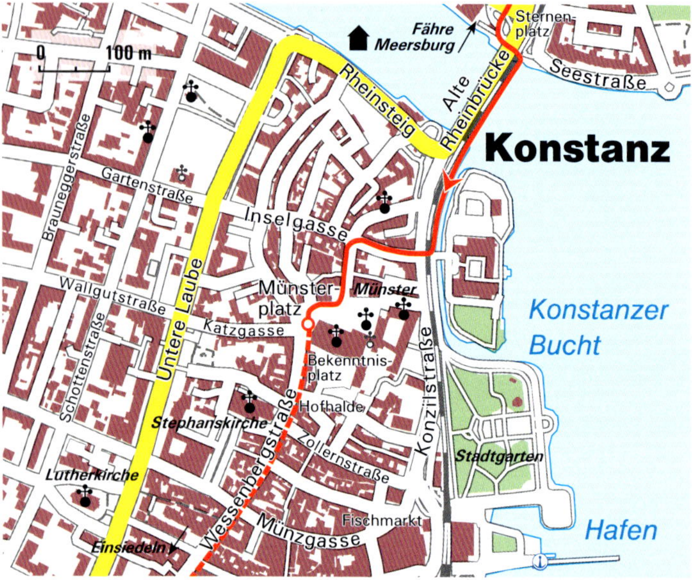

Zwei Routen bringen uns ins Zentrum von **Konstanz:** Die **kürzere** führt geradeaus in die Schiffstraße, biegt links in die Mainaustraße und folgt der B 33 über die Rheinbrücke in die Konzilstraße. 250 m nach der Rheinquerung geht es rechts in die Altstadt und zum **Münster** von **Konstanz** (**9**, 1 Std.).
Die beschaulichere **Route** über **Petershausen** biegt von der Schiffstraße links ab. Die Kennzeichnung blauer Kreis mit schwarzem Pfeil führt am Seeufer entlang, durch ein Wäldchen zur Rheinbrücke und zur **Altstadt** (1½ Std.).

i *Das **Konstanzer Münster** entstand ab dem 7. Jh. und wurde 1089 geweiht. Bis zur Auflösung des Bistums war es die Kathedrale der Bischöfe von Konstanz und diente als Tagungsort des Konzils von Konstanz (1414–1418), welches das Schisma der katholischen Kirche beendete. Einst war das Münster eine der größten romanischen Kirchen Südwestdeutschlands mit einem kreuzförmigen Grundriss und einem weitläufigen dreischiffigen Langhaus. Bei zahlreichen Umgestaltungen, vor allem vom 12. bis 15. Jh., erhielt sie u. a. gotische Seitenkapellen sowie den mächtigen Westblock, der die Kirche bis heute prägt. Erst im 19. Jh. entstand die charakteristische, neogotische Turmspitze. Die romanische Mauritiusrotunde mit ihrem Heiliggrab-Bau ist das Ziel der Jakobspilger in Konstanz.*

5.00 Std.
18,6 km

Rothenburg ob der Tauber – Schrozberg

18

Unterkunft: Abstecher (1 km hin und zurück): **Leuzenbronn** (460 m/140 EW), **(1)** ÜB Zur Krone, ab 52 €, Tel. 09861 29 21, www.krone-home.de. **(2)** Landhaus Dreibirken, ab 62 €, Tel. 0157 744 310 84, www.landhaus-dreibirken.de. **Schrozberg** (455 m/5970 EW), **(1)** Gästehaus im Tal, Tel. 07935 72 65 089. **(2)** Gasthof Germania, 3 B, ab 25 € ÜF, Tel. 0162 81 17 653.

Die Strecke: Der Jakobsweg quert das Taubertal und führt auf schönen Waldwegen auf die Hohenloher Ebene. Ab dort Feld- und Wirtschaftswege durch Getreide- und Maisflächen. Ein großer Teil der Etappe verläuft auf schattigen Waldwegen durch den Schorrenwald bis nach Schrozberg. Die Strecke ist mit der gelben Jakobsmuschel auf blauem Grund sehr gut markiert. Bis auf die Abschnitte im Aufstieg von der Tauber und im Schorrenwald, die bei feuchter Witterung zum Teil schlammig sein können, ist der Weg gut zu begehen.

Höhenunterschied: 160 m im Auf- und 130 m im Abstieg.

Kritische Stellen: Rothenburg o. d. T. ist Knotenpunkt von vier Jakobswegen: Zwei gelangen von Nürnberg bzw. von Würzburg in die Stadt und zwei führen weiter nach Ulm sowie nach Rottenburg am Neckar. Innerhalb der Altstadt ist keiner der Wege markiert. Am besten gelingt die Orientierung anhand der Stadttore Rothenburgs – unser Jakobsweg in Richtung Schrozberg verlässt die historische Altstadt durch das Burgtor.

Landschaft: Südwestlich von Rothenburg erstreckt sich die Hohenloher Ebene. In diese flach wellige Landschaft haben sich Flüsse wie die Tauber tief eingeschnitten. Die Hohenloher Ebene ist ein altes Bauernland, das von fruchtbaren Lösslehmen bedeckt ist. In der ansonsten waldarmen Region bildet der herrliche Schorrenwald ein wundervolles zusammenhängendes Waldgebiet vor Schrozberg.

Infrastruktur: Abstecher Leuzenbronn ⌂ ✕; Schrozberg: alles.

Touristeninformation: Stadtverwaltung von Schrozberg, www.stadt-schrozberg.de; eine kleine Anlaufstelle, keine Touristeninformation, Tel. 07935 70 70.

Anmerkung: Auf der relativ kurzen Etappe gibt es keine Übernachtungs- oder Versorgungsmöglichkeit. Allerdings kann man mit einem kleinen Abstecher in Leuzenbronn einkehren oder übernachten.

Leuzenbronn ist ein kleiner, bäuerlich geprägter Ort.

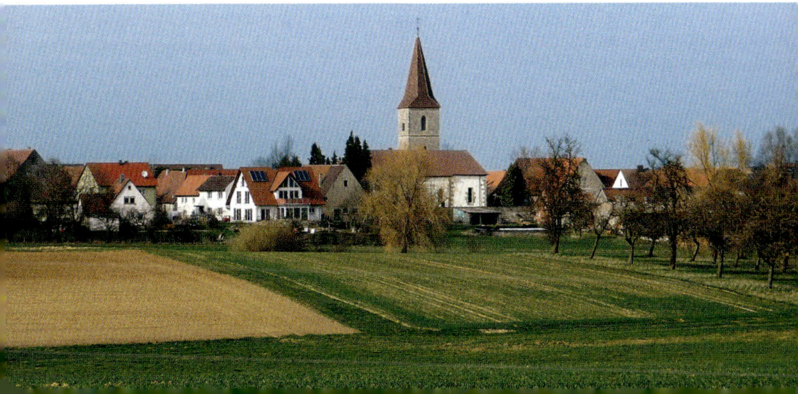

Vor der **St. Jakobskirche** in **Rothenburg ob der Tauber (1)** steht eine moderne, lebensgroße Jakobusskulptur, die im Begriff scheint, den ersten Schritt der langen Pilgerreise zu machen. Hier beginnt die Etappe bis Schrozberg. Zunächst wenden wir uns nach links die Kirchgasse hinab und weiter nach rechts durch die Herrngasse bis zum Burgtor. Durch dieses verlassen wir das historische Rothenburg und genießen zunächst vom Burggarten aus einen beeindruckenden Panoramablick auf die Altstadt mit der Stadtmauer, den Türmen und Toren. Von nun an folgen wir wieder dem Muschelsymbol und gehen links an der Blasiuskapelle vorbei auf einen Fußweg, der auf der Weinsteige hinab ins **Taubertal** führt.

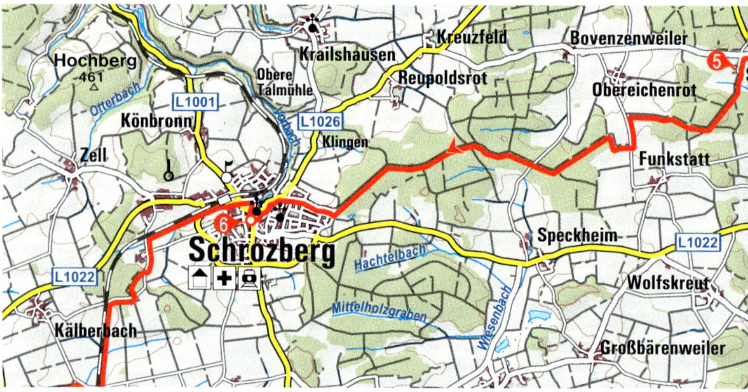

An der **Kobolzeller Kirche** (erbaut Ende des 15. Jh.) vorbei, unterqueren wir die steinerne **Tauberbrücke** (¼ Std.), deren doppelte Bogenreihen den Flusslauf imposant überspannen. In einem Linksbogen gelangen wir auf die Brücke, von der aus wir einen malerischen Blick zurück auf Rothenburg und den romantischen Flusslauf der Tauber haben. Hinter der Brücke zweigt der Weg nach links durch den Wald ab. Durch den Mischwald geht es mit mäßiger Steigung bergan. Von nun an folgen wir nicht nur dem Muschelsymbol, sondern auch dem HW 8 bis zum Etappenende in Schrozberg. Dem schattigen Waldweg folgen wir an einer Gabelung weiter nach rechts. Über eine Straße hinweg wandern wir auf dem weichen Waldweg. Dann lichtet sich der Wald und wir stehen an der Taubertaler Sprungschanze. Von hier eröffnet sich ein letzter wunderschöner Postkartenblick auf die Silhouette von Rothenburg, bevor wir endgültig das Taubertal nach Südwesten verlassen und zum **Bismarck-Denkmal** (**2**, knapp ½ Std.) kommen. Ab 1868 wurden zahlreiche Gedenktürme oder andere Denkmäler zu Ehren des ersten deutschen Reichskanzlers Fürst Otto von Bismarck errichtet. Und dies nicht nur

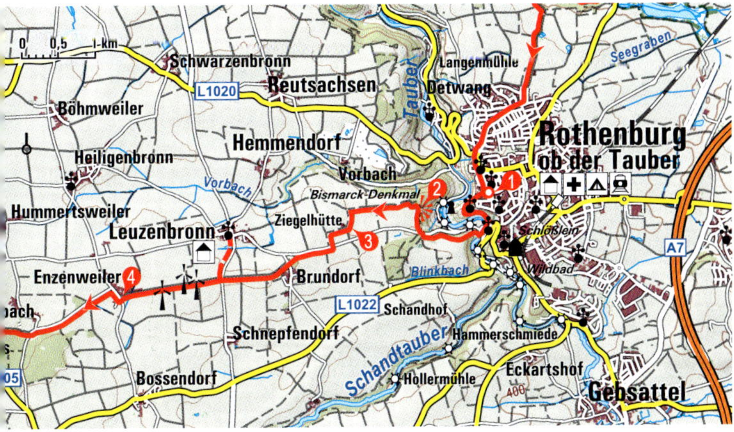

im damaligen Deutschland, sondern auch in den Deutschen Kolonien. Am Waldrand gehen wir in einem kleinen Linksbogen durch die Felder der Hohenloher Ebene am **Gehöft Ziegelhütte** (**3**, knapp ½ Std.) vorbei. Auf einem Feldweg nach links erreichen wir die Landstraße nach Leuzenbronn, der wir nach rechts folgen. Der Jakobsweg zweigt nach 500 m nach links auf einen Feldweg ab. Dieser wird nach ½ Std. von einem Wirtschaftsweg gekreuzt.

Wer möchte, kann hier einen Abstecher rechts nach **Leuzenbronn** (1 km hin und zurück) machen. Nun weisen die Markierungen stets geradeaus, auf drei Windräder zu. Hinter der Windkraftanlage wechselt der mit zwei Fahrspuren betonierte Weg in einen durchgängig betonierten Wirtschaftsweg. Daran lässt sich erkennen, dass hier gerade die Landesgrenze zwischen Bayern und Baden-Württemberg überschritten wurde. Geradeaus erreichen wir den kleinen Ort **Enzenweiler** (**4**, gut ¼ Std.). Gleich am Ortsrand begrüßt ein kleines verwittertes Steinkreuz unter einem Baum die Wanderer. Daran vorbei schwenken wir nach rechts auf die Durchgangsstraße ein. Der bäuerliche Ortskern ist schnell durchschritten. Wir biegen an den letzten Häusern nach links auf einen Teerweg ab, kommen an einem Rastplatz unter einer

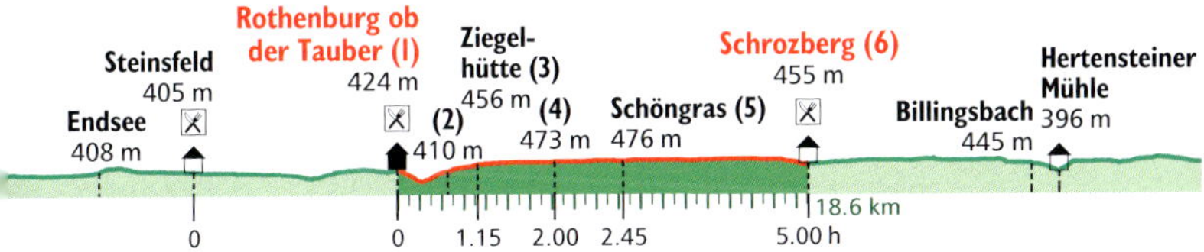

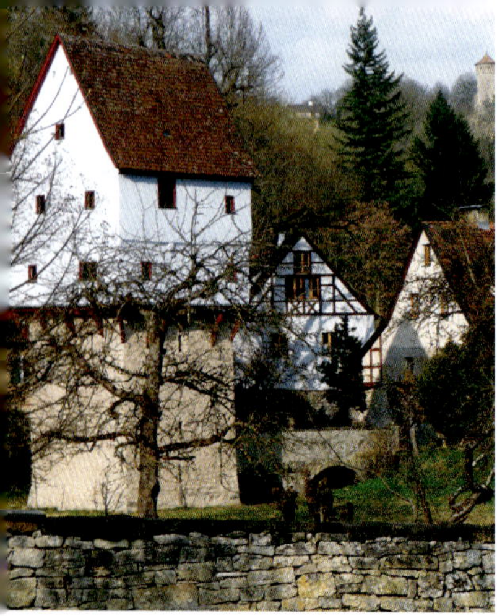

Das Topplerschlösschen liegt idyllisch im Taubertal.

Kastanie vorbei, gehen durch Streuobstwiesen geradeaus am nett gelegenen Weiler Spindelbach vorbei, den wir rechts liegen lassen. Über einen Feldweg, der erst am Waldrand entlangführt, gelangen wir in den schönen Mischwald des Hochholzes. Über kleine Landstraßen erreichen wir das lauschige Gehöft **Schöngras** (**5**, ¾ Std.).

Vor uns liegt nun das nahezu zusammenhängende Waldstück des Kirchholzes und Schorrenwaldes, das wir bis zum Etappenende in Schrozberg auf breiten und angenehmen Forstwegen durchwandern. Geradeaus erreichen wir über Wiesen den Waldrand. Hier weist die Markierung an der Gabelung nach rechts auf einen geteerten Weg durch das Kirchholz. Nach diesem Waldstück trifft der Pilgerweg auf eine **Landstraße** (½ Std. ab Schöngras).

Ein Wiesenweg bringt uns nach rechts wieder zu einem Forst. Am Waldrand entlang und an einer Verzweigung nach links geht es auf der fein geschotterten Königsallee leicht bergab in den Schorrenwald hinein. Der Jakobsweg ist im gesamten Waldgebiet sehr gut ausgewiesen. An einem querenden Waldweg nach rechts und weiter auf dem Funkstatterweg, bis wir nach gut 15 Min. nach links abbiegen. Noch immer wandern wir durch diesen herrlichen Wald im ebenen Gelände bis zur nächsten Gabelung, an der es nach links auf die Rubenstraße geht. Wir kommen an einer schönen Rastmöglichkeit am Waldspielplatz Schorrenhütte vorbei. Das Waldende ist dann schnell erreicht und damit auch der Ortsrand von Schrozberg. Hier geht es auf dem Schorrenweg bergab durch ein Neubaugebiet und weiter zum links gelegenen Ortszentrum von **Schrozberg** (**6**, 1¾ Std.).

i *Eingebettet in den Ortskern von **Schrozberg** liegt das ab 1441 erbaute **Wasserschloss**. Das Schloss wurde zum stetig wechselnden Besitz adliger Herrscherfamilien wie der Herren zu Schrozberg, Seldeneck, Adelsheim, Rothenburg, Hohenlohe und Berlichingen. Selbst der berüchtigte Götz von Berlichingen soll einige Jahre seiner Jugend im Schloss zu Schrozberg zugebracht haben. Im 18. Jh. wechselte der Herrschaftssitz nach Ingelfingen und das Schloss stand leer. Heute ist es Sitz der Stadtverwaltung mit dem Informations- und Kulturamt.*

4.45 Std.
18,4 km

Schrozberg – Langenburg

19

Unterkunft: **Hertensteiner Mühle** (396 m), 74 € DZ, Tel. 07952 59 16, www.hertensteiner-muehle.de. **Langenburg** (440 m/1880 EW), **(1)** Krone Langenburg, ab 79 €, Tel. 07905 941 770, www.krone-langenburg.de. **(2)** Gasthof zur Post, ab 60 € ÜF, Tel. 07905 54 32, www.gasthofpostlangenburg.de.

Die Strecke: Bis Langenburg gut begehbare Feld-, Forst- und kleine asphaltierte Wirtschaftswege. Kurze Wegabschnitte im Dachswald können bei Regenwetter verschlammt sein. Die Etappe ist gut mit der Jakobsmuschel gekennzeichnet.

Höhenunterschied: 150 m im Auf- und 170 m im Abstieg.

Kritische Stellen: Keine.

Landschaft: Die Hohenloher Ebene ist eine intensiv landwirtschaftlich genutzte Region. Im sanft-welligen Kulturland der Äcker und Felder liegen zwischen Billingsbach und Langenburg einzelne Forstflächen. Bei Langenburg erreicht der Jakobsweg die Jagst, die mit der nördlich verlaufenden Tauber und des südlicheren Kocher die Hohenloher Ebene durchfließen.

Infrastruktur: Hertensteiner Mühle (396 m); Langenburg.

Touristeninformation: Stadtverwaltung von Langenburg, Tel. 07905 91 020, www.langenburg.de.

Anmerkung: Keine Versorgungsmöglichkeit entlang der Etappe.

Vom Marktplatz in **Schrozberg (1)** folgen wir dem Muschelsymbol durch die Schlossgasse, nach rechts in die Brunnenstraße und links in den Rennplanweg. Dann nach links in die Straße Neukreut und geradeaus über die Durchgangsstraße. Am Bahnhof vorbei geht es auf dem Rad- und Fußweg links der Gleise aus Schrozberg hinaus. An einem **Bauernhof** (½ Std.) vorbei erreichen wir den Waldrand des sogenannten Strüt, eines ehemaligen Sumpf- bzw. Buschwalds (mhd. Struot, Strût), wo wir rechts auf einem Forstweg durch das Wäldchen pilgern. Wieder können wir uns an den Bahngleisen orientieren, denen wir am Waldende auf einem Wiesenweg nach links folgen. Wir passieren in einigem Abstand das rechts der Bahnlinie liegende Kälberbach, überqueren nach etwa 1 km die Gleise und wandern der Markierung folgend am Waldrand des Kohlholzes entlang. Geradeaus

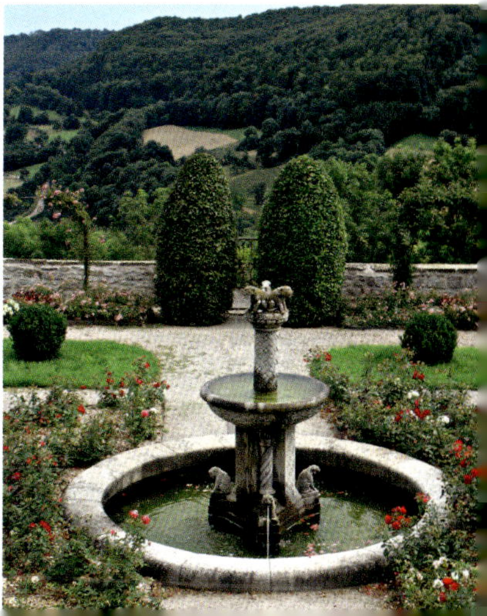

Der schön angelegte Schlossgarten von Langenburg.

halten wir auf die B 290 zu, queren diese und erreichen **Erpfersweiler** (**2**, 1 Std.). Am Ortsrand biegen wir vor einem Weiher nach rechts auf einen Asphaltweg, der uns durch die Felder auf eine sanfte Anhöhe führt. Von hier aus sieht man rechts das Dorf Lentersweiler, eingebettet in die Fluren. Der Jakobsweg umgeht das Dorf. Auf einem Feldweg passieren wir einen kleinen Weiher

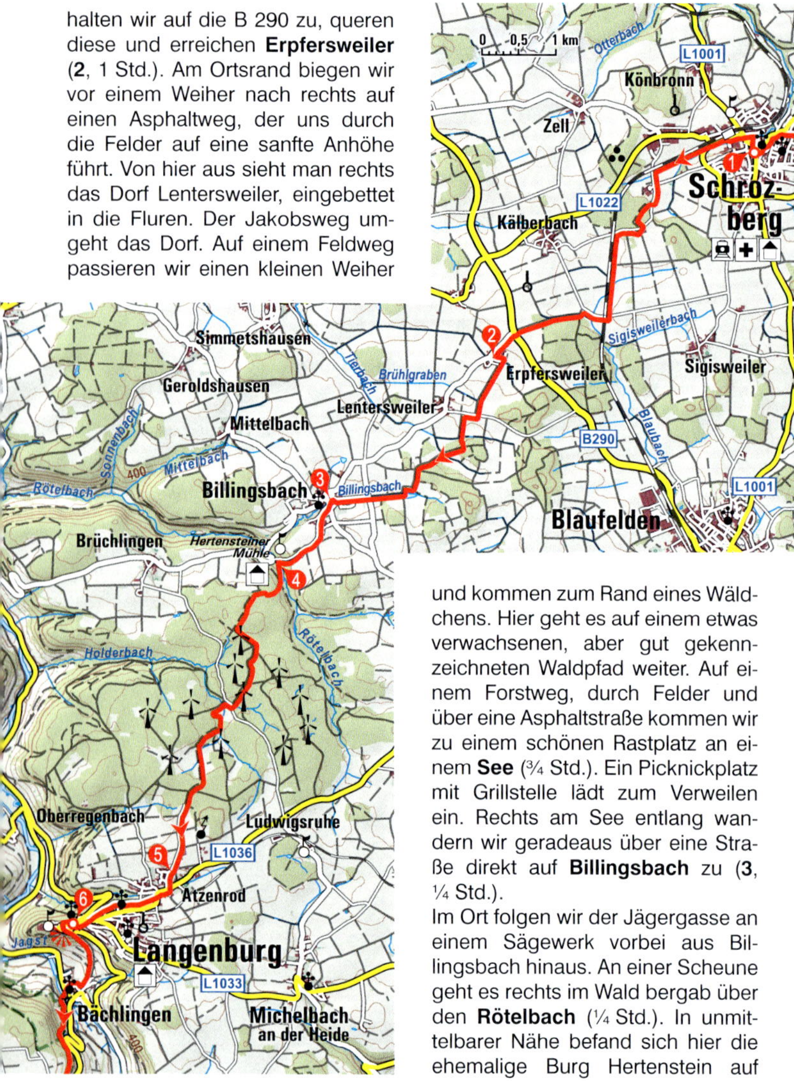

und kommen zum Rand eines Wäldchens. Hier geht es auf einem etwas verwachsenen, aber gut gekennzeichneten Waldpfad weiter. Auf einem Forstweg, durch Felder und über eine Asphaltstraße kommen wir zu einem schönen Rastplatz an einem **See** (¾ Std.). Ein Picknickplatz mit Grillstelle lädt zum Verweilen ein. Rechts am See entlang wandern wir geradeaus über eine Straße direkt auf **Billingsbach** zu (**3**, ¼ Std.).

Im Ort folgen wir der Jägergasse an einem Sägewerk vorbei aus Billingsbach hinaus. An einer Scheune geht es rechts im Wald bergab über den **Rötelbach** (¼ Std.). In unmittelbarer Nähe befand sich hier die ehemalige Burg Hertenstein auf

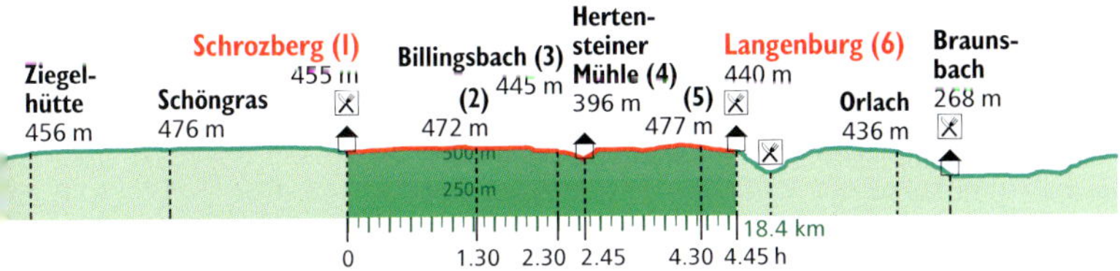

dem rechter Hand gelegenen Ausläufer der sogenannten Hundshöhe. Von der Brücke über den Rötelbach liegt in 200 m Entfernung rechts die **Hertensteiner Mühle (4)**, die zum Übernachten einlädt. Unmittelbar nach der Brücke geht der Jakobsweg jedoch links auf einem steilen Pfad bergan in das ausgedehnte Waldgebiet des **Dachsbühl**. Dieser Pfad kann bei Regen ziemlich matschig und schwer zu begehen sein.

Im Dachsbühl ist der HW 8, der auf dieser Etappe identisch mit dem Jakobsweg ist, besser ausgewiesen. Wir folgen der Markierung durch den Wald bergan bis zu einer kleinen Lichtung, die wir geradeaus leicht bergab queren. Im weiteren Wegverlauf stoßen wir auf einen Waldweg, dem wir nun nach links, alle Abzweigungen ignorierend, bergab durch den Wald bis zu einer Teerstraße folgen (knapp ½ Std.). Wir wandern auf dem Sträßchen weiter geradeaus, bis der Jakobsweg an einem Wanderparkplatz nach rechts in einen geschotterten Waldweg abzweigt (Schild: Langenburg 4 km), der sich

Das Jagsttal unterhalb von Langenburg.

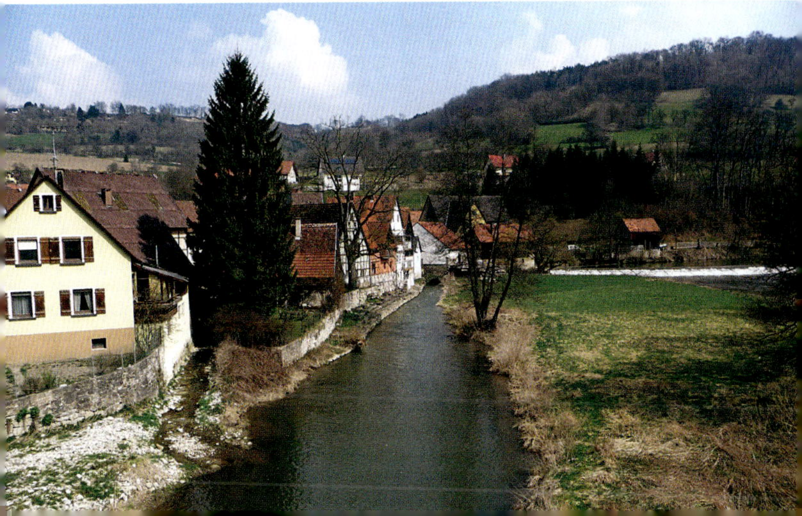

auf ebenen Wegen durch ein offenes Wald- und Wiesengelände schlängelt. Wieder im schönen Mischwald stoßen wir auf einen breiten Waldweg, auf dem es nach rechts zum Waldrand geht. Vor uns ragt der Sendemast von Langenburg in die Höhe, auf den wir nun über eine kleine Lichtung zuhalten. Nochmals gelangen wir in einen Waldabschnitt, an dessen Waldrand wandern wir auf einem Sträßchen bergab in den Stadtteil **Atzenrod** (**5**, 1¼ Std.). An einem hübschen Brunnen biegt der Jakobsweg rechts ab und dann in den Atzenroder Kirchweg. An der Kirche vorbei mündet er vor dem Stadttor des Luftkurortes in die Hauptstraße ein, auf der wir in das idyllische historische Zentrum von **Langenburg** (**6**, ¼ Std.) gelangen.

i ***Langenburg** an der Burgenstraße liegt hoch über dem Jagsttal mit einem weiten Blick über die Wälder und Wiesen zwischen Jagst und Kocher. Die heutige Stadtkirche ging aus einer Wallfahrtskapelle hervor, die ab 1499 in nur drei Jahren Bauzeit errichtet wurde. Das Gotteshaus auf dem »langen Berg« wurde in den folgenden Jahrhunderten mehrfach erweitert. Der Graf von Hohenlohe-Langenburg ließ 1610 die Kirche nach Westen verlängern und eine Familiengruft einbauen. Die Altarbilder wurden wie auch die Darstellungen in den Emporenfeldern von Joachim Creutzfelder, dem Hofmaler der Grafen von Hohenlohe, geschaffen. **Schloss Langenburg** liegt weithin sichtbar auf einem spitzen Bergsporn mit einer traumhaften Aussicht auf das Jagsttal. Es ist noch heute im Besitz der Familie zu Hohenlohe-Langenburg, von der es auch bewohnt wird. Ein Teil des Schlosses ist jedoch der Öffentlichkeit zugänglich: die Schlosskapelle, der barocke Schlossgarten, der Renaissance-Innenhof und das Museum mit dem Deutschen Automuseum. Das Schloss, dessen Ursprünge in die Zeit der Staufer zurückreichen, war Ausgangspunkt der Stadtentwicklung von Langenburg. Vermutlich wurde in der ersten Hälfte des 13. Jh. mit dem Ausbau einer bereits bestehenden Burg begonnen. Aus dieser Bauphase stammen die beiden westlichen Türme. Die Bastion »Lindenstamm« und der mächtige Geschützturm zeugen vom wehrhaften Ausbau des Schlosses im 15. Jh.*

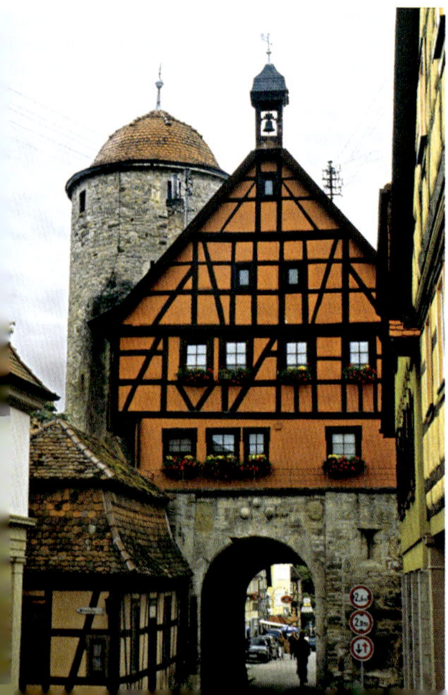

Mittelalterliches Stadttor in Langenburg.

6.00 Std.
22,6 km

Langenburg – Schwäbisch Hall

20

Unterkunft: **Braunsbach** (268 m/ 2490 EW), Gasthof Zum Löwen, 55 € ÜF, Tel. 07906 910 50, www.zum-loewen-braunsbach.de. **Schwäbisch Hall** (303 m/ 40.680 EW), **(1)** Jugendherberge, ab 32 € ÜF, Langenfelder Weg 5, Tel. 0791 41 050, www.jugendherberge.de. **(2)** Hotel Rosenbühl, 48 € ÜF, Tel. 0791 204 609 85, www.hotelrosenbuehl.de. **(3)** Hotel qubixx StadtMitteHotel, ab 69 €, Tel. 07919 780 41 41, www.hotel-qubixx.de.

Die Strecke: Zu Beginn geht es hinab ins Jagsttal, das auf Waldwegen schnell wieder verlassen wird. Bis Braunsbach Feld- und Wirtschaftswege durch eine landwirtschaftlich genutzte Hochfläche, dann bequeme Wege durch das Kochertal bis Schwäbisch Hall. Mäßige Auf- und Abstiege.

Höhenunterschied: 330 m im Auf- und 470 m im Abstieg.

Kritische Stellen: Die Etappe ist im Allgemeinen gut mit dem Muschelsymbol markiert. Lediglich zwischen Geislingen und Eltershofen gibt es nach der Überquerung des Diebaches eine sehr schlecht gekennzeichnete Stelle.

Landschaft: Diese Etappe verläuft zwischen Jagst- und Kochertal auf den südlichen Ausläufern der Hohenloher Ebene. Bis Schwäbisch Hall geht es durch die Flusstäler und nochmals über die dazwischenliegenden Hochebenen des bereits bekannten hohenlohischen Kulturlandes.

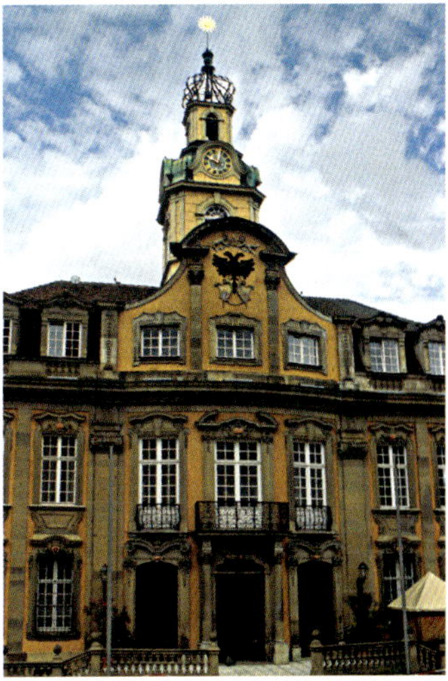

Das barocke Rathaus von Schwäbisch Hall.

Infrastruktur: Bächlingen (295 m/ < 100 EW); Braunsbach [A]; Geislingen (263 m/330 EW); Schwäbisch Hall: alle Dienstleistungen.

Touristeninformation: Touristinformation Schwäbisch Hall, Am Markt 9, Tel. 0791 75 12 46, www.schwaebischhall.

An der Durchgangsstraße von **Langenburg (1)** biegen wir direkt am Gasthof Krone in den Kronenbuck ab. Nach wenigen Metern geht es auf einem steilen Pfad bergab zu einer kleinen Asphaltstraße. Auf der Alten Steige wandern wir ins Jagsttal hinab bis nach **Bächlingen** (**2**, ½ Std.). Wir setzen unseren Weg auf der Kirchstraße fort und gehen schräg links über die Jagsttalstraße. Auf einer schönen überdachten Holzbrücke überqueren wir die ruhig dahinströmende Jagst. Wir halten uns nach links und folgen wenige Meter der Landesstraße 1036 ortsauswärts. Wir biegen nach rechts auf einen Schotterweg ab, der am Waldrand oberhalb der L 1036 entlangführt. Hier genießen wir noch einen letzten Blick zurück über das Jagsttal hinauf nach Langenburg, das malerisch auf dem Sporn über dem Tal thront, bevor der Jakobsweg in den Wald eintaucht. Der gekennzeichnete Weg bringt uns durch den Wald und alsbald über die Felder zur kleinen, landwirtschaftlich geprägten Gemeinde **Nesselbach** (**3**, knapp ¾ Std.). Hier zweigen wir nach links ab, am Friedhof sowie einem Grill-

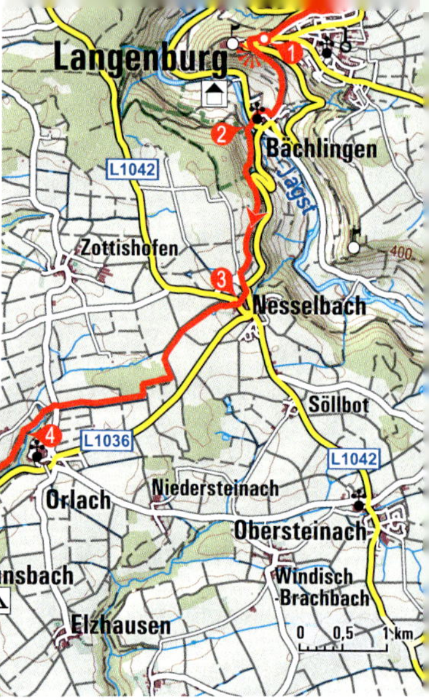

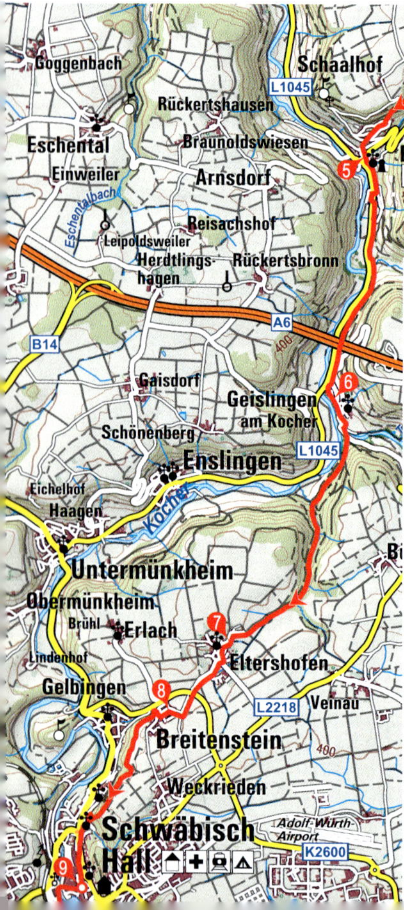

platz mit Rastmöglichkeit und Schutzhütte vorbei. Wir durchqueren geradeaus das kleine Lietenholz und gelangen immer der Markierung folgend nach **Orlach** (**4**, ¾ Std.).

Der Jakobsweg führt nicht ins Dorf, sondern bleibt am Ortsrand. An den folgenden Gabelungen, bei den allein stehenden Gehöften, halten wir uns rechts. Nach gut ¼ Std. wandern wir durch den Wald zunächst sanft bergab. Im Taleinschnitt des Orlacher Baches wird der Waldweg recht steil – dieser Abschnitt wird bei entsprechender Witterung schnell schlammig. Gleich nach dem Waldrand gelangen wir nach **Braunsbach** (**5**, knapp ¾ Std.).

In Braunsbach erwartet uns ein erster hübscher Blick auf das liebliche Kochertal. Von der Geislinger Straße biegt der Jakobsweg kurz vor

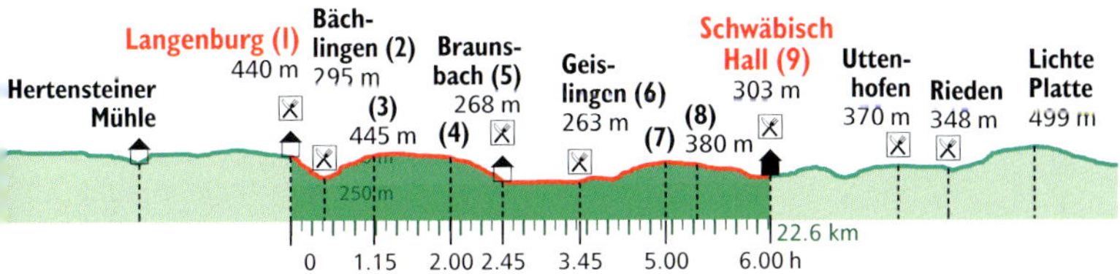

dem Ortsende nach rechts auf den Kocher-Jagst-Radweg ab, der parallel zur Straße und zum Kocher verläuft. Geradeaus unterqueren wir die in schwindelnder Höhe aufragende **Kochertalbrücke** der Autobahn A 6. Die von 1976 bis 1979 erbaute Brücke wurde zum Wahrzeichen der Region und vor allem für Braunsbach, das die Brücke in ihr Stadtwappen aufgenommen hat. Sie besaß einst die weltweit höchsten Brückenpfeiler mit einer Höhe von 185 m. Über den Kocher erreichen wir **Geislingen** (**6**, 1 Std.).

Auf dem Uferdamm der Bühler, eines Kocherzuflusses, kommen wir zu einer Brücke, die wir nach rechts überqueren. Ein kleiner steiler Anstieg und dann verläuft der Jakobsweg an einem netten Rastplatz vorbei relativ eben weiter durch den lichten Wald des Löwenberges, der immer wieder einen Blick auf das Kochertal freigibt. Nach der Überquerung des Diebaches, etwa gut ¼ Std. nach der Brücke über die Bühler, heißt es aufgepasst: Hier führt ein schlecht gekennzeichneter Pfad nach links bergan. Der zunächst steile Pfad weitet sich bald zu einem schönen Waldweg, der uns durch den Hangwald auf die Hochfläche führt. Am Waldrand treffen wir auf eine kleine asphaltierte Straße, der wir bis nach **Eltershofen** (**7**, 1¼ Std.) folgen. An einem Landschloss vorbei erreichen wir den Ortskern. In dem bäuerlichen Dorf halten

Eine der überdachten Holzbrücken über die Jagst.

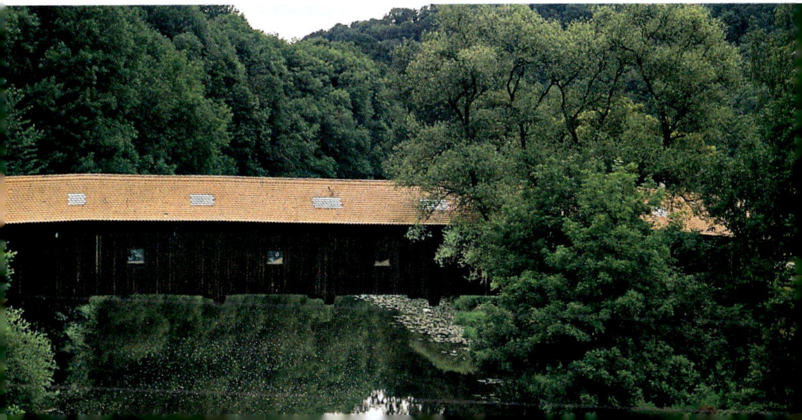

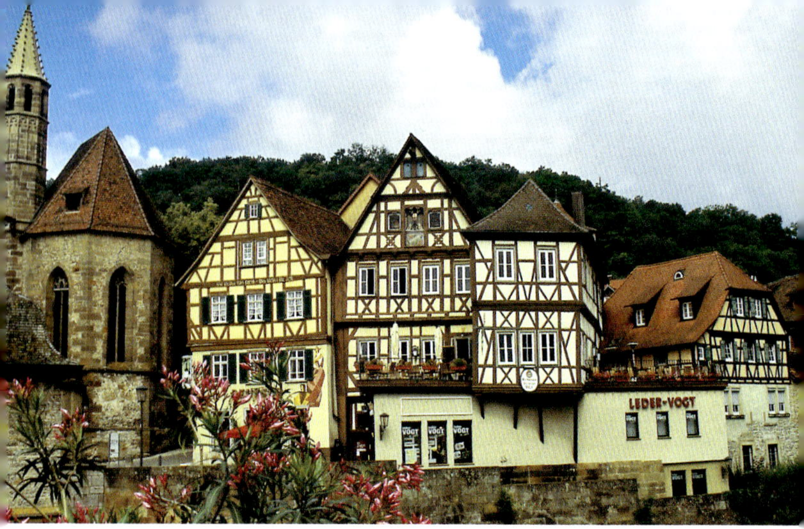

Hübsche Fachwerkfassaden in Schwäbisch Hall.

wir uns rechts und gelangen am Ortsausgang auf einen Teerweg. Durch eine Unterführung hindurch wandern wir durch Äcker und Felder bis nach **Breitenstein** (**8**, gut ¼ Std.), einen Vorort von Schwäbisch Hall. Im Wohngebiet geht es dem Muschelsymbol folgend sanft bergab. Kurz bevor der Jasminweg am Ortsende in die Landstraße mündet, biegt der Jakobsweg nach links auf einen kurzen Fuß-/Treppenweg ab. Wir halten links auf eine alleinstehende mächtige Eiche zu, an der wir rechts auf einen Wiesenpfad einschwenken. Mit sanftem Gefälle wandern wir in einem schmalen Wäldchen entlang eines alten Wasserleitungsweges. Wir passieren nach gut ¼ Std. das Diakonissen-Krankenhaus von Schwäbisch Hall und gehen auf dem steilen Serpentinenweg weiter bergab, der vor dem Friedhof in die Straße Wettbach mündet. Wir gehen nach rechts und sogleich nach links am Friedhof entlang und in einer Unterführung unter der Bundes- und Landesstraße hindurch. Danach halten wir uns links und kommen in die Gelbinger Gasse, die uns geradeaus zum Marktplatz von **Schwäbisch Hall** (**9**, ¾ Std. ab Breitenstein) bringt.

i *Auf den Höhen oberhalb des Kochertals bei* ***Schwäbisch Hall*** *siedelten bereits die Kelten. Vom 5. bis 1. Jh. v. Chr. gewannen sie durch das Erhitzen des salzhaltigen Grundwassers Salz (die Ortsnamensendung -hall deutet auf eine keltische Siedlung in der Nähe von Salzlagern hin). Diese bis 1924 betriebene* ***Saline*** *war* namensgebend für die Stadt, die in den ältesten Urkunden meist nur »Hall« genannt wurde. Schwäbisch Hall gehörte nicht zum frühmittelalterlichen Herzogtum Schwaben, sondern zum Herzogtum Franken. 1442 erklärte der Rat der Stadt, dass die Stadt auf schwäbischem Grund und Boden liege und somit fortan Schwäbisch Hall heiße. Damit schloss sich Schwäbisch Hall dem Schwäbischen Reichskreis an. Die mittelalterliche Stadtentwicklung erfolgte im 12. Jh. in mehreren Schritten. Wahrscheinlich richtete Kaiser Friedrich Barbarossa eine Münzprägestätte ein, in der die Heller geprägt wurden. Die Saline und die Münz bescherten der Stadt, die 1280 den Status einer Reichsstadt erhielt, eine wirtschaftliche Blüte. Vom 14. bis zum 16. Jh. erweiterte Schwäbisch Hall systematisch sein Territorium. Im Bauernkrieg von 1525 konnte sich die Reichsstadt als eine der wenigen der Region gegen die aufständischen Bauern durchsetzen. Im Dreißigjährigen Krieg hatte sie jedoch schwer unter den Besatzungen durch kaiserliche, französische und schwedische Truppen zu leiden. Zwischen 1634 und 1638 wurde jeder fünfte Einwohner ein Opfer von Seuchen und Bränden.

Im Jahr 1728 verwüstete ein Großbrand zwei Drittel der Altstadt. Der Wiederaufbau erfolgte im Stil des Barock, der bis heute das Bild der historischen Altstadt prägt. 1802 wurde die Reichsstadt durch Württemberg annektiert. Für die Stadt Hall begann danach eine lang anhaltende Phase der Stagnation und des Rückschritts. 1924 wurde schließlich auch die Saline geschlossen. Erst im 20. Jh. entstanden neue Siedlungen außerhalb des alten Stadtbereichs. Die 1925 als »Jedermann-Festspiele« gegründeten Freilichtspiele auf der großen Treppe vor der Stadtkirche St. Michael ziehen bis heute ein überregionales Publikum an.

St. Michael, die 1156 geweihte Hauptkirche der Stadt, ist eine spätgotische Hallenkirche. Im 15. Jh. wurden nahezu alle romanischen Teile abgerissen, nur der Westturm blieb bis heute erhalten. Sehenswert sind der niederländische Altar aus der zweiten Hälfte des 15. Jh., die filigrane Steinpyramide des Sakramentshäuschens oder auch die Epitaphien an Gräbern angesehener Bürger der Stadt.

Einen Besuch wert ist die gesamte **Altstadt** mit zahlreichen historischen Gebäuden wie dem barocken Rathaus und den Renaissancehäusern am Marktplatz. Ältere spätmittelalterliche Wohnhäuser sind noch zwischen Kocher und Marktplatz zu finden. Reste der ehemaligen Stadtbefestigung mit Toren und Wehrtürmen wie der Keckenturm können vor allem entlang des Kocher besichtigt werden.

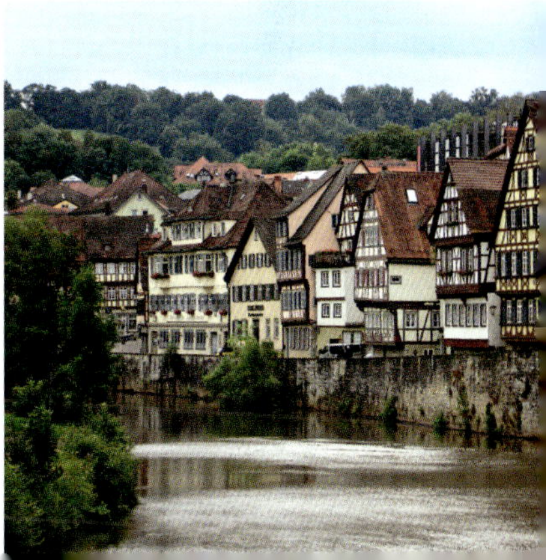

Fachwerkidylle am Kocher.

21 Schwäbisch Hall – Murrhardt

6.45 Std.
25,7 km

Unterkunft: Ebersberger Sägemühle (385 m), Freizeitheim des Fellbacher Jugendhauses, Preis auf Anfrage, Tel. 07977 265, nur nach Anmeldung. Übernachtung im Bauwagen, HP möglich. **Murrhardt** (291 m/14.300 EW), Eugen-Nägele-Jugendherberge, 134 B/ab 29 € ÜF. Karnsberger Straße 1 (am nördlichen Stadtrand), Tel. 07192 75 01, www.jugendherberge.de. **(2)** Gasthof Zum Engel, Tel. 07192 5232. **(3)** Hotel Sonne-Post, 79 € ÜF, Tel. 07192 924 20, www.hotel-sonnepost.de.

Die Strecke: Meist asphaltierte Wege und Pfade über einen reizvollen Höhenzug bis Tullau. Dann bis zum Etappenziel meist gut begehbare Forstwege mit längeren An- und Abstiegen durch den Mainhardter und den Murrhardter Wald. Ab dem Bahnhof von Schwäbisch Hall folgt der Jakobsweg Wanderwegen des Schwäbischen Albvereins (Markierung rotes Kreuz bzw. blauer und roter Punkt auf weißem Grund). Die Kennzeichnung mit dem Muschelsymbol ist leider nicht immer ausreichend.

Höhenunterschied: 450 m im Auf- und 460 m im Abstieg.

Kritische Stellen: Im Waldstück Lichte Platte (Beginn des Schwäbisch-Fränkischen Naturparks hinter Rieden) verlässt man den mit einem blauen Punkt markierten Weg des Schwäbischen Albvereins. Diese Stelle kurz vor einer kleinen Straße durch den Wald kann leicht übersehen werden.

Landschaft: Über das Kochertal führt der Jakobsweg auf die malerische Tullauer Höhe. Weiter in südwestliche Richtung schließt sich der sogenannte Rosengarten an. Diese sanft geschwungene Hügellandschaft begleitet uns an den Rand des Schwäbisch-Fränkischen Naturparks, eines ausgedehnten Forstgebiets. Durch weite, zusammenhängende Mischwälder geht es über das Rottal nach Murrhardt, einem kleinen städtischen Zentrum am Flusslauf der Murr.

Infrastruktur: Uttenhofen (370 m/880 EW) ✗ ▽; Rieden (348 m/840 EW) ✗ ▽; Murrhardt: alles.

Touristeninformation: Touristinfo Murrhardt, im Naturparkzentrum, Marktplatz 8, Tel. 07192 21 37 77, www.murrhardt.de.

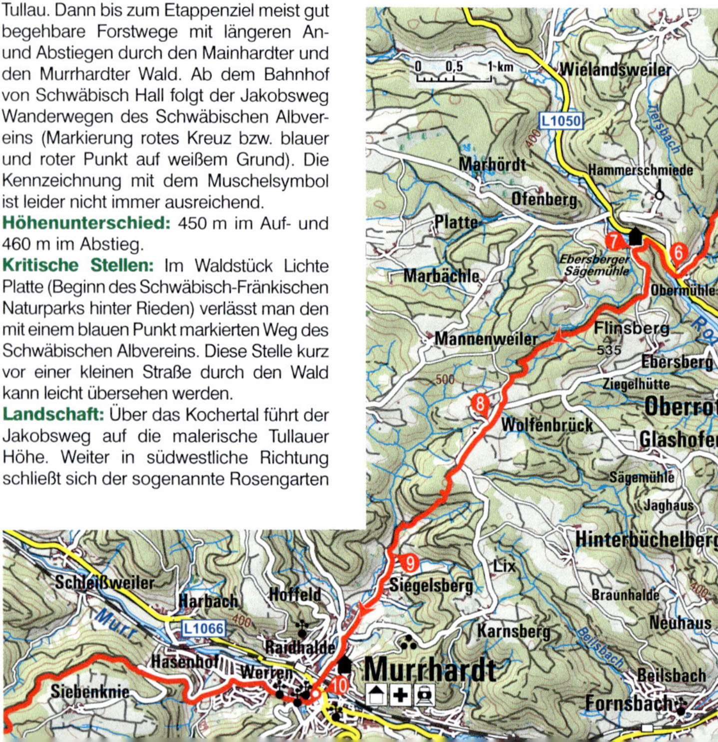

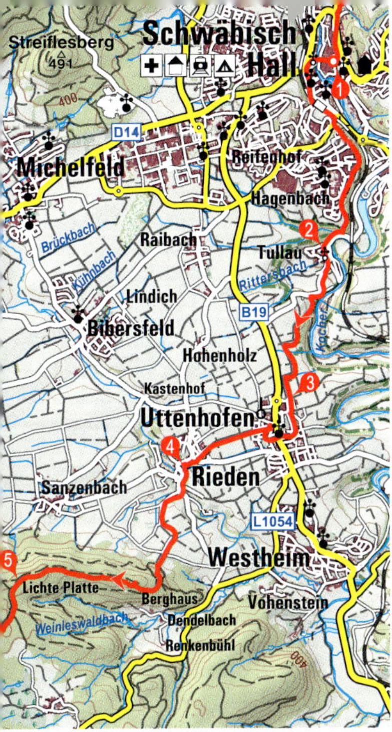

Vom **Marktplatz** aus beginnen wir die Tagesetappe, die uns durch die Altstadt von **Schwäbisch Hall (1)** führt. Über die Henkersbrücke queren wir ein letztes Mal den Kocher und halten uns dann nach links. Wir gehen am Bahnhof vorbei. Eine Fußgängerbrücke überquert nach dem Bahnhof die Gleise. Ein kleiner Treppenweg bringt uns hoch auf das Steilufer der Kocher, dem wir links auf dem Tullauer Steigle folgen.

Der Ausblick von hier ins Kochertal und auf Schwäbisch Hall könnte nicht schöner sein. Wir wandern für rund 1 km immer der Hangkante folgend weiter, alle Abzweigungen ignorierend an einer alten Eiche und einem Spielplatz vorbei. Auf der anderen Flussseite begleitet uns der Blick auf die malerische Burganlage der großen und der kleinen Comburg. Nach rund 1 km auf diesem Höhenweg geht es steil bergab ins Kochertal zurück bis zu einer Straße, die wir bei einer Eisenbahnbrücke erreichen. Im Kochertal folgen wir dieser Straße nach rechts bis zum verschlafenen Örtchen **Tullau** (**2**, knapp 1 Std.) mit dem Charme der mittelalterlichen Fachwerkbauten des Tullauer Schlösschens. Das Schloss war ursprünglich eine Wasserburg, die von 1651 bis 1661 dem berühmten Bildhauer Leonhard Kern als Wohnsitz diente. Am Dorfbrunnen gelangen wir durch den Torbogen des Tullauer Schlosses in den Hof, den wir auf einem Fußweg verlassen, der zum Ortsende führt. Wir folgen dem

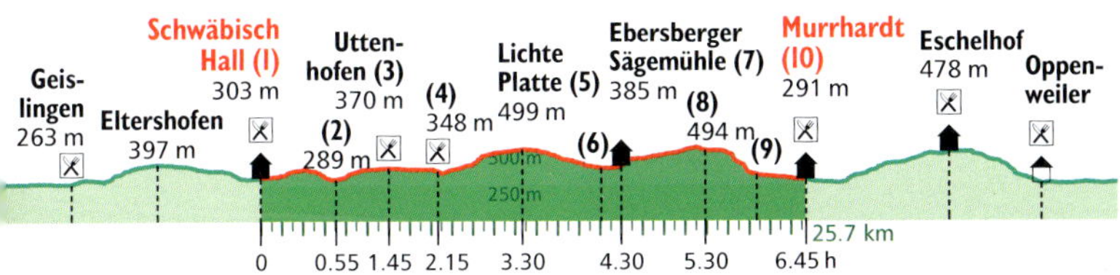

Muschelsymbol sowie dem Kocher-Jagst-Radweg nach rechts, am Friedhofparkplatz vorbei durch bunte Streuobstwiesen und Felder bergan. Am Ortsrand von **Uttenhofen** (**3**, gut ¾ Std.) gehen wir im Gewerbegebiet geradeaus bis zu einer Wendeplatte, vorbei an Obstbäumen bis zu einer modernen Kapelle aus dem Jahre 1964.

In der Ortsmitte queren wir die Hauptstraße und verlassen Uttenhofen durch die Gassen des Wohngebiets. Auf dem Kornweg, einem asphaltierten Wirtschaftsweg, geht es schnurgerade durch die Äcker nach **Rieden** (**4**, ½ Std.). An der Marienwallfahrtskirche aus dem 9. Jh. vorbei erreichen wir auf einem Treppenweg die Straße. Nach links überqueren wir auf einer Brücke den kleinen Flusslauf der Bibers. Über den Herdweg verlassen wir nach rechts das hübsche Dorf und wandern durch Wiesen auf einem Wirtschaftsweg auf den Waldrand zu. Nach knapp ¾ Std. ab Rieden sind wir am Spiel- und Grillplatz **Kelterbuckel** angekommen, der am Rande des Naturparks Schwäbisch-Fränkischer Wald liegt.

Die nächste ½ Std. folgen wir nicht nur der Jakobsmuschel, sondern auch einem Albvereinswanderweg mit der Markierung blauer Punkt auf weißem Grund. An der Wegverzweigung am Waldrand geht es auf dem mittleren Pfad steil bergan durch den hohen Forst. Sobald wir die Höhe der sogenannten **Lichten Platte** (**5**, 1¼ Std. ab Rieden) erreicht haben, wird der Pfad zu einem bequemen, nahezu eben verlaufenden Waldweg. An einer Gabelung orientieren wir uns nach links und wandern weiter geradeaus durch den schattigen Forst. An einer Gabelung kurz vor einer Schotterstraße heißt es aufgepasst, denn der Jakobsweg zweigt nach links ab und der Albvereinsweg wendet sich nach rechts. Wenige Meter danach kommen wir zu einer **Schotterstraße**, der wir nach links leicht bergab folgen. Weiter geht es auf das Muschelsymbol achtend nach ca. 1 km rechts auf einen Schotterweg. Wir gelangen auf einem steil bergab führenden Wiesenweg zu einem Bachlauf, dem wir nach links folgen. Auf einer Landstraße angekommen, nach rechts, über eine Brücke und weiter bis zum Weiler **Obermühle** (**6**, gut ¾ Std.).

Im Dorf geht der Jakobsweg nach rechts ab auf einem Radweg und dann nach links auf einer Brücke über die Rot bis zur **Ebersberger Sägemühle** (**7**, ¼ Std.). Wir wandern weiter steil bergan auf einem Wirtschaftsweg durch den Wald, einem kleinen Taleinschnitt folgend.

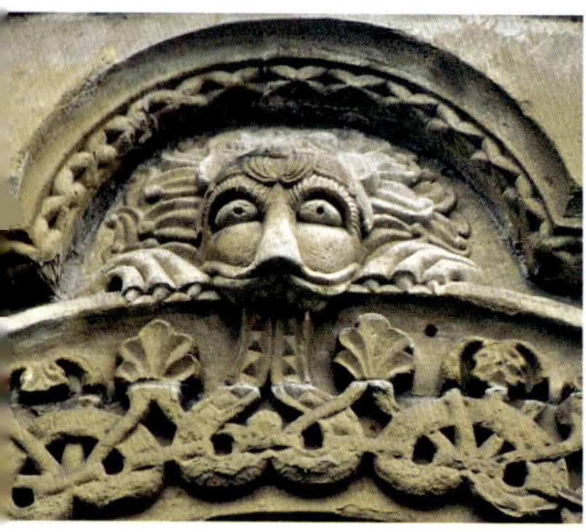

Detail an der spätromanischen Walterichskapelle von Murrhardt.

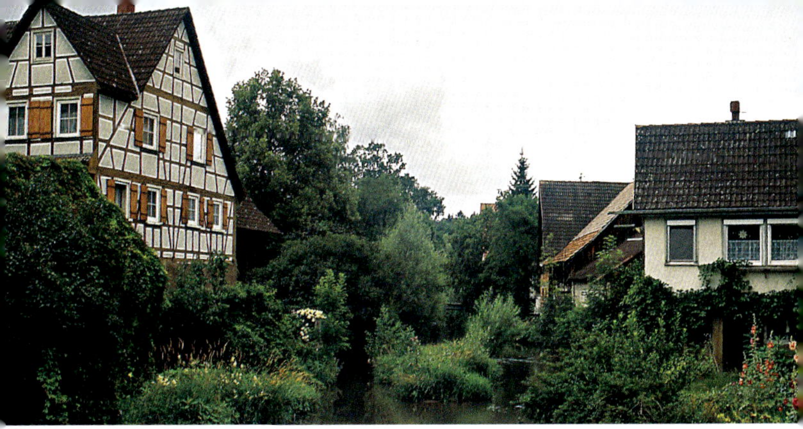

Bachläufe und hübsche Dörfer wie hier Rieden sind häufige Wegbegleiter.

Dabei lassen wir die Kuppe des Flinsberges, 535 m, links liegen. Wir gehen weiter bergan durch den Heiligenwald, orientieren uns dabei an dem Muschelsymbol, kommen am kleinen Prügelsee vorbei und erreichen kurz vor dem höchsten Punkt die Straße nach Wolfenbrück. Der Weiler **Wolfenbrück** (**8**, 1 Std.) liegt recht abgeschieden und ruhig inmitten des Naturschutzgebiets Schwäbisch-Fränkischer Wald. Auf dem letzten Abschnitt bis Murrhardt ist der Jakobsweg wieder identisch mit einem Albvereinswanderweg, der mit einem roten Punkt auf weißem Grund gekennzeichnet ist.
Wir durchwandern den Ort geradeaus. Nach knapp 15 Min. ab Ortsmitte geht es auf der Höhe eines kleinen Sees nach rechts von der Straße ab auf den Wald zu. Ein Wiesenweg führt bei einer Gabelung mit drei weithin sichtbaren Eichen nach links in den Forst. Der Abstieg durch die sogenannte Schwarze Lache ist recht steil und kann bei nasser Witterung glitschig sein. Am Ortsrand von **Siegelsberg** (**9**, ¾ Std.), einem Vorort von Murrhardt, überqueren wir den Limes. Dieser ehemalige römische Grenzwall ist im alten, sehr idyllischen Ortskern bei einem Brunnen mit einer Steinsäule gekennzeichnet. Wir setzen den Weg geradeaus fort. An der nächsten großen Straßenkreuzung geht es nach links zur Jugendherberge. Wir folgen dem Muschelsymbol nach rechts über die Kreisstraße und nach links auf der Steinberger Straße zum Bahnhof. Unter der Bahnlinie hindurch und auf einer Brücke über die Murr gelangen wir zum Marktplatz von **Murrhardt** (**10**, ½ Std.).

i *Die Anfänge der Stadt **Murrhardt** liegen in der Zeit der Römer, als ab 161 n. Chr. die Grenze des römischen Reiches aus dem Tal des Neckars nach Osten auf die noch unwirtlichen Höhen des Schwäbischen Waldes verlegt wurde. Der Limes, seit*

2005 UNESCO-Weltkulturerbe, zieht sich mitten durchs Stadtgebiet. An der Stelle eines römischen Kastells entstand ab Mitte des 8. Jh. der Ort Murrhardt – der Weidewald um die Murr. 817 gründete der später heilig gesprochene Walterich das **Benediktinerkloster St. Januarius**, das rund hundert Jahre später in das Bistum Würzburg überging. Das Kloster hatte sogar eigenes Münzrecht (Murrhardter Pfennige). Neben der Landwirtschaft und dem Handwerk entwickelten sich um Murrhardt zahlreiche Glashütten und holzverarbeitende Betriebe.

Auf dem Walterichsberg stand zu römischen Zeiten ein Tempel zu Ehren von Mithras, einem persischen Sonnengott. An dieser Stelle entstand in den Jahren 1220–30 die **Walterichskapelle**, ein Kleinod spätromanischer Baukunst. Die Kapelle besticht durch ihre filigran ausgeführten Steinmetzarbeiten, die eine Vielfalt von Dekor und Ornamentik auf engstem Raum darbieten – von fantastischen Tiergestalten über Pflanzenmuster hin zu allegorischen Darstellungen von Gut und Böse. Sie ist die Grablege des legendären und wundertätigen Walterich. Nach Walterichs Tod suchten viele gläubige Pilger sein Grab in der Kirche auf. Diese Wallfahrt fand alljährlich in der Karwoche statt und brachte dem Städtchen im Mittelalter großen Zulauf durch die Pilger.

Die **Stadtkirche** ging aus der Klosterkirche St. Januarius hervor und besteht in ihrer heutigen Form seit dem 15. Jh. Seit dem Baubeginn der heute evangelischen Kirche erfuhr die dreischiffige Basilika zahlreiche und weitreichende bauliche Veränderungen. Das Innere ist mit zahlreichen plastisch anmutenden Malereien, vor allem Bändern und Rahmungen, Rankendekorationen und dem sogenannten Allerheiligenaltar, einem Flügelaltar (Ende 15. Jh.), ausgestattet.

Der Jakobsweg führt in dieser Region durch hohe Mischwälder.

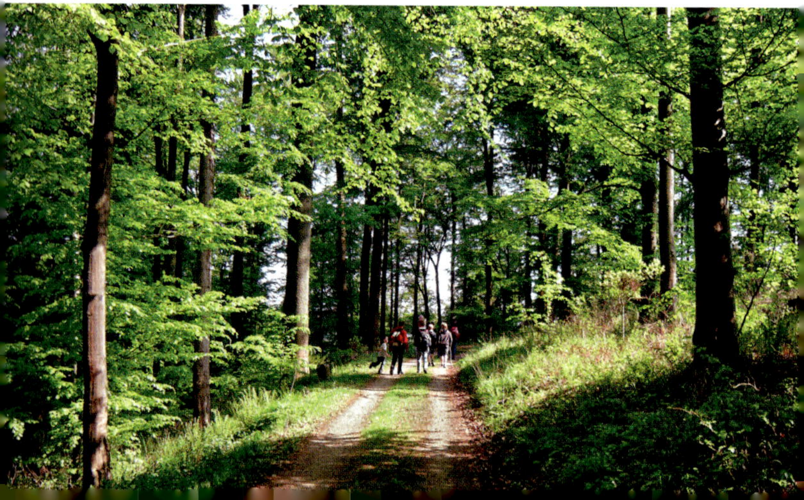

8.45 Std.
30,2 km

Murrhardt – Winnenden 22

Unterkunft: **Eschelhof** (478 m/ < 10 EW), Wanderheim des Schwäbischen Albvereins, 38 B/ab 12,50 € ÜF, Tel. 07193 84 85, Voranmeldung. Übernachtung ganzjährig, Gaststätte nur an Sa/So/Feiertagen, in Sommer-Schulferien geschlossen. eschelhof.albverein.eu. **Oppenweiler** (258 m/4365 EW), Einhorn Restaurant & Hotel, 128 € ÜF, Tel. 07191 340 280, www.restaurant-einhorn.de. **Bürg** (418 m/< 200 EW) Burghotel Schöne Aussicht, 80 € ÜF, Tel. 07195 97 560, www.schoene-aussicht-buerg.de. **Winnenden** (292 m/ 28.570 EW), **(1)** Central Hotel, ab 69 €, Tel. 07195 957 61 30, www.central-winnenden.de. **(2)** Hotel Le Village, 65 € ÜF, Tel. 07195 927 20, www.winnenden-hotel.de.

Die Strecke: Auf angenehmen Waldwegen geht es gemächlich bergan bis zum Wanderheim Eschelhof und auf breiten Forstwegen abwärts bis Oppenweiler. Danach auf einem schmalen Wanderpfad entlang des Murrtals bis kurz vor Steinbach. Über Feldwege und kleine Gemeinden umgeht der Pilgerweg Backnang. Danach durch ein kleines Waldstück bergan und auf einem Höhenweg bis Bürg. Von hier aus Wirtschaftswege und kleine asphaltierte Straßen hinunter nach Winnenden.

Höhenunterschied: 570 m im Auf- und im Abstieg.

Kritische Stellen: Knapp 3 km hinter dem Eschelhof ist der Abzweig des Jakobsweges von der Straße in Richtung Aichelbach nicht eindeutig erkennbar, da zuletzt das Muschelsymbol verwachsen war. Bei nasser Witterung ist die Alternative weiter geradeaus auf der Straße bis Oppenweiler bequemer zu begehen: Nach dem Eschelhof zweigt der Jakobsweg von der Forststraße ab. Alternativ kann man geradeaus auf der Straße bis Aichelbach gehen. Dort rechts zum Bahnhof, dort links und über die Murr nach Oppenweiler (1¼ Std./5 km). Man kann von Aichelbach auch direkt den Weg fortsetzen und in der Ortsmitte nach links auf den Rad-/Fußweg nach Zell gehen.

Landschaft: Im ersten Abschnitt quert der Jakobsweg die Anhöhe des Murrhardter Waldes. Entlang des lieblichen Murrtales erreicht man von Norden die sogenannte Backnanger Bucht, die landwirtschaftlich intensiv genutzt wird. Ein Ausläufer des Welzheimer Waldes schirmt das Becken von Winnenden nach Norden hin ab. Bei Winnenden erreicht der Jakobsweg bereits den dicht besiedelten Ballungsraum Stuttgart mit seinen zahlreichen Dörfern und Kleinstädten. Die Fluren werden meist für Ackerbau, Gemüse- und Obstanbau und auch für Wein genutzt.

Infrastruktur: Eschelhof (nur Sa/So/feiertags); Oppenweiler; Steinbach (267 m/> 500 EW); Unterweissach (266 m/7385 EW); Allmersbach im Tal (289 m/4830 EW); Bürg; Winnenden: alles.

Touristeninformation: Oppenweiler: Rathaus, Schloßstraße 12, Tel. 07191 48 40, www.oppenweiler.de. Winnenden: Torstraße 10, Tel. 07195/13 440, www.winnenden.de.

Am **Marktplatz** von **Murrhardt (1)** gehen wir zum Klosterhof, an der Stadtkirche vorbei in die Helmut-Götz-Straße, die in die Kaiser-Ludwig-Straße übergeht, und nach links an der Hörschbachstraße durch ein Wohngebiet. Wir verlassen Murrhardt bergan, wobei wir der Jakobsmuschel und der Markierung »roter Punkt« folgen. Auf der weiterhin ansteigenden Straße passieren wir den **Hasenhof (2,** ¾ Std.) und verlassen in einer scharfen Linkskurve die Straße nach rechts auf einen Waldweg, der uns durch den Hangwald des Geißbühl bringt.

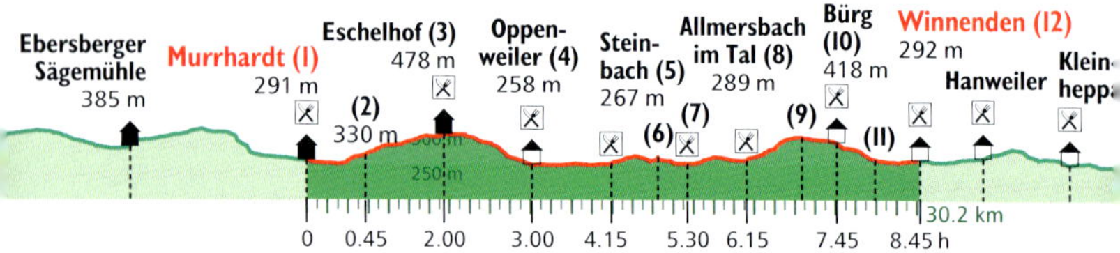

Dem Dörnich-Reute-Weg folgend gelangen wir zu einer Asphaltstraße. Auf einem Pfad, der die Straße abkürzt (Wegweiser »Eschelhof«), geht es nach rechts weiter bergan. An einem Teich vorbei erreichen wir alsbald das **Wanderheim Eschelhof** (**3**, 1 Std.). Vom Eschelhof wandern wir geradeaus auf der leicht bergab führenden Forststraße vorbei an einem Wanderparkplatz und einer Waldhütte bis zu einer scharfen Linkskurve (rund ¾ Std. ab Eschelhof). Hier zweigt der Jakobsweg nach rechts auf einen Pfad ab. Achtung: Die Markierung ist etwas verwachsen. Auf dem unbefestigten Pfad geht es steil bergab und nach links zum Waldrand. Wir queren eine Wiese und gelangen auf einen kurvigen Feldweg, dem wir abwärts folgen. An der Bahnlinie geht es nach links, auf einem Fußgängersteg über die Gleise bis an die Murrbrücke in **Oppenweiler** (**4**, gut ¼ Std.).Geradeaus über die Murr geht es zur Jakobuskirche und zum achteckigen **Wasserschloss**.

i *Die* ***Jakobuskirche*** *entstand ab Mitte des 15. Jh. in 50-jähriger Bauzeit. Der prachtvolle Hochaltar wird der sogenannten Ulmer Schule zugeschrieben und zeigt neben einer Darstellung des hl. Jakobus den hl. Christophorus, Jesus und die zwölf Apostel.*

Das achteckige ***Wasserschloss*** *der Herren von Sturmfeder wurde im Jahre 1782 auf einer künstlichen Insel im Schlosssee erbaut. Heute dient es als Rathaus.*

Wir gehen vor der Murrbrücke nach links auf einem Fußweg weiter bis bis **Aichelbach** (¼ Std.). Wir gehen geradeaus durch das Dorf und auf dem Fuß- und Radweg nach **Zell** (¼ Std.). In der Ortsmitte am Brunnen nach rechts über die Murr und nach links dem Kirchweg folgen. Vor der Straßenbrücke halten wir auf ein Waldstück zu, das wir für kurze Zeit auf einem Naturkundelehrpfad durchwandern. Wir zweigen auf einen kleinen Pfad nach links ab und folgen direkt auf einem Uferpfad dem idyllischen Bachlauf der Murr. An der Straße verlassen wir das Tal und wandern nach links bis **Steinbach** (**5**, ¾ Std.).

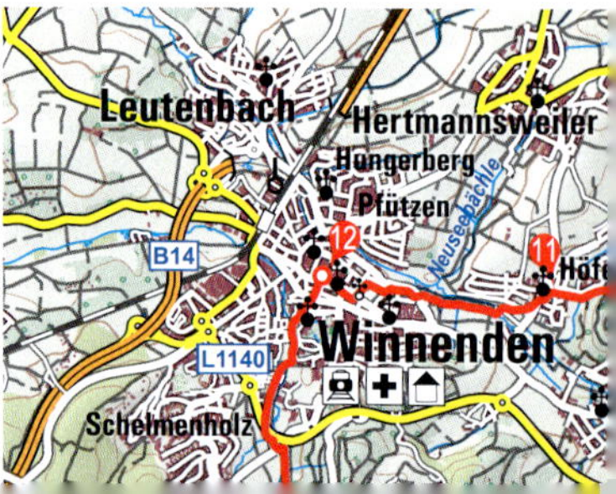

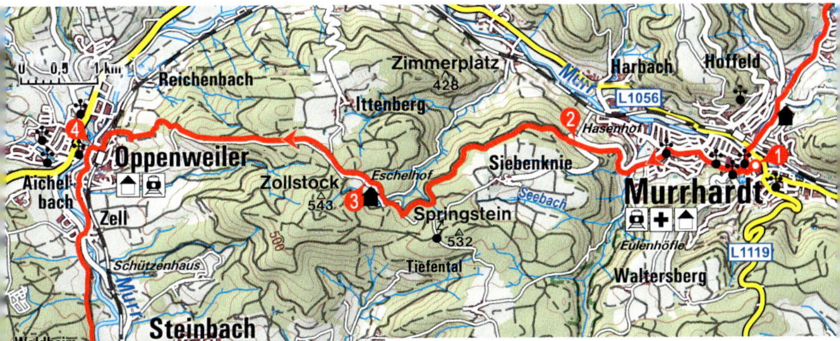
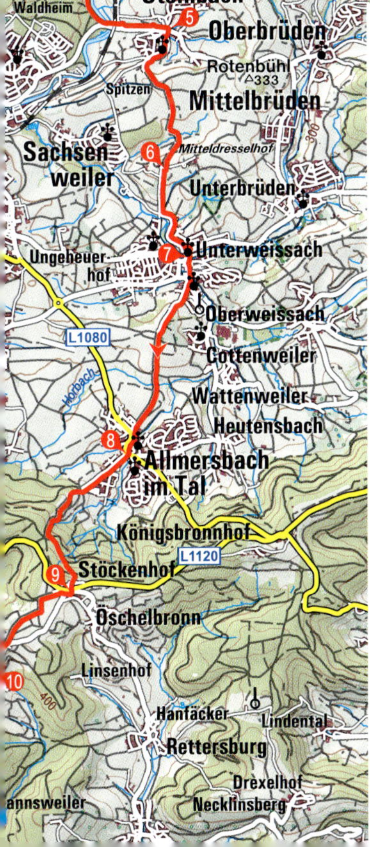

In Steinbach gehen wir bis zur Ortsmitte und folgen dem Muschelsymbol durch das Wohngebiet bergan. Über einen kleinen Kreisverkehr geht es auf einem Hohlweg (»Kiesgrube«) mit mittlerer Steigung bergan bis zu einer kleinen Hochfläche. Auf der Hochfläche geht der Jakobsweg in einer Linkskurve geradeaus weiter auf einem Feld- bzw. Wiesenweg. Bergab wandern wir über eine kleine Brücke und danach bergan zum **Mitteldresselhof** (**6**, ¾ Std.). An einem alten Ziehbrunnen vorbei folgen wir dem Sträßchen bergab bis **Unterweissach** (**7**, knapp ½ Std.).

Wir verlassen den schönen Dorfkern mit seinen Fachwerkhäusern und der Dorfkirche nach rechts hinab bis zur Brücke über die Weissach. Über die Welzheimer Straße und dann nach rechts entlang der Jägerhalde geht es aus dem Ort hinaus. Wir passieren das Sportgelände und gehen den Markierungen folgend auf asphaltierten Feldwegen bis **Allmersbach im Tal** (**8**, ¾ Std.).

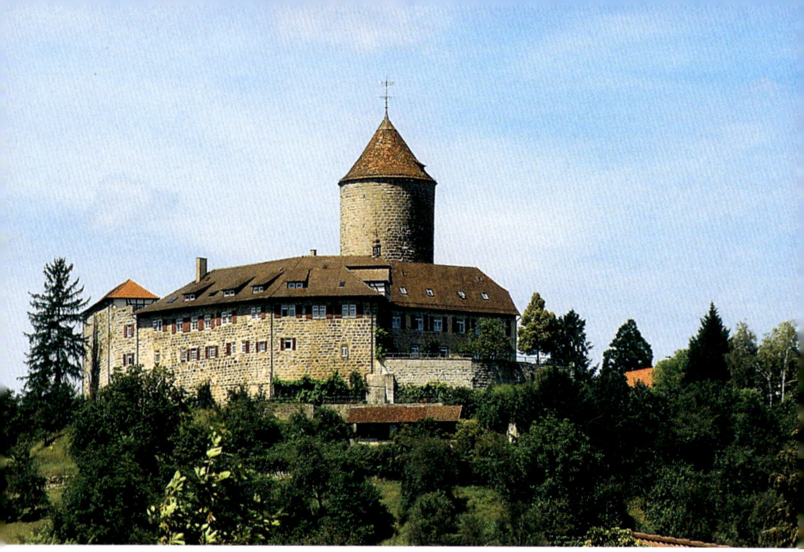

Burg Reichenberg bei Oppenweiler.

Vor der Kirche in Allmersbach wenden wir uns nach rechts in die Friedhofstraße, der wir aus dem Ort hinaus durch ein Neubaugebiet folgen. Am Ortsende erreichen wir einen fein geschotterten Waldpfad, der zum »Hörnle« führt. An einem Grillplatz geht es geradeaus weiter bergan auf einem asphaltierten Weg durch die Schrebergärten und Streuobstwiesen. An der Wegverzweigung Sitzeiche zweigt der Jakobsweg nach links ab. Weiter ansteigend geht es durch den lichten Laubmischwald geradeaus bis zum Waldrand. Über Wiesen erreichen wir den Weiler **Stöckenhof** (**9**, knapp 1 Std.).
Am Ortsausgang von Stöckenhof halten wir uns nach links bergab in der Begonienstraße bis zum Waldrand. Der Jakobsmuschel folgend erreichen wir einen herrlichen Aussichtspunkt ins Tal Richtung Winnenden und das malerisch auf einem Sporn gelegene **Bürg** (**10**, ½ Std.). Bürg wurde 1210 als »Castrum Winidum« erstmals erwähnt. Die Burg war Sitz der Herren von Winnenden.
Am oberen Ortsrand von Bürg wandern wir am Friedhof vorbei auf die ehemalige Burg Alt-Winnenden zu. Am Parkplatz des Burgrestaurants beginnt ein schmaler Treppenweg (Schild: Fußweg Winnenden). Von hier können wir den Blick weit über das Buchenbachtal schweifen lassen. Zu unseren Füßen liegt das Etappenziel Winnenden. Wir verlassen das hübsch gelegene Bürg, queren die Straße nach Winnenden und folgen dem Muschelsymbol am Schulerhof vorbei nach **Höfen** (**11**, ½ Std.). Geradeaus gelangen wir zur

Dorfkirche. An der Kirche nach links, in der Ortsmitte zweigen wir von der Durchgangsstraße nach rechts in den Wiesgartenweg ab. Durch Gärten und Streuobstwiesen geht es bergab. Wir passieren das Mineralfreibad. Parallel zum Buchenbach wandern wir auf einem asphaltierten Weg zwischen Fluren und Schrebergärten auf Winnenden zu. Am Friedhof entlang, nach links in die Seegartenstraße und nach rechts über die Marktstraße erreichen wir den Marktplatz im historischen Zentrum von **Winnenden** (**12**, ½ Std.).

i *Rund um den Marktplatz erstreckt sich die sehenswerte historische Altstadt von* ***Winnenden*** *mit ihren malerischen Fachwerkhäusern und repräsentativen Bürgerhäusern aus der Barockzeit. Der Ort entstand im 12. Jh. rund um eine Burganlage von Kaiser Friedrich I. Während des Dreißigjährigen Krieges wurde die Stadt mehrmals geplündert, von Seuchen heimgesucht und Ende des 17. Jh. von französischen Truppen niedergebrannt. Nur langsam erholte sich der Ort von diesen Ereignissen, bis schließlich im Jahr 1876 der Anschluss Winnendens an die Murrtalbahn Stuttgart–Backnang die Entwicklung der Stadt unterstützte. Die* ***Stadtkirche St. Bernward****, die heutige Pfarrkirche der Kirchengemeinde, wurde als Kapelle im frühgotischen Stil erbaut und nach der Reformation umgestaltet. Der Turm erhielt beim Wiederaufbau 1693 eine neue glockenförmige Kuppel mit abgedeckter Laterne. Winnenden unterhält seit 1993 eine Städtepartnerschaft zu Santo Domingo de la Calzada am Spanischen Jakobsweg.*

Das Klima wird milder und die Landwirtschaft extensiver.

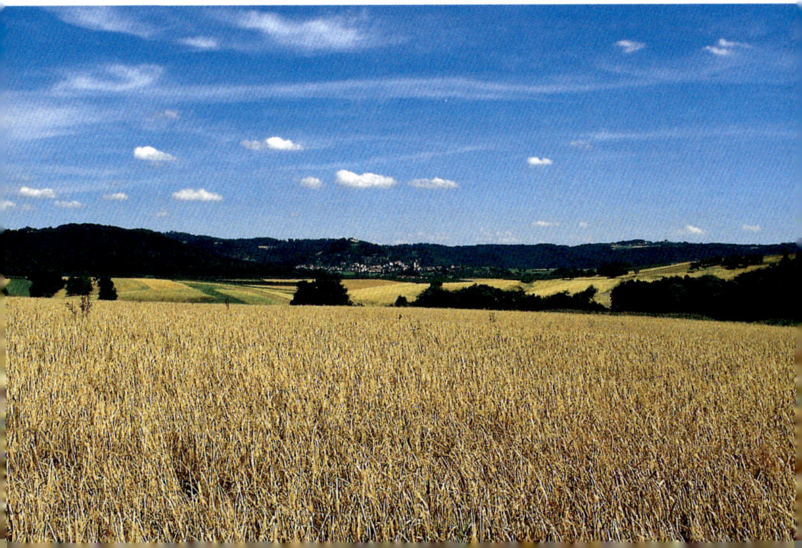

23 Winnenden – Esslingen am Neckar

5.45 Std.
21,4 km

Unterkunft: **Hanweiler** (305 m/ <500 EW). Traube Hanweiler, Tel. 07195 977 52 82, www.traube-hanweiler.de. **Kleinheppach** (260 m/1590 EW), Gasthof zum guten Tröpfle, 56 €, Tel. 07151 625 39, www.troepfle-korb.de. **Endersbach** (243 m/7410 EW), **(1)** Remstal Hotel, 79 €, Tel. 07151 994 433, www.remstal-hotel.de. **(2)** Gästehaus König, 59 €, Tel. 07151 608 60 20, www.gh-koenig.de. **(3)** Libarty Hotel (rund 2 km abseits des Wegs), 74 €, Tel. 07151 277 30 30, www.libarty-hotel.de. **Esslingen am Neckar** (256 m/3.540 EW), **(1)** Ecoinn Hotel Am Campus, ab 64 €, Tel. 0711 310 58 90, www.ecoinn.de. **(2)** Hotel Am Schelztor, ab 88 €, Tel. 0711 396 96 40, www.hotel-am-schelztor.de. **(3)** Hotel Am Schillerpark, ab 68 € ÜF, Tel. 0711 931 330, www.hotel-am-schillerpark.de.

Die Strecke: Vorwiegend Wirtschaftswege durch die Kulturlandschaft von Rems- und Neckartal. Über den bewaldeten Hanweiler Sattel geht es ins Remstal, das zumeist auf asphaltierten Weinbergwegen durchquert wird. Die Anhöhe des Schurwaldes wird auf bequemen Forstwegen erreicht, bevor befestigte Wege nach Esslingen ins Neckartal führen.

Höhenunterschied: 400 m im Auf- und 440 m im Abstieg.

Kritische Stellen: Keine.

Landschaft: Vor allem über Felder und Weinberge durchquert der Jakobsweg auf dieser mittellangen Etappe die liebliche Hügellandschaft mit den kleinen Weindörfern, die sich zwischen Rems- und Neckartal ausgebildet hat.

Infrastruktur: Hanweiler; Kleinheppach; Endersbach: alles; Stetten (265 m/< 500 EW): alles außer; Eichentor; Burg Esslingen; Esslingen: alles.

Touristeninformation: Touristenbüro in Endersbach, Tel. 07151 69 30, www.weinstadt.de. Stadtmarketing & Tourismus Esslingen, Marktplatz 16, Tel. 0711 39 69 39 69, www.esslingen-marketing.de.

Anmerkung: In Endersbach zweigt die rund 44 km lange Variante des Jakobsweges über Strümpfelbach, Plochingen, Bodelshofen und Frickenhausen ab, die bei Neckartailfingen wieder auf den Hauptweg trifft. Beide Routen ähneln sich in Profil und Landschaft, doch führt die hier beschriebene Strecke durch das unbedingt sehenswerte Esslingen.

Vom **Marktplatz** in **Winnenden (1)** gehen wir die Schlossstraße hinab und verlassen die Altstadt. Am Schloss Winnenthal vorbei, dem heutigen Psychiatrischen Landeskrankenhaus, erreichen wir die ehemalige **Schlosskirche St. Jakobus**.

*i Die **Jakobuskirche** entstand im 14. Jh. auf den Grundmauern mehrerer Vorgängerkirchen. Der wunderschöne, filigran aus Lindenholz geschnitzte Jakobus-Altar zeigt u. a. das berühmte **Hühnerwunder** von **Santo Domingo de la Calzada** (Spanien), eine eng mit dem Jakobsweg verbundene Legende, die in unzähligen Variationen erzählt wird. Zur Blütezeit der Wallfahrt nach Santiago de Compostela im Mittelalter soll eine Familie vom Niederrhein auf ihrer Pilgerreise in einem Wirtshaus in Santo Domingo de la Calzada abgestiegen sein. Die Tochter des Gastwirts machte dem Sohn der Familie unzweideutige Avancen. Der fromme und keusche Pilger wies ihr unsittliches Angebot jedoch entschieden zurück. Die erzürnte*

Wirtstochter sann daraufhin auf Rache: Sie versteckte einen Silberbecher in seinem Gepäck. Der Wirt bemerkte am Folgetag den Verlust und schickte nach der Pilgerfamilie, die bereits weitergezogen war. Der junge Mann wurde nach kurzem Prozess für schuldig erklärt und kurzerhand aufgehängt. Den Eltern blieb nichts weiter übrig, als schweren Herzens weiter nach Santiago de Compostela zu ziehen. Auf dem Rückweg kamen sie wieder am Galgenplatz vorbei. Hier hing noch ihr Sohn, der sie ansprach und tröstete, dass er gar nicht tot sei. Ein Wunder sei geschehen, da der hl. Santiago (der Apostel Jacobus, je nach Version auch Santo Domingo) ihn gehalten habe. Schnell liefen die Eltern zum Richter, der gerade zu Mittag vor einem Teller gebratener Hühner saß. Sie berichteten von der wundersamen Begebenheit. Der Richter glaubte ihnen kein Wort und antwortete, dass ihr Sohn so tot sei wie die beiden Hühner auf seinem Teller. Kaum hatte er dies ausgesprochen, erhoben sich die beiden Hühner und flatterten gackernd davon. Der Sohn wurde daraufhin lebendig vom Galgen erlöst, die Wirtstochter jedoch aufgehängt. Die Familie zog glücklich weiter nach Hause. Seit dem 15. Jh. werden in der Kirche von Santo Domingo de la Calzada bis heute zur Erinnerung an das Wunder zwei lebende Hühner gehalten.

Gegenüber vom Haupteingang der Jakobuskirche steht die sogenannte Jakobuslinde mit Entfernungsangaben zu den bedeutenden Pilgerstationen am Jakobsweg. Auf dem Rad-/Fußweg folgen wir dem Lauf des Zipfelbaches stets geradeaus, bis wir den Parkplatz vom Wunnebad erreichen. Hier halten wir uns nach links auf die Streuobstwiesen zu, die wir auf einem Wirtschaftsweg unterhalb der Weinberge des Rossbergs und des Haselsteins durchwandern. An einem Schuppen geht es an der Gabelung nach rechts und nach wenigen Metern links bergan Richtung Kreuzeiche. Der Ort **Hanweiler (2)** liegt von hier aus 5 Min. entfernt (¾ Std.).

Zwischen Rems und Neckar wird intensiv Wein angebaut.

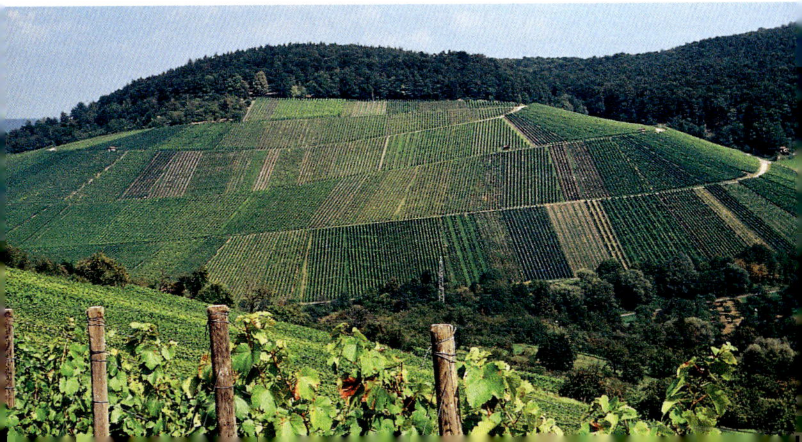

Wir folgen der Markierung des Jakobsweges nach rechts auf einen Wiesenweg, der in der Nähe des Waldrands, mit schönen Ausblicken auf Hanweiler, verläuft. An einer Schranke biegen wir links ab und zweigen nach 200 m rechts in einen wiederum steil ansteigenden Pfad ein. Am Hanweiler Sattel erreichen wir einen **Waldparkplatz (3)** mit Orientierungstafel (knapp ½ Std.).
Wir queren den Parkplatz und folgen dem linken asphaltierten Weg durch Streuobstwiesen am Waldrand entlang bis zum Korber Schützenhaus mit einem weitläufigen Waldspielplatz. Hier biegt der Jakobsweg nach rechts ab. Durch die Weinberge schlängelt sich unser Weg, wobei wir einen weiten Blick ins Remstal, auf den Korber Kopf, den Kappelberg und in einiger Entfernung den Stuttgarter Fernsehturm genießen. Wir erreichen den Ortsrand von **Steinreinach** (**4**, ¼ Std.).
Unmittelbar am Ortsrand zweigt der Weg nach links ab in die Straße Im Leutenbacher. Auf einem Rebflurweg kommen wir geradeaus nach **Kleinheppach** (**5**, knapp ½ Std.). An der Dorfkirche geht es auf der Schulstraße am Rathaus vorbei aus dem Ort hinaus. Auf einem Asphaltweg folgen wir dem Muschelsymbol durch Felder und Obstbaumplantagen zum Gehöft Wolfshof. Bergab durch die Wein-

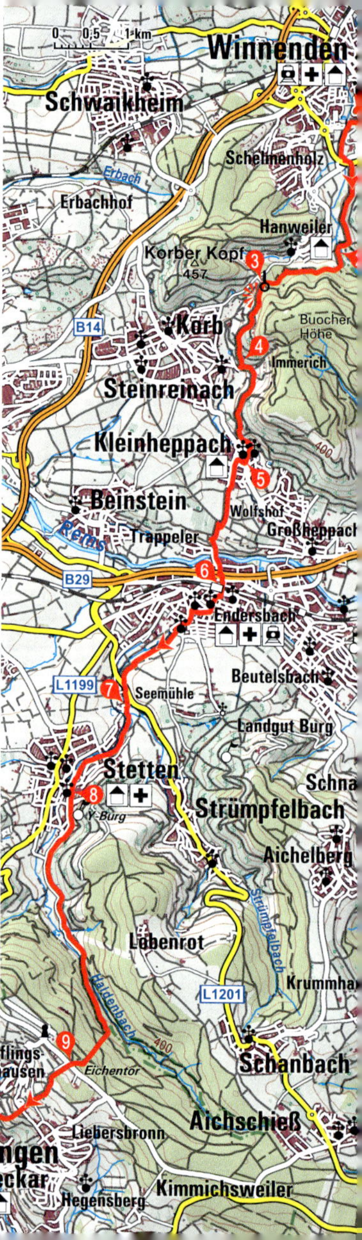

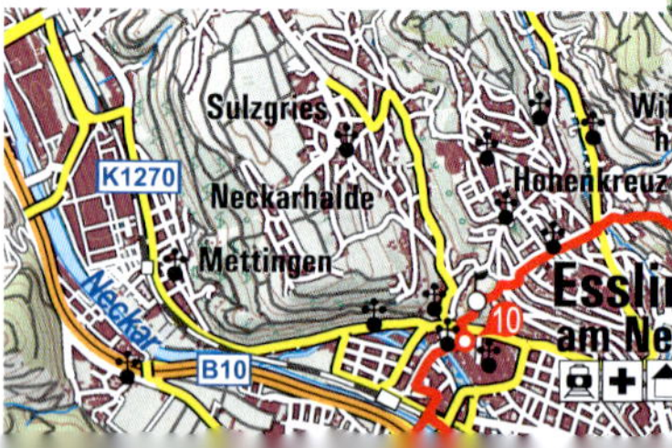

berge erreichen wir auf einer Brücke über die Rems das Gewerbegebiet von Endersbach. Hinter einer Tankstelle führt uns ein Fußweg nach rechts unter den Gleisen hindurch zum Bahnhof von **Endersbach** (**6**, ½ Std.).

i ***Endersbach** wurde 1278 als »Andrespach« erstmals erwähnt. Die Endersbacher Pfarrkirche ist eine spätgotische ehemalige Wehrkirche, ihr Schiff wurde 1468 erbaut und Mitte des 18. Jh. im Stil des Barock umgestaltet. Der Turm wurde erst 1769 errichtet.*

Am Bahnhof gehen wir in die Theodor-Heuss-Straße. Nach der St.-Andreas-Kirche heißt es aufgepasst: Unser Weg in Richtung Esslingen biegt rechts in die Schulstraße ein, während nach links die Variante über Strümpfelbach bis Neckartailfingen abzweigt. Durch das Wohngebiet verlassen wir Endersbach. Gleich am Ortsrand halten wir uns nach links auf einen Rad-/Fußweg, der durch Streuobstwiesen und Schrebergärten verläuft. Nach 1 km kreuzt er geradeaus die Straße und führt als Wiesenpfad nach 300 m zum Weiler **Seemühle** (**7**, ½ Std.). Unmittelbar nach dem letzten Haus geht es über eine kleine Brücke. Dann nach links auf einem Wirtschaftsweg am Haldenbach entlang an einer Kläranlage und Tennisplätzen vorbei und weiter durch Obstwiesen nach Stetten. Nach den Sportplätzen mündet der Rad-/Fußweg in die Kirchstraße, auf der wir das idyllische Ortszentrum von **Stetten** (**8**, knapp ½ Std.) erreichen.

i *Im Jahre 1241 wurde **Stetten** das erste Mal urkundlich erwähnt. Die sogenannte **Y-Burg** wurde um 1300 oberhalb des Dorfes von Truchsessen von Stetten errichtet. Ursprünglich trug sie den Namen Eibenberg, der sich über Y-Berg zu Y-Burg veränderte. Die Burg war als reine Wohnanlage konzipiert und verfügte über keinerlei Verteidigungsanlagen. Das Wasser musste vom Tal über die Burgsteige auf die bis 1442 bewohnte Burg heraufgetragen werden. Im Jahre 1760/61 wurde sie auf Befehl des Herzogs Carl Eugen von Württemberg bis auf die Außenmauern abgerissen.*

An der Glockenkelter vorbei verlassen wir Stetten auf der Hindenburgstraße. Wir wandern auf einem asphaltierten Wirtschaftsweg durch Apfelplantagen und Streuobstwiesen geradeaus weiter. Nach einem Wanderparkplatz hal-

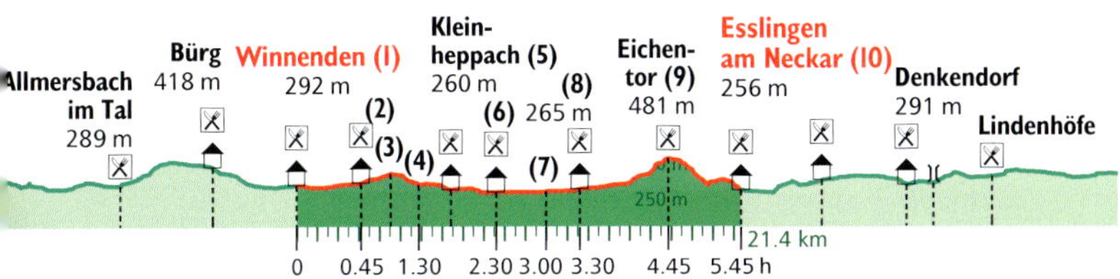

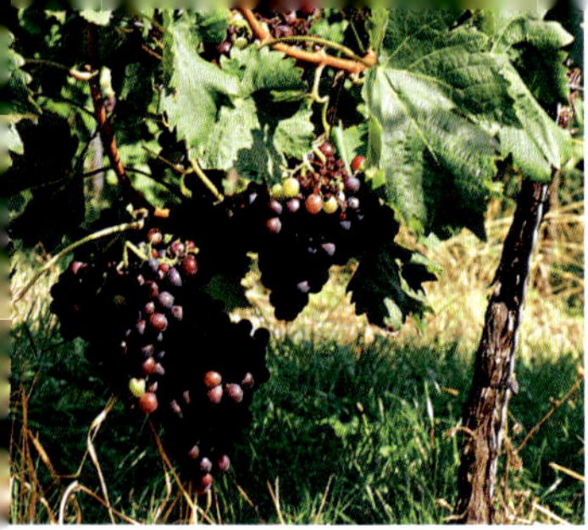

An den Reben gedeihen Lemberger, Trollinger ...

ten wir uns nach links bergan weiter durch die Obstwiesen und Schrebergärten bis zu einer Schranke. Am Waldrand überqueren wir den Stettener Haldenbach und nehmen danach den »Neuen Stettener Weg« nach links durch den Forst bergan. Von diesem zweigt nach rechts der steil bergan führende Strümpfelbacher Fußweg ab. Weiter gehen wir immer der Jakobsmuschel folgend zur Anhöhe der Schurwaldhöhe. Bei zwei alten Eichen, dem sogenannten **Eichentor** (**9**, 1¼ Std.), verlassen wir den Wald und wandern geradeaus an Sportplätzen vorbei in Richtung Gaststätte Schurwaldhöhe. Hier gehen wir nach links auf dem Esslinger Höhenweg, der uns im weiteren Verlauf viele wundervolle Ausblicke auf Esslingen sowie in das Neckartal gewährt. Nach einigen Minuten bergab kommen wir zu den ersten Häusern des Stadtteils St. Bernhardt von Esslingen. Auf einem lauschigen kleinen Fußweg gelangen wir weiter durch Streuobstwiesen steil bergab. Wir erreichen an den nächsten Häusern die Strümpfelbacher Steige. Sie bringt uns zur Alten Talstraße, die in die Straße Am Schönen Rain übergeht. Zur Kirche St. Bernhardt geht es kurz bergan und rasch wieder bergab in Richtung Burg. Über die Mühlbergstraße hinweg gelangen wir auf einen Fußweg und über den Burggraben zur **Burg Esslingen** (¾ Std.). Der Jakobsweg führt durch das Burggelände und dann nach rechts die Stiegen des Sailerganges oberhalb des Weinbergs bergab. Links durch die Unterführung gelangen wir zum Marktplatz in **Esslingen am Neckar** (**10**, ¼ Std.).

i *Bereits um 1000 v. Chr. ließen sich hier erste Siedler an der Neckarfurt nieder. Im 8. Jh. wurde **Esslingen** durch den hier beigesetzten hl. Vitalis zum Wallfahrtsziel. Daraus entwickelte sich am Knotenpunkt von Handelsstraßen schnell ein bunter Marktflecken, der 1219 zur Stadt erhoben wurde. Etwa zur gleichen Zeit entstand die Stadtmauer. Im Dreißigjährigen Krieg sowie unter den französischen Truppen und einem verheerenden Stadtbrand hatte die Stadt schwer zu leiden. Im Jahre 1801 ging Esslingen in Württemberg auf. Glücklicherweise blieb die Stadt von den Zerstörungen durch den Zweiten Weltkrieg weitgehend verschont.*

*Die **Burg** ist das Wahrzeichen der Stadt, sie erhebt sich auf einem rebenbestandenen Hügel über der Neckarschleife und der Altstadt. Die Bezeichnung Burg ist irreführend, da sie nie ein Adelssitz war, sondern die Nordseite der Stadtbefestigung bildet. Die im Mittelalter errichtete Befestigung wurde im 16. Jh. mit der Hochwacht, der Burgstiege und vor allem dem Dicken Turm weiter ausgebaut. Von ehemals über fünfzig Türmen und Stadttoren sind heute nur noch vier erhalten geblieben: das **Wolfstor**, das **Schelztor**, der **Pliensauturm** und der **Dicke Turm**.*

Der **Marktplatz** mit schön restaurierten Fachwerkhäusern, dem Postmichelbrunnen und der **Stadtkirche St. Dionys** ist das Zentrum der mittelalterlichen Kernstadt. Die zweitürmige Kirche, die aufgrund statischer Probleme abgestützt und mit einer Brücke verbunden ist, wurde im 13./14. Jh. auf den Fundamenten einer Vorgängerkirche aus dem 8. Jh. errichtet. Der Innenraum ist geprägt durch den gewölbten hochgotischen Chor und das flach gedeckte Langhaus. Beachtenswert ist der dreiteilige **Lettner** aus dem Jahre 1486 mit verziertem Mitteldurchgang und Maßwerkbrüstung, die aus der Werkstatt des Heidelberger Meisters Lorenz Lechler stammen. Das Glanzlicht der Ausstattung ist jedoch der vollständig erhaltene **Glasfensterzyklus** mit rund 300 farbigen Scheiben im Chor.

Die **Kirche St. Paul** ist die älteste erhaltene Bettelordenskirche Deutschlands und wurde Mitte des 13. Jh. als Dominikanerkirche erbaut. Während der Reformation wurde das Kloster aufgelöst und im 19. Jh. als Kelter, Lager, Zeughaus, Waisenhaus, Schule und Waaghaus genutzt. Wie andere Bettelordenskirchen ist St. Paul durch einen lang gestreckten, schlichten Bau gekennzeichnet. Auf das Querhaus wurde verzichtet. Die Madonnenstatue aus dem 15. Jh. stammt wahrscheinlich aus der Hand des Ulmer Meisters Jörg Syrlin.

Bereits im 14. Jh. wurde mit dem Bau der **Frauenkirche** begonnen, an dem sich im 15. Jh. eine ganze Reihe namhafter Werkmeister betätigten, wie Ulrich Ensinger (Ulmer Münster), Matthäus Ensinger und die Familie Böblinger, die bis ins 16. Jh. hinein an dieser Kirche wirkte. Der Innenraum ist übersichtlich als dreischiffige Hallenkirche strukturiert, deren Mittelschiff mit dem Chor abschließt.

Das **Alte Rathaus** war ursprünglich das Kauf- und Steuerhaus aus der Mitte des 15. Jh. Die dem Marktplatz zugewandte Fachwerkfront wurde im 16. Jh. mit einem Renaissancegiebel und einer prachtvollen viergeschossigen astronomischen Uhr geschmückt.

Im **Schwörhaus**, an der Südwestecke des Marktplatzes im 13. Jh. errichtet, leistete der Bürgermeister bis zum Ende der Ära als freie Reichsstadt 1802 alljährlich seinen Eid auf die Stadtverfassung. Die **Villa Merkel** entstand im Jahre 1873 als Wohnhaus für den Esslinger Fabrikanten Merkel. Heute wird sie als städtische Galerie genutzt.

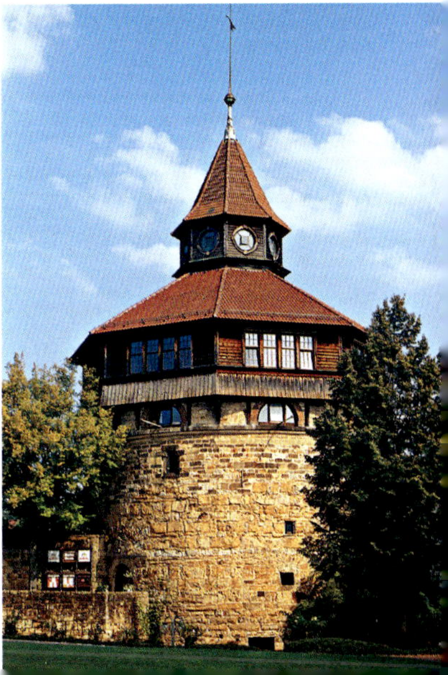

Der Dicke Turm ist Teil der Burg Esslingen.

24 Esslingen am Neckar – Neckarhausen

5.00 Std.
19,3 km

Unterkunft: Berkheim (325 m/7910 EW), **(1)** Hotel Berkheimer Hof, ab 55 €, Tel. 0711 345 16 07, www.hotel-berkheimer-hof.de. **(2)** Neo Hotel Linde, ab 79 €, Tel. 0711 345 305, www.neo-hotel-linde.de. **Denkendorf** (291 m/11.210 EW), **(1)** a2 Hotels, 69 €, Tel. 07153 922 380, www.a2-hotels.com. **(2)** Hotel Schlüssel, 58 €, Tel. 0711 934 920. **Neckarhausen** (290 m/ 3930 EW), Hotel Garni Kiefer, 59 € ÜF, Tel. 07022 953 530, www.hotelkiefer.de.

Die Strecke: Zunächst kleine Straßen durch das Neckartal, dann Treppen- und Forstwege hinauf auf den Höhenzug des Berkheimer Waldes. Anschließend asphaltierte Feldwege durch die Filderebene, dann auf Forstwegen und Pfaden leicht ansteigend durch ein Waldgebi et auf die Schwäbische Alb. Hier wieder meist Feld- und Wirtschaftswege. Bei feuchter Witterung sind die Waldwege teilweise matschig.

Höhenunterschied: 330 m im Auf- und 290 m im Abstieg.

Kritische Stellen: Im Wald vor den Lindenhöfen ist die Muschel-Markierung oft erst auf den zweiten Blick oder erst einige Meter nach der Abzweigung zu erkennen.

Landschaft: Südlich des Neckartals schließt sich die Mittelgebirgslandschaft der Schwäbischen Alb an. Wie ein Querriegel zieht sich diese eher karge Natur- und Kulturlandregion in Nordost-Südwest-Richtung durch Bayern und Baden-Württemberg. Über die Filderebene, eine landwirtschaftlich intensiv genutzte Fläche, erreicht der Jakobsweg die ersten Ausläufer der Alb. Hier, im raueren Klima, wechseln Wälder mit Wiesen und Weiden.

Infrastruktur: Berkheim ; Denkendorf: alles außer ; Lindenhöfe (365 m/<20 EW) ; Neckarhausen .

Touristeninformation: Gemeindeverwaltung Denkendorf, Tel. 0711 34316 80 00, www.denkendorf.de. Tourismus Stadt Nürtingen, Tel. 07022 753 81, www.nuertingen.de.

Hinweis: Der Alicensteg ist bis zu seiner Sanierung gesperrt. Die alternative Route führt ab dem Pliensauturm geradeaus über die Pliensaubrücke; in der Unterführung links und 250 m auf der Berkheimer Straße. Dann nach rechts ansteigend auf dem Unteren Eisbergweg in knapp 300 m zur Hauptroute.

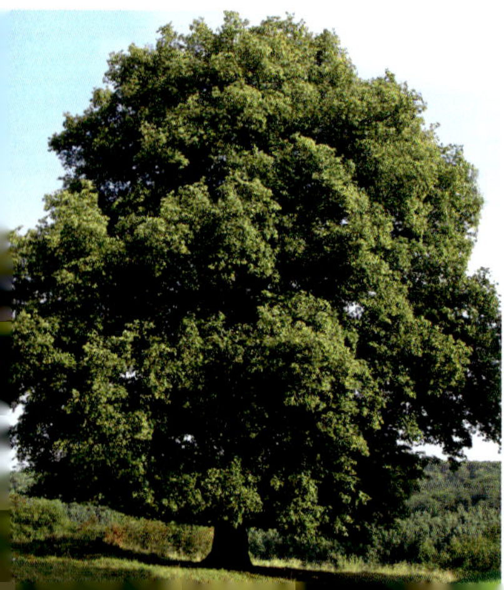

An der Dionyskirche am Marktplatz von **Esslingen am Neckar (1)** gehen wir auf der Abt-Fulrad-Straße an wundervoll renovierten Fachwerkgebäuden vorbei und auf der Agnesbrücke über den Rossneckarkanal. Wir passieren das Schelztor und biegen ein gutes Stück weiter links in die Straße »Am Kronenhof« ein. Dann geht es nach rechts auf der Pliensaustraße in Richtung Neckar und über einen Fußgängersteg zum Pliensauturm. Während der Ali-

Die prächtige Linde ist ein Naturdenkmal.

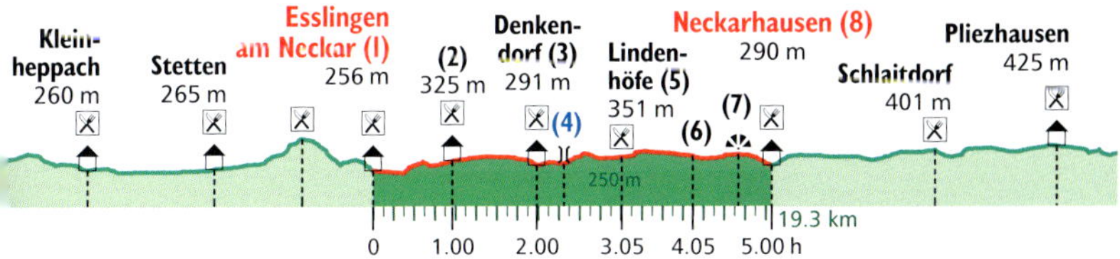

censteg gesperrt ist, hier geradeaus über den Neckar (vgl. »Hinweis«). Ansonsten links auf dem Färbertörlesweg am Neckar und am Park der Villa Merkel entlang gut 500 m flussaufwärts zum Alicensteg und über den Neckar. Wir wandern auf dem Unteren Eisbergweg aus dem Neckartal bergan durch einen lichten Wald und Schrebergärten. Eine Unterführung bringt uns an den Ortsrand von Berkheim. Wir folgen der Seestraße geradeaus, am Ende rechts in die Straße »Am Ziegelbrunnen« und nach links auf der Brunnenstraße zur Michaelskirche in **Berkheim** (**2**, 1 Std.).
Durch das Wohngebiet von Berkheim führt uns das Muschelsymbol zum Ortsrand. Am Tennis- und Kleintierzüchterverein vorbei führt uns ein Wirtschaftsweg durch die Felder. Von hier hat man meist einen schönen Blick auf die Schwäbische Alb mit der markanten Burg Teck und dem Hohenneuffen. Wir gehen auf der Lenaustraße durch ein Neubaugebiet von Denkendorf und folgen an der Albert-Schweitzer-Schule rechts der Goethestraße, dann der Eichensteige steil bergab ins Ortszentrum; dort geradeaus über eine größere Straßenkreuzung an schmucken Fachwerkhäusern vorbei zur romanischen Klosterkirche St. Pelagius in **Denkendorf** (**3**, 1 Std.).

i *Das Stift der Chorherren vom Heiligen Grab in* ***Denkendorf*** *geht auf die Stiftung (1128) des Edlen Bertholdus zurück. Bis Ende des 13. Jh. stand das* ***Augustinerkloster*** *unter dem Schutz des Königs. Anfang des 15. Jh. übernahm das Haus Württemberg die Schirmherrschaft für das Klosterstift. Berühmt wurde das Kloster durch Friedrich Hölderlin, der die evangelische Klosterschule besuchte, sowie durch die Firma Kauffmann, die hier bis 1907 ihren berühmten Klostersenf herstellte. Um 1200 musste die Pfarrkirche einer spätromanischen Basilika weichen. Der Westturm stammt noch von der älteren Pelagiuskirche. Die flach gedeckte Basilika mündet in einen rechteckigen Altar und wird von romanischen Rechteckpfeilern gestützt. Die niedrigen Seitenschiffe wurden im 15. Jh. durch Maßwerkfenster und Rippengewölbe dem gotischen Kreuzgang angeglichen. Im südlichen Seitenschiff führt eine Treppe hinab zur Krypta, die durch Gurtbögen an der Spitztonne schlicht gegliedert ist. Sie zeigt eine Nachbildung des leeren Grabes Christi. Mitte der 1970er-Jahre wurde die Außenfassade im Stil der Romanik restauriert. So ist das Kirchengebäude heute eines der wenigen Beispiele mehrfarbiger romanischer Architekturbemalung in Süddeutschland.*

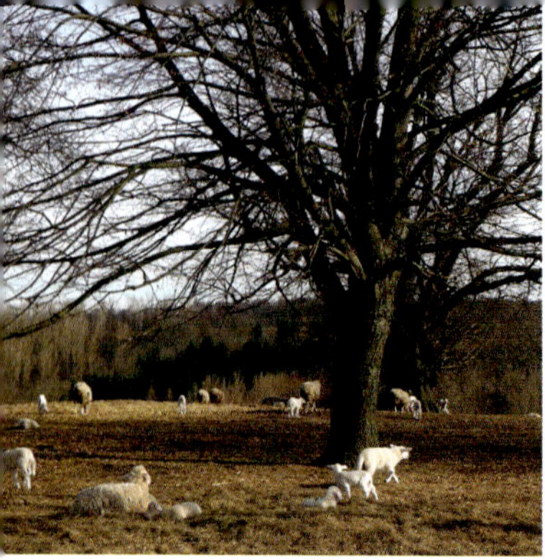

Schafe sind die »Rasenmäher« der Alb.

Wir verlassen Denkendorf bergan auf der Friedhofstraße, queren eine Landstraße und gehen sogleich nach rechts in Richtung »Stuckhöfe« unter der Autobahn hindurch. Durch Streuobstwiesen wandern wir auf einem asphaltierten Feldweg leicht bergan. Bei einer ausladenden Linde (Naturdenkmal) treffen wir auf einen ausgefallenen eisernen Wegweiser, an dem der Jakobsweg nach links auf einen kurz steil bergab führenden geschotterten Pfad abbiegt. Im Tal angekommen überqueren wir auf einer Brücke den **Sulzbach** (**4**, gut ¼ Std.). Weiter geht es am Waldrand geradeaus Richtung Lindenhöfe bergan. Wir folgen im Wald dem Muschelsymbol zunächst nach rechts und wenig später nach links auf einen geschotterten Waldweg. Nach wenigen Minuten geht es nach links auf einem Wiesenpfad immer weiter geradeaus, alle Abzweigungen missachtend, bis der Weg in einen Forstweg mündet. Hier heißt es aufgepasst, denn die Markierung ist bis zum Waldrand häufig erst spät erkennbar. Am Waldrand liegt die offene landwirtschaftlich genutzte Fläche der Lindenhöfe vor uns, auf die wir nun zuhalten. Dabei haben wir einen schönen Ausblick zum Albtrauf.

i *Wie ein felsiger Riegel liegt die rund 220 km lange und nur 80 km breite* ***Schwäbische Alb*** *zwischen Bayern und Baden-Württemberg. Die Nordgrenze ist an dem sogenannten* ***Albtrauf*** *gut zu erkennen, von dem weithin sichtbar zahlreiche Burgen ins Schichtstufenvorland blicken. Geografisch unterscheidet man im Norden der Schwäbischen Alb den Albtrauf und dann folgend die* ***Hochfläche****, die flächenmäßig den größten Teil der Alb ausmacht. Durch die Verwitterungsprozesse des Kalksteins entstanden Klüfte, Spalten und Höhlen mit zum Teil gigantischen Tropfsteinen. Die gesamte Alb ist mit einem verzweigten Netz an Gängen und Höhlen wie ein Schweizer Käse unterhöhlt. An den Schichtquellen und Quelltöpfen tritt das versickerte Regen- und Oberflächenwasser wieder zu Tage. Eine Besonderheit ist der* ***Zollerngraben*** *im Raum Hechingen – Albstadt. Hier treten die stärksten Erdbeben Deutschlands auf, wie das Beben von 1978 mit einem Wert von 6,5 auf der Richter-Skala.*

An der Friedenslinde ist ein schöner Picknickplatz eingerichtet, der kurz vor den **Lindenhöfen** (**5**, ¾ Std.) zum Verweilen einlädt. An den Höfen gehen wir geradeaus weiter in den nahen Wald hinein bis zu einem Sühnekreuzdenkmal aus dem Jahre 1507. Hier zweigen wir nach rechts bergan auf den Saatschulweg ab, auf dem wir bis zur Wegekreuzung Waldheimer Schloss bleiben.

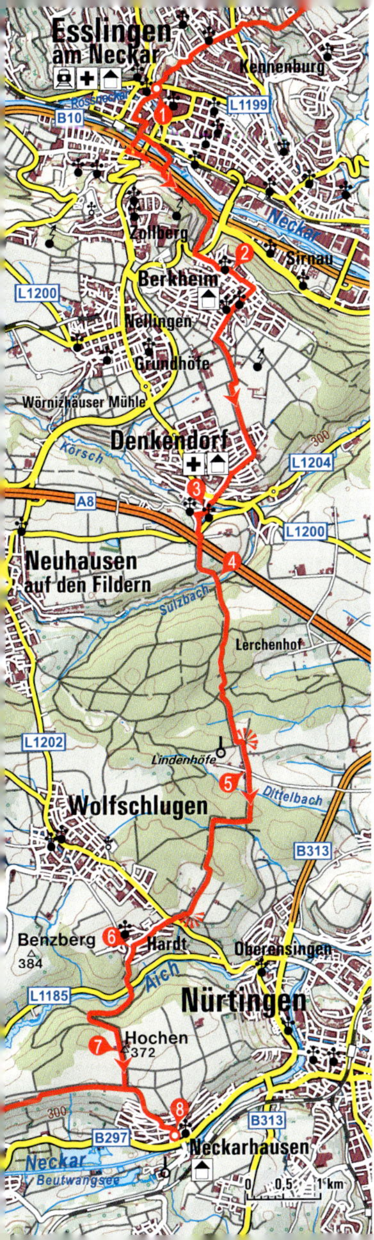

Der folgende Abschnitt im Bereich einer Jungwaldschonung kann bei Regon schnell sumpfig und matschig werden. Am Waldrand auf der Oberensinger Höhe wandern wir geradeaus am Hopfenhof vorbei, hier genießen wir wieder einen schönen Panoramablick auf die Schwäbische Alb und Nürtingen. Über eine Landstraße gelangen wir nach **Hardt** (**6**, 1 Std.), einen Ortsteil von Nürtingen. Am Dorfbrunnen mit der bronzenen Skulptur des »Pfeifers von Hardt« biegt der Weg nach links ab. In einer Linkskurve schwenkt der Jakobsweg nach rechts in den Wald hinein ab. Auf dem Schotterweg geht es bergab bis zu einer Landstraße (L 1185). Wir queren diese geradeaus und kommen auf einen Pfad, der auf einer kleinen Holzbrücke über die **Aich** führt (knapp ¼ Std.). Wir wandern auf dem Waldweg nach rechts bergan, orientieren uns bei den Abzweigungen an dem Muschelsymbol und erklimmen so den lauschigen Forst. Am Waldrand gehen wir geradeaus auf einem Betonweg zum Aussichtspunkt **Hochen** (**7**, 372 m; knapp ½ Std.).

Vom Höhenzug des **Galgenberges** genießen wir einen umwerfend weiten Blick auf die Burg Teck, den Hohenneuffen, den Jusi und die Achalm. Geradeaus geht es zur **Lutherlinde** (Naturdenkmal). Hier verlassen wir den Jakobsweg und folgen halb rechts dem abschüssigen Feldweg. Dann in die Böllatstraße, rechts in die Rhönstraße, links in die Eifel-, rechts in die Kapfstraße und rechts auf der Nürtinger Straße in die Ortsmitte von **Neckarhausen** (**8**, knapp ½ Std.).

25 Neckarhausen – Tübingen

8.30 Std.
32,3 km

Unterkunft: **Pliezhausen** (425 m/ 9780 EW), Hotel Schönbuch, ab 79 €, Tel. 07127 560 70, www.hotel-schoenbuch.de. **Rübgarten** (400 m/400 EW), Landhotel Waldheim, Tel. 0179 437 81 83, ab 34 €, www.landhotel-waldheim.de. **Bebenhausen** (369 m/340 EW), **(1)** Landhotel Hirsch, 98 € ÜF, Tel. 07071 609 330, www.hirsch-bebenhausen.de. **(2)** Gasthof Sonne, ab 45 € ÜF, Tel. 07071 674 01, www.sonne-bebenhausen.de. **Tübingen** (336 m/90.270 EW), **(1)** Jugendherberge, 159 B/ab 24 € ÜF, Hermann-Kurz-Str. 4, Tel. 07071 23 002, www.jugendherberge.de. **(2)** Hotel Restaurant Kreuzberg, ab 80 € ÜF, Tel. 07071 944 10, www.hotel-restaurant-kreuzberg.de. (3) Hotel Am Schloss, ab 99 €, Tel. 07071 929 40, www.hotelamschloss.de.

Die Strecke: Kleine Auf- und Abstiege. Auf einem Höhenzug zumeist asphaltierte Wirtschaftswege und kleine Straßen parallel zum Neckar, dann auf gut begehbaren und bequemen Waldwegen durch das Naturschutzgebiet Schönbuch zum Kloster Bebenhausen. Es folgen ein kurzer Auf- und ein sanfter Abstieg zwischen dem Waldkloster und Tübingen.

Höhenunterschied: 540 m im Auf- und 490 m im Abstieg.

Kritische Stellen: Hinter Schlaitdorf ist die Markierung zwar vorhanden, aber nicht immer offensichtlich ausgewiesen. Im Stadtgebiet von Tübingen ist das Muschelsymbol oft erst nach einigen Metern erkennbar.

Landschaft: Zwischen den Streuobstwiesen im Neckartal, dem wir auf einer Anhöhe folgen, und Tübingen befindet sich das Waldgebiet des Schönbuch. Dieser wunderbare Forst ist ein Naherholungsgebiet für den Großraum Stuttgart und Tübingen. Die kulturelle und geistige Metropole Schwabens liegt in idyllischer Lage am Lauf des Neckars.

Infrastruktur: Schlaitdorf (401 m/ 1960 EW); Altenriet (403 m/2000 EW); Dörnach (390 m/700 EW); Pliezhausen; Rübgarten; Bebenhausen; Tübingen: alles.

Touristeninformation: In Bebenhausen, Tel. 07071 60 28 02, www.kloster-bebenhausen.de. Verkehrsverein Tübingen, An der Neckarbrücke 1, Tel. 07071 91 360, www.tuebingen-info.de.

Anmerkung: In Neckartailfingen trifft die Variante (vgl. Etappe 23) über Plochingen auf die Hauptroute.

Wir gehen von **Neckarhausen (1)** in nordwestliche Richtung auf dem von der vorherigen Etappe bekannten Weg zurück zur Lutherlinde. Ab dort folgen wir nach links dem Feldweg sowie der Kennzeichnung des HW 3 (roter Balken) und dem Muschelsymbol. Auf dem Höhenweg lohnt ein Blick zurück

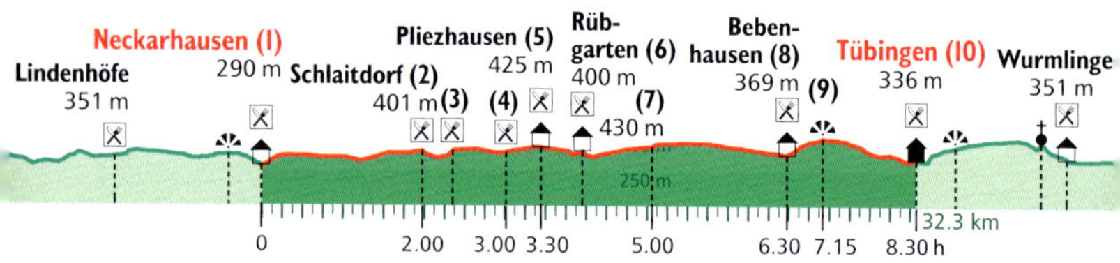

ins Neckartal und auf die steilen Wiesenhänge des Jusi. Wir überqueren die B 312 und gelangen nach rechts auf einem geschotterten Weg in das Waldstück. Nach dem Wald gehen wir geradeaus zum Ortsrand von **Schlaitdorf** (**2**, 2 Std.).

i *Im Jahre 1088 wurde* ***Schlaitdorf*** *(von sleith = rutschig, Lehmboden) zum ersten Mal urkundlich erwähnt. 1342 wurde der Ort von den Pfalzgrafen von Tübingen zusammen mit der Stadt Tübingen und anderen Gemeinden an den Graf Ulrich III. von Württemberg verkauft.*

Wir folgen der Vogelsangstraße am Friedhof vorbei, dann nach links auf der Friedhofstraße zum Ortsrand. Am Ende der Straße wandern wir auf einem Wiesenpfad durch Streuobstwiesen bergab zu einem Radweg, der parallel zur Straße verläuft. Auf die Markierung achten! Auf der gegenüberliegenden Straßenseite gehen wir auf einem Wiesenweg zum Höllenbach. Über eine kleine Brücke gelangen wir weiter durch die Felder zum Neubaugebiet von **Altenriet** (**3**, ½ Std.). Wir folgen dem Muschelsymbol durch den Ort und wandern danach auf einem kleinen Asphaltweg geradeaus durch die Äcker, am Waldrand entlang und nach rechts auf einem Wiesenweg in ein hübsches Tälchen. Auf einem Steg über den Lauf des Merzenbachs kommen wir zu einem Asphaltweg und auf diesem zum Ortsrand von **Dörnach** (**4**, ½ Std.). Noch vor dem ersten Haus geht es gleich nach links (Achtung, schlecht markiert) an einem Spiel- und Grillplatz vorbei. Der Weg mündet in eine kleine Straße, der wir nach links bis zum Waldrand folgen. Bergan geht es nun durch das kleine Wäldchen bis zum Rand des Gewerbegebiets von **Pliezhausen** (**5**, ½ Std.). Am Wasserturm queren wir die Kreisstraße und folgen einem Wirtschaftsweg, der geradeaus, auf die B 27 zuhaltend, durch die Felder führt. Wir durchqueren ein Wäldchen nach rechts bergab und gelangen auf einer Fußgängerbrücke über die B 27 und den Wiesenbach nach **Rübgarten** (**6**, ½ Std.). Im Ort halten wir uns an einem schönen Fachwerkhaus nach links und passieren an einem Brunnen einen großen überdachten Rastplatz, der zu einer Pause geradezu auffordert.

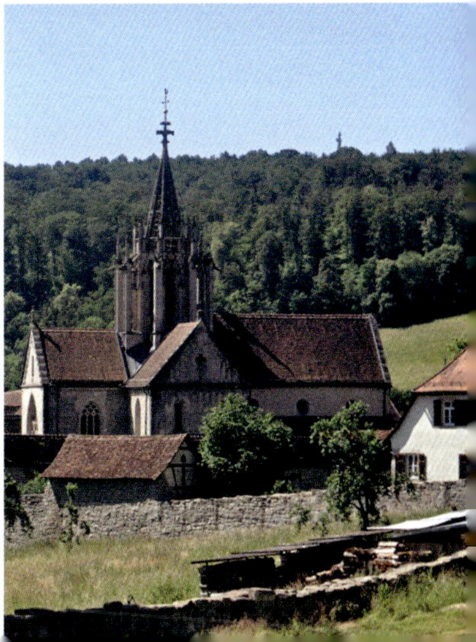

Klosterruine Bebenhausen.

Aus dem Dorf führt der Jakobsweg auf einem Asphaltweg durch Wiesen und Felder. Am Schleifereweg geht es bei einem Rastbänkchen mit einer netten Aussicht zurück auf Rübgarten weiter bergan durch die schönen Streuobstwiesen zum Waldrand. Wir wandern geradeaus auf einem Forstweg, dem späteren Einsiedlerfußweg, durch dieses lauschige Waldstück, das bereits zum **Naturschutzgebiet** des **Schönbuch** gehört.

i *Der **Schönbuch** ist ein fast vollständig bewaldetes Gebiet südwestlich von Stuttgart. Dieser Naturpark ist ein Teil des Keuperberglandes, ein Bereich des südwestdeutschen Schichtstufenlandes. Im Jahr 1972 wurde das 156 km² große Kerngebiet des Schönbuchs zum ersten Naturpark in Baden-Württemberg erklärt. Der Schönbuch ist ein wichtiges Naherholungsgebiet des Großraumes Stuttgart und wird nur von verhältnismäßig wenigen Straßen erschlossen. Er stellt ein Rückzugsgebiet für sonst in dieser Region selten gewordene Pflanzen und Tiere dar.*

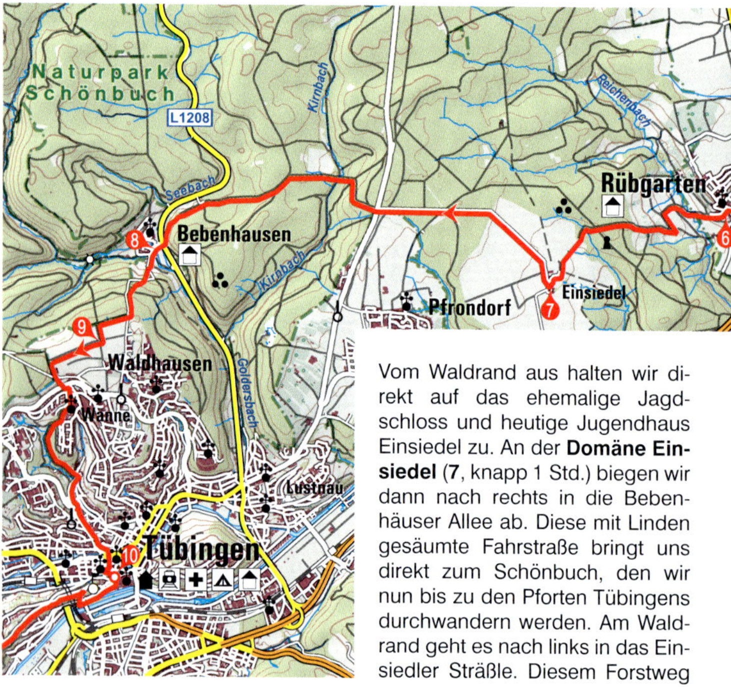

Vom Waldrand aus halten wir direkt auf das ehemalige Jagdschloss und heutige Jugendhaus Einsiedel zu. An der **Domäne Einsiedel** (**7**, knapp 1 Std.) biegen wir dann nach rechts in die Bebenhäuser Allee ab. Diese mit Linden gesäumte Fahrstraße bringt uns direkt zum Schönbuch, den wir nun bis zu den Pforten Tübingens durchwandern werden. Am Waldrand geht es nach links in das Einsiedler Sträßle. Diesem Forstweg

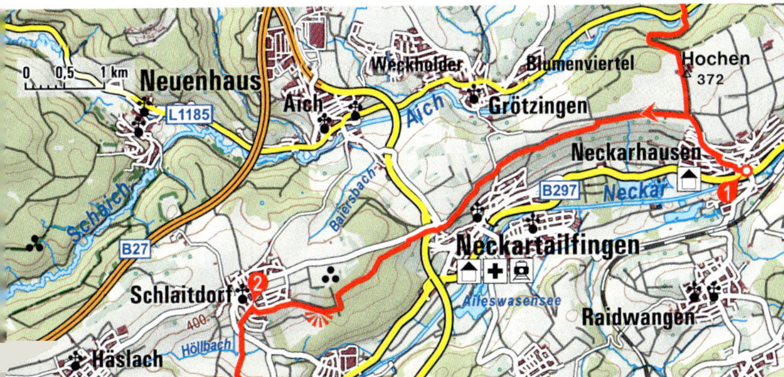

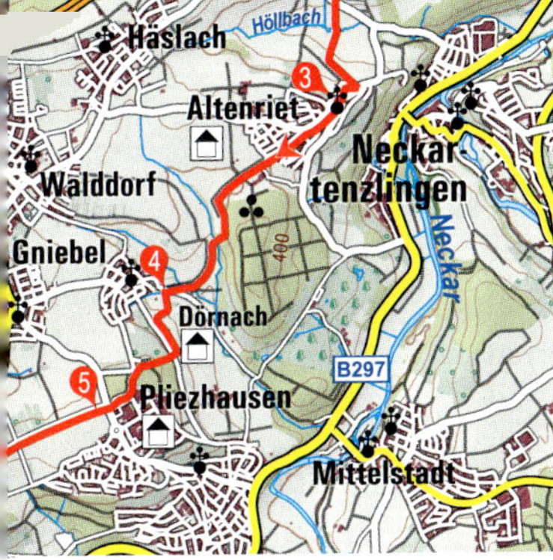

bleiben wir bis über Alte Stuttgarter Straße hinweg treu, die wir nach etwa ¾ Std. ab Einsiedel überqueren. Über den Ziegelhäuslesweg hinweg geht es auf dem Einsiedlersträßchen durch den Schönbuch an der Lichtung der Mauterswiese und am König-Wilhelm-Stein vorbei. Der Jakobsweg überquert unmittelbar darauf eine vielbefahrene Landstraße. Gleich darauf sind wir auch schon **Bebenhausen** (**8**, 1½ Std.).

i *Vor der nördlichen Stadtgrenze von Tübingen liegt im malerischen Goldersbachtal das kleine* ***Bebenhausen****. Es ist der einzige Ort innerhalb des Naturparks Schönbuch und gilt als gutes Beispiel für eine mittelalterlich-geschlossene Klosteranlage. Im 12. Jh. wurde das* ***Kloster Bebenhausen*** *von Mönchen des Prämonstratenserordens gegründet und drei Jahre später von den Zisterziensern übernommen. Das Kloster erhielt seit seiner Gründung reiche Schenkungen und konnte seine weltlichen Güter immer weiter ausbauen. In späteren Epochen wurde aus dem Kloster eine evangelische Schule und dann ein Abthaus. In der zweiten Hälfte des 15. Jh. geriet es unter die Herrschaft des Hauses Württemberg und wurde schließlich als Jagdschloss des Königs genutzt. 1946–52 war das Kloster Bebenhausen Sitz des Landtages von Südwürttemberg-Hohenzollern.*
Die ehemalige ***Klosterkirche St. Maria*** *erhielt als spätromanische Kirche 1228 die Weihe und erfuhr später mehrfach starke bauliche Veränderungen. Der romanische Baukörper umfasst den Chor, das Querhaus sowie das südliche Hauptschiff,*

in einer zweiten Bauphase wurden in den oberen Abschnitten des dreischiffigen Langhauses und Querhauses Spitzbögen eingesetzt. Für die sonst eher schlichte Ästhetik der Zisterzienser ist der Dekor der Kirche ungewöhnlich reich. Endgültig wurde mit den von Bernhard von Clairvaux aufgestellten Regeln gebrochen, indem 1335 in der Ostwand des Chors ein großes Maßwerkfenster seinen Platz fand. Dies bedeutete nicht nur eine architektonische Meisterleistung, sondern war das Symbol für die Abkehr von der Askese, Reinheit und Schmucklosigkeit.
Der eindrucksvolle **Kreuzgang** *entstand Ende des 15. Jh. Trotz unterschiedlicher Gewölbeformen und uneinheitlichem Maßwerk wirkt er harmonisch. Ursprünglich waren die Kreuzgangfenster verglast. Besonders schön ausgestaltet sind der Kapitelsaal aus dem 13. Jh. mit profilierten Kämpfern und einem kräftigen Kreuzrippengewölbe sowie das helle Sommerrefektorium aus der Mitte des 13. Jh. Dieser Speisesaal ist ein sehr schöner und wirkungsvoller hochgotischer Raum. Aus den schlanken Säulen bilden sich fächerförmig die Gewölberippen, die scheinbar wie Äste eines Laubbaums in den Himmel wachsen.*

Wir verlassen das Kloster über eine Brücke über den Goldersbach. Direkt hinter der Brücke wenden wir uns nach rechts auf einen Wiesenpfad, der in etwa parallel zur Straße am Wald recht steil bergan führt. Dieser Fußweg kreuzt zweimal die Straße, bis wir den Waldrand an einem Wanderparkplatz erreicht haben. Auf dem »Steinigen Weg« verlassen wir den Wald und gehen über die Felder auf eine kleine **Anhöhe** (**9**, 492 m; ¾ Std.). Von hier haben wir einen gigantischen Blick auf die Schwäbische Alb und auch über den Schönbuch, den wir nun verlassen.

Grüne Neckaraue bei Neckartailfingen.

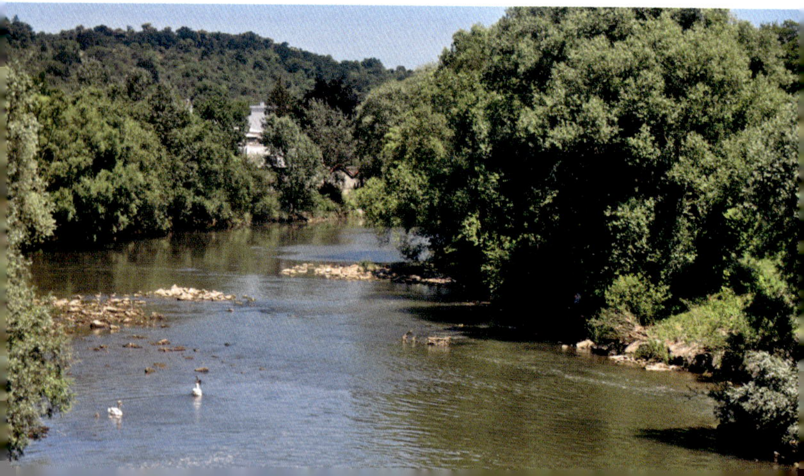

Der Jakobsweg biegt links in den Alleenweg, dann links in den Maronenweg ein, der uns zu den ersten Häusern von **Waldhausen**, einem nördlichen Stadtteil von Tübingen, führt. Ab nun geht es nur noch bergab in das »kulturelle Herz Baden-Württembergs«. Der Jakobsweg ist auf dem Stadtgebiet Tübingens nicht immer ganz eindeutig markiert oder die Symbole fallen aufgrund der vielfältigen Plakate und Straßenbeschilderungen nicht sofort ins Auge.
Wir überqueren erst den Heuberger-Tor-Weg und geradeaus den Nordring. Ein Treppenweg bringt uns in einem Wohngebiet zur Hartmeyerstraße; hier links und sogleich wieder nach rechts. Nach gut 150 m an einer Gabelung nach rechts und weiter bergab auf dem Jakobsweg durch die Grünanlage am Käsenbach. Das romantische Käsenbachtal, das wir nun durchwandern, kann mit einer einmaligen Besonderheit aufwarten: Geografen haben hier den Mittelpunkt Baden-Württembergs vermessen und mit einem Gedenkstein markiert.
Wir verlassen das Käsenbachtal auf dem »Breiten Weg« nach rechts, unterqueren die breite Schnarrenbergstraße und gehen auf der Frondsbergstraße parallel zur Schnarrenbergstraße bergab auf das Stadtzentrum zu. Am Ende der Frondsbergstraße führt ein Treppenweg zu einer großen Kreuzung hinab, die wir nach links unterqueren. Auf der Herrenberger Straße kommen wir zur Rümelinstraße und nach rechts über die Ammer ins historische Zentrum. Wir folgen der Schmiedtorstraße geradeaus, nach gut 100 m nach rechts durch die Madergasse zur Jakobuskirche. Hinter der Kirche links und links in die Jakobsgasse, im Links-rechts-Schwenk in die Kornhausstraße und nach rechts durch die Marktgasse zum Marktplatz von **Tübingen** (**10**; knapp 1¼ Std.).

i *Die Universitätsstadt **Tübingen** liegt malerisch am Neckar im Vorland der Schwäbischen Alb und am Rand des Naturparks Schönbuch. Mit über 26.000 Studenten beherbergt sie eine der größten und renommiertesten Universitäten des Landes mit angegliederten Forschungsinstituten, Kliniken und kulturellen Einrichtungen. Die Neckarstadt ist gewiss eine der attraktivsten Städte Süddeutschlands, denn zum Glück wurde ihr historischer Kern im Zweiten Weltkrieg verschont, und eine umfangreiche und behutsame Stadtsanierung hat dazu beigetragen, dieses schwäbische Juwel zu erhalten.*
Zur Zeit der Römer querte eine Straße das heutige Stadtgebiet Tübingens, in dem sich im 6. und 7. Jh. die Alemannen niederließen. Im frühen Mittelalter wird die Stadt erstmals urkundlich erwähnt (1078) und Mitte des 13. Jh. übernahmen die Grafen von Württemberg die Stadt. Und schon früh, nämlich im Jahr 1477, gründete Graf Eberhard im Bart die Universität. Zur Berühmtheit gelangte nicht nur die Universität – an deren Forscher bereits diverse Nobelpreise gingen –, sondern auch das Stift, an dem Hegel, Hölderlin und Schelling 1790/91 und 200 Jahre zuvor auch Johannes Kepler studierten. Es wurde auch »Schwäbischer Olymp« oder »Pfaffenschmiede« genannt, die Schmiede der zukünftigen geistig-religiösen Elite Württembergs. Nach dem Zweiten Weltkrieg wurde Tübingen von den französi-

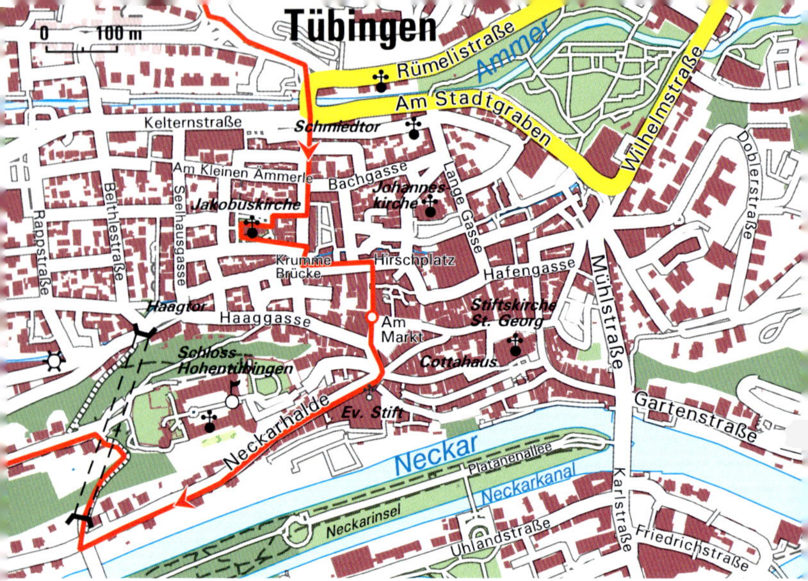

schen Truppen besetzt und zur Hauptstadt des Landes Württemberg-Hohenzollern erhoben. Mit der Gründung von Baden-Württemberg blieb Tübingen noch Sitz des Regierungspräsidiums.

Das Stadtbild Tübigens wird von der Stiftskirche, seinem Schloss und zahlreichen Fachwerkfassaden geprägt. Die **Stiftskirche** *wurde im Stil der Spätgotik in der zweiten Hälfte des 15. Jh. auf einem ehemaligen alemannischen Gräberfeld errichtet. Der dreischiffige Hallenbau mit kräftigen Wandpfeilern wird von einem mächtigen Satteldach überspannt. Das Längsschiff ist durch einen dreibogigen Lettner vom dreijochigen Chor getrennt, der von einem achtstrahligen Haspelsterngewölbe abgeschlossen wird. Im Chor dominieren die bunten und reich ausgeschmückten Glasmalereien (1476–79) aus der Straßburger Meisterwerkstatt Peter Hemmels. Hier befindet sich seit 1537 die Grablege des Hauses Württemberg. Auch die Gebeine des berühmten und hochverehrten Grafen Eberhard im Bart wurden hierher überführt. Besonders beachtenswert ist das vom Ulmer Bildhauer Hans Multscher geschaffene Grabmal der Gräfin Mechthild.*

Die **Altstadt** *Tübingens weist viele Sehenswürdigkeiten auf, wie etwa das Rathaus aus der Mitte des 15. Jh., das immer weiter ausgebaut und 1876 mit einer Sgraffito-Malerei verziert wurde. Die kunstvolle astronomische Uhr stammt aus dem Jahr 1511. Bei einem Gang durch den Stadtkern kann ein Teil der Stadtmauer besichtigt werden oder das evangelische Stift, die alte Aula, das Cotta-Verlagshaus und der Hölderlinturm.*

3.15 Std. 11,5 km Tübingen – Rottenburg am Neckar 26

Unterkunft: **Wurmlingen** (351 m/ 3810 EW), Gasthof Rössle, ab 45 €, Tel. 07472 984 22 33, www.roessle-wurmlingen.de. **Rottenburg am Neckar** (349 m/ 43.760 EW), **(1)** Hotel Württemberger, 85 € ÜF, Tel. 07472 963 60, www.wuerttembergerhof.de. **(2)** Hotel Martinshof, 80 €, Tel. 07472 919 940, www.martinshof-rottenburg.de. **(3)** limehome, 78 €, Tel. 089 412 078 07, www.limehome.com. **Frommenhausen** (9 km südwestlich von Rottenburg) Pilgerherberge, Raiffeisenstr. 25, Tel. 07478 461, www.treffpunkt-natur-frommenhausen.de. Derzeit (2022) dient die Pilgerherberge als Erstaufnahmestelle für Geflüchtete aus der Ukraine.
Die Strecke: Auf einem Höhenweg auf asphaltierten Wegen und Forstpisten durch einen Mischwald zur Wurmlinger Kapelle. Ab Wurmlingen auf Wirtschaftswegen durch die Neckarebene bis nach Rottenburg.
Höhenunterschied: 220 m im Auf- und 210 m im Abstieg.
Kritische Stellen: Keine.
Landschaft: Auch auf dieser Etappe begleitet der Neckar den Jakobsweg durch das schwäbische Baden-Württemberg. Von der Burg Tübingen erstreckt sich der bewaldete Spitzberg bis zur Wurmlinger Kapelle, die sich weithin sichtbar über dem Neckartal erhebt. Bergab führt der Weg nach Wurmlingen und weiter durch die intensiv landwirtschaftlich bewirtschafteten Flächen.
Infrastruktur: Wurmlingen [icons] ; Rottenburg: alles.
Touristeninformation: In Rottenburg am Neckar, Marktplatz 24, Tel. 07472 91 62 36, www.wtg-rottenburg.de.
Anmerkungen: In Rottenburg a. N. verzweigt sich der Jakobusweg. In westliche Richtung führt der Kinzigtäler Jakobsweg über den Schwarzwald ins Rheintal nach Straßburg, der andere in südliche Richtung über Rottweil nach Waldshut-Tiengen.

Vom **Marktplatz** in **Tübingen (1)** gehen wir ins Wienergäßle und in die Neckarhalde nach rechts. An der Alleenbrücke biegen wir nach rechts in die Schlossbergstaffel ein. Der Treppenweg bringt uns hoch zur Schlossbergstraße, in die wir nach links einbiegen.

Blick ins Neckartal bei Tübingen.

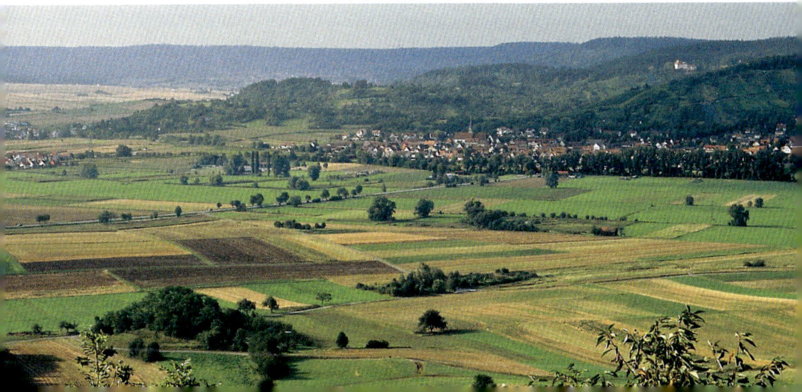

i Ein Wahrzeichen Tübingens ist der **Hölderlinturm** *am Neckarufer, in dem der unglückliche Dichter Friedrich Hölderlin von 1807 bis 1843 lebte. Ein weiteres ist die* **Burg** *bzw. das* **Schloss Hohentübingen***. Die einstige Burg in markanter Lage über der Stadt und dem Neckartal entstand wahrscheinlich ab 1037. Ab Mitte des 16. Jh. erfuhr Hohentübingen eine umfassende Erweiterung und den Umbau im Stil der Renaissance, wie z. B. das prachtvolle Burgtor, am Eingang zum Schloss. Um 1800 wurden Teile des östlichen und südlichen Flügels mit Fachwerk ausgestattet. Treppentürme, Balkone, Giebel und schöne Portale zieren den Innenhof des Schlosses.*

1342 verkauften die verschuldeten Pfalzgrafen von Tübingen Stadt und Burg an die Grafen von Württemberg, welche Hohentübingen neben Stuttgart und Urach als Residenz nutzten. 1495–1550 wurde die Burg zur Landfestung ausgebaut und mit Basteien versehen. Im 17. Jh. wurde sie erweitert und befestigt. Mitte des 17. Jh. überließ man die Festung den französischen Streitkräften, die bereits einen der Ecktürme gesprengt hatten. Im Gebäude befinden sich seit 1803 Teile der Universität und kulturhistorische Sammlungen, die im Museum besichtigt werden können, sowie die bedeutende ägyptologische und archäologische Sammlung.

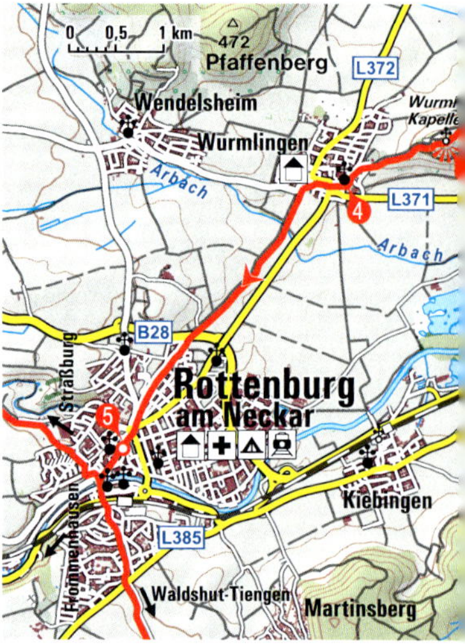

Auf dem Höhenzug des **Spitzberges** wandern wir nun auf dem angenehm schattigen Fußweg zum **Bismarckturm** (**2**, knapp ¾ Std. ab Marktplatz Tübingen). Über den Parkplatz am Waldrand führt uns geradeaus eine kleine asphaltierte Straße in den hohen Buchenmischwald. Der Wegverlauf im Wald ist gut gekennzeichnet. Dabei durchwandern wir die gesamte Spitzberganhöhe.

Kurz vor dem Waldende geht es auf einem bequemen Schotterweg mit herrlichen Ausblicken auf die Wurmlinger Kapelle wieder etwas steiler bergab. Der Anstieg zur Kapelle verläuft dann auf einem steilen Wiesenpfad, in den Stufen eingelassen sind. Oben, bei der **Wurmlinger Kapelle** (**3**, gut 1¼ Std.), genießen wir einen schönen 360°-Rundblick. Das Neckartal liegt uns zu Füßen und wir blicken bis zur Zollernalb und zurück auf den Schönbuch.

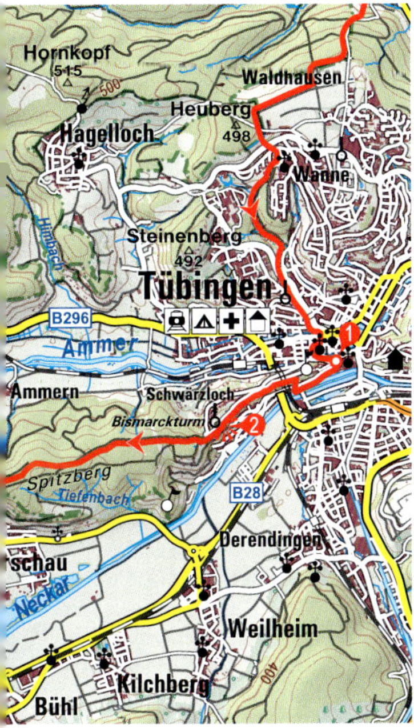

*Die **Remigiuskapelle** von **Wurmlingen** liegt isoliert auf dem malerischen Kapellenberg, 475 m, über dem Neckar. Der romanische Vorgängerbau wurde 1050 als Grabkapelle des Stifters Graf Anselm von Calw errichtet. Bis heute ist die barocke Wurmlinger Kapelle erhalten, die den jungen Dichter Ludwig Uhland zu einem Gedicht inspirierte. Der Text ist an der Kapellenmauer zu lesen.*

Für den Abstieg wandern wir auf dem gepflasterten Kreuzweg bergab bis zum Dorf **Wurmlingen** (**4**, gut ¼ Std.). Von der Pfarrkirche geht es dem Muschelsymbol folgend zum Ortsausgang und auf einem Wirtschafts- und Radweg durch die landwirtschaftlichen Flächen. Geradeaus wandern wir durch die Felder und können schon bald Rottenburg am Neckar erkennen.
Vor den Toren der Stadt sehen wir die Sülchenkirche, die ehemalige Grablege der Bischöfe von Rottenburg. Auf der Jahnstraße durch ein ruhiges Wohngebiet und auf der Seebronner Straße erreichen wir den Kreisverkehr am Eugen-Bolz-Platz am Rand der Altstadt. Geradeaus und auf der Königstraße gelangen wir zum Marktplatz vor dem Dom der Bischofsstadt **Rottenburg am Neckar** (**5**, 1 Std.).

*An einer Furt über den Neckar, an der Stelle, wo der Fluss sein enges Bett verlässt und in eine breite Aue eintritt, entstand vermutlich schon in keltischer Zeit eine Siedlung. Später entwickelte sich das heutige **Rottenburg** zu einer der wichtigsten Niederlassungen der Römer im Neckargebiet. Zum Schutz vor den eindringenden alemannischen Völkern umgab die Siedlung eine Stadtmauer, die dreimal so groß war wie die spätere mittelalterliche. Ein Teil der Stadtbefestigung aus dem Mittelalter ist am östlichen Rand der Altstadt noch erhalten.*
Die Grafen von Hohenberg gründeten im Jahre 1280 die neue mittelalterliche Stadt, die zum Verwaltungssitz der Grafschaft ausgebaut wurde. Hundert Jahre später kam Rottenburg zu Österreich und erlebte als Residenzstadt von Mechthild von der Pfalz (1454–82), der Gemahlin des Erzherzogs Albrecht von Österreich, eine kulturelle Blütezeit. Die literarisch und künstlerisch interessierte Mechthild

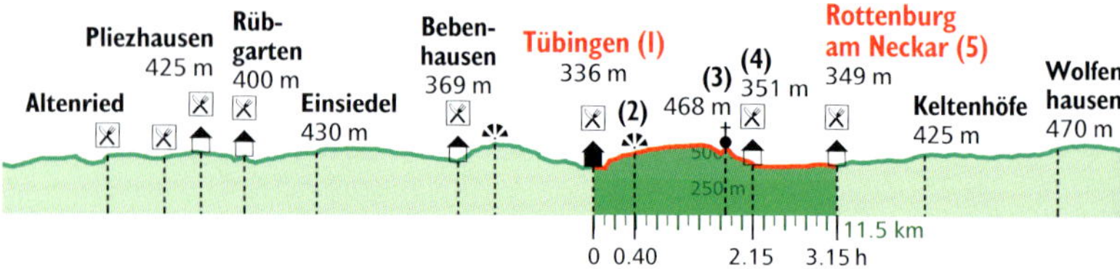

war die Mutter Graf Eberharts im Bart, der die Tübinger Universität gründete. Während des Dreißigjährigen Krieges und im 18. Jh. verwüsteten Brände die Stadt, so dass mittelalterliche Bauwerke nur in geringem Maße erhalten blieben. 1806 wurde Rottenburg württembergisch und wenige Jahre später zum Bischofssitz der Diözese Rottenburg-Stuttgart.

Den Marktplatz mit dem gotischen Brunnen dominiert die ***Domkirche St. Martin****, die im frühen 15. Jh. anstelle einer Marienkapelle errichtet wurde. Die Kirche erfuhr grundlegende Überarbeitungen und ist seit 1821 Bischofskirche des Bistums.*

Die ***Pfarrkirche St. Moritz*** *ist die Grablege der Grafen von Hohenberg. Mit dem Neubau wurde um 1300 begonnen. Von der Vorgängerkirche ist lediglich die Krypta erhalten. Der Turm wurde erst 1433 vollendet und wird der Werkstatt Parlers (einer bedeutenden Familie von Steinmetzen und Baumeistern, die u. a. auch am Ulmer Münster mitwirkten) zugeschrieben. Das dreischiffige Kircheninnere zeigt deutlich die Orientierung hin zur schlichten Architektur der Bettelorden. Herausragend sind die zwischen 1380 und 1430 entstanden gotischen Wandmalereien. An den Wänden sind einige Denkmäler und Grabinschriften aus dem 13.–18. Jh. angebracht, darunter auch die Epitaphien der Stifterfamilie.*

Südlich des Marktplatzes steht der schlichte Bau der ***Zehntscheuer*** *aus der Mitte des 16. Jh. mit vier Dachgeschossen, geschmückt von zwei Doppeladler-Reliefs.*

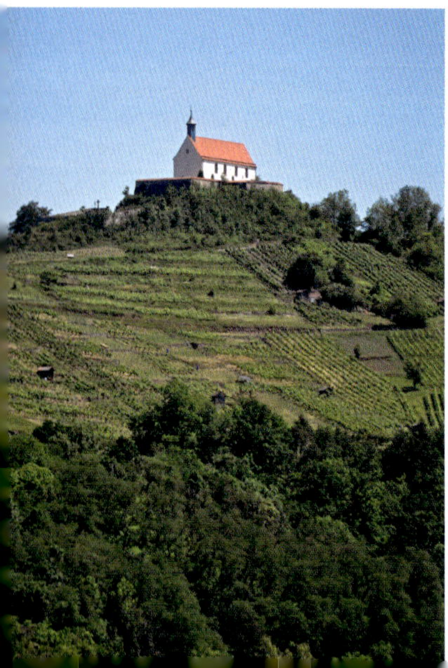

Die Wurmlinger Kapelle inspirierte einst den Dichter Ludwig Uhland.

6.45 Std.
27,1 km

Rottenburg am Neckar – Horb am Neckar

27

Unterkunft: Horb am Neckar (408 m/ 25.090 EW), **(1)** Gasthaus Greifen, 42 € ÜF, Tel. 07451 2484, www.gasthaus-greifen.de. **(2)** Hotel Schiff, Tel. 07451 21 63, ab 45 € ÜF, www.hotel-horb.de. **(3)** Goldener Adler, 553€ ÜF, Tel. 07451 552 990, www.goldener-adler-hotel.de.
Die Strecke: Der Kinzigtäler Jakobweg ist mit einer stilisierten orangefarbenen Muschel auf weißem Grund markiert. Meist kleine, gut zu begehende Wirtschaftswege durch die Wiesen und Felder des Gäus.
Höhenunterschied: 390 m im Auf- und 330 m im Abstieg.
Kritische Stellen: Keine.
Landschaft: Auf diesem Streckenabschnitt queren wir die hügelige Landschaft des Gäus, die bereits in der Mittelsteinzeit besiedelt war. Auf den zum Teil mit fruchtbarem Lössboden bedeckten Flächen wird hauptsächlich Ackerbau betrieben. Bei Horb erreichen wir nochmals das Neckartal, bevor sich im Westen der Schwarzwald anschließt.
Infrastruktur: Liebfrauenhöhe (483 m/ < 50 EW); Bildechingen (abseits des Wegs; 499 m/2300 EW); Mühlen (403 m/1020 EW); Horb a. N.: alles.
Touristeninformation: Stadtinformation Horb am Neckar, Mühlener Straße 2, Tel. 07451 90 12 00, www.horb.de.
Anmerkung: In Rottenburg am Neckar verzweigt sich der Jakobsweg in die Route über Rottweil nach Waldshut-Tiengen und in den »Kinzigtäler Jakobsweg«, der über den Schwarzwald nach Straßburg führt.

Vom Dom am **Marktplatz** von **Rottenburg (1)** folgen wir der neuen Kennzeichnung geradeaus und dann nach rechts bergan in den »Staig«. Durch das liebevoll renovierte Kalkweiler Tor verlassen wir den historischen Kern von Rottenburg. Nach rechts gehen wir an der Gefängnismauer entlang und folgen dann wenige Meter nach links der Berliner Straße, von der ein Fußweg Richtung Weggental abzweigt.
An der **Wallfahrtskirche Weggental** (gut ¼ Std.) geht es geradeaus auf einer kleinen asphaltierten Straße weiter durch Wiesen und Felder. An der nächsten Wegverzweigung wenden wir uns nach rechts auf eine kleine Straße (keine Markierung)

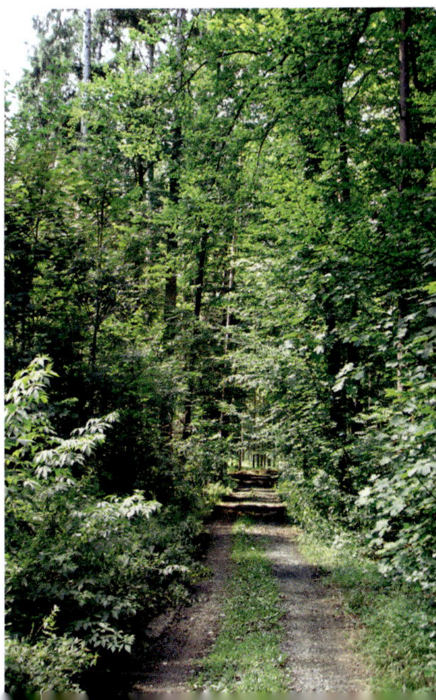

Lichte Buchenmischwälder begleiten den Wanderer entlang von Bächen und Flüssen.

durch das hübsche Weggental. Bei einem 1989 eingefassten Brunnen mit Picknickplatz wandern wir nach links weiter. Auf einer kleinen Straße geht es nach rechts bergan zu den **Keltenhöfen** (**2**, ¾ Std.), von denen der Jakobsweg nach links zu einem Wäldchen hin abbiegt. Von hier haben wir nochmals einen netten Blick zurück auf Rottenburg und die Wurmlinger Kapelle. An einem Bildstock biegen wir nach rechts auf einen Weg, der am Waldrand entlangführt. Am Ende des Wäldchens geht es weiter geradeaus über die Felder in nordwestliche Richtung. Knapp 800 m nach dem Waldrand unter-

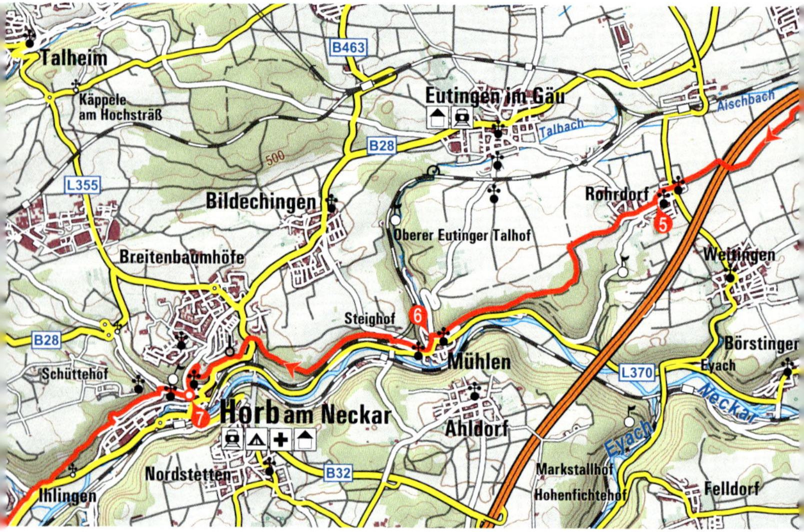

queren wir die B 28. Wir folgen dem Jakobsweg geradeaus am Spielberg vorbei und dann vor dem Wiechhäldenhof links haltend nochmals über die B28 und durch die landwirtschaftlichen Flächen. Wir überqueren geradeaus eine Kreisstraße und wandern zwischen zwei bewaldeten Höhenzügen nach **Wolfenhausen** (**3**, 1¾ Std.).

Wir durchwandern das Dorf bis kurz vor Ortsende. Hier geht es nach rechts auf die Fichtenstraße und gleich nach links in die Eichenstraße. Bei den letzten Häusern biegen wir nach rechts in einen Weg ein, der uns geradeaus durch Äcker, Wiesen und am Waldrand in westliche Richtung führt. Wir bleiben diesem Weg zunächst auch durch ein Waldareal hindurch treu, zweigen dann aber nach rund 650 m im Wald nach links ab und an der nächsten Kreuzung nach rechts. Wir treffen auf eine Straße, der wir kurz nach links fol-

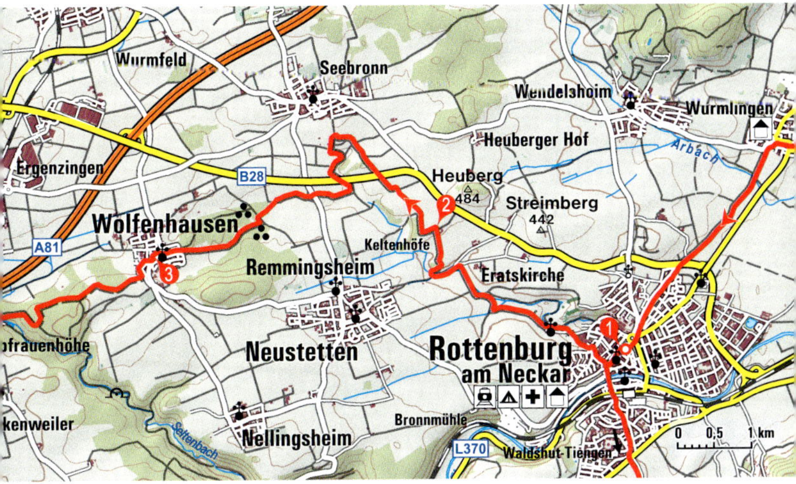

gen, und gehen dann nach rechts auf einem Fußweg zum **Ursulinenkloster Liebfrauenhöhe** (**4**, knapp 1 Std.) bergan. Wir gehen nun parallel zur Autobahn, bis wir uns an einer Weggabelung rechts halten und die Autobahn auf einer kleinen Brücke überqueren. Dann geht es gleich nach links und geradeaus durch die Fluren des Gäus nach **Rohrdorf** (**5**, gut ¾ Std.). Die Variante über Eutingen im Gäu und Bildechingen ist etwas länger, dafür kann in der Wallfahrtskirche »Zur schmerzhaften Muttergottes« das herrliche Altarbild aus Alabaster, die »Bildechinger Pietà«, bewundert werden.

Weiter wandern wir auf der Ortsstraße und dem Horber Weg aus Rohrdorf hinaus. Rund 800 m nach dem Ortsrand zweigen wir nach links ab und durchwandern ein Waldareal hinab ins Neckartal. Im Tal orientieren wir uns nach rechts und erreichen so das Dorf **Mühlen** (**6**, 1 Std.). Auf der Durchgangsstraße und dann nach rechts über die Tunnelsteige gelangen wir aus dem Ort, bleiben dem Neckartal treu und gehen auf dem Nordhang durch den Mischwald. Auf der Bildechinger Steige geht es schließlich hinab nach

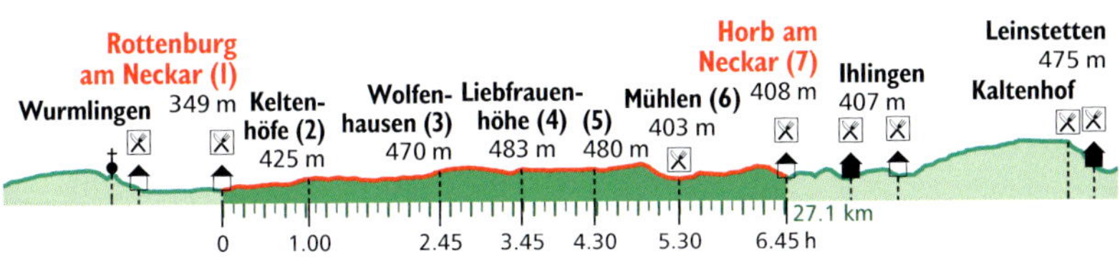

Horb am Neckar (**7**, 1¼ Std.) im Talgrund des Neckars. Über die Marktgasse gelangen wir am Marktplatz zur Liebfrauenkirche mit einer Jakobusdarstellung am Hauptaltar.

i ***Horb** liegt am Oberlauf des Neckars und wurde um 1090 erstmals urkundlich erwähnt. Noch in der ersten Hälfte des 13. Jh. erhielt Horb die Stadtrechte. Bis 1806 gehörte Horb zur Grafschaft von Hohenberg und damit zu Österreich. Im 15. Jh. war Horb eine blühende Stadt, die besonders aus Tuchwebereien und -handel, Kunstgewerbe und Weinbau ihren Reichtum schöpfte. Ein großer Brand im Jahr 1556, der Dreißigjährige Krieg und vor allem ein zweiter Stadtbrand im Jahre 1725 zerstörten weite Teile der historischen Altstadt. Die Neuzeit begann für Horb erst, als Napoleon 1806 den Anschluss an Württemberg veranlasste. Die Stadt dehnte sich aus, Stadtmauer und -tore fielen allmählich, Gewerbe und industrielle Unternehmungen siedelten sich an, und die historischen Fachwerkhäuser wurden renoviert bzw. neu aufgebaut. Heute ist Horb ein bildschönes Fachwerkstädtchen oberhalb des Neckartals.*

Flurkreuze, wie hier am Weg kurz vor Eutingen, werden meist von Büschen und Bäumen eingerahmt.

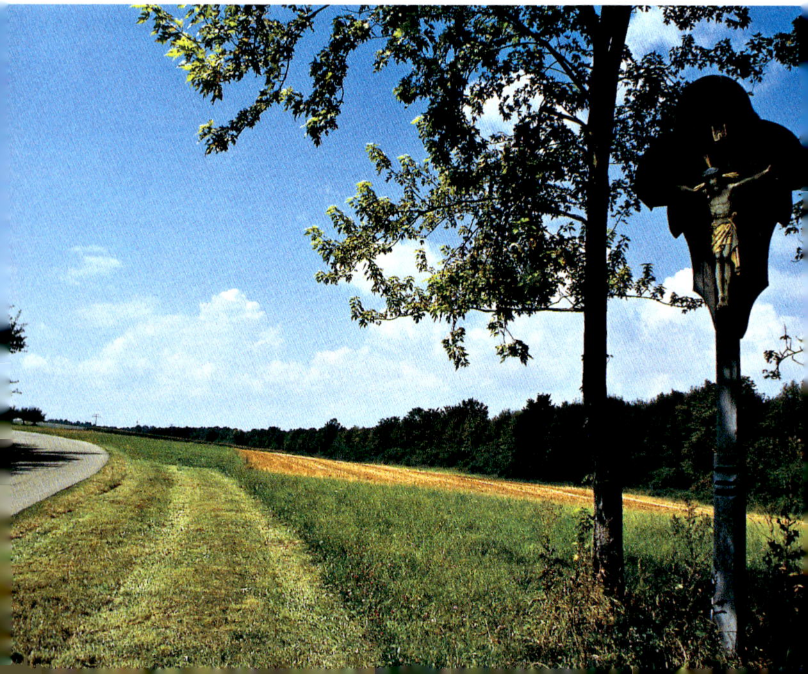

6.45 Std.

25,5 km

Horb am Neckar – Loßburg

28

Unterkunft: Ihlingen (407 m/450 EW), Pilgerherberge 4 B/12 €, Matratzenlager im Gemeindesaal 12 B/6 €, Tel. 07451 8986, www.dekanat-freudenstadt.drs.de. **Dettingen** (415 m/1500 EW), Gasthof Adler, 50 €, Tel. 07482 230, www.adler-dettingen.de. **Leinstetten** (475 m/570 EW), **(1)** Pilgerherberge oberhalb der Kirche im Pfarrhaus, 8 B/10 €, Tel. 07455 725, www.dekanat-freudenstadt.drs.de. **(2)** Gasthof Pension Schlossbrücke, 43 €, Tel. 07455 13 65, www.schlossbruecke.de. **Loßburg** (663 m/7530 EW), **(1)** Landgasthof Hirsch, ab 70 € ÜF, Tel. 07446 950 50, www.hirsch-lossburg.de. **(2)** Hotel Traube, ab 72 €, Tel. 07446 15 14, www.traube-lossburg.de. **(3)** Gasthof & Gästehaus Linde, ab 65 € ÜF, Tel. 07446 951 60, www.gaestehaus-linde.de.

Die Strecke: Feldwege, kleine Straßen und schattige Forstwege durch eine ausgesprochen hügelige Landschaft. Gut zu begehende Wege, einzelne Passagen können bei nasser Witterung in den Waldabschnitten schlammig sein. Meist moderate Ab- und Anstiege, nur auf kurzen Abschnitten steiler.

Höhenunterschied: 720 m im Auf- und 460 m im Abstieg.

Kritische Stellen: Keine.

Landschaft: Zwischen dem Neckartal und dem östlichen Schwarzwald erstreckt sich eine recht kleinräumige, vielfältige und hügelige Landschaft. Hochebenen mit weiten Ausblicken bis in den Schwarzwald, kleine, tiefe Taleinschnitte, Wald, Wiesen und Felder bilden den Reiz dieser Region.

Infrastruktur: Ihlingen; Dettingen; Priorberg (abseits des Wegs; 560 m/40 EW); Kaltenhof (651 m/ < 100 EW); Leinstetten; Unterbrändi (586 m/100 EW); Loßburg: alles.

Touristeninformation: Tourist-Information Loßburg, Hauptstraße 46, Tel. 07446 95 04 60, www.lossburg.de.

Anmerkungen: (1) Unmittelbar hinter der Liebfrauenkirche in Horb führt ein ebenfalls mit der Muschel markierter Rundwander-/Pilgerweg über Salzstetten, Heiligenbronn, Pfalzgrafenweiler, Dornstetten nach Loßburg und zurück auf dem Kinzigtäler Jakobsweg nach Horb. **(2)** In Dettingen zweigt eine Variante des Neckar-Baar-Jakobswegs in Richtung Rottweil ab.

Von der **Liebfrauenkirche** am höchsten Punkt von **Horb (1)** gehen wir am Schurkenturm vorbei durch den Burggarten, dann schräg links über die Panoramastraße in den Kropfbrunnenweg (Achtung, hier zweigt die Variante rechts in Richtung Pfalzgrafenweiler ab), der in einen Mischwald führt. Leicht ansteigend durchwandern wir den Forst über dem Neckartal. An einer Gabelung, rund 250 m nachdem der Waldweg abschüssig verläuft, zweigen wir links ab.

Im Neckartal folgen wir der B 14. An einer Bushaltestelle geht es links hinab zur schönen Pfarrkirche St. Jakobus (beeindruckende Jakobsstatue, Wandmalerei »Drei Jakobuspilger auf dem Weg nach Santiago« und Pilgerstempel) in **Ihlingen** (**2**, knapp 1 Std.) und weiter durch den Ort. Am Dorfende geht die Straße in einen Wiesenpfad über, der wiederum durch einen lichten Mischwald führt. Auf halber Hanghöhe wandern wir über dem Neckartal bis **Dettingen** (**3**, ¾ Std.).

Geradeaus geht es auf der Kreuzstraße zur Dorfkirche St. Peter. Dann rechts in die Straße Längental und gleich links auf der »Alten Kirchsteige« steil bergan.

Am Ortsrand treffen wir wieder auf das Muschelsymbol. Hier gibt es auch die Möglichkeit, über den Weiler Priorberg zu wandern. Wir aber nehmen den Weg nach rechts auf dem »Lettenacker«, der durch den Nadelmischwald leicht bergan verläuft. Nach rund 3 km auf diesem schattigen Weg erreichen wir den Waldrand. Zwischen Wald und Äckern leitet uns die Muschel sanft bergauf zur **Kreisstraße 5513** (**4**, 1¾ Std.), die nach Dürrenmettstetten führt. Nun folgen wir dem Muschelsymbol geradeaus, an Windrädern und

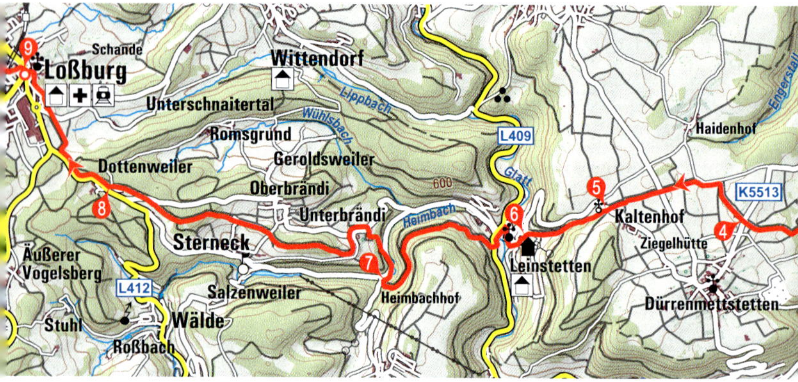

Aussiedlerhöfen vorbei durch die Felder bis zum **Kaltenhof** (**5**, ½ Std.). Geradeaus wandern wir auf einem Feldweg weiter, der uns zur Wendelinuskapelle, der ehemaligen Jakobuskapelle, bringt. Bergab geht es durch einen Taleinschnitt; wir passieren einen Jakobusbrunnen und erreichen bald **Leinstetten** (**6**, gut ¼ Std.).

In Leinstetten zweigt eine Variante über Wittendorf nach Loßburg ab. Wir gehen auf der »Steige« bergab zur Dürrenmettstetter Straße, überqueren die Glatt sowie den Heimbach und folgen unmittelbar am Ortsende nach rechts einem Feldweg bergan in einen ausgedehnten Mischwald hinein. An der Fürnsaler Sägemühle überqueren wir die Kreisstraße nach rechts und folgen

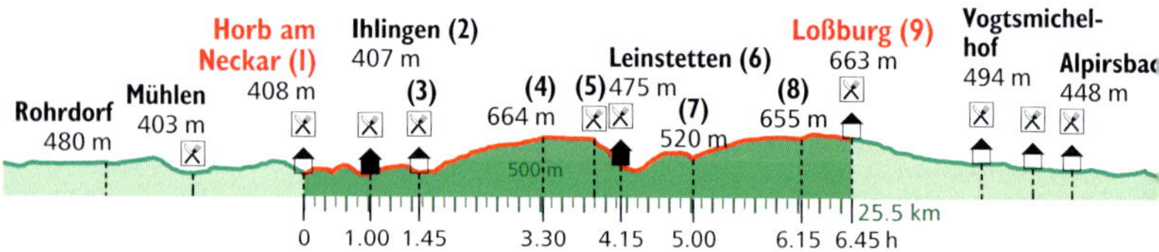

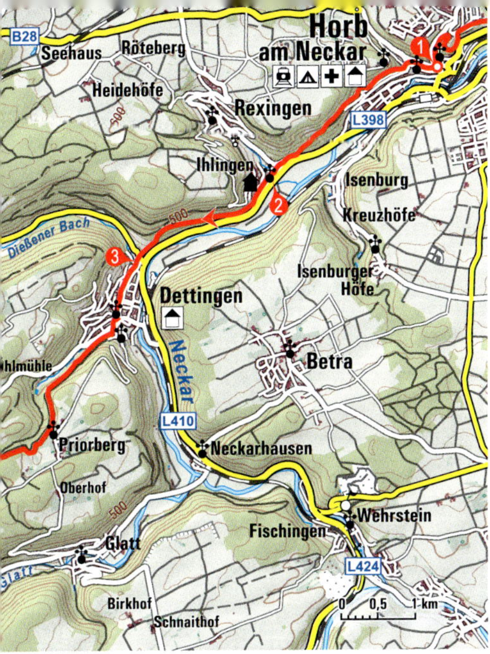

dem Jakobsweg zum nahe gelegenen **Heimbachhof** (**7**, gut ¾ Std.). Ab hier geht es auf einem Pfad im Wald bergan. Dabei halten wir uns geradeaus und kommen so an den Waldrand. Vor uns liegen die Häuser von Unterbrändi, auf die wir zusteuern. Wir durchqueren den Weiler, halten uns dann nach rechts und wandern durch Wäldchen und Wiesen nach **Dottenweiler** (**8**, 1¼ Std.). Wir folgen der Wäldener Straße nach rechts, dann biegen wir mit Blick auf Loßburg auf einen Feldweg nach rechts ab. Die Markierung führt uns nach links auf den Ortsrand zu. Nun auf Zollernstraße, Vorderem Siedlungsweg, Gartenweg, Küfergasse und links in die Schlagwaldstraße in den Ortskern von **Loßburg** (**9**, gut ½ Std.) im Kinzigtal, dem wir weiter folgen werden.

i *Das **Loßburger Gebiet** unterstand ursprünglich den Grafen von Sulz, bevor es durch Heirat in den Besitz der Familie Geroldsecker kam. Mitte des 13. Jh. errichteten die späteren Hohengeroldsecker ihre Burg zwischen Schuttertal und Kinzigtal, die **»Loseburch«**.*

Vom Quell der Kinzig zogen die Geroldsecker einen Wassergraben zu ihrer Burg, die sie als Wasserburg ausbauten. Der von der Kinzig abgeleitete Wassergraben, der heutige Mühlbach, lieferte keine ausreichende Wassermenge für die wachsende Bevölkerung. Daher wurden 1539 strenge Regelungen für den Wasserverbrauch der Kinzig erlassen: Es wurde ein besonderer Wasserschöpfplatz angelegt, um alle gerecht zu behandeln. Das Wasser sollte bis Samstagmittag zur Mühle gehen und nicht zur Bewässerung der Wiesen dienen. Im Ort durften im Graben keine Windeln gewaschen werden und die »Toiletten« und die Ställe sollten nur mit dem Waschwasser gereinigt werden.

29 *Loßburg – Schenkenzell*

4.30 Std.

16,5 km

Unterkunft: **Vogtsmichelhof** (495 m/10 EW), 86 € DZ/ÜF, Tel. 07444 950 30, www.vogtsmichelhof.de. Gleich danach: **Landgasthof Untere Mühle** (495 m), 96 € DZ, Tel. 07444 956 606, www.unteremuehle-schwarzwald.de. **Untertal** (460 m/50 EW) **(1)** Gasthof Adler, 38 € ÜF, 52 € HP, Tel. 07444 22 15, www.gasthof-adler-alpirsbach.de. **(2)** Erlenhof (750 m abseits des Weges, jenseits der Kinzigtalstraße.), 64 € DZ/ÜF, Tel. 07444 62 46, www.gasthaus-erlenhof.de. **Alpirsbach** (448 m/6250 EW), **(1)** Krähenbad Hotel, 45 €, Tel. 07444 955 690. **(2)** Hotel Restaurant Rössle, 68 € ÜF, Tel. 07444 956 040, www.roessle-alpirsbach.de. **(3)** Brauereigasthof Löwen-Post, 74 €, Tel. 07444 955 944, www.loewen-post.de. **Schenkenzell** (357 m/1840 EW), **(1)** Hotel Waldblick, 77 €, Tel. 07836 939 60, hotel-waldblick.de. **(2)** Gästehaus Müller, 33 € ÜF, Tel. 07836 23 21, www.gaestehaus-mueller-schenkenzell.de.

Die Strecke: Meist gut begehbare Wanderwege mit leichtem bis mittlerem Gefälle durch Wiesen und Wälder entlang der Kinzig. Vor allem ab Alpirsbach bis Schenkenzell kleine Straßen und Forstwege.

Höhenunterschied: 80 m im Auf- und 380 m im Abstieg.

Kritische Stellen: Einzelne Wegabschnitte sind nicht ausreichend gekennzeichnet. Im Text wird die Wegführung an diesen Stellen ausführlicher beschrieben.

Landschaft: Heute dringen wir tief in den Mittleren Schwarzwald vor und durchwandern im Kinzigtal die waldreiche Region. In das Mittelgebirge haben sich zahlreiche kleine Zuflüsse der Kinzig tief eingeschnitten. Die Hänge und Bergkämme sind größtenteils mit Nadelmischwäldern überzogen, in die einzelne Gehöfte oder Weiler eingebettet sind. Die größeren Ortschaften und Straßen liegen meist im Kinzigtal.

Infrastruktur: Vogtsmichelhof 🏠 🍴; Landgasthof Untere Mühle 🏠 🍴; Untertal 🏠 🍴; Alpirsbach und Schenkenzell: alles.

Touristeninformation: Alpirsbach, Tel. 07444 95 16 281, www.stadt-alpirsbach.de. Haus des Gastes, Tel. 07836 93 97 51, www.schenkenzell.de.

Ab dem Jakobusstein vor dem ehemaligen Kornspeicher von **Loßburg (1)** leitet uns das Muschelsymbol durch den Ort zum Freibad. Ab hier folgen wir bis Alpirsbach zumeist dem alten Flößerpfad neben der Kinzig.

i *Die **Flößerei** verschaffte ab dem 13. Jh. der Schwarzwaldregion bis zum Rhein für über 600 Jahre Arbeit und Brot. Die Flößer und Schiffer waren in Schifferschaften, ähnlich der Handwerkerzünfte, organisiert. Sie handelten mit Holz, das sie von den Waldbauern aufkauften und in die Rheinebene und weiter bis nach Holland verflößten. Dort wurde es zum Schiffsbau, zum Städtebau auf Marschland (Amsterdam wurde hauptsächlich auf Schwarzwälder Holz errichtet) und natürlich für den Export verwendet. Der Bau der Kinzigtalbahn ab 1878 und der Anschluss an das Straßennetz führten zur Verlagerung der Holztransporte auf Bahn und Lkw.*

Auf einem bequemen Fußweg geht es nun entlang der jungen Kinzig durch den Hangwald beständig bergab. Der Waldweg orientiert sich stets am Flusslauf, Schautafeln informieren über die Flößerei. Nach der Emilienbrücke verläuft der Jakobsweg auf halber Hanghöhe weiter. Das Kinzigtal weitet sich schnell und wird durch zahlreiche Zuflüsse gespeist. Wir erreichen die Obere Mühle, an der der Wanderweg in eine kleine Straße übergeht. Kurz darauf passieren wir die Untere Mühle und gehen auf dem sogenannten Katzenstieg weiter an der Kinzig entlang zum Juntleshof. Ein Feldweg führt uns durch die idyllische Landschaft am Weiler **Dörfle** vorbei durch die Wiesen bis zum imposanten **Metzgerbauernhof** (**2**, 1¼ Std.). Hier wenden wir uns nach links über zwei Bachläufe und biegen dann nach rechts auf einen Wiesenweg ab und passieren den **Vogtsmichelhof** (**3**, ¼ Std.).

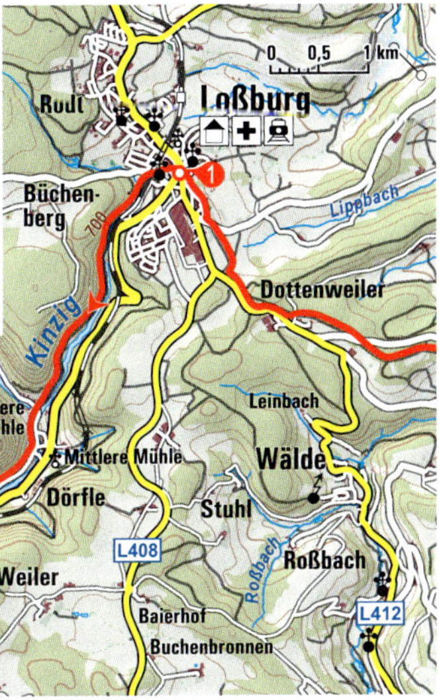

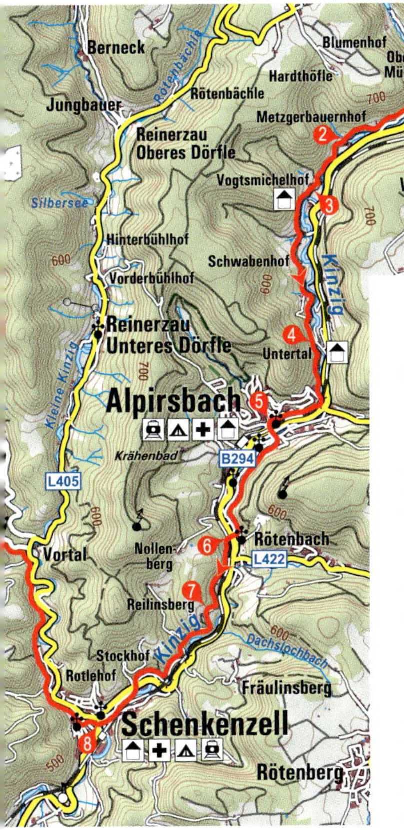

Weiter durch das Kinzigtal kommen wir am Hänslesbauernhof, am Jockelsbauernhof und am Schwabenhof vorbei an den Rand von **Untertal** (**4**, knapp ¾ Std.). Immer weiter geradeaus folgen wir dem absteigenden Fahrweg durch den Wald zum Ortseingang von Alpirsbach. Auf diesem Abschnitt genießen wir einen herrlichen Blick über das Kinzigtal. Am Ortseingang von Alpirsbach wenden wir uns nach rechts und folgen einem Fußweg zum be-

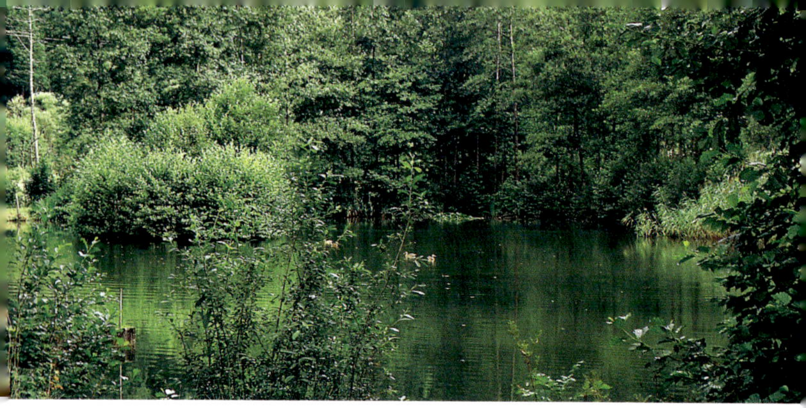

Lauschiger Weiher im Kinzigtal.

eindruckenden Kloster Alpirsbach im Ortszentrum von **Alpirsbach** (**5**, gut ½ Std.), das aus dem roten Sandstein der Region errichtet wurde.

i ***Alpirsbach*** *entstand als Siedlung um das gleichnamige, 1095 geweihte Kloster. Mit der Aufhebung der Benediktinerabtei während der Reformation wurde Alpirsbach Sitz des Klosteramtes. Der nachfolgende Zustrom von Handwerkern, Beamten und Vertretern der Zünfte führte zu einem beachtlichen Wachstum der Siedlung am Kloster. Seit Ende des 17. Jh. verhalf der Bergbau (Gold, Silber und Kobalt) dem Ort zu einem gewissen Wohlstand. 1810 wurde das Klosteramt aufgehoben. Der damit verbundene Fortzug der Behörden führte zum Niedergang der Gemeinde, der durch die verstärkte Auswanderung nach Amerika beschleunigt wurde. Der Anschluss Alpirsbachs an das Schienennetz der Kinzigtalbahn (1886) verbesserte die Situation der Stadt erheblich.*
Das über 900 Jahre alte ehemalige ***Benediktinerkloster*** *ist noch heute eindrucksvoll. Der Bau ist vom benediktinischen Sinn fürs Monumentale und von der strengen, klaren Ordnung der romanischen Bauweise geprägt. Die dreischiffige romanische Säulenbasilika besitzt einen kreuzförmigen Grundriss. Im Kirchenraum setzt sich die Herbheit und Strenge des Außenbaus fort. Südlich schließen sich die Klausurgebäude an. Der spätgotische Kreuzgang wurde im 15. Jh. umgebaut. Das bekannte* ***Alpirsbacher Klosterbräu*** *wird bereits in der vierten Generation gebraut. Seit 1877 ist die ehemals stillgelegte Brauerei wieder in Betrieb. Der vorausschauende Gründer des Familienbetriebes versprach sich durch den Anschluss Loßburgs an das Bahnnetz (1886) sowie die dadurch erwartete steigende Zahl von Kurgästen einen guten Umsatz.*

Vom Kloster gehen wir an der Brauerei vorbei zur Hauptstraße. Wir queren die Durchgangsstraße an der Bahnlinie und weiter geradeaus die Kinzig.

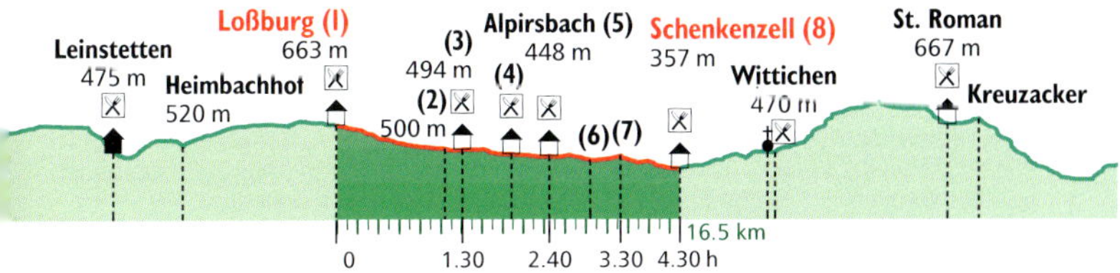

Nach der Brücke halten wir uns rechts in den Gutleutweg, der oberhalb des Friedhofs am Hang entlang verläuft. Wir gelangen wieder in den Talgrund und zur Bundesstraße, die wir in **Rötenbach** (**6**, ½ Std.) überqueren. An dieser Stelle müssen wir zunächst gut 50 m zurück und dann über die Kinzigbrücke. Wir folgen dem Hinteren Weg nach links. Nach rund 200 m quert der Jakobsweg nach rechts einen Bahnübergang, direkt danach zweigen wir links ab. Dieser Wirtschaftsweg führt an einigen Häusern vorbei und steigt dann als Schotterweg mit mittlerer Steigung durch den Wald an. Nach der größten Steigung sehen wir vom Waldrand aus das ruhig und idyllisch gelegene Gehöft am **Reilinsberg** (**7**, gut ¼ Std.), an dem wir vorbeigehen. Geradeaus erreichen wir wieder den Wald. Auf einem asphaltierten Forstweg geht es nun stetig bergab, dem Hauptweg folgend nach Schenkenzell. Am Ortseingang passieren wir den Stockhof und gelangen über die Durchgangsstraße hinweg zur Kinzig, die uns zur Pfarrkirche St. Ulrich in der Ortsmitte von **Schenkenzell** (**8**, knapp 1 Std.) führt.

i *Am Zusammenfluss der Kinzig und der Kleinen Kinzig (auch Reinerzau genannt) liegt der Luftkurort* ***Schenkenzell****. Über die Jahrhunderte bildete die Land- und Forstwirtschaft die wichtigste Einnahmequelle der Bewohner. Um 1700 begann die letzte Blütezeit des Bergbaus. Neben Silber wurde damals vor allem Kobalt gewonnen, das hier auch verarbeitet und bis nach Holland exportiert wurde (für das berühmte »Delfter Blau« in der Porzellanindustrie). Um das Jahr 1890 begann langsam die Umwandlung der Gemeinde zum heutigen beliebten Luftkurort.*

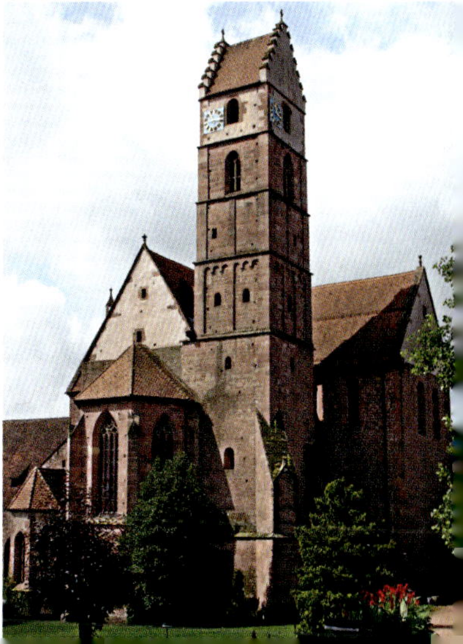

Benediktinerabtei in Alpirsbach.

30 Schenkenzell – Wolfach

6.45 Std.
22,9 km

Unterkunft: St. Roman (667 m/100 EW), 254 € DZ, Tel. 07836 937 80, www.naturparkhotel-adler.de. **Wolfach** (267 m/5770 EW), **(1)** Schwarzwaldhotel Wolfach, ab 38 € ÜF, Tel. 07834·867 63 97, www.schwarzwaldhotel-wolfach-garni.de. **(2)** Hotel Restaurant Krone, Tel. 07834 837 80, ab 50 €, www.krone-wolfach.de. **(3)** Gasthaus Hotel Hecht, 79 €, Tel. 07834 835 10, www.hecht-wolfach.de.

Die Strecke: Auf abwechslungsreichen Waldwegen, steilen Pfaden und kleinen Straßen ein stetes Auf und Ab entlang von Bachläufen und über die Höhenzüge des Mittleren Schwarzwaldes. Die An- und Abstiege sind meist moderat, kürzere Wegpassagen können jedoch recht steil und zum Teil steinig sein. Diese Stellen sind insbesondere bei feuchtem Untergrund schwerer zu begehen. Der Weg ist in der Regel gut mit der orangefarbenen Jakobsmuschel markiert.

Höhenunterschied: 670 m im Auf- und 760 m im Abstieg.

Kritische Stellen: Keine.

Landschaft: Heute tauchen wir gänzlich in die typische und oft idealisierte Schwarzwaldlandschaft ein: dunkle Nadelwälder und steile Bergkuppen, murmelnde Gebirgsbäche und idyllische Täler und vereinzelte, einsam gelegene Schwarzwaldhöfe.

Infrastruktur: Nach Kloster Wittichen (488 m) ✗; St. Roman ⌂ ✗; Wolfach: alles.

Touristeninformation: Wolfach, Hauptstr. 41, Tel. 07834 83 53 53, www.wolfach.de.

Anmerkung: Festes Schuhwerk und Trittsicherheit sind für diese Etappe unabdingbar.

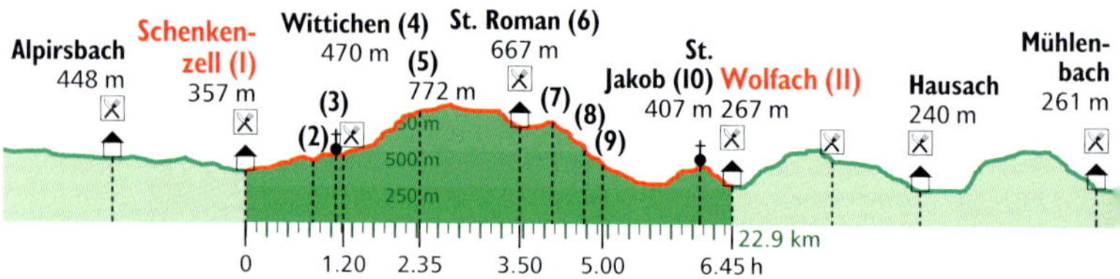

In **Schenkenzell (1)** geht es von der Dorfkirche zu einer Fußgängerbrücke über die Kleine Kinzig. Das Muschelsymbol leitet uns an den Tennisplätzen vorbei und über eine hübsche überdachte Holzbrücke. Beim Sägewerk nehmen wir die kleine Straße nach links bergan. Beim Gehöft Süßlesberg zweigt der Jakobsweg nach rechts auf einen Wiesenpfad ab, der in den Wald hineinführt. Ein Serpentinenweg führt zu einem Holzsteg an der ehemaligen Färbermühle, die Kobaltblau für das Delfter Porzellan herstellte. An der Mühle geht es nach links auf einem Waldweg bergan und weiter durch das herrliche grüne Tal der Kleinen Kinzig zum Weiler **Vortal** (**2**, knapp 1 Std.). Hier verlassen wir das Tal nach links auf einem schmalen Pfad, parallel zur Straße in Rich-

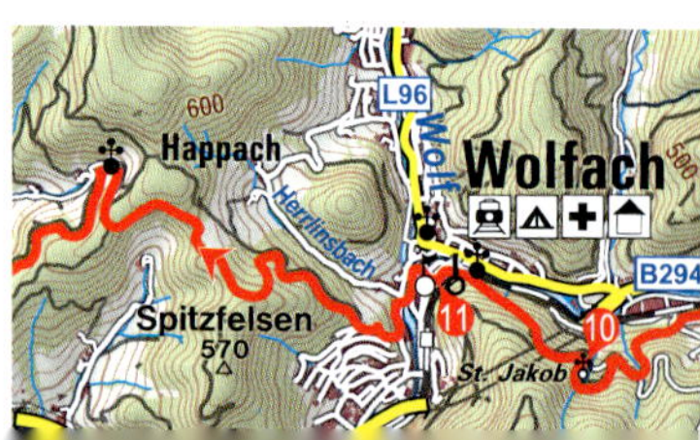

tung Wittichen. Wir wandern das kleine Klosterbachtal mit mittlerer Steigung bergan. Vom Waldrand können wir vor uns bereits den Klosterbau sehen, dessen Haupthaus das kleine Tal wie ein Riegel abschließt. Ein bequemer Weg bringt uns schnell zum **Kloster Wittichen** (**3**, gut ¼ Std.).

i *Das* ***Kloster Wittichen****, ein ehemaliges Clarissenkloster, liegt in einem engen Seitental der Kleinen Kinzig. Gegründet wurde das Kloster in der Einöde von Luitgard von Wittichen im Jahre 1324. Nach schwierigen Anfangsjahren (Brand des Klosters 1327) entwickelte sich eine Frauengemeinschaft mit umfangreichem Klosterbesitz. Ideell-religiöser Mittelpunkt der Nonnengemeinschaft war die wunderträchtige Grabstätte der seligen Luitgard. Nachdem man bei der Graböffnung von 1629 das Gehirn der Toten in völlig unversehrtem Zustand gefunden hatte, wurde das Kloster Ziel vieler Wallfahrer. 1803 wurde das Kloster säkularisiert.*

Vom Kloster folgen wir der kleinen Straße weiter talaufwärts zur ehemaligen Bergbausiedlung **Wittichen** (**4**, 5 Min.). Kurz nach dem Ortsende zweigen wir rechts ab und gehen 1 km auf der Straße parallel zum Talbach bis Hinterwittichen. Hier zweigt der Jakobsweg nach links auf einen asphaltierten Wirtschaftsweg ab. Nach 400 m links und nach 150 m rechts auf einen Waldpfad, der recht steil in den Forst hineinführt. Wir erreichen an einer großen Lichtung die Wegeverzweigung **Salzlecke (5)** mit Schutzhütte (1¼ Std. ab Wittichen). Wir folgen dem Jakobsweg nach links in Richtung **Sättelekopf** (815 m; gut ¼ Std.). Der letzte Anstieg auf den Bergrücken ist recht steil und steinig. Nun wandern wir knapp 1 km auf dem Höhenweg oberhalb des Tiefenbachtals.

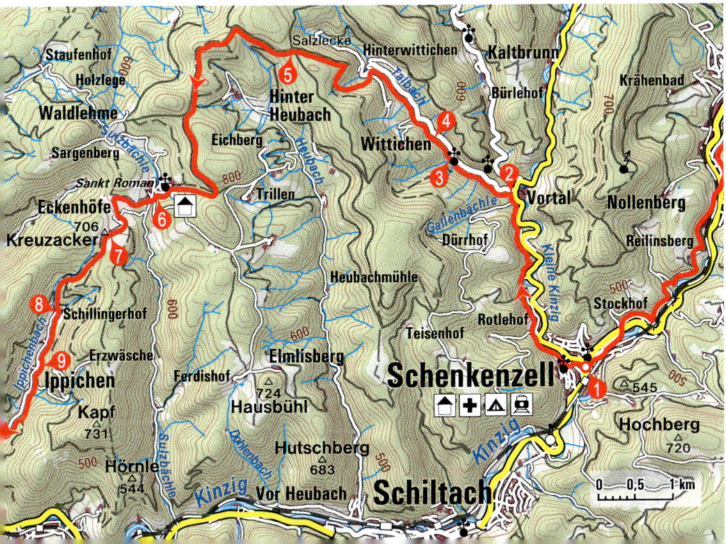

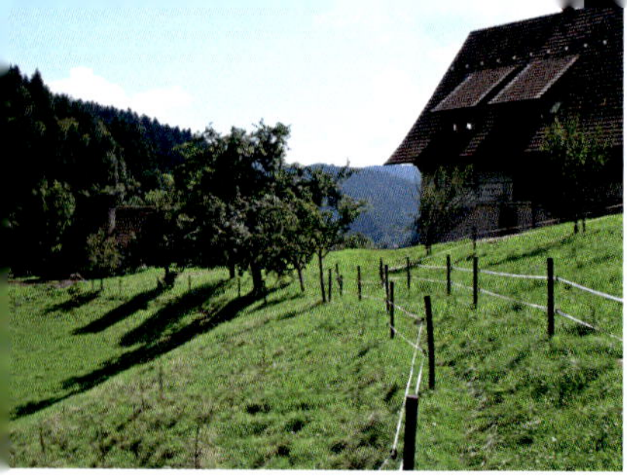

Im Schwarzwald bei Schenkenzell.

Durch die Bergkuppen des Mittleren Schwarzwalds gehen wir weiter im hohen Nadelmischwald über die Gemarkung »Hohe Tanne« zum »Teufelsstein«, 749 m. An diesem Felsen aus Buntsandstein zweigt der Jakobsweg nach rechts ab in Richtung St. Roman. Am Waldrand können wir schon die hübsch auf einer Anhöhe gelegene Wallfahrtskirche erkennen. Auf einer kleinen Straße erreichen wir **St. Roman** (**6**, 1 Std.). Hinter dem Hotel Adler geht es zunächst steil bergan, dann wird der Weg relativ eben, und wir können den Ausblick auf die umliegenden Schwarzwaldhöfe genießen. Über den »Staigsattel«, 682 m, passieren wir den Benzenhof und erklimmen den **Kreuzacker** (**7**, 706 m; knapp ½ Std.). Der mit einem Eisenkreuz markierte lang gezogene Gipfel bietet einen idyllischen Blick über die bewaldeten Berge des Schwarzwaldes. Nun wandern wir stets bergab zurück ins Kinzigtal in Richtung Ippichen. Der Jakobsweg mündet in einen breiten Forstweg, der beim **Schillingerhof** (**8**, knapp ½ Std.) auf eine kleine Straße trifft. Dieser folgen wir durch **Ippichen** (**9**, ¼ Std.). Nach 1,5 km queren wir die Bundesstraße und die Kinzig und wandern auf einem Radweg parallel zum Flusslauf nach rechts. Nach rund 1 km verlassen wir den Radweg nach links und folgen der Muschelmarkierung und dem Schild »Jakobuskirche« durch einen Nadelwald bergan. Auf einem Prozessionsweg kommen wir zur **Kapelle St. Jakob** (**10**, 1¼ Std.), die recht abgeschieden auf dem Sporn des Käpflefelsens liegt. Von der Kapelle geht es am Gedenkstein für den Jakobusweg vorbei auf einem Waldpfad bergab zum Ortsrand und nach links in den historischen Kern von **Wolfach** (**11**, ½ Std.).

*i Der Luftkurort **Wolfach** liegt zwischen den Flüssen Kinzig und Wolf strategisch günstig inmitten der Höhenzüge des Schwarzwaldes. Der spätmittelalterlichen Stadtanlage von Wolfach war bereits im Hochmittelalter eine kleine Burg vorgelagert, die im Laufe der Zeit zum großen Fürstenberger Schloss umgebaut wurde. Heute ist das **Wolfacher Schloss** nach dem Residenzschloss in Rastatt die zweitgrößte Anlage dieser Art in Mittelbaden. Die Pläne sahen einst vor, die mittelalterliche Burg zu einem Residenzschloss nach französischem Vorbild umzugestalten. Bei dem weitgehend schmucklosen barocken Neubau handelt es sich um eine vierflügelige Schlossanlage, die Teile der ehemaligen mittelalterlichen Befestigungen Wolfachs mit einbezieht. Die sehenswerte Schlosskapelle mit ihrem barocken Hochaltar barg bis Anfang des 20. Jh. die Magdalenenklage (1648) von Christoph Krafft – eine einzigartige Kopie eines verschollenen Gemäldes von Matthias Grünewald.*

6.15 Std.

20,8 km

Wolfach – Haslach

31

Unterkunft: Hausach (240 m/5760 EW) **(1)** Gasthaus Zur Blume, 56 €, Tel. 07831 286, www.hotelblume.de. (2) Hotel Gasthaus Eiche, 58 € ÜF, Tel. 07831 229, www.eiche-hausach.de. **(3)** Gasthaus Akropolis, 55 €, Tel. 07831 966 58 57, www.akropolis-hausach.de. **Mühlenbach** (261 m/1700 EW), Gasthaus zum Ochsen, 65 € ÜF, Tel. 07832 22 43, www.ochsen-das-gasthaus.de. **Haslach** (220 m/ 7150 EW), **(1)** Stadthotel Haslach, 160 € DZ, Tel. 07832 999341 00, www.stadthotel-haslach.de. **(2)** Gasthaus Storchen, ab 56 € ÜF, Tel. 07832 979 797, www.hotel-storchen.de. **(3)** Hotel Restaurant Mosers Blume, 87 €, Tel. 07832 912 50, www.mosers-blume.de.

Die Strecke: Wanderpfade, Forst- und Wirtschaftswege durch meist ausgedehnte Wälder. Häufige An- und Abstiege mit mittlerer Steigung, auf kürzeren Wegabschnitten auch steil, selten gerölllig. Bis auf wenige Ausnahmen gut markiert.

Höhenunterschied: 590 m im Auf- und 640 m im Abstieg.

Kritische Stellen: Keine.

Landschaft: Wir wandern im zentralen Mittleren Schwarzwald über bewaldete Bergrücken und Höhenzüge entlang des Kinzigtales. Einzelne Anwesen und Schwarzwaldhöfe, mit ihren typischen Walmdächern, liegen in der relativ naturbelassenen Landschaft. Nur entlang der Kinzig entwickelten sich größere Orte, durch die der Jakobsweg nach Westen zieht.

Infrastruktur: Käppelehof (438 m/10 EW); Hausach: alles; Hausach-Dorf (242 m/ <1000 EW); Mühlenbach; Haslach: alles.

Touristeninformation: Haslach, im Alten Kapuzinerkloster, Tel. 07832 70 61 72, www.haslach.de.

Vom **Rathaus** von **Wolfach (1)** gehen wir auf der Kirchstraße zur Kinzig und überqueren sie auf einer Fußgängerbrücke. Dann links in die Straße Am

Klassischer Schwarzwaldhof mit Schopfwalmdach.

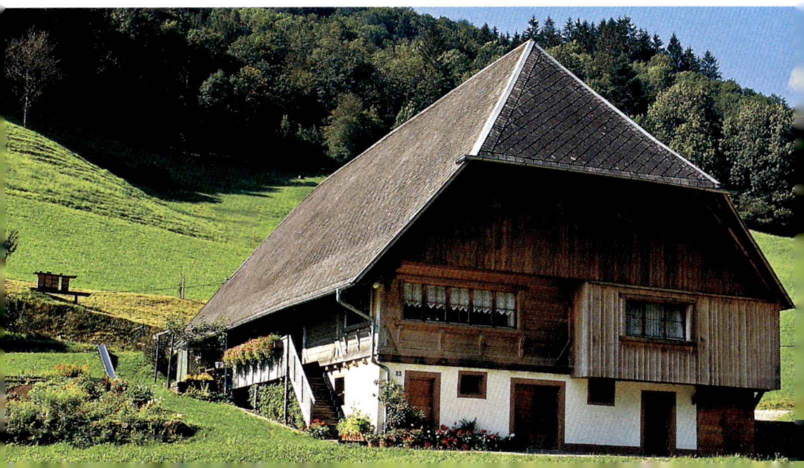

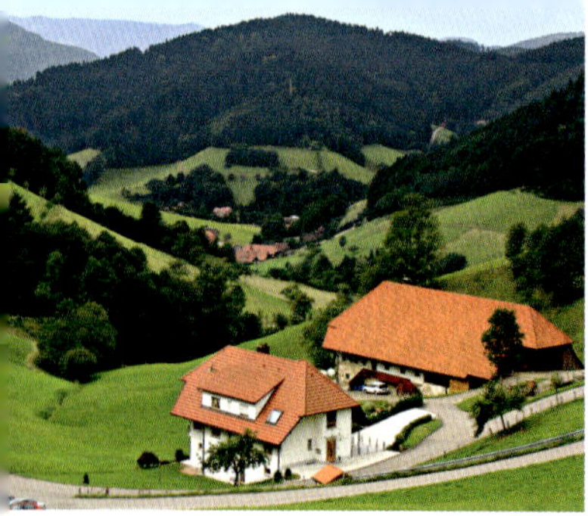

Blick ins Vordertal bei Hausach.

Mühlegrün, an deren Ende auf einem Holzsteg über die Wolf, einen Kinzigzufluss. Wir wandern an der Kinzig entlang in Richtung Ehrendenkmal. Von unterwegs können wir immer wieder einen aussichtsreichen Blick zurück auf das Kinzigtal und Wolfach werfen. Ein Serpentinenweg führt rechts bergan zum Ehrendenkmal der Gefallenen der Weltkriege, 380 m. An der nächsten Wegekreuzung geht es nach rechts (Schild »Käppelehof«) durch den Wald bergan. Wir passieren einen Gedenkstein mit Kreuz für die Kriegsgefangenen der NS-Zeit und folgen der Muschel teils steil bergan durch den Nadelmischwald in Richtung Hohenlochen. Eine Anhöhe gewährt einen herrlichen Blick auf Happach, Wolfach, die Ruinen der Wolva-Burg und die Schwarzwaldgipfel. Am Waldrand orientieren wir uns an der Beschilderung zum »Käppelehof« und erreichen den höchsten Punkt bis Hausach, das sogenannte **Weiße Kreuz** (**2**, knapp 1½ Std.).
Wir halten uns rechts und gelangen zum **Käppelehof** (**3**, knapp ½ Std.), einem ehemaligen Gehöft. In der kleinen dem hl. Wendelinus geweihten Kapelle findet sich eine Darstellung des hl. Jakobus. Dann gehen wir auf einem Wiesenweg nach links, der bald als Forstweg mit mäßigem Gefälle durch den Tannenmischwald führt. Vor uns erkennen wir die Burg und die Stadtkirche Hausachs. Über Wiesen und Weiden erreichen wir den Ortsrand und einen Fußgängersteg über die durch **Hausach** (**4**, gut 1 Std.) fließende Kinzig.

i *Um 1220 wurde die **Burg Husen (Hausach)** errichtet, an ihrem Fuß entstand die Stadt **Hausach**. Über die Jahrhunderte hatte die Stadt mit Truppendurchzügen, Belagerungen und den damit verbundenen Plünderungen und Brandschatzungen zu kämpfen. 1806 endet die fürstenbergische Herrschaft im Kinzigtal und Hausach wurde badisch. Mit der **Schwarzwaldbahn**, die weiterführt bis nach Singen, und dem Abzweig der Kinzigtalbahn Richtung Freudenstadt wird Hausach ab 1866 Bahnknotenpunkt.*

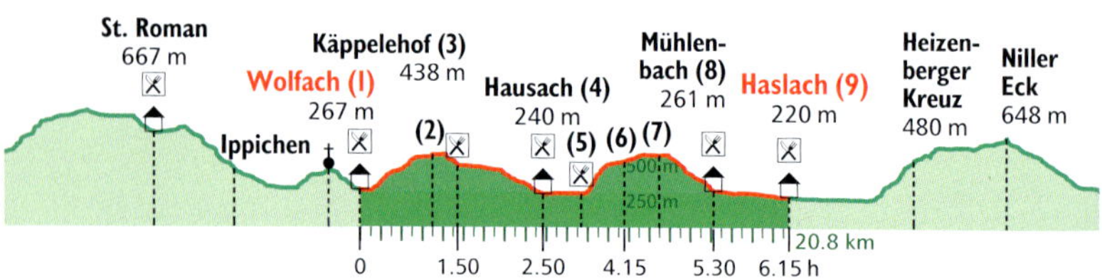

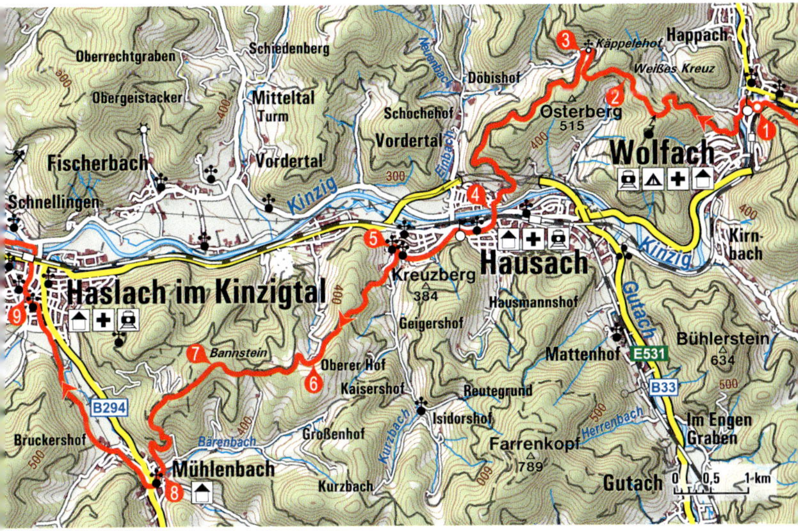

Am anderen Ufer führt die Markierung an der Haupt- und Dietersbachstraße bis **Hausachdorf (5)**. Durch ein Wohngebiet sind wir schnell an der Pfarrkirche, vor der ein Jakobusbrunnen aus Buntsandstein steht (knapp ½ Std.).

i *Wie in vielen Kinzigtalstädten, so auch in **Hausach**, ist die bäuerliche Besiedlung des Umlands älter als die Stadt selbst. Um cirka 1100 wird in der Mitte der Gemarkung die **Dorfkirche** erbaut. Sie ist eine der ältesten Kirchen des Kinzigtales. Von dem ursprünglichen Bau sind das romanische Tympanon über dem »Segenstürlein« und Teile des Langhauses erhalten. Das Gotteshaus erfuhr im 16. Jh. eine umfassende Gotisierung.*

Nun geht es am Friedhof entlang und weiter nach rechts in den Pfarrbergweg. Sogleich sind wir am Einstieg zum Braunstein angekommen. Der Pfad zweigt nach links ab und führt mit relativ steilem Anstieg durch einen hohen Tannenbestand. Wir orientieren uns am Muschelsymbol, gehen an einem Brunnen und dann auf einer Anhöhe an einem alten Grenzstein vorbei zu einem Wendeplatz für Holzfuhrwerke. Der Jakobsweg bleibt auf dem Hauptweg, etwa auf halber Hanghöhe. Am Waldrand folgen wir einer kleinen asphaltierten Straße nach links zu den Matthesenhöfen/**Oberer Hof** (**6**, 1 Std.). Wir passieren die Höfe und wandern weiter zu einer Anhöhe mit einem Holz-

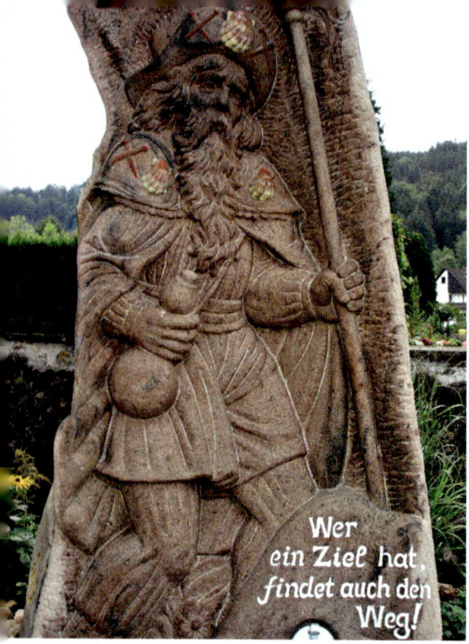

Pilgerdenkmal vor der Kirche in Hausach-dorf.

kreuz. Von hier aus haben wir einen herrlichen Ausblick auf den Brandenkopf, den Hohenlochen und den Stauferkopf. An der Gabelung »Über Ried« zweigen wir nach rechts in Richtung Bannstein ab. Geradeaus erreichen wir den **Bannstein** (**7**, ½ Std.).

Hier trafen einst mehrere Gemarkungsgrenzen aufeinander, wie z. B. die alte Grenze der Bistümer Konstanz und Straßburg, die durch sogenannte Bannsteine angezeigt wurden. Ab dem Bannstein halten wir uns stets nach links. Auf relativ steilen Pfaden und Forstwegen geht es bis zum Waldende bergab. Hier folgt der Jakobsweg der Beschilderung Richtung Mühlenbach durch einen jungen Tannenbestand. Über eine Weide erreichen wir schließlich **Mühlenbach** (**8**, ¾ Std.).

Wir gehen nach rechts zur Hauptstraße und weiter bis zur Ortsmitte. Wir biegen nach rechts in die Friedhofstraße ein (Schild: Haslach 3,5 km) und gehen vor dem Friedhof nach rechts bis zu den Tennisplätzen. Unser Feldweg wird am Waldrand zu einem idyllischen Pfad entlang des Mühlenbacher Talbaches. Wir passieren einen Teich und eine Minigolfanlage und gehen auf dem Rad-/Fußweg geradeaus weiter. Schnell kommen wir zum Ortsrand. Über die Schillerstraße endet diese Etappe vor der Pfarrkirche von **Haslach** (**9**, ¾ Std.).

i *Funde aus der Römerzeit lassen eine Besiedlung **Haslachs** bereits während des Baus der Militärstraße durch das Kinzigtal (um 74 n. Chr.) vermuten. Die Stadtgründung als Marktstadt und Zentrum des lokalen Silberbergbaus erfolgte im 11. Jh. durch die Zähringer. Besonders unter der Herrschaft der Fürstenberger wurden große Mengen an Silbererz gefördert. Haslach war Sitz eines Bergrichters, der über 400 Stollen und Schächte des Kinzigtals verwaltete. Nach dem Niedergang des Silberbergbaus im 16. Jh. entwickelte sich Haslach als Amts- und Marktstadt weiter. Im Spanischen Erbfolgekrieg wurde Haslach 1704 von französischen Truppen komplett niedergebrannt. Auf dem mittelalterlichen Grundriss der Stadt entstanden in der Folge barocke Fachwerkbauten. Die Haslacher Altstadt steht seit 1978 als Gesamtanlage unter Denkmalschutz.*

4.30 Std.

16,1 km

Haslach – Zell am Harmersbach

32

Unterkunft: **Zell am Harmersbach** (226 m/8070 EW), **(1)** Hotel Klosterbräustuben, 70 € ÜF, Tel. 07835 78 40, www.klosterbraeustuben.de. **(2)** Hotel Restaurant Sonne, 65 € ÜF, Tel. 07835 63730, www.sonne-zell.de. **(3)** Landgasthof Ochsen, 96 € DZ ÜF, Tel. 07835 72 40, www.schwarzwald-ochsen.de.

Die Strecke: Ab Haslach zunächst ein ebener Dammweg entlang der Kinzig, Danach auf gut begehbaren Wanderpfaden mit mittlerer und stärkerer Steigung bergan. Der Abstieg nach Zell erfolgt auf angenehmen Forstwegen und Wanderpfaden mit moderatem Gefälle.

Höhenunterschied: 470 m im Auf- und im Abstieg.

Kritische Stellen: Keine.

Landschaft: Das breite Kinzigtal schlängelt sich durch eine liebliche Landschaft mit vielen Obstbäumen und grünen Wiesen. Vom Tal her breitet sich das bewaldete Massiv des Brandenkopfs aus. Dieses Bergmassiv ist stark in einzelne Bergrücken, Kämme und Taleinschnitte gegliedert. Nur wenige Gehöfte liegen in dieser noch recht naturbelassenen und wilden Region, sodass die Wanderer einsame Wege zwischen Wald und Weiden empfangen.

Infrastruktur: Steinach (205 m/4000 EW) ; Zell am Harmersbach: alles.

Touristeninformation: Tourist-Info in Zell am Harmersbach, Alte Kanzlei, Tel. 07835 63 69 47, www.zell.de.

Vom **Rathaus** von **Haslach (1)** gehen wir zum Bahnhof und durch eine Unterführung auf die andere Seite der Bahngleise. Hier geht es links auf der Straße über die Kinzig. Nach der Brücke biegen wir links auf den Dammweg ab, der uns nun eine längere Wegstrecke entlang der Kinzig leichten Fußes voranbringt. Nach gut 15 Minuten geht es durch eine Unterführung unter der B 33 hindurch und knapp 30 Minuten weiter geradeaus entlang des Dammwegs zwischen Kinzig und B 33. Kurz vor der Brücke über die Kinzig nach Steinach (Abstecher nach Steinach: hier geradeaus und nach links über die

Ruhig fließt die Kinzig dem Rheintal entgegen.

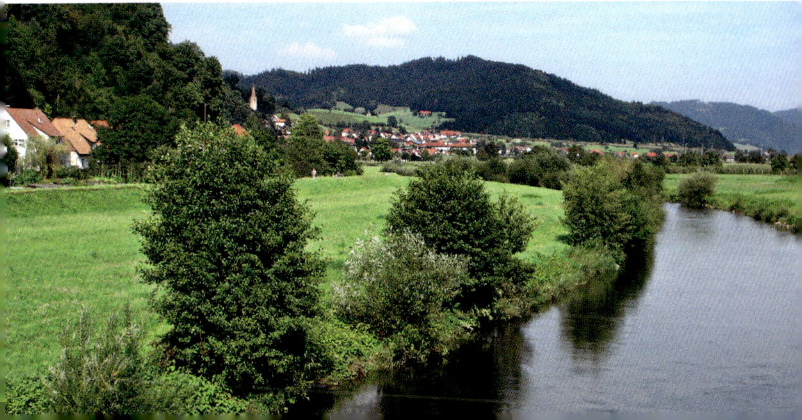

Kinzig) unterqueren wir nochmals die B 33 und folgen dem Muschelsymbol sowie dem Hansjakobweg nach links an der Bundesstraße entlang. Bevor diese die Kinzig quert, zweigt der Jakobsweg nach rechts ab. Auf dem »Mittleren Fenschenbergweg« wandern wir durch den Mischwald bergan. Wir ignorieren alle abzweigenden Wege, bis uns ein Serpentinenweg nach rechts schnell weiter bergan führt. Über das »Weberkreuz«, 410 m, geht es geradeaus Richtung Dierlisberger Eck. Weiter geht es auf dem Kinzigtäler Jakobsweg der Muschel folgend bis zur Kammhöhe des **Heizenberger Kreuzes** (**2**, 1¾ Std. ab Haslach). Von hier genießen wir einen umfassenden Ausblick auf Haslach sowie auf die südlicheren Schwarzwaldhöhen oder auch zum Brandenkopf. Wir gehen am Waldrand entlang und wieder durch den Nadelwald bis zur Wegeverzweigung **Dierlisberg** (**3**, ¼ Std.). Wir wenden uns nach links auf den ansteigenden Weg bis zur Verzweigung »Dierlisberger Eck«. Hier geht es weiter Richtung Oberentersbacher Hütte nach rechts auf einen Kammweg, der wieder mit dem Muschelsymbol ausgewiesen ist. Wir gehen geradeaus bis zur Wegeverzweigung »Bollenbacher Eck«, 585 m, und wenden

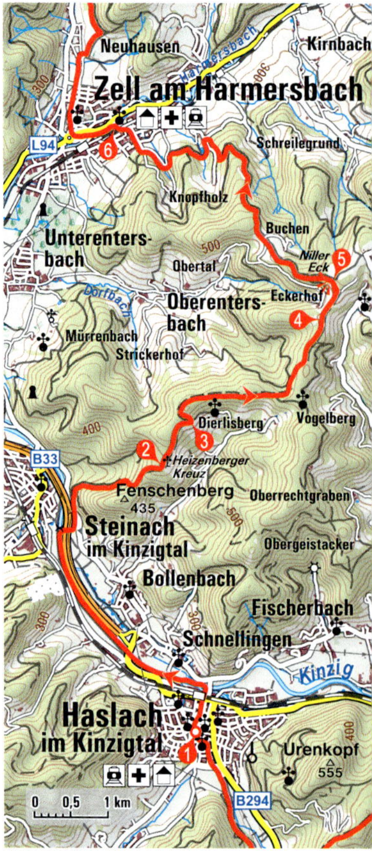

uns hier nach links Richtung »Niller Eck«. Weiterhin halten wir uns am Wegekreuz Oberentersbacher Hütte geradeaus auf einen Waldweg bergan und erreichen die Gabelung **Überm Eckerhof** (**4**, 597 m; ¾ Std.). Wir gehen nach links auf einem Kammweg weiter. Eine Lichtung gibt den Blick frei auf das Fischbach- und Kinzigtal und den südlichen Schwarzwald. Wir erreichen rasch die Wegekreuzung **Niller Eck** (**5**, gut ¼ Std.). Bei guter Sicht kann man von hier aus das Rheintal sehen und bis zu den Vogesen blicken. Wir wandern auf einem Forstweg nach links bergab, erreichen den Wald und

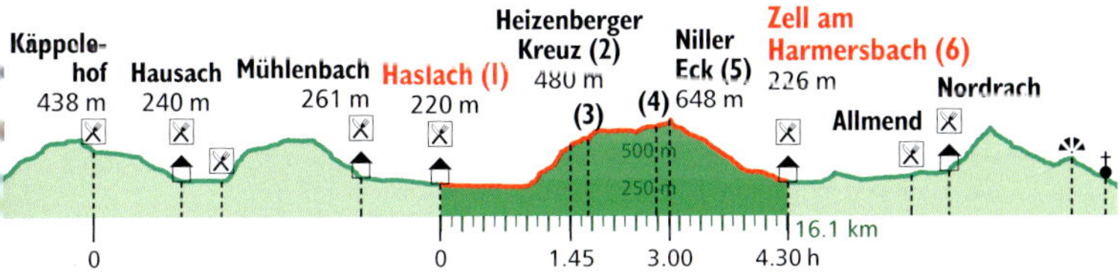

gehen auf einem Pfad nach rechts weiter. Dabei ignorieren wir sämtliche Abzweigungen und halten uns geradeaus. Weiter folgen wir dem Muschelsymbol aus dem Wald hinaus und über die bewirtschafteten Fluren der Buchenhöfe. Wir passieren ein steinernes Wegekreuz, queren die Zufahrtsstraße zu den Buchenhöfen und gehen an der Gabelung »Kohlplatz« (hier stand einst ein Köhlermeiler) nach rechts in den Wald.
Wir gehen an der Sophienquelle vorbei, immer geradeaus, bis wir eine Straße erreichen. Dieser folgt der Jakobsweg nach rechts bis zur Verzweigung »Am Buchenwaldhof«. Mit Blick auf Zell und Unterharmersbach nehmen wir den Pfad nach links. Am Herrenholzer Weiler vorbei passieren wir einen Barfußpark und einen Summstein. Auf einer kleinen Straße kommen wir zum Gehöft Knopfholz, dann erreichen wir am Wanderparkplatz den Ortsrand. Wir gehen geradeaus auf der Wiesenwald- und der Klosterstraße über die Bahnlinie zur Wallfahrtskirche Maria zu den Ketten in **Zell am Harmersbach** (**6**, 1½ Std.).

i ***Zell am Harmersbach*** *ist eine Gründung des Klosters Gengenbach. Ende des 14. Jh. wurde der Ort Freie Reichsstadt. Zell musste sich immer wieder gegen Versuche der österreichischen Ortenau wehren, die die Stadt in ihr Territorium eingliedern wollte. Hierbei fand Zell Unterstützung bei den benachbarten Reichsstädten Gengenbach und Offenburg. Im Rahmen der Mediatisierung verlor Zell 1803 seinen Status als Freie Reichsstadt und fiel an das Großherzogtum Baden. 1904 zerstörte ein Großbrand mehrere Fachwerkhäuser im Stadtkern. Danach wurde ein Teil der Innenstadt im für diese Zeit typischen Jugendstil und Klassizismus wieder aufgebaut. Die* ***Zeller Hauptstraße*** *ist ein gutes Beispiel für die Architektur des beginnenden 20. Jh.: Die aufwendigen Giebelgestaltungen, die Ornamentik und bewegten Formen des Jugendstils sind eine Augenweide. Die* ***Stadtbefestigung*** *aus dem 14. Jh. hatte ursprünglich drei Tore und mehrere Türme, von denen der Storchenturm mit 25 Metern der höchste war. Der Name des Turms stammt von den dort nistenden Störchen. Die Kirche »**Maria zu den Ketten**« ist die größte Wallfahrtskirche Badens. Die Geschichte der Wallfahrt geht zurück bis zu den Kreuzzügen. Schon zur Zeit der Kreuzzüge verehrte man in Zell am Harmersbach »Maria zur Rose«. Erst nach dem Dreißigjährigen Krieg erhielt die Kirche den Namen »Maria zu den Ketten«.*

33 Zell am Harmersbach – Gengenbach

5.15 Std.

16 km

Unterkunft: Nordrach (300 m/1820 EW), **(1)** Pension Muserhof, 32 € ÜF, Tel. 07838 223, www.pension-muserhof.de. **(2)** Ferienhaus Hermehansenhof, 40 €, Tel. 07838 226, www.hermehansenhof.de. **Gengenbach** (180 m/10.950 EW), **(1)** Stadthotel Pfeffermühle, 66 €, Tel. 07803 933 50, www.pfeffermuehle-gengenbach.de. **(2)** Hotel-Rest. Sonne, 90 €, Tel. 07803 933 00, www.sonne-gengenbach.de. **(3)** Hotel Hirsch, 76 €, Tel. 07803 33 87, www.hirschgengenbach.de.

Die Strecke: Bis Nordrach sehr gute Markierung, von Nordrach bis Gengenbach ist sie nicht immer eindeutig. Gute Wirtschafts- und Waldwege durch das Flusstal der Nordrach bis zur gleichnamigen Gemeinde. Ab Nordrach nochmals Waldpfade und Forstwege über die letzen Bergrücken des Schwarzwaldes zurück zur Kinzig.

Höhenunterschied: 470 m im Auf- und 520 m im Abstieg.

Kritische Stellen: Keine.

Landschaft: Der Harmersbach und das parallel dazu verlaufende Kinzigtal haben sich in die westlichen Ausläufer des Mittleren Schwarzwaldes eingeschnitten, deren Hänge und Kuppen von einem dichten Nadelmischwald bestanden sind. Entlang des Harmersbaches breiten sich saftige Wiesen und Felder aus. Bei Gengenbach erreicht der Jakobsweg kurz vor der Rheinebene wieder das breite Kinzigtal.

Infrastruktur: Allmend (270 m/> 500 EW); Nordrach; Gengenbach: alles.

Touristeninformation: Gengenbach, im Winzerhof, Tel. 07803 93 01 43, www.gengenbach.info.

Die letzte »Schwarzwaldetappe« des Kinzigtäler Jakobsweges beginnt an der **Wallfahrtskirche** von **Zell (1)**. Wir gehen durch die Ortsmitte und dann nach rechts auf der Kirchstraße hinaus auf die Fluren. Auf einem Wirtschaftsweg folgen wir dem Muschelsymbol zum Waldrand an der Gemarkung »Neuhauser Rebberg«. Hier eröffnet sich ein aussichtsreicher Blick zurück über die Felder und Obstbaumwiesen nach Zell und das Kinzigtal. Den Panoramaweg nach links einschlagend passieren wir eine Kneippanlage, eine 250 Jahre alte Eiche und eine Radiumquelle mit Rastmöglichkeit und wandern auf einem bequemen Waldweg weiter durch den Zeller Stadtwald. Am Waldrand geht es auf einem Rad-/Fußweg nach rechts parallel zur Nordrach. Nach gut 1 km neben dem Flusslauf erreichen wir **Lindach** (**2**, knapp 1¼ Std.).

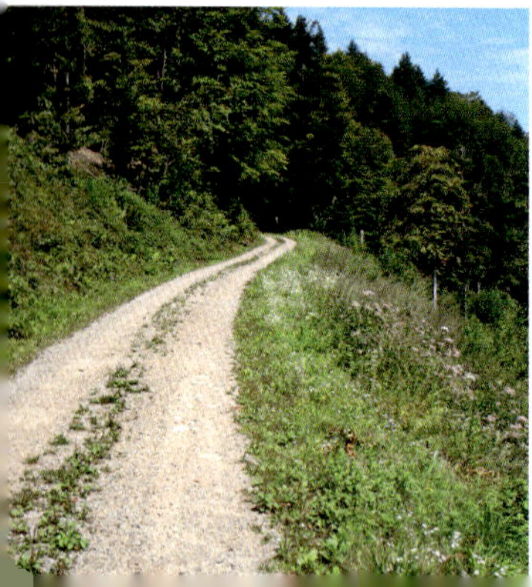

Am Sägewerk gehen wir zum Weiler Grafenberg und weiter auf dem Fußweg nach **Allmend** (**3**, gut ¼ Std.). Kurz vor dem Dorfende gehen wir wieder auf einem Rad-/Fußweg parallel zur Straße nach **Nordrach** (**4**, ½ Std.). Die kleine Haupt-

Vor Gengenbach auf einem der letzten Schwarzwaldabschnitte.

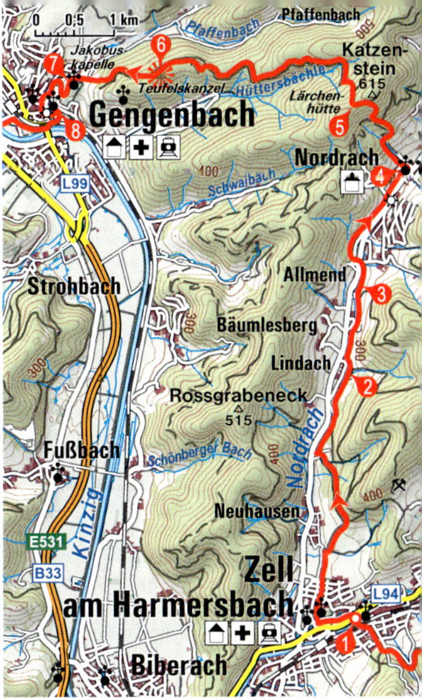

gemeinde im Tal bietet im Kurpark schattige Rastmöglichkeiten bei der Kirche St. Ulrich, die auch das »kleine Münster« des Nordrachtales genannt wird. Wir gehen nach links in die Straße Im Dorf, am Friedhof und am Hermehansenhof vorbei aus Nordrach hinaus. Entlang der steilen Wiesen wandern wir in den Wald hinein und begegnen einem idyllischen Fleckchen Erde mit einem murmelnden Bachlauf.

Nach dem Bächlein zweigen wir an einer Gabelung nach rechts ab und verlassen das kleine Tal. Auf dem folgenden Wegabschnitt ist der Jakobsweg nicht immer eindeutig gekennzeichnet, wobei uns auch echte Jakobsmuscheln den Weg weisen. Es geht stetig bergan in Richtung »Lärchenhütte«, geradeaus an der Wegverzweigung »Kohlwegle«, um unmittelbar danach an einer Hütte nach rechts abzubiegen. Der Kinzigtäler Jakobsweg verläuft dann in Richtung »Katzenstein«. Auf dem Sattel **Lärchenhütte (5)** ist der höchste Punkt der Etappe erreicht (590 m; knapp 1 Std.). Weiter setzen wir unseren Weg zwischen Katzenstein und Hochkopf bergab Richtung »Teufelskanzel« fort. An der Verzweigung »Ignazdobel« geht es auf einem Forstweg nach links und bald darauf nach rechts auf den »Sommerwaldweg«. Hier erhaschen wir bereits einen ersten Ausblick auf Gengenbach sowie das grüne Hüttersbachtal. Wir erreichen die Wegeverzweigung »Satteleck« und nehmen einen schmalen Pfad auf einem Kamm bergan, der uns zur **Teufelskanzel** (**6**, 1¼ Std.) bringt. Von dieser beeindruckenden Felsformation genießen wir bei gutem Wetter einen weiten Blick auf die Rheinebene und

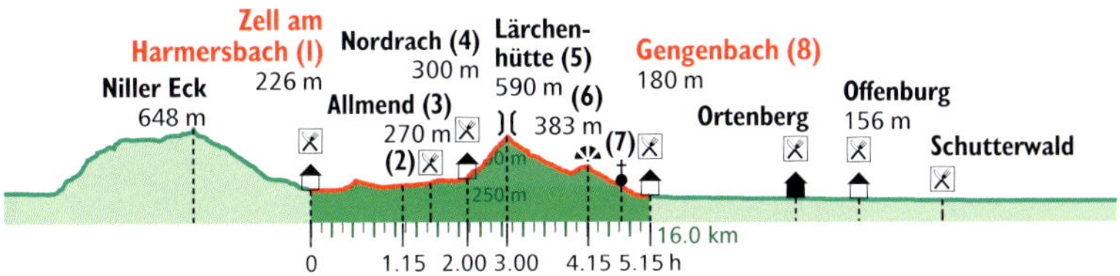

die Hügel der Vogesen. Unser Wanderweg führt auf einem Serpentinenweg weiter bergab in Richtung Gengenbach, wobei wir sämtliche Abzweigungen ignorieren. Vom Waldrand haben wir einen überraschenden Ausblick auf das Bergle mit der Jakobuskapelle. Schnell sind wir an der Kapelle angekommen, die oberhalb von Gengenbach auf einem Weinberg thront. Die **Jakobuskapelle** (**7**, ½ Std.) ist das weithin sichtbare Wahrzeichen Gengenbachs.

i *Um die christliche Zeitenwende befanden sich an dieser Stelle eine römische Kultstätte sowie ein Wehrkastell zur Sicherung des Kinzigtals. Im 13. Jh. entstand eine erste* ***Kapelle****, die sich bald zum Wallfahrtsort entwickelte. Die heutige Kapelle wurde ab 1682 errichtet. Im Inneren befinden sich wertvolle Malereien von Ruth Schaumann (1899–1975).*

Der Blick auf die Altstadt von Gengenbach mit den zahlreichen historischen Gebäuden und der kanalisierten Kinzig lädt zum Verweilen ein. Auf dem Bergle und den Hängen rund um Gengenbach werden bereits die »guten Tropfen« der Ortenau angebaut. Ein Treppenweg führt uns durch die Weinhänge hinab auf einem kleinen Rebflurweg, der uns am Kriegerdenkmal vorbei an den Stadtrand bringt. Durch das Obertor und die Klosterstraße erreichen wir die prächtige Klosterkirche von **Gengenbach** (**8**, knapp ½ Std.).

i *Rund um das* ***Benediktinerkloster Gengenbach*** *bildete sich aus einer bäuerlichen Ansiedlung mit Markt im Verlauf des hohen Mittelalters die Stadt Gengenbach. 1360 wurde Gengenbach zur Reichsstadt erhoben. Von der Stadtmauer sind der Schwedenturm, das Obertor, das Kinzigtor und der Niggelturm erhalten geblieben. Der Dreißigjährige Krieg brachte schwere Verwüstungen, der Pfälzische Erbfolgekrieg die fast völlige Zerstörung Gengenbachs. Die Stadt konnte trotz der enormen Schäden ihr mittelalterliches Bilderbuchflair mit der historischen, von den zwei Kirchtürmen und den fünf Türmen der einstigen Stadtbefestigung geprägten Silhouette bewahren. In den mit schönen Fachwerkhäusern bestandenen Gassen Gengenbachs weht noch der Geist des Mittelalters, wie beispielsweise in der Engelgasse. Am Rande des Schwarzwaldes, am Ausgang des Kinzigtales, gründete der Abtbischof Pirmin († 753) das* ***Kloster Gengenbach****. Unter König Heinrich II. (1002–1024) wurde Gengenbach bischöfliches Eigenkloster, das über freie Abts- und Vogtwahl sowie über königliche »Freiheit« (libertas) verfügte. Das Kloster besaß im hohen und späten Mittelalter ein Skriptorium und eine Buchbinderei. Ab 1120 entstand nach dem Abbruch der alten eine neue Klosterkirche, die sich an der Hirsauer Bauschule orientierte: eine dreischiffige Basilika mit Querhaus, einem Haupt- und je zwei Nebenchören. Der Chorraum wurde gotisch umgebaut, ein Westturm kam im späten Mittelalter hinzu. Später wurde die Kirche im Stil des Barock umgebaut.*

6.45 Std.
27,2 km

Gengenbach – Marlen

34

Unterkunft: Ortenberg (163 m/3430 EW), **(1)** Jugendherberge, Burgweg 21, 146 B/ab 30 € ÜF, Tel. 0781 31 749, www.jugendherberge.de. **(2)** Ochsen, 50 €, Tel. 0781 919 53 91, www.ochsen-ortenberg.com. **Offenburg** (156 m/60.390 EW), **(1)** B & B Hotel, 70 € DZ, Tel. 0781 932 220, www.hotel-bb.com. **(2)** Hotel Sonne, Tel. 0781 932 160, www.sonne-offenburg.de. **(3)** ibis Styles Hotel, 80 €, Tel. 0781 20 80, www.all.accor.com. **Marlen** (140 m/1640 EW), Hotel Alte Post, ab 51 €, Kirchstr. 1, Tel. 07854 96 690, www.altepost-kehl.de.

Die Strecke: Bis zu einem Stadtteil von Offenburg auf einem asphaltierten Dammweg entlang der Kinzig. Danach gut begehbare Wirtschafts- und Feldwege durch die Rheinebene. Als Markierungen dienen häufig echte Jakobsmuscheln oder auch unterschiedliche Muschelsymbole. Meist ausreichend gekennzeichnet.

Höhenunterschied: 40 m im Abstieg.

Kritische Stellen: Keine.

Landschaft: Die Kinzig fließt in ihrer breiten Flussaue dem Rhein entgegen. An den Hängen gedeihen Weinreben und in der Ebene, bis zur Kreisstadt Offenburg, wechseln sich Wiesen und Felder mit kleinen Ortschaften ab. Hier öffnet sich die weite Ebene des Rheintals. Die Flächen des Tals werden intensiv landwirtschaftlich genutzt, von Sonderkulturen wie Tabak bis zu Mais oder Gemüseanbau. An der Rheinaue befinden sich ausgedehnte Bruchwälder mit einem ganz speziell an diesen Standort angepassten Ökosystem.

Infrastruktur: Ortenberg ; Offenburg: alles; Schutterwald (149 m/7210 EW) ; Goldscheuer (142 m/2900 EW) ; Marlen .

Touristeninformation: Offenburg, Touristinfo, Fischmarkt 2, Tel. 0781 82 20 00, www.offenburg.de. In der Gemeinde Schutterwald, Kirchstr. 2, Tel. 0781 96 060, www.schutterwald.de.

Variante: Von Gengenbach auf dem aussichtsreichen Ortenauer Weinpfad (rote Raute mit blauer Traube) oberhalb des Kinzigtals durch Ohlsbach bis Ortenberg. Ab dort zurück ins Kinzigtal und auf den Jakobsweg (zusätzlich rund 1½ Std., 250 m im An- und Abstieg).

Anmerkung: Die Jugendherberge in Ortenberg ist am besten über die oben beschriebene Variante oberhalb des Kinzigtals zu erreichen.

Bildhübsch ist das Kinzigtal bei Gengenbach.

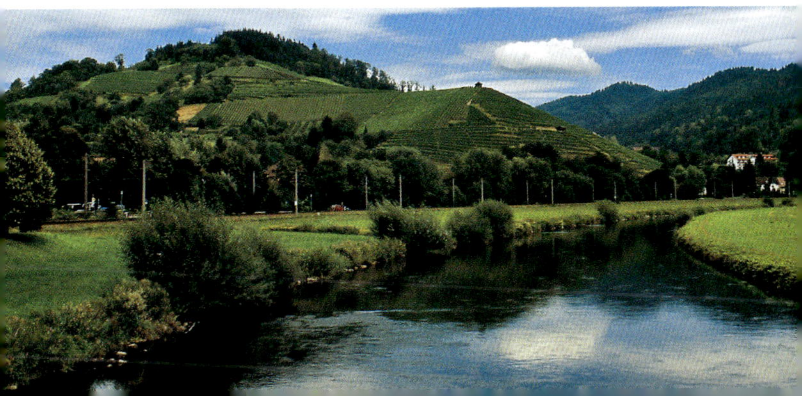

Vor der **Klosterkirche** in **Gengenbach (1)** gehen wir durch die historische Altstadt. Unter der Bahnlinie hindurch folgen wir der Grünstraße rechts, nach gut 400 m führt nach links ein Rad-/Fußweg aus Gengenbach hinaus. Wir gelangen zum Kinzigdamm, auf dem wir geradeaus weiterwandern. Der Dammweg wird uns geraume Zeit aus dem Schwarzwald bis kurz vor Offenburg in die Rheinebene begleiten. Auf diesem sonnen- und windausgesetzten Weg erreichen wir an einer Brücke den Abzweig nach **Ortenberg** (**2**, 1½ Std.).

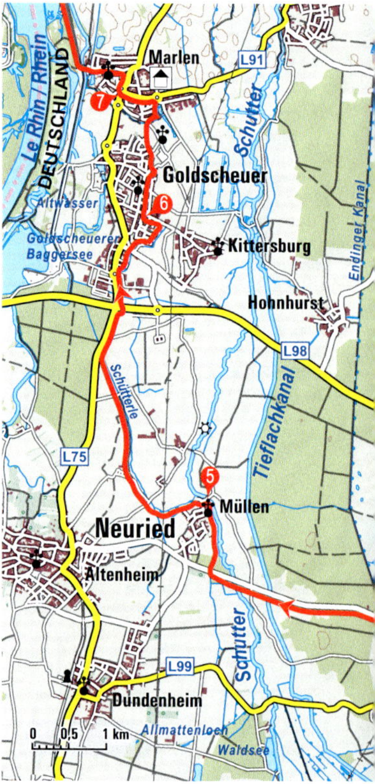

Schon von Weitem grüßt das auf halber Hanghöhe errichtete Schloss Ortenberg, in dem die Jugendherberge untergebracht ist. Das Tal der Kinzig öffnet sich nun und wir haben die letzten Ausläufer des Schwarzwalds hinter uns gelassen. Vor uns liegt die landwirtschaftlich und industriell intensiv genutzte Rheinebene. Schnell ändert sich auch der Charakter des Wegs: Von den einsamen und idyllischen Schwarzwaldhöhen gelangen wir in die kultivierten Ebenen zwischen Schwarzwald und Vogesen. Wir passieren ein Wehr und gehen über eine kleine Brücke auf der linken Flussseite weiter. Am Nordende des Gifiz-Sees halten wir uns nach links durch einen Wohnmobilstellplatz, der sich in einiger Entfernung vom Stadtgebiet von **Offenburg** (**3**, ¾ Std.) befindet. Wir verlassen nun also das Kinzigtal endgültig und orientieren uns in Richtung Schutterwald.

(Um ins Zentrum von Offenburg zu gelangen, geht man geradeaus am Gifiz-See vorbei und dann rechts über die Kinzig, danach links an den Sportplätzen vorbei in die Altstadt; knapp ½ Std.).

Wir gehen nach rechts zum Südring und an ihm nach links unter der Bundesstraße hindurch. Rund 10 Min. nach der Unterführung folgen wir links der Königswaldstraße. Vor einer Schrebergartenanlage führt nach links die Stra-

i ***Offenburg*** *wurde bereits 1240 freie Reichsstadt. Im 17. Jh. wurde die Stadt im Pfälzischen Erbfolgekrieg fast vollständig zerstört. Trotzdem ist Offenburg für einige historische Bauten, wie etwa das barocke Rathaus, und Plätze bekannt. Weitere bedeutende Bauwerke sind der Salmen, ein ehemaliges Gasthaus, in dem 1847 die Forderungen des Volkes in Baden verfasst wurden, und der einstige Königshof.*

ße »Im Stockfeld« an den Gärten entlang. Am Ende der Anlage bringt uns ein Weg nach rechts unter den Bahngleisen hindurch. Weiter geradeaus erreichen wir die L 99, auf der wir nach links weitergehen und auf einer Brücke die Autobahn überqueren.

Es geht weiter entlang der Landesstraße, bis die Hindenburgstraße nach rechts nach Schutterwald abzweigt. Wir folgen der Markierung zum Friedhof **Schutterwald** (**4**, 1 Std.) und weiter durch die Straßen der Ortschaft in westliche Richtung. Alternativ kann man auch auf der Hindenburgstraße bleiben.

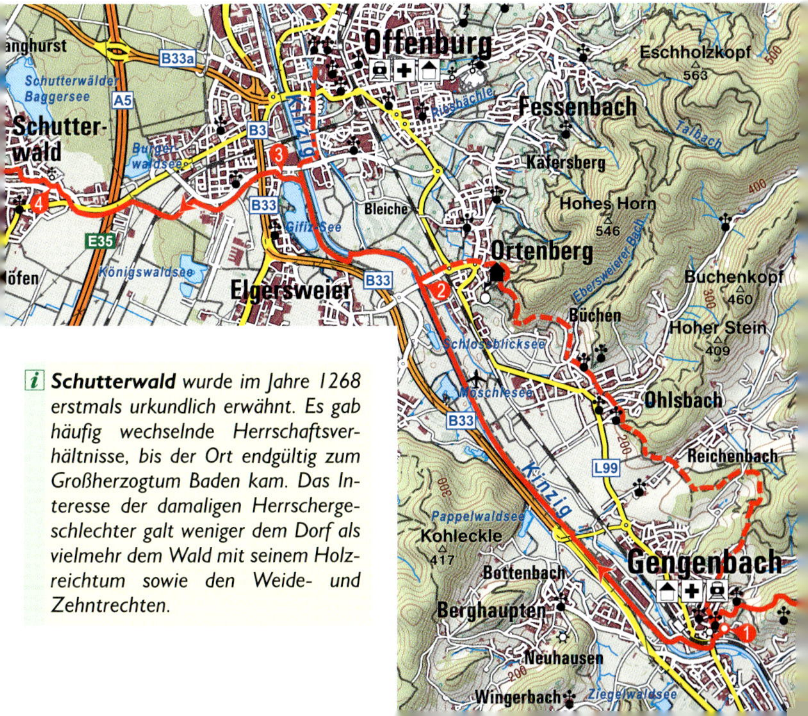

i ***Schutterwald*** *wurde im Jahre 1268 erstmals urkundlich erwähnt. Es gab häufig wechselnde Herrschaftsverhältnisse, bis der Ort endgültig zum Großherzogtum Baden kam. Das Interesse der damaligen Herrschergeschlechter galt weniger dem Dorf als vielmehr dem Wald mit seinem Holzreichtum sowie den Weide- und Zehntrechten.*

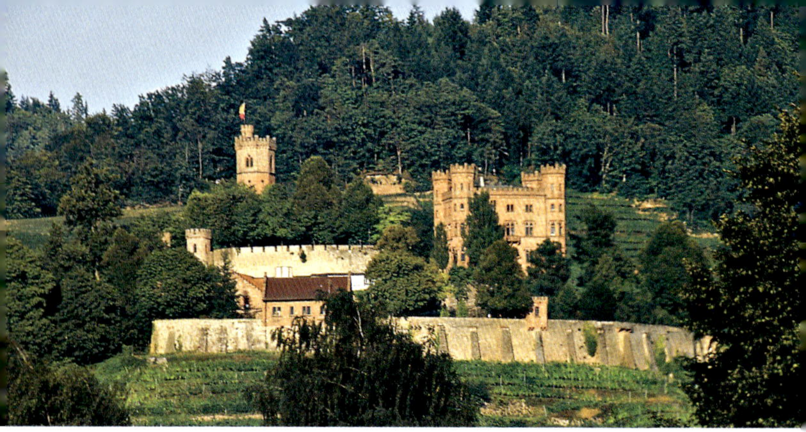

Im Schloss Ortenberg ist die Jugendherberge untergebracht.

Am Ortsende gelangen wir an einem Sportstadion zu einem Kreisverkehr, an dem es geradeaus geht. Durch den Wald und durch die Felder halten wir uns rund 2,5 km auf einem Rad- und Fußweg parallel zur Straße. An einem kleinen Wäldchen biegen wir nach rechts ab und wandern bald entlang des Bachlaufs der Schutter bis zum Ortsrand von **Müllen** (**5**, knapp 1½ Std.). Auf einer kleinen Straße sind wir schnell wieder auf den Fluren zwischen Schutter und Rhein. An einem querenden Weg orientieren wir uns nach rechts und wandern an Aussiedlerhöfen vorbei entlang des Bachlaufs der Schütterle. Kurz vor der Ortschaft Goldscheuer erreichen wir eine Straße, der wir nach rechts durch ein Gewerbegebiet folgen. Am zweiten Kreisverkehr gehen wir nach rechts auf einen kleinen baumgesäumten Weg zunächst am Ortsrand entlang und gelangen dann auf der Brandeckstraße nach **Goldscheuer** (**6**, 1½ Std.). Wir biegen rechts ab in die Schillerstraße, gehen geradeaus am östlichen Ortsrand entlang und danach kurz durch die Felder, bis wir die ersten Häuser von Marlen erreichen. Wir orientieren uns nach rechts, dann nach links entlang eines schmalen Sees und folgen am Kreisverkehr der Eckartsweierer Straße nach links in die Ortsmitte von **Marlen** (**7**, gut ½ Std.).

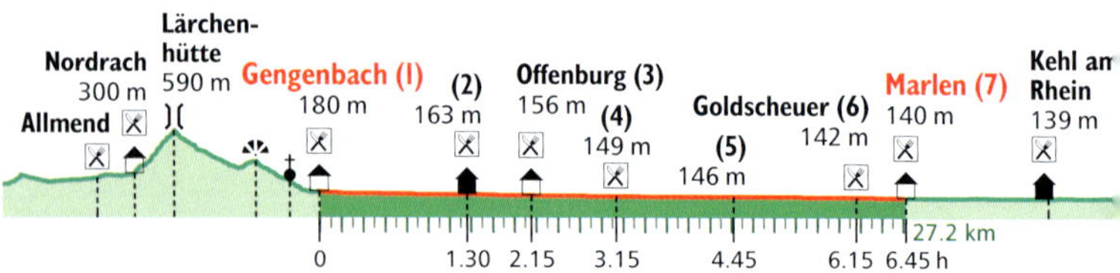

3.30 Std.

13,9 km

Marlen – Straßburg/Strasbourg

35

Unterkunft: **Kehl am Rhein** (139 m/ 36.950 EW), **(1)** Jugendherberge, 125 B/ ab 31 € ÜF, Tel. 07851 23 30, www.jugendherberge.de. **(2)** Hotel Schwert, 52 €, Tel. 07851 775 80, www.hotel-schwert.com. **(3)** Baldner's Gasthof Schwanen, 63 € ÜF, Tel. 07851 27 35, www.schwanen-kehl.de. **Straßburg** (142 m/287.230 EW), **(1)** Auberge de Jeunesse 2 Rives, 270 B/ab 34 € ÜF. Rue des Cavaliers (am Rheinpark), Tel. +33 388 45 54 20, www.hifrance.org. **(2)** Hotel Patricia, 46 €, Tel. +33 388 321 460, www.hotelpatricia.fr. **(3)** Hotel Cathedrale, 125 €, Tel. +33 388 221 212.

Die Strecke: Nur ebene, asphaltierte Rad-/Fußwege entlang des Rheins sowie durch die Straßen von Straßburg. Die Wege sind bis auf das Stadtgebiet von Straßburg gut gekennzeichnet.

Höhenunterschied: 20 m im Auf- und im Abstieg.

Kritische Stellen: In Straßburg heißt es Augen auf, um die Markierungen zu finden. Die Jakobswege sind an sich gut gekennzeichnet, aber auch schon mal durch Aufkleber und Plakate überdeckt.

Landschaft: Die weite Rheinebene bildet die Grenze zwischen Frankreich und Deutschland und trennt auch die Vogesen vom Schwarzwald. Bei Kehl und Straßburg überwiegen Hafenanlagen und Industriestandorte gegenüber den fast naturbelassenen Rheinauen, durch die der Jakobsweg auf der vorigen Etappe geführt hat.

Infrastruktur: Kehl und Straßburg alles.

Information: Kehl, Rheinstraße 77, Tel. 07851 88 555, www.kehl.de. Office de Tourisme Strasbourg, Place de la Cathédrale 17, Tel. +33 388 52 28 28, www.visitstrasbourg.fr.

Anmerkung: In Kehl kann man den Rhein auf der Mymrambrücke überqueren (nach rechts: ins Zentrum von Kehl) und durch das ehemalige Gartenschaugelände zum Stadtrand von Straßburg gehen (dieser Weg ist noch nicht gekennzeichnet, aber im Text beschrieben). Bislang ist der Weg über die vielbefahrene Europabrücke ausgemuschelt.

Elegant überspannt die Mymrambrücke den Rhein.

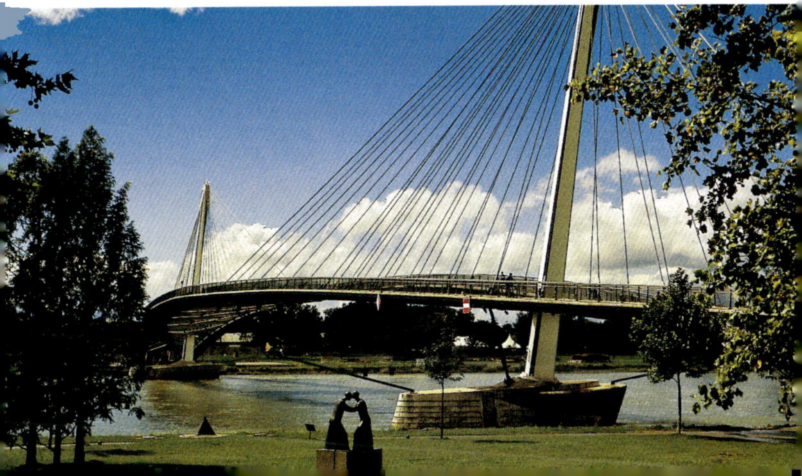

In **Marlen (1)** gehen wir auf der Kehler Straße nach Norden, dann links in die Schlossergasse. Ihr folgen wir nach Westen bis zum Dammweg am Rhein, auf dem wir nach rechts weitergehen. Vor uns sehen wir die ersten Industrieanlagen von Kehl und Straßburg, die sich um den Rheinhafen entwickelt haben. Wir passieren am Kehler Kulturwehr einen Naturlehrpfad mit Schautafeln zur Hochwasserregulierung. An einer Schranke gehen wir nach rechts über einen Altrheinarm und nach links wieder zurück zum Dammweg, dem wir nun bis Kehl am Rhein folgen. Durch den Rheinuferpark gelangen wir zur Mymrambrücke bei **Kehl am Rhein** (**2**, 1½ Std.).

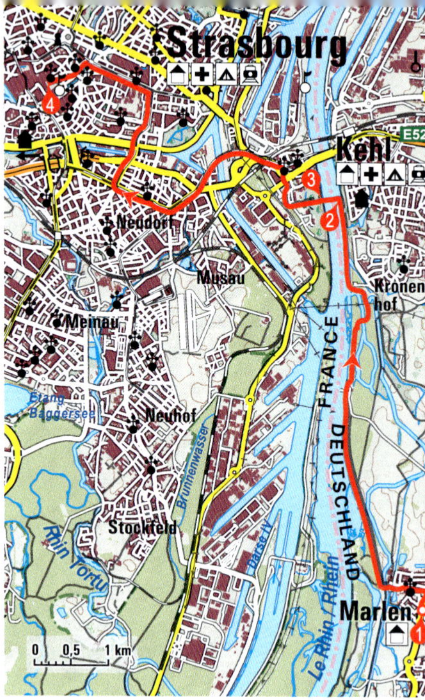

Ab Ende des 14. Jh. bestand eine permanente Verbindung zwischen ***Kehl*** *und Straßburg, denn Kehl war ein Bestandteil der Verteidigung Straßburgs. Im 15. Jh. gab es drei Siedlungen, das eigentliche Kehl, das sogenannte »Mitteldörfel« und das Dorf Sundheim. Nachdem Kehl 1678 unter Ludwig XIV. von Frankreich eingenommen wurde, begann 1683 der Bau der neuen Festung Kehl durch den Militärarchitekten de Vauban. Diese Festung wurde 1698 wieder badisch. 1774 erhielt die innerhalb der Festung gelegene Gemeinde Kehl die Stadtrechte verliehen. Nach mehreren Wechseln zwischen Frankreich, Baden und Österreich wurden die Festungsanlagen ab 1815 (»Pariser Friede«) zurückgebaut. Ab 1842 entstand die erste Hafenanlage. Während des Deutsch-Französischen Krieges 1870/71 war die Stadt Ziel französischer Angriffe und wurde zum Großteil zerstört. Zwischen 1919 und 1930 war Kehl von Frankreich besetzt.*

Wir gehen auf der Mymrambrücke über den Rhein nach **Frankreich (3)** und geradeaus durch das Gartenschaugelände. Dann biegen wir rechts in die Rue des Cavaliers ein. Die Rue François Noblat bringt uns unter einer vielbe-

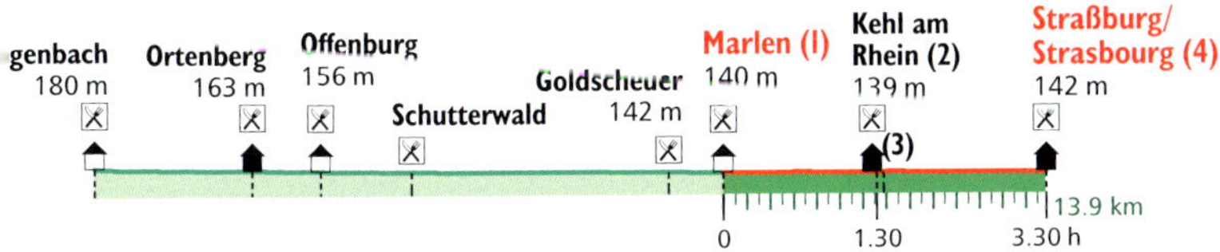

fahrenen großen Stadtstraße hindurch. Gut 150 m danach geht es links in die Route du Rhin und parallel zu den Tramgleisen über einen Rheinkanal. Die Straßenbahngleise begleiten uns noch rund 15 Min., dann folgen wir am Square Julius Leber nach rechts der Avenue Jean Jaurès, bis die Rue du Landsberg nach rechts abzweigt. Hier geht es in nördliche Richtung über einen Kanal und weiter in die Innenstadt von Straßburg.

Am Boulevard de la Victoire nach links am Observatorium, dem botanischen Garten und der Universität vorbei erreichen wir die Brücke über die Ill. Geradeaus geht es über die Brücke, dann gleich nach links in die Rue des Pontonniers weiter in den historischen Stadtkern. Über die Rue des Frères gelangen wir bis zur **Place de la Cathédrale** an der monumentalen Kathedrale von **Straßburg/Strasbourg** (**4**, 2 Std.).

Hier beginnt der Jakobsweg durch das Elsass und weiter durch Frankreich und Spanien bis nach Santiago de Compostela.

Die Ill umfließt die Altstadt Straßburgs, im Hintergrund die neugotische Paulskirche.

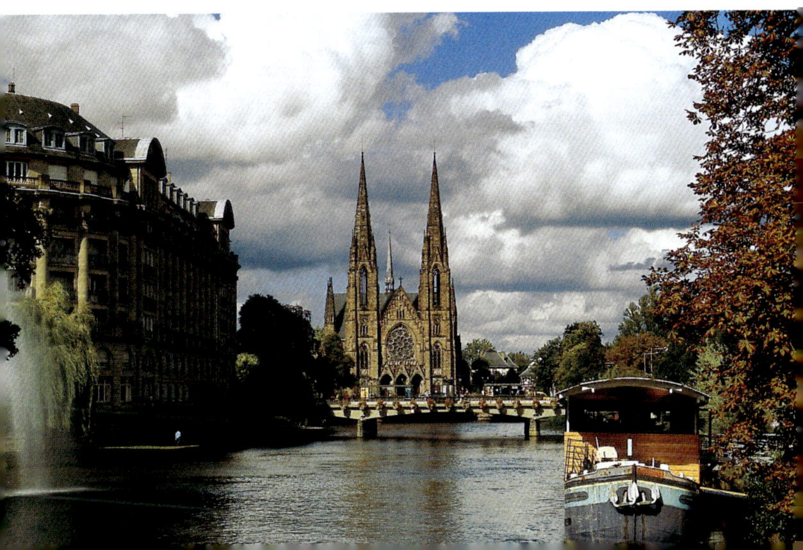

Strasbourg/Straßburg wurde im Jahre 12 v. Chr. unter dem römischen Kaiser Augustus gegründet. Das Stadtzentrum von Argentoratum befand sich auf der Ill-insel, dem heutigen Zentrum Straßburgs. Die Stadt war ab dem 4. Jh. Bischofssitz und wurde im 5. Jh. durch Alemannen, Hunnen und Franken erobert. Im Mittelalter gehörte Straßburg zum Heiligen Römischen Reich Deutscher Nation. In dieser Zeit entwickelte sich die Stadt zu einem der bedeutendsten Wirtschaftszentren der Region und war von 1262 an freie Reichsstadt. Als eine der Folgen der verheerenden europäischen Pestepidemie der Jahre 1348–49 fand am 14. Februar 1349 einer der ersten und größten Pogrome des Mittelalters statt: Im Laufe des sogenannten »Valentinstagmassakers« wurden mehrere Juden öffentlich verbrannt und die Überlebenden der Stadt verwiesen. 1770/71 studierte Johann Wolfgang von Goethe an der Universität von Straßburg. Innerhalb ihres Wirkungskreises wurde die Stadt ein Kristallisationspunkt der literarischen Bewegung »Sturm und Drang«. Nach dem deutsch-französischen Krieg wurde die Stadt vom neu gegründeten Deutschen Reich zur Hauptstadt des Reichslandes Elsass-Lothringen erklärt. Im Zuge der Stadterweiterung entstand eine moderne Ummauerung. In den Jahren nach 1871 ergab sich ein starker wirtschaftlicher Aufschwung der Stadt und des Elsass. Zur Zeit der Industrialisierung bis zum späten 19. Jh. verdreifachte sich die Einwohnerzahl Straßburgs auf 150.000. Nach dem Ersten Weltkrieg erklärte sich Elsass-Lothringen zur unabhängigen Republik, wurde

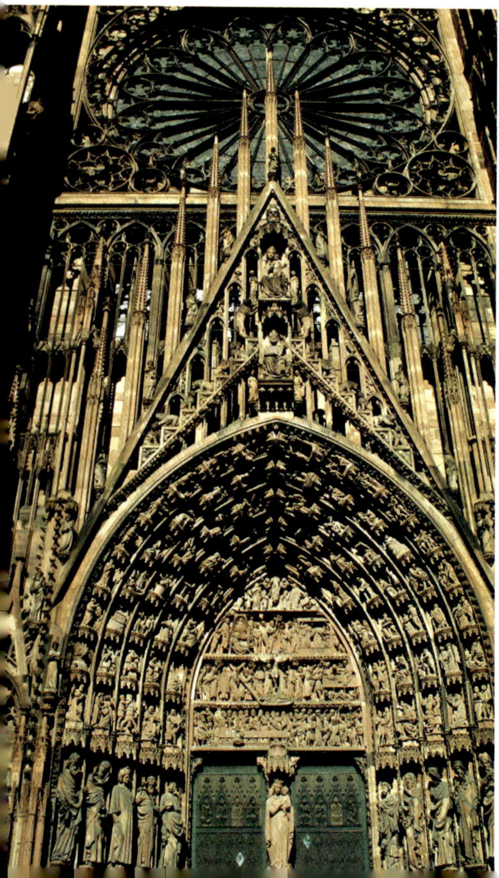

Die Westfassade des Münsters.

aber innerhalb weniger Tage von französischen Truppen besetzt. Straßburg wurde gemäß dem Versailler Vertrag von 1919 wieder Frankreich zugeschlagen. Während des Zweiten Weltkriegs blieb Straßburg bis 1944 von der Wehrmacht besetzt. 1949 wurde die Stadt zum Sitz des Europarats und 1952 zum Hauptsitz des Europäischen Parlaments. Straßburgs historische, von der Ill umflossene Altstadt gehört seit 1988 zum Weltkulturerbe der UNESCO.

*Der **Marktplatz**, der von teilweise vier- bis fünfgeschossigen Fachwerkhäusern eingerahmt ist, wird dominiert von der Westfassade des Münsters. Am Ufer der Ill, einem Nebenfluss des Rheins, und ihrer Kanäle liegt das Gerberviertel mit den typischen kleinen Gassen und malerischen Fachwerkhäusern mit Dachgauben. Die **Cathédrale Notre Dame de Strasbourg (Straßburger Münster)** gehört zu den bedeutendsten Kathedralen sowie zu den größten Sandsteinbauten der Welt. Das monumentale Gotteshaus wurde von 1176 bis 1439 an der Stelle eines abgebrannten Vorgängerbaus zunächst im romanischen, dann im gotischen Stil errichtet.*

*Zu den künstlerischen Höhepunkten des Münsters gehören die **fünf Portale:** Das zweiteilige romanische Portal des südlichen Querhauses, die drei gotischen Portale der Westfassade und das Renaissanceportal des nördlichen Querhauses. Das Straßburger Münster ist mit seiner charakteristischen asymmetrischen Form bis heute das Wahrzeichen von Straßburg und dem Elsass. 1956 stiftete der Europarat das berühmte Chorfenster von Max Ingrand, die »Straßburger Madonna«.*

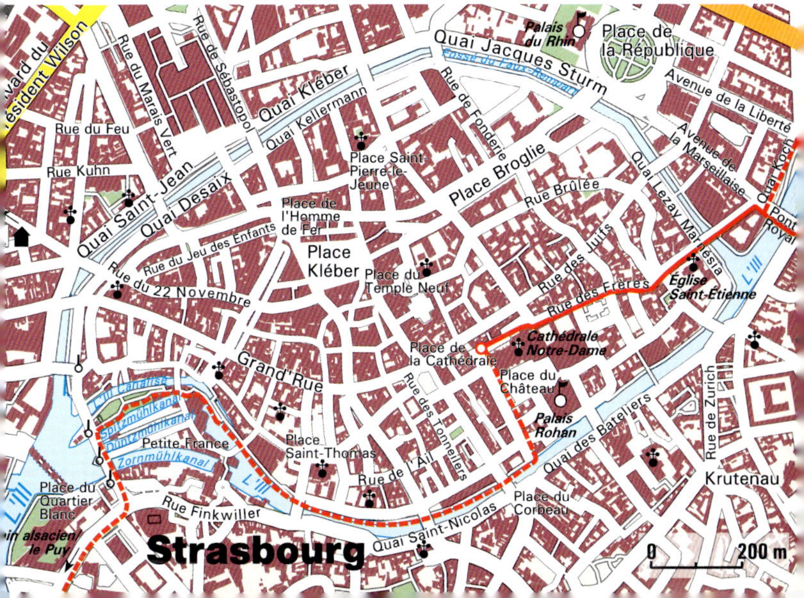

36 Rottenburg am Neckar – Hechingen

5.15 Std.
19,2 km

Unterkunft: Dettingen (411 m/1730 EW) Landgasthof Löwen, 64 €, Tel. 07472 964 672, www.landgasthof-loewen.org. **Hechingen** (523 m/19.130 EW), **(1)** Pension Bären, 60 €, Tel. 0173 525 46 44, www.pension-baeren.de. **(2)** Hotel Restaurant Hechinger Hof, 55 €, Tel. 07471 930 193 01, www.hechinger-hof.de. **(3)** Hotel Klaiber, 68 € ÜF, Tel. 07471 22 57, www.hotel-klaiber.de.
Die Strecke: Zunächst aus dem Neckartal hinaus hauptsächlich kleine Wirtschaftsstraßen. Dann gut begehbare Forstwege über den Hügelkamm des Rammert nach Hechingen. Die gesamte Etappe ist sehr gut mit der Jakobsmuschel (gelb auf blauem Grund) gekennzeichnet.
Höhenunterschied: 470 m im Auf- und 290 m im Abstieg.
Kritische Stellen: Keine.
Landschaft: Mit dieser Etappe verlassen wir vorerst das Neckartal und setzen den Weg vor allem in südliche Richtung fort. Der Jakobsweg quert dabei den bewaldeten Hügelkamm des Rammert und erreicht bei Hechingen die Zollernalb mit dem beeindruckenden Märchenschloss der Herren von Hohenzollern.
Infrastruktur: Dettingen ; Stein (461 m/990 EW) ; Hechingen alles.
Touristeninformation: Städtisches Bürger- und Tourismusbüro Hechingen, Kirchplatz 12, Tel. 07471 94 02 11, www.hechingen.de.
Variante: Vor den Sportplätzen kurz vor Stein führt eine kurze Variante des Jakobswegs nach rechts über das Römische Freilichtmuseum nach Stein.
Anmerkungen: In Rottenburg a. N. verzweigt sich der Jakobusweg. Der Kinzigtäler Jakobsweg führt nach Westen über den Schwarzwald nach Straßburg. Der im Folgenden beschriebene Weg führt nach Süden über Rottweil nach Waldshut-Tiengen.

Vom **Marktplatz** beim **Dom** von **Rottenburg am Neckar (1)** folgen wir geradeaus der Königsstraße über den Neckar und bis zum Ehinger Platz; über

Die märchenhafte Burg Hohenzollern bei Hechingen.

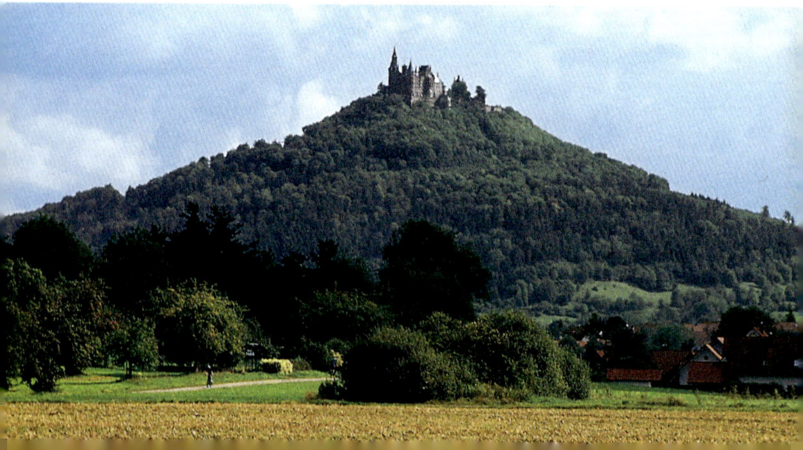

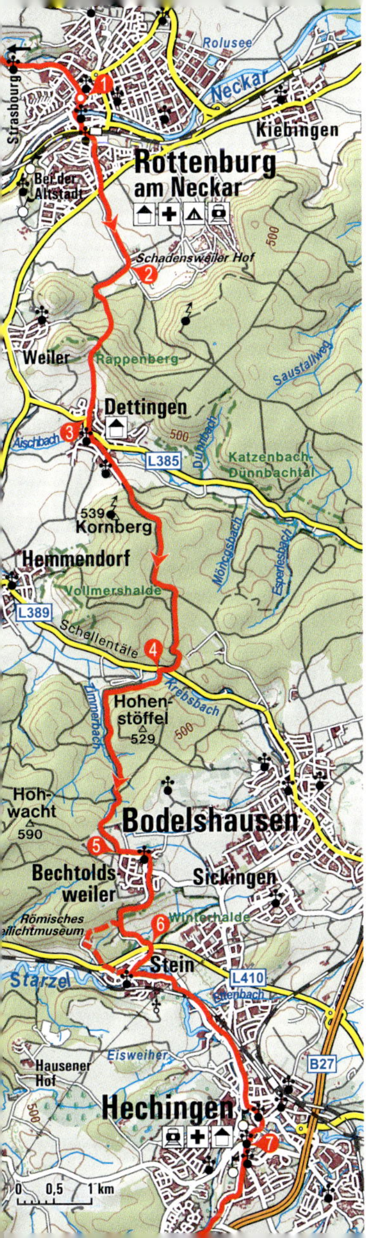

diesen geradeaus über die Bahngleise. Danach führt uns die Schadenweilerstraße nach links bergan durch ein Wohngebiet an den Ortsrand. Hier unterqueren wir eine Landstraße (L 385) und folgen einem kleinen asphaltierten Weg in Richtung Schadenweiler Hof. Über die Wiesen haben wir von hier aus noch einen Blick zurück ins Neckartal, auf Rottenburg und auch auf die Wurmlinger Kapelle.

Auf Höhe des **Schadenweiler Hofes** (**2**, knapp ¾ Std.) biegen wir nach rechts auf einen Feldweg ab, der uns zum Höllsteiner Wald bringt. Auf gut markierten Wegen geht es durch den Forst bergan. Am Waldrand wandern wir geradeaus durch die Wiesen bergab nach **Dettingen** (**3**, ¾ Std.).

An der kleinen Dorfkirche vorbei geht es auf der Beguinenstraße leicht bergan aus dem Ort hinaus. Am Waldrand des Dettinger Forstes kommen wir an einem schönen Wegekreuz vorbei und folgen geradeaus der kleinen Straße durch das abwechslungsreiche Waldstück.

Knapp ½ Std. nach dem Eintritt in den Wald zweigt der Jakobsweg an der Pelagiustanne nach rechts ab. Weiter geht es auf dem Forstweg geradeaus bergab ins **Schellentäle** (**4**, 1¼ Std. ab Dettingen), wo wir eine Landstraße (L 389) erreichen.

Auf der anderen Straßenseite biegen wir in einen Feldweg ein, der über eine kleine Brücke führt. Nun wandern wir zwischen Bachlauf und Waldrand entlang. Wir folgen einem Schotterweg, der uns in einem sanften Anstieg durch das Waldgebiet

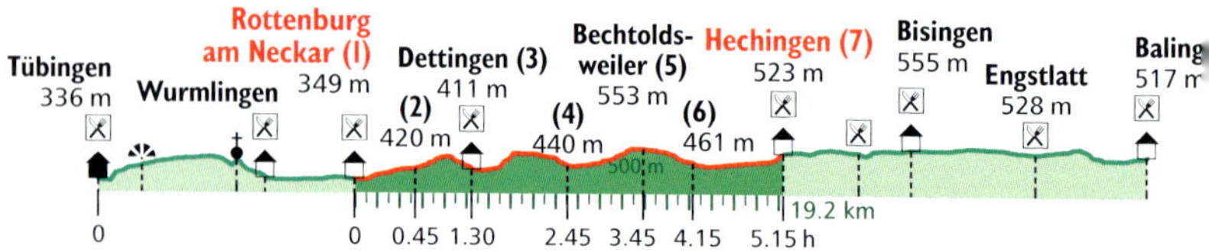

des Hohenstöffel bringt. Von dem Forstweg zweigen wir nach rund ¼ Std. ab Eintritt in den Wald nach rechts auf einen schmaleren Weg ab, der uns zum Waldrand bringt. Von hier genießen wir einen ersten Blick auf die Burg Hohenzollern sowie auf die Reutlinger Alb. Vor uns liegt **Bechtoldsweiler** (**5**, ¾ Std.), das wir durch Wiesen und Streuobstfluren schnell erreichen. In Bechtoldsweiler gehen wir auf einer Wohnstraße geradeaus und dann nach rechts an der kleinen Dorfkirche vorbei. Weiter geradeaus folgen wir der Muschelmarkierung aus dem Ort hinaus. An stattlichen Lindenbäumen (Naturdenkmal) lädt eine Parkbank zur schattigen Rast mit Blick auf die Burg Hohenzollern ein. Über einen recht steilen Schotterweg geht es kurz bergab (nach rechts: Variante über das Römische Freilichtmuseum). Wir passieren Sportplätze, unterqueren eine Straße (L 410) und erreichen **Stein** (**6**, ½ Std.). Wir gehen rechts in die Rosenstraße, bei nächster Möglichkeit links und auf der Staigstraße zum Rathaus. Auf der Straße »Am Dorfbrunnen« überqueren wir den Starzelbach und wandern auf der Mühläckerstraße zum Ortsrand. An der Aucherthalle biegen wir nach rechts auf einen Rad-/Fußweg ab. Dabei gehen wir kurz parallel zum Bahndamm, unterqueren ihn in einer Unterführung und wenden uns nach links auf eine Brücke über den Ettenbach. Auf dem Rad-/Fußweg geht es nun parallel zur Straße bis Hechingen.
Das Muschelsymbol führt uns durch das überschaubare Gewerbegebiet. Wir folgen der Haigerlocher Straße parallel zum Starzelbach, zweigen vor der Grünfläche der Spittelwiese nach links in die Hospitalstraße ab und gehen bei der Spittelkirche nach rechts über den Starzelbach; dann links auf der Oberen Mühlstraße am Oldtimermuseum vorbei. Auf der Straße »Staig« nach rechts, dann links in die Turmstraße und bergan durch den Marktplatz zur Stiftskirche St. Jakobus in der Altstadt von **Hechingen** (**7**, 1 Std.).

i *Die Grafen von Zollern erbauten ab Mitte des 11. Jh. auf einer Bergkuppe eine Burg und ernannten diese zu ihrem Verwaltungssitz – der Grundstein des heutigen* ***Hechingen****. Die sich ab dem 13. Jh. entwickelnde Oberstadt wurde im 15. Jh. befestigt, während die Unterstadt ohne Mauerring blieb. Im 16. Jh. wurde die Burg zu einer vierflügeligen Schlossanlage erweitert. Der Dreißigjährige Krieg hinterließ ein zerstörtes und geschwächtes Hechingen, das sich erst im 19. Jh. erholte.*
Die ***Stadtkirche St. Jakob*** *mit ihrem mächtigen Westturm wurde Ende des 18. Jh. errichtet. Das Bauwerk verkörpert die Stilrichtung des Frühklassizismus, im*

Übergang zwischen Rokoko und Klassizismus. Vor dem Kirchenportal der **Klosterkirche St. Luzen** endet der Kreuzweg, der von der Unterstadt über einen mächtigen Kalvarienberg bergan führt. Das Kircheninnere ist mit einem reichen Stuckdekor wie Muschelnischen, Halbsäulen, Gebälk und lebensgroßen Skulpturen und farbigen Wandmalereien reich geschmückt. Auf Wappenschlusssteinen ist die Ahnengalerie des Hauses Zollern abgebildet. Den Chor füllt eine riesige Muschel aus, in die ein Hochaltar eingepasst ist. Das Zentrum des Altars bildet eine spätgotische Madonna. In der Antoniuskapelle fand das Herz des Kirchenstifters Eitelfriedrich IV. hinter einer Bronzetafel seine letzte Ruhe.
Nicht weit vom Marktplatz entfernt liegt die klassizistische **Villa Eugenia** inmitten eines im englischen Stil angelegten Fürstengartens. Die Anlage wurde als Lust- und Gartenhaus geplant, diente aber dem letzten regierenden Fürstenpaar von Hohenzollern-Hechingen als Residenz. Das bis in die Gegenwart bestehende Haus Hohenzollern gehört zu den ältesten und bedeutendsten schwäbischen Adelsgeschlechtern. Sie regierten schon zu Beginn des 12. Jh. über ein Gebiet, das vom Neckartal über die Schwäbische Alb bis an die Donau reichte.
Die malerisch auf einem isolierten Kegelberg (855 m) gelegene **Burg Hohenzollern** geht auf das 11. Jh. zurück. Sie war der Stammsitz der Grafen von Hohenzollern, aus deren Linie die letzten Deutschen Kaiser hervorgingen. Nach mehrmaliger Zerstörung und Verfall wurde die prächtige Burganlage ab Mitte des 19. Jh. neu errichtet.

Blick auf die erhöht gelegene Altstadt von Hechingen.

37 Hechingen – Balingen

4.15 Std.
16,4 km

Unterkunft: Bisingen (555 m/9650 EW) Gästehaus Burgblick, 60 €, Tel. 07476 549 44 24, www.gaestehaus-burgblick.de. **Balingen** (517 m/34.510 EW), **(1)** Hotel Gasthof Lang, 85 € ÜF, Tel. 07433 993 970, www.hotelgasthof-lang.de. **(2)** Hotel Hamann, 75 € ÜF, Tel. 07433 95 00, www.hotel-restaurant-hamann.de. **(3)** Hotel Restaurant Thum, 68 €, Tel. 07433 969 00, www.hotel-thum-balingen.de.
Die Strecke: Bis Bisingen asphaltierte Wirtschaftswege sowie Rad-/Fußwege mit geringen Höhenunterschieden. Danach bis Balingen zumeist befestigte Flur- und Waldwege.
Höhenunterschied: 170 m im Auf- und 180 m im Abstieg.
Kritische Stellen: Keine.
Landschaft: Der Jakobsweg hält sich stets westlich des Albaufstiegs zur Zollernalb. Er führt im unmittelbaren Vorland der Schwäbischen Alb durch eine hügelige und meist landwirtschaftlich genutzte Region, wobei der Blick auf die Märchenburg Hohenzollern die Wanderer begleitet.
Infrastruktur: Wessingen (530 m/800 EW) ; Bisingen ; Engstlatt (528 m/ 1980 EW) ; Balingen: alles.
Touristeninformation: Stadtverwaltung Balingen, Färberstr. 2, Tel. 07433 17 00, www.balingen.de.

Vom Kirchplatz vor der **Jakobuskirche** von **Hechingen (1)** gehen wir über den Obertorplatz nach rechts auf der Zollernstraße an der evangelischen Kirche vorbei. Wir wandern am Villa Eugenia Park entlang und zweigen nach dem Parkgelände nach rechts in die Straße »Am Fürstengarten« ab. Am Ende der Straße halten wir uns rechts und sogleich links. Es geht erst durch einen Grünstreifen, dann wandern wir auf einem Rad/Fußweg zum Stadtrand.

Gut 1 km verläuft der Jakobsweg parallel zu den Bahngleisen. Wir unterqueren die Gleise und die Bundesstraße und gelangen in wenigen Minuten nach **Wessingen** (**2**, 1 Std.). Wir gehen nach rechts in den Dorfkern. Der kleine Ort ist schnell durchquert, und wir biegen nach links auf die kleine Straße »Täläcker« und in ein Neubaugebiet ab und wandern bergan zwischen den Äckern auf ein Wäldchen zu. Wir queren das kleine Waldstück und sind sogleich am Ortsrand von **Bisingen** (**3**, ½ Std.) angelangt. Über die Reutestraße, den Irisweg und den Altenweg gelangen wir zum Bisinger Bahnhof. Über einen Fußgängersteg geht es über die Bahngleise und weiter parallel zu den Schienen bis zum Ortsrand von Bisingen. Hier zweigt der Jakobsweg nach links ab und führt an einem Sportplatz vorbei zum Friedhof. Danach geht es nach rechts auf

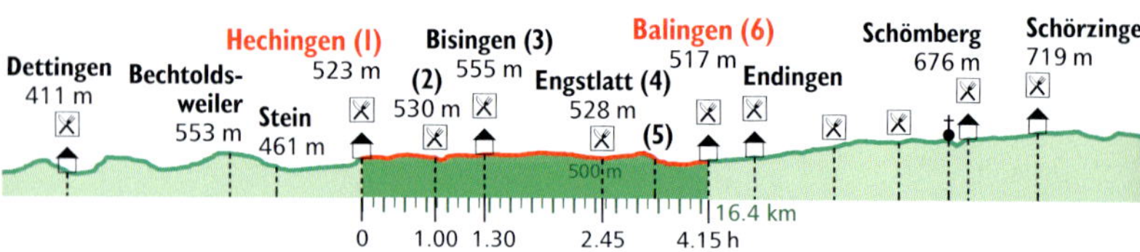

einem asphaltierten Feldweg durch die Fluren. Links sehen wir den bewaldeten Albaufstieg, auf den wir zuhalten. Rund 500 m nach dem Friedhof biegen wir links ab und folgen der Markierung zum Waldrand. Nach rechts passieren wir Seerosenteiche und gelangen auf der Straße zum Ortsrand von **Engstlatt** (**4**, 1¼ Std.). Hier zweigen wir im spitzen Winkel links ab. Bergan wandern wir zuerst durch ein kleines Wäldchen, gleich darauf am Waldrand entlang, um dann nach rechts über die Wiesen abzubiegen. Weiter bergan halten wir auf die bewaldete Kuppe des **Hangen** (**5**, 585 m; knapp ¾ Std.) zu. Kurz geht es durch den Mischwald, dann bergab auf einem Forstweg zum Waldrand, wo wir Balingen vor uns sehen. An einem Kreisverkehr links auf einen Rad-/Fußweg und unter der B 27 hindurch. Nach den Sportanlagen rechts in die Richthofenstraße und links auf der Wörthstraße in die Stadtmitte. Neben der Eyach gelangen wir allmählich ins Stadtzentrum. Am Ende einer Grünanlage rechts und auf der Färberstraße zur Stadtkirche in der Altstadt von **Balingen** (**6**, gut ¾ Std.).

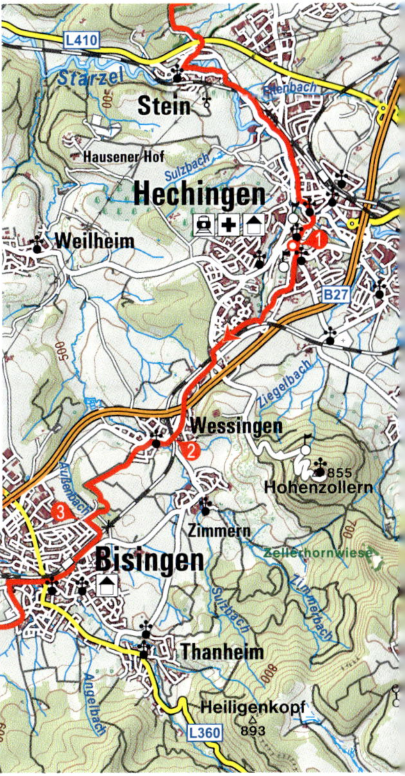

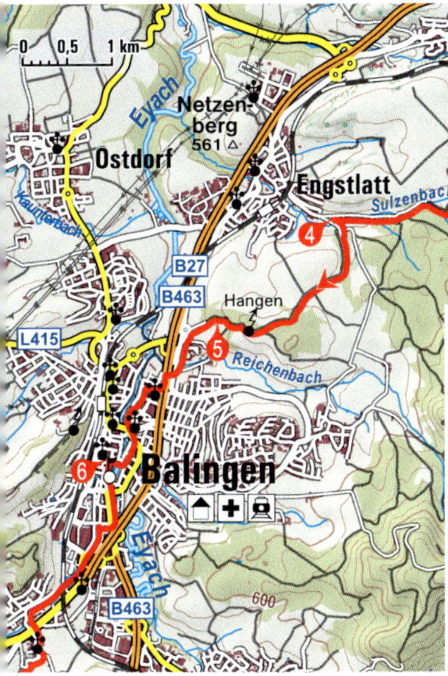

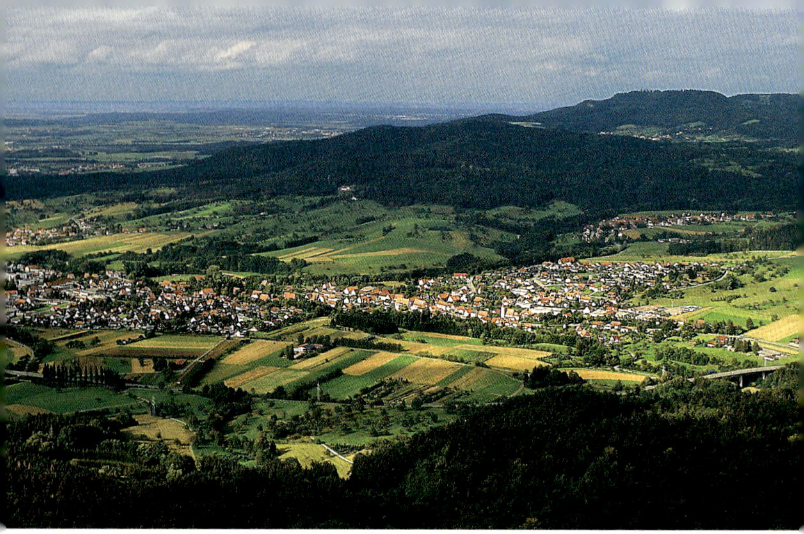

Vogelperspektive auf die Alb zwischen Hechingen und Balingen.

i ***Balingen** ist die Hauptstadt des **Zollernalbkreises**. Der Ort wurde im Jahr 863 als Balginga erstmals erwähnt. Im 13. Jh. erhob Graf Friedrich von Zollern die Siedlung zur Stadt. Mit dem Stadtrecht wuchs diese rasch an und erhielt einen Mauerring. Bekannt wurde die Stadt durch die Rotgerber, die sich hier an der Eyach niedergelassen haben. Dieser Stadtteil wird auch liebevoll Klein-Venedig genannt. Nach einem großflächigen Brand im Jahre 1809 wurde die Stadt im Schachbrett-Grundriss neu aufgebaut. Von der ehemaligen Stadtbefestigung zeugen noch der runde Wasserturm und das **Zollernschlössle**. Das Schloss ist eine spätmittelalterliche Burg der Grafen von Zollern-Schalksburg und ehemaliger Sitz der württembergischen Vögte aus dem 15. Jh. Im 18. Jh. wurde es nur noch als Gaststätte und Brauerei genutzt. Die Anlage war früher mit einer Mauer, einem Tor sowie mit einem Graben zur Stadt hin gesichert.*

*Das Zentrum der **Altstadt** wird von der spätgotischen **Pfarrkirche St. Nikolaus** dominiert. Ihr mächtiger achteckiger, 61 m hoher Kirchturm bildet das Wahrzeichen der Stadt. Das Kircheninnere besteht aus einer dreischiffigen Staffelhalle mit Kapellen zwischen den Strebepfeilern, die mit abwechslungsreichen Gewölben überspannt sind. Es wurde mit Werken des Balinger Renaissancebildhauers Simon Schweizer ausgestattet. Die Kirche beherbergt das Grabmal Friedrichs von Zollern. Eines der ältesten Kirchenbauwerke des südwestdeutschen Raums ist der romanische Turm der Friedhofskirche aus dem 11. Jh. mit seinen von Rundbögen umspannten Fenstern.*

7.00 Std.
27,3 km

Balingen – Rottweil 38

Unterkunft: **Schömberg** (676 m/ 4750 EW), **(1)** Pension B27, 40 €, Tel. 0176 106 655 44, www.pension-b27.de. **(2)** Hotel Café Baier, 56 €, Tel. 07427 25 50, www.cafe-baier.de. **Schörzingen** (719 m/ 1360 EW), Gasthof St.-Joseph-Stuben, Tel. 07427 22 13. **Rottweil** (609 m/ 24.980 EW), **(1)** Jugendherberge Rottweil, ab 34 €, Tel. 0741 942 568 70, www.jugendherberge.de. **(2)** Hotel Sailer, 80 € ÜF, Tel. 0741 942 33 66, www.hotel-sailer.de. **(3)** Hotel Bären, 83 € ÜF, Tel. 0741 174 600, www.baeren-rottweil.de.
Die Strecke: Bis auf kurze Waldstücke hauptsächlich asphaltierte Wirtschafts- oder Radwege durch die Fluren. Die Anstiege und Abstiege im leicht hügeligen Relief sind leicht und einfach zu begehen.
Höhenunterschied: 430 m im Auf- und 340 m im Abstieg.
Kritische Stellen: Am Abzweig der Variante über das Kloster Beuron am Dorfrand von Endingen, s. Anmerkungen. Zwischen Schörzingen und Feckenhausen ist der Weg nicht immer ausreichend markiert.
Landschaft: Vom Fuße der Hohenzollernalb führt der Jakobsweg durch Wiesen, Felder und Mischwälder nach Südwesten zurück ins Neckartal. In Rottweil, der ältesten Stadt Baden-Württembergs, ist der Oberlauf des Neckars erreicht, der sich zwischen Schwarzwald und Schwäbischer Alb sein Flussbett geschaffen hat.
Infrastruktur: Endingen (543 m/2370 EW); Roßwangen (616 m/800 EW); Dotternhausen (651 m/1840 EW); Schömberg: alles; Schörzingen; Göllsdorf; Rottweil: alles.
Touristeninformation: Rottweil, Hauptstr. 21, Tel. 0741 49 42 80, www.rottweil.de.
Anmerkungen: In Endingen ist eine Variante des Jakobsweges in südöstliche Richtung über Tieringen, Nusplingen und das Kloster Beuron bis Konstanz (138 km) ausgewiesen. Dieser »Via Beuronensis« genannte Weg biegt nach der evangelischen Kirche nicht wie unsere Route nach rechts zum Friedhof ab, sondern nach links.

Vor der Stadtkirche von **Balingen (1)** gehen wir auf der Friedrichstraße knapp 400 m geradeaus und verlassen die Altstadt von Balingen. Dann biegen wir rechts in die Wilhelm-Kraut-Straße ein. Kurz vor der B 27 geht es rechts in die Steinachstraße und nach links auf der Schillerstraße an einem Schulkomplex vorbei. Auf einem Rad-/Fußweg queren wir die Steinach und gelangen unter Bahngleisen hindurch nach **Endingen** (**2**, gut ½ Std.), einem Stadtteil von Balingen.
Am Bahnhof von Endingen biegen wir nach links ab, gehen auf dem Brückenrain geradeaus über die B 27 und zweigen am Ortsende nach rechts ab (nach links: Via Beuronensis). Am Friedhof geht es nach links und weiter nach rechts durch die Wiesen und Felder. Wir treffen auf die L 442 und folgen ihr 200 m nach rechts. Dann biegen wir nach links ab und erreichen rasch das Dorf **Roßwangen** (**3**, 1 Std.) am Fuße der Schwäbischen Alb.
Auf der Straße Oberer Brühl verlassen wir den Ort und wandern geradeaus durch die Wiesen und einen schönen Mischwald nach **Dotternhausen** (**4**, gut ¾ Std.). Auf der Hauptstraße unterqueren wir eine Seilbahn der Zementwerke und wandern auf dem Hohenzollernradweg weiter geradeaus. Kurz

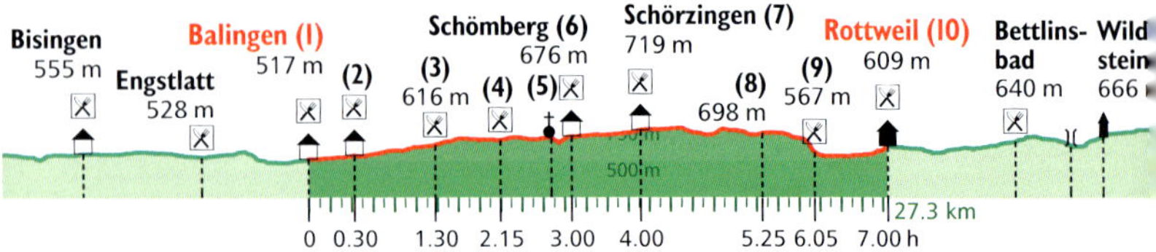

vor dem Ortsrand von Schömberg gelangen wir zur **Wallfahrtskirche Palmbühl** (**5**, gut ½ Std.).

Auf einer kleinen Anhöhe befindet sich die bei Pilgern und Gläubigen beliebte ***Wallfahrtskirche zur Schmerzhaften Mutter Gottes*** *vom* ***Palmbühl****, deren früheste Erwähnung aus dem Jahr 1331 stammt. Zwei Legenden ranken sich um die Entstehung des Wallfahrtsortes. Ein Bildstock der Schmerzensmutter soll an der Stelle der heutigen Kirche gestanden haben. Als man dafür an einem anderen Platz eine Kapelle errichten wollte, kehrte das Baumaterial immer wieder auf wundersame Weise zum Bildstock zurück. Deshalb errichtete man schließlich die Kapelle dort. Die zweite Legende besagt, dass vorbeiziehende Kaufleute von der Straße her einen seltsamen, schönen Gesang gehört hätten. Als sie in die damalige Leonhardskapelle eintraten, hätten sie nur das Marienbild gesehen. Das Kircheninnere der hohen Saalkirche ist reich im Stil des Barock dekoriert.*

Nach der Kirche geht es auf einem Fußweg bergan und dann auf der Haldenstraße nach links zum Ortsrand. Die Alte Hauptstraße bringt uns direkt zum Marktplatz von **Schömberg** (**6**, gut ¼ Std.).

In reizvoller Lage am Fuße der höchsten Erhebungen der Schwäbischen Alb liegt die Kleinstadt ***Schömberg****, die erstmals im Jahre 1255 urkundlich erwähnt wird. Schömberg ist mit seinen hübschen Fachwerkhäusern ein eindrückliches Beispiel für eine mittelalterliche Zwergstadt.*

Wir biegen links in die Schweizer Straße ein, die uns unter den Bahngleisen hindurchführt. Weiter geradeaus gelangen wir auf der Wellendinger Straße zum Ortsrand. Nach Unterqueren einer Straße folgen wir an der Kreuzung nach links dem Ja-

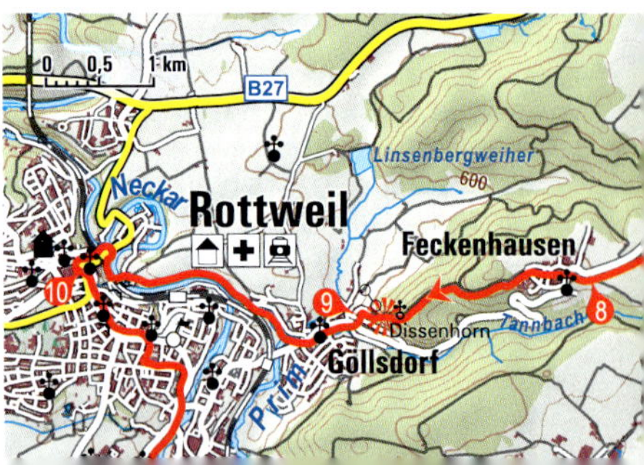

kobsweg sowie dem Hohenzollernradweg über die Äcker zur Neuapostolischen Kirche bei **Schörzingen** (**7**, 1 Std.). Wir gehen nach rechts auf der Hochbergstraße am nördlichen Ortsrand entlang. An den Sportplätzen links und gleich nach rechts neben der Neuhausstraße wieder über die Fluren. Wir unterqueren die L 434 und biegen beim Aussiedlerhof nach links ab. Dann halten wir auf einen Wald zu und biegen nach rund 600 m nach rechts ab. Bei der nächsten Möglichkeit geht es nach links auf einem schmalen Weg in den Vogelsbergforst. Nach gut 5 Minuten biegen wir rechts ab und nach 150 m links. Vor einer Straße geht es nach rechts

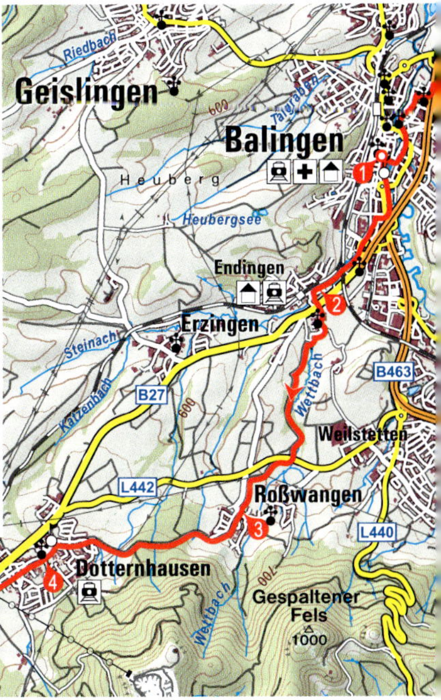
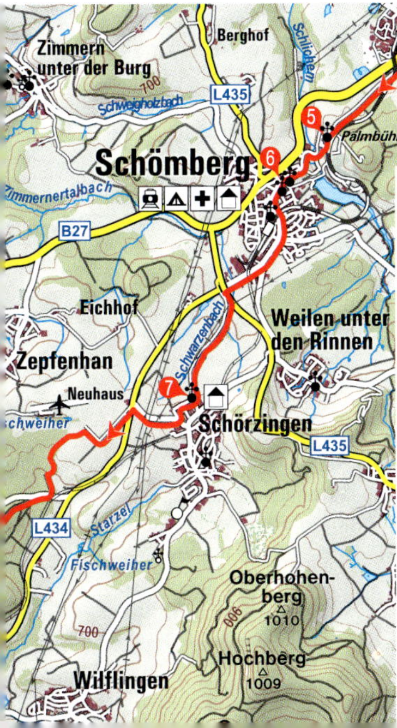

weiter und alsbald auf der anderen Straßenseite weiter geradeaus rund 10 Minuten durch den Wald. Danach durchwandern wir eine kleine Straßensiedlung mit Wochenendhäusern. Zuletzt geht es nach rechts über eine Landstraße und nach links geradeaus auf einem Wirtschaftsweg nach **Feckenhausen** (**8**, knapp 1½ Std.). Wir folgen geradeaus der Habsburgerstraße und nach rechts der Schwabenstraße, passieren dann einen Grill-/Spielplatz und treten in den Wald ein. Auf gut markierten Forstwegen und Pfaden kommen wir an der **Dissen-**

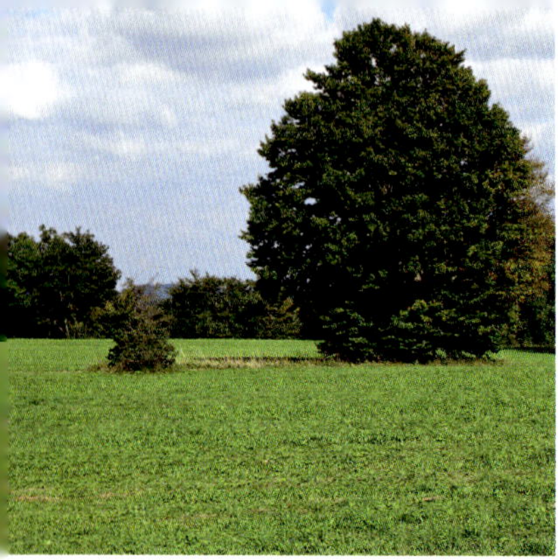

Bezaubernde Naturlandschaften erwarten den Pilger am Rande der Alb.

hornkapelle (½ Std.) vorbei. Von hier genießen wir einen umfassenden Blick auf das Neckartal und das Stadtgebiet von Rottweil. Hier beginnt nach rechts der Kreuzweg bergab auf einem steilen Pfad und Treppenweg nach **Göllsdorf** (**9**, knapp ¼ Std.), einem Teilort von Rottweil.

Der gut gekennzeichnete Jakobsweg leitet uns auf der Schulstraße und der Württemberger Straße durch den Ort. Dann biegen wir nach rechts ab in die Böhringer Straße und sofort wieder nach links in die Mühlwiesenstraße. Dieser folgen wir nun am Ortsrand entlang durch das Tal der Prim. Wir passieren den Bahnhof und biegen zwischen großen Verwaltungs- und Gewerbegebäuden links ab. An der Gebäuderückseite geht es nach links auf einer Brücke über den Neckar und unter den Bahngleisen hindurch. Danach rechts auf einem Weg unterhalb der Stadt an einem Hang bergan. Wir unterqueren das Viadukt und gelangen nach links auf die Hauptstraße, an der Kreuzung links auf der Hochbrücktorstraße zur Kapellenkirche in **Rottweil** (**10**, 1 Std.).

i *An der Kreuzung zweier wichtiger Handels- und Verbindungsstraßen legten die Römer ab 74 n. Chr. zur Sicherung des Gebiets eine Befestigung an, bei der einige Jahre später die römische Siedlung Arae Flaviae entstand, die in römischer Zeit bereits die Stadtrechte besaß – deshalb gilt* ***Rottweil*** *als die älteste Stadt Baden-Württembergs. Im 8. Jh. ging aus einem alemannischen Herzogshof der Königshof »Rotuvilla« hervor. Dieser und die zugehörigen Siedlungsflächen gingen in den Besitz der Staufer über, die Ende des 12. Jh. das spätmittelalterliche Rottweil gründeten – der Grundstein für die heutige malerische Altstadt war gelegt. Als souveräne Reichsstadt erhielt Rottweil eine privilegierte Stellung in der Region. Die Stadt war in den Jahren 1463–1802 mit der Schweizer Eidgenossenschaft verbunden, ohne selbst als eidgenössischer Ort darin aufzugehen. Rottweil genoss dadurch einen besonderen Schutz und galt als ein den Schweizern »zugewandter« Ort.*
Die ehemalige Freie Reichsstadt Rottweil ist bekannt als die sogenannte Brunnenstadt sowie als Hochburg der ***schwäbisch-alemannischen Fasnet****. Zahlreiche historische Brunnen sprudeln in der Stadt am oberen Neckar. Der Ortskern, ein Ensemble aus Sakralbauten, Toren, Patrizier- und Bürgerhäusern, liegt auf einem Felssporn über dem Neckar. Zahlreiche kunstvoll geschmiedete Stechschilder,*

z. B. von Gasthäusern oder Handwerkern, die seit 1560 Vorschrift waren, prägen das Stadtbild. Die Hauptkirche von Rottweil, das **Heilig-Kreuz-Münster**, war in ihren Ursprüngen eine romanische Pfeilerbasilika. Der Kirchenbau erfolgte auf unebenem Baugrund, so dass sich das Schiff dem natürlichen Gefälle des Felsens anpasst und zum Chor hin immerhin 1,40 m höher wird, und auch der Kirchturm ist seit 1696 deutlich schief. Vom 15. Jh. an erfolgte der Umbau im gotischen Stil inklusive des romanischen Turms zur jetzigen Heilig-Kreuz-Kirche. Nach dem Dreißigjährigen Krieg folgte eine Umgestaltung im Barockstil. Doch im 19. Jh. wurde die Barockkirche wieder im Stil der Gotik restauriert. In einem Seitenaltar ist die Rottweiler Madonna zu sehen. Eine Legende besagt, dass während der Belagerung der Stadt durch die Franzosen (1643) sich die Situation verbesserte, nachdem die Madonna ihren Blick zweimal gewendet hatte. (Zu dieser Zeit befand sich die Statue noch im Rosenkranzaltar der Dominikanerkirche.)

Rottweil ist für seine zahlreichen Türme bekannt. So ist der 70 m hohe **Kapellenturm** ist das Wahrzeichen der Stadt und gilt als einer der schönsten gotischen Türme Südwestdeutschlands. Die reiche plastische Ausschmückung der Untergeschosse stammt aus der ersten Bauphase um 1330/40. Sein heutiges Aussehen erhielt der Turm durch das Zeltdach von 1762. Die zugehörige **Kapellenkirche** entstand an der Stelle der Wallfahrtskirche zu Unserer Lieben Frau, die bei Augenleiden den Gläubigen zufolge Heilung und Wunder bewirken konnte. Ab dem Beginn des 14. Jh. wurde an der einschiffigen **Liebfrauenkirche** im frühgotischen Stil gebaut. Bereits zu Beginn des 15. Jh. konnten die Altäre eingeweiht werden. Die **Dominikanerkirche** (Predigerkirche) wurde im 13. Jh. eingeweiht. Auch sie wurde im Stil des Barock erweitert und verändert. Die Malereien zeigen die Seeschlacht von Lepanto, die Belagerung Rottweils durch französische Truppen sowie Szenen aus dem Leben des hl. Dominikus. Das **Schwarze Tor** wurde in der Zeit Kaiser Friedrich Barbarossas erbaut. Heute ist es das berühmteste Bauwerk Rottweils. Am Fasnachtsmontag um 8 Uhr setzen die Narren hier zum berühmten **Narrensprung** an (am Fastnachtsdienstag um 8 und 14 Uhr). 2017 wurde östlich der Stadt der 246 m hohe **TK Elevator** fertiggestellt. Der **Testturm für Aufzüge** bietet in 232 m Höhe einen einmaligen Ausblick von Deutschlands höchster Aussichtsplattform.

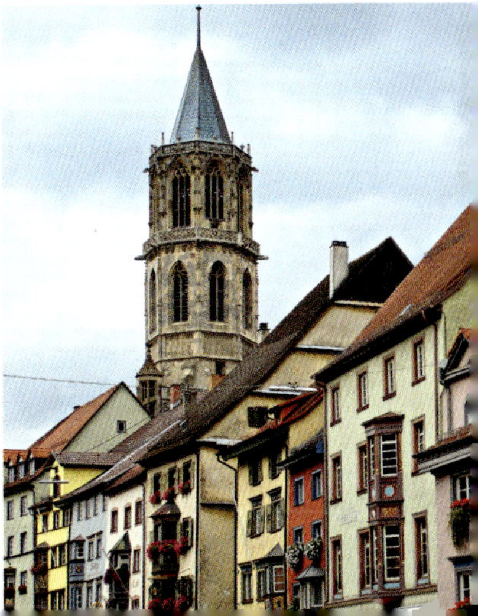

Der Kapellenturm, Wahrzeichen Rottweils.

39 Rottweil – Villingen-Schwenningen

6.45 Std.
25,4 km

Unterkunft: **Weilersbach** (750 m/ 1340 EW) Gästehaus Grießhaber, 22 €, Tel. 07721 712 12, www.gaestehaus-griesshaber.de. **Villingen-Schwenningen** (706 m/ 85.690 EW), **(1)** Hotel Dormero, 53 €, Tel. 030 202 133 00, www.dormero.de. **(2)** Hotel Romäus, 52 €, Tel. 07721 995 90 66, www.hotel-romaeus.de. **(3)** Hotel Bären, 61 €, Tel. 07721 206 96 90, www.hotel-baeren.biz.

Die Strecke: Gut mit der gelben Muschel auf blauem Grund ausgewiesen. Bis auf wenige Wegstrecken geht es auf kleinen Wirtschaftswegen und asphaltierten Straßen durch das sanft hügelige Relief zwischen Neckartal und Brigach.

Höhenunterschied: 400 m im Auf- und 300 m im Abstieg.

Kritische Stellen: Im Waldgebiet des Tonisbühl vor Villach kann der Weg sehr schlammig und entsprechend rutschig sein.

Landschaft: Der Jakobsweg verlässt bei Rottweil das Neckartal, das uns seit sieben Etappen immer wieder auf dem Weg durch den südwestlichen Teil Baden-Württembergs begleitet hat. Der Weg führt nun durch eine sanft gewellte Landschaft zwischen der Ostabdachung des Schwarzwalds und der Schwäbischen Alb, die von zahlreichen Bachläufen und Flusstälern durchzogen ist. Eingebettet in bewaldete Hügel und landwirtschaftlich genutzte Flächen liegen kleine Weiler und Dörfer.

Infrastruktur: Bettlinsbad (640 m/ < 10 EW); Weilersbach; Villingen-Schwenningen: alles.

Touristeninformation: Villingen-Schwenningen, Rietgasse 2, Tel. 07721 82 23 40, www.wt-vs.de.

Anmerkungen: Auf dieser Etappe gibt es wenig Möglichkeiten zur Einkehr oder Versorgung mit Lebensmitteln.

Von der Kapellenkirche in **Rottweil (1)** folgen wir der Hochbrücktorstraße in südliche Richtung, queren die Hochbrücke und weiter auf der Königsstraße, bis wir rechts in die Dammstraße und links in die Heerstraße einbiegen. An deren Ende geradeaus in einen Fußweg und nach gut 50 m rechts. Die Hohlgasse bringt uns zur Tuttlinger Straße. Das Muschelsymbol leitet uns geradeaus zum **Rottenmünster** (**2**, ¾ Std.; siehe gelber Kasten rechts). Hier verlassen wir das Neckartal bergan, gehen durch eine Unterführung und nach links parallel zur Straße bis **Bühlingen** (**3**, gut ¼ Std.). In der Ortsmitte wenden wir uns am Friedhof nach rechts und wandern auf die-

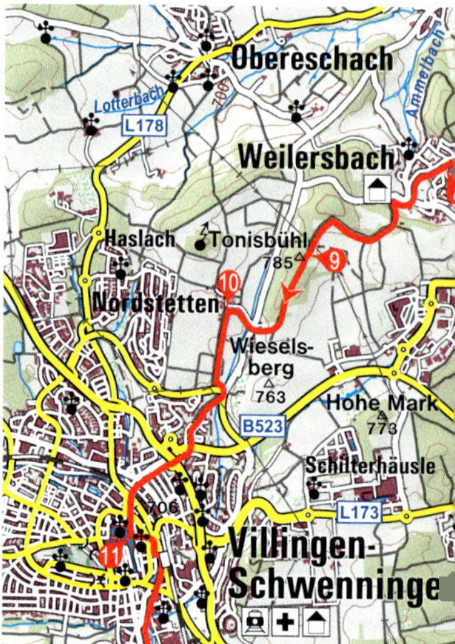

ser Straße durch Wiesen und Schrebergärten nach **Bettlinsbad** (**4**, ½ Std.).

Die Muschel führt uns durch den Bettlinsbadwald und am Waldrand weiter auf einen Feldweg. An der nächsten Kreuzung geht es nach links auf einem Weg durch einen Mischwald an

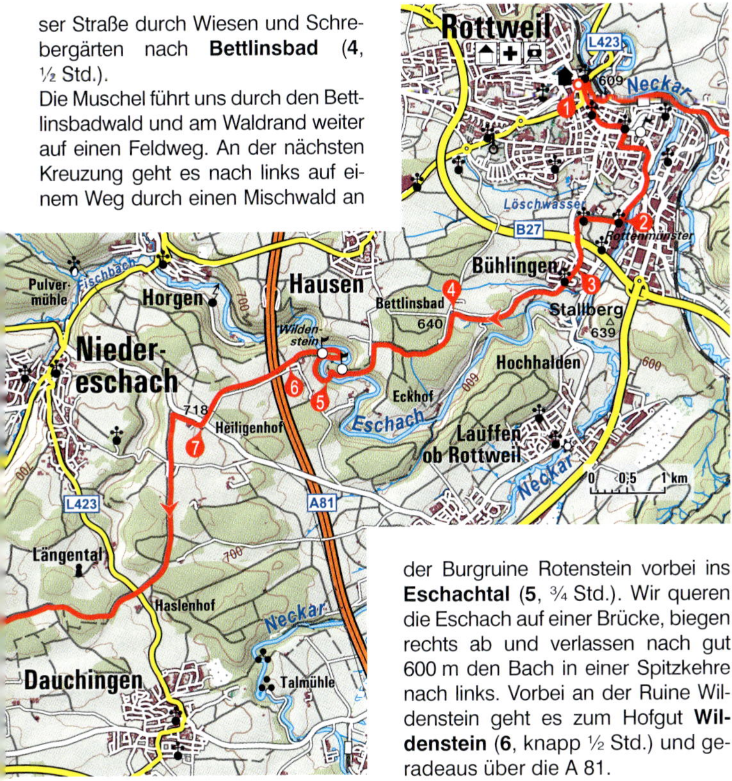

der Burgruine Rotenstein vorbei ins **Eschachtal** (**5**, ¾ Std.). Wir queren die Eschach auf einer Brücke, biegen rechts ab und verlassen nach gut 600 m den Bach in einer Spitzkehre nach links. Vorbei an der Ruine Wildenstein geht es zum Hofgut **Wildenstein** (**6**, knapp ½ Std.) und geradeaus über die A 81.

i *Zwischen 1224 und 1850 war das* ***Kloster Rottenmünster*** *eine Zisterzienserinnenabtei. 1237 erhob der Hohenstaufenkaiser Friedrich II. das Rottenmünster zum Reichsstift und unterstellte das Kloster dem Schutz der in direkter Nachbarschaft gelegenen Reichsstadt Rottweil. Während des Dreißigjährigen Krieges (1618–1648) wurde das Kloster von umherziehenden Truppen geplündert und schließlich Mitte des 17. Jh. von Soldaten des Herzogs von Württemberg gänzlich niedergebrannt. Im Rahmen der Säkularisation gingen die Besitzungen des Klosters an Württemberg. Hierbei handelte es sich immerhin um ein Gebiet mit 3000 Einwohnern und jährlichen Einnahmen von etwa 30.000 Gulden. Heute ist im ehemaligen Kloster am Neckar das Psychiatrische Vinzenz-von-Paul-Hospital untergebracht.*

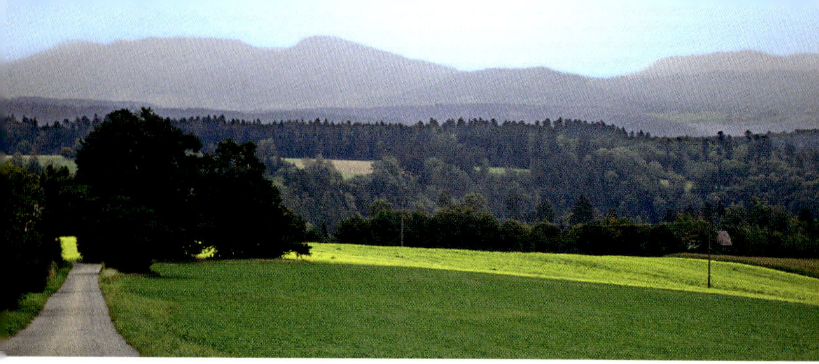

Blick vom Heckengäu auf die Silhouette der Schwäbischen Alb.

Auf einem asphaltierten Wirtschaftsweg wandern wir durch die offenen Fluren, wobei wir einen bezaubernden Blick auf den Albtrauf genießen. Wir gelangen zu den **Heiligenhöfen** (**7**, knapp ½ Std.), wenden uns auf der Straße nach rechts und gehen nach 500 m nach links auf einen Wirtschaftsweg. Auf diesem geradeaus, über eine Landesstraße und weiter durch die Fluren und kleinen Wäldchen bis **Weilersbach** (**8**, knapp 1¾ Std.). Wir durchqueren das Dörfchen und wandern auf der Straße »Zur Zolltafel« bergan. Am Ortsende biegen wir an einem imposanten Wegekreuz auf den Stiegweg in das kleine Waldstück hinein ab. Hier weist uns die Muschelmarkierung den Weg bis zur Kuppe des **Tonisbühl** (**9**, 785 m; ¾ Std.). Der Weg kann bei nasser Witterung recht schlammig sein. Am Waldende wenden wir uns nach rechts, queren eine Straße und erreichen **Nordstetten** (**10**, gut ¼ Std.), ein malerisches Dörfchen mit gut erhaltenen und restaurierten Bauernhöfen. Vor uns liegt bereits Villingen in einer Flussschlinge der Brigach. Wir folgen geradeaus dem »Alten Nordstetter Weg« und gelangen durch eine Unterführung in ein Neubaugebiet. Nach weiteren 750 m auf dem Alten Nordstetter Weg biegen wir rechts in die Wieselsbergstraße ein. Wir unterqueren die B 33 und wenig später Gleise. Über die Brigach geht es in die Mönchweilerstraße und durch das Obere Tor in die Altstadt. Die Etappe endet auf der Oberen Straße/Ecke Kanzleigasse in **Villingen** (**11**, gut ¾ Std.).

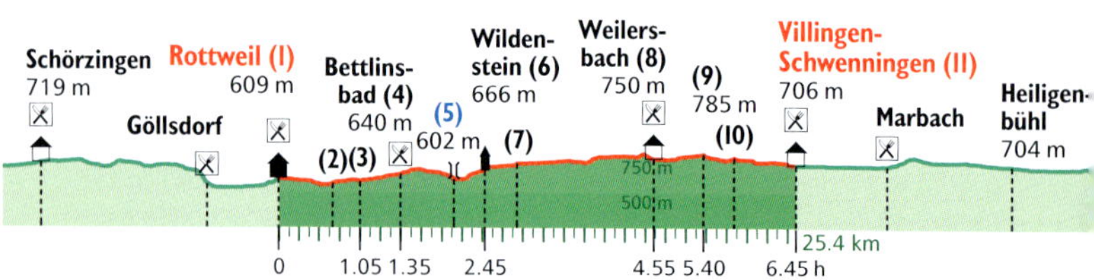

ℹ Die Städte **Villingen** und **Schwenningen** wurden erst im Zuge der baden-württembergischen Gemeindereform im Jahre 1972 zusammengeschlossen. Die Doppelstadt liegt zwischen Baar und Schwarzwald an der Neckarquelle und der Brigach und bildet das kulturelle Zentrum des Mittleren Schwarzwaldes. Ausgrabungen und Fundstätten aus der Hallstattzeit (6. Jh. v. Chr.) belegen eine frühe Besiedlung des Ortes. Die Römer ließen sich hier nieder, später die Merowinger. In merowingischer Zeit erhielt Villingen das Markt- und Münzrecht. Im 12. Jh. erfolgte eine erneute Stadtgründung unter den Zähringern rechts der Brigach.
1218 wurde **Villingen** zur Reichsstadt erhoben und kam gut 100 Jahre später in den Herrschaftsbereich der Habsburger. Die wehrhafte Stadt konnte sich sowohl im Dreißigjährigen Krieg als auch gegen die Belagerung von französischen Truppen behaupten. Das kleinere **Schwenningen** erhielt erst 1820 das Marktrecht. Die Bewohner lebten vom Handwerk, vor allem der Uhrmacherei, und von der Landwirtschaft. 1907 wurde Schwenningen zur Stadt erhoben.
Villingen ist im Stil der Zähringerstädte errichtet, die sich an dem Achsenkreuz der Hauptstraßen orientieren. Die zentralen, mit Steinmosaiken gepflasterten Gassen werden von traufständigen, prächtigen Bürgerhäusern gesäumt. Das **Rathaus** mit dem hübschen gotischen Staffelgiebel wurde im 16. Jh. im Stil der Renaissance umgestaltet. Von der dreifachen **Befestigungsanlage** sind noch einige Tore und Türme des inneren Mauerrings erhalten, wie das **Obertor**, das **Riettor**, das **Bickentor** sowie der **Kaiserturm**, das **Pulvertürmle** und der **Romäusturm**.
Die Altstadt wird vom **Liebfrauenmünster** mit den beiden verschiedenartigen Türmen beherrscht. Mit seinem Bau wurde 1130 im Stil der Romanik begonnen. Im 13. Jh. erhielt die Kirche einen hochgotischen Chor und eine Kanzel und erfuhr im 18. Jh. eine barocke Umgestaltung. Das **Naegelinskreuz** aus dem 14. Jh. gilt als wundertätiges Schutzkreuz. Während des Dreißigjährigen Krieges soll eine Kugel am Kreuz abgeprallt und ins Lager der Feinde zurückgeflogen sein.
Auch das **Franziskanerkloster** ist einen Besuch wert. Die Anlage aus der Mitte des 13. Jh. besitzt eine schöne Hallenkirche mit einer Sakristei, die reich mit Fresken ausgestattet ist.

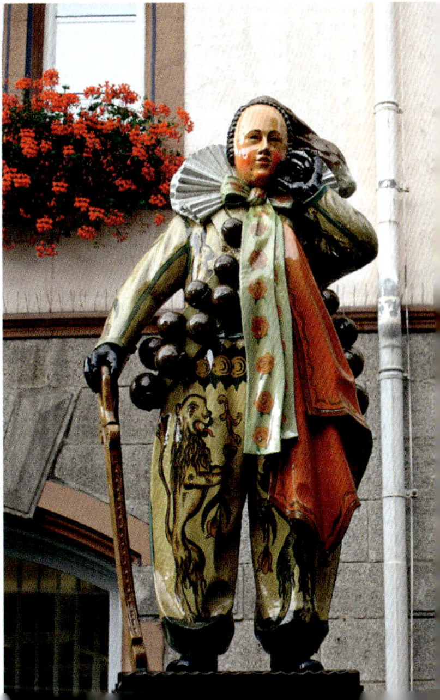

Schwäbisch-alemannische Narrenfigur.

40 Villingen-Schwenningen – Donaueschingen

4.30 Std.
17,1 km

Unterkunft: **Donaueschingen** (681 m/ 22.200 EW), **(1)** Hotel Zum Hirschen, 70 €, Tel. 0771 898355 80, www.hotel-zum-hirschen.de. **(2)** Hotel Linde, 76 €, Tel. 0771 831 80, www.hotel-linde-ds.de. **(3)** Hotel Wyndham Garden, 90 €, Tel. 0771 898 64 40, www.wyndhamhotels.com.
Die Strecke: Die Wege auf dieser Etappe sind nicht besonders abwechslungsreich, aber sehr gut und einfach zu begehen. Der Jakobsweg führt auf Wirtschaftswegen und auf der ehemaligen Römerstraße mit geringen Höhendifferenzen durch die landwirtschaftlichen Flächen bis Donaueschingen.
Höhenunterschied: 100 m im Auf- und 120 m im Abstieg.
Kritische Stellen: Im Stadtbereich von Villingen ist der Weg manchmal »gut versteckt« markiert. In der Grünanlage am Stadtrand von Donaueschingen ist der Jakobsweg in Richtung Hüfingen ausgemuschelt, nicht aber in Richtung Stadtmitte.
Landschaft: Heute folgen wir zunächst der Brigach, bevor es östlich des Tals durch landwirtschaftliche Nutzflächen nach Donaueschingen geht. Westlich der Brigach erhebt sich langsam der Schwarzwald. Gemäß dem Reim »Brigach und Breg bringen die Donau zuweg« fließen die beiden Quellflüsse der Donau in Donaueschingen zusammen und die Donau ist geboren. In Donaueschingen ist der Jakobsweg in der waldreichen Region der Südbaar angekommen, die sich am Rand des Schwarzwalds erstreckt.
Infrastruktur: Marbach (700 m/ 2000 EW) ✕ 🚉; Donaueschingen: alles.
Touristeninformation: Donaueschingen, Karlstraße 58, Tel. 0771/85 72 21, www.donaueschingen.de.
Anmerkungen: Der markierte Jakobsweg umgeht den Stadtbereich von Donaueschingen bis Hüfingen. Unser Etappenziel im Herzen Donaueschingens erreichen wir auf einem kleinen Abstecher vom ausgewiesenen Weg.

Im Zentrum von **Villingen-Schwenningen (1)** an der Ecke Obere Straße / Kanzleigasse folgen wir der Oberen Straße nach Süden und biegen links in die Bickenstraße ein. Durch das Bickentor verlassen wir die Altstadt und gehen am Kaiserring nach rechts. Dann links in die Paradiesgasse und nach rechts auf einem Dammweg neben der Brigach aus Villingen hinaus. In einem Gewerbegebiet biegt der Jakobsweg mit dem Unteren Dammweg nach rechts ab und verläuft nach 300 m nach links auf einem Rad- und Fußweg, auf dem wir das Stadtgebiet von Villingen verlassen. Durch die Felder gelangen wir zu einer kleinen Ortsverbindungsstraße.

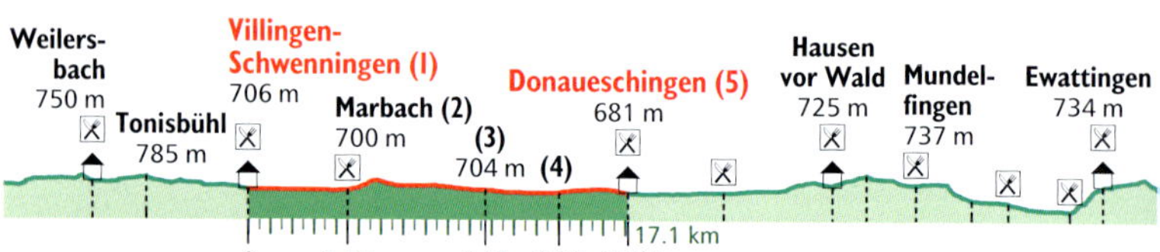

Hier biegt unser Weg nach links ab und folgt der Straße wenige Minuten, quert die Brigach und die Bahngleise und erreicht **Marbach** (**2**, 1¼ Std.), einen Vorort von Villingen-Schwenningen. Weiter geht es über die Straße Am Talacker und dann nach links in den Keltenweg aus Marbach hinaus. Ein Feld- und Flurenweg verläuft in östliche Richtung geradeaus, bis er nach rund 3 km bei den Hardthöfen nach rechts in einen querenden Wirtschaftsweg, eine einstige Römerstraße, einbiegt.

Im folgenden Verlauf kommen wir an weiteren Gehöften vorbei, die in unmittelbarer Nähe zu ihren Feldern, Wiesen oder Weiden direkt an der Straße gelegen sind. In einiger Entfernung passieren wir die Gemeinde Brigachtal und erreichen das Gehöft **Heiligenbühl** (**3**, 1½ Std.). Weiter geradeaus gelangen wir zum **Ziegelhof** (**4**, gut ¾ Std.).

Vor dem Ziegelhof biegen wir nach rechts ab und wandern durch die Fluren. An der nächsten Wegekreuzung halten wir uns nach links und erreichen immer geradeaus die ersten Häuser von Donaueschingen.

Auf der Friedhofstraße gehen wir in Richtung Stadtzentrum. An der Fürstenbergkaserne und dem Friedhof vorbei überqueren wir den HIndenburgring geradeaus und gehen an einem Kreisverkehr geradeaus weiter in die Schulstraße. Am Hansebrunnen biegen wir nach links in die Karlstraße ein und gelangen zum Etappenziel an der St.-Johann-Stadtkirche im Zentrum von **Donaueschingen** (**5**, 1 Std.).

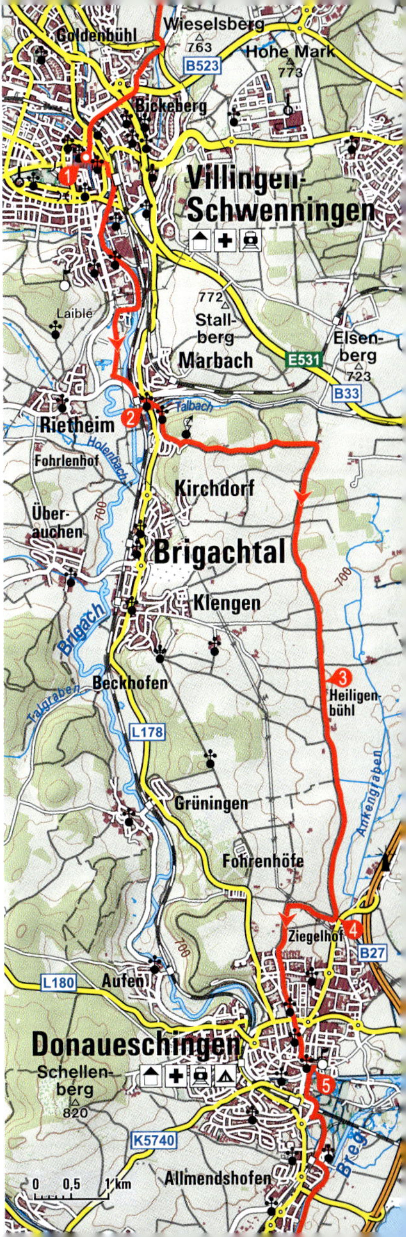

i **Donaueschingen** liegt im Südwesten der Baar, in unmittelbarer Nähe der Geburtsstätte der Donau am Zusammenfluss der beiden Quellflüsse Brigach und Breg. Schon im Jahr 1283 belehnte Rudolf von Habsburg den Grafen Heinrich von Fürstenberg mit der Grafschaft Baar und Donaueschingen. Damit war auch das Recht verbunden, Bier zu brauen. Hier hat die **Fürstlich Fürstenbergische Brauerei** ihren Ursprung. Im 15. Jh. erwarben die Herren von Fürstenberg die Siedlung und bauten sie bis ins 18. Jh. zu ihrer Residenz aus. Das Haus Fürstenberg unterhielt enge Beziehungen zum böhmischen Fürstenhaus in Prag. Diese Verbindungen waren ausschlaggebend für den böhmischen Barockstil der **Stadtkirche St. Johann Baptist**, die mit ihren von Zwiebelkuppeln bekrönten Türmen im 18. Jh. entstand.

Die **Residenz der Fürstenbergs** wurde ebenfalls im Barockstil als lang gestreckter Zweckbau inmitten des schönen Schlossparks errichtet. Im 19. Jh. erfuhr das Schloss eine Umgestaltung im Neobarock.

Im **Schlosspark** sprudelt eine Karstquelle, die als **»Donauquelle«** bezeichnet wird. Eine Figurengruppe zeigt die »Mutter Baar«, die ihrer Tochter, der »jungen Donau«, den Weg weist. Im Jahre 1908 wurde Donaueschingen von einem in dieser Region recht seltenen Naturereignis heimgesucht: Ein Wirbelsturm und als Folge ein Brand verwüsteten weite Teile der Stadt.

Die Ausläufer des Heckengäus werden landwirtschaftlich genutzt.

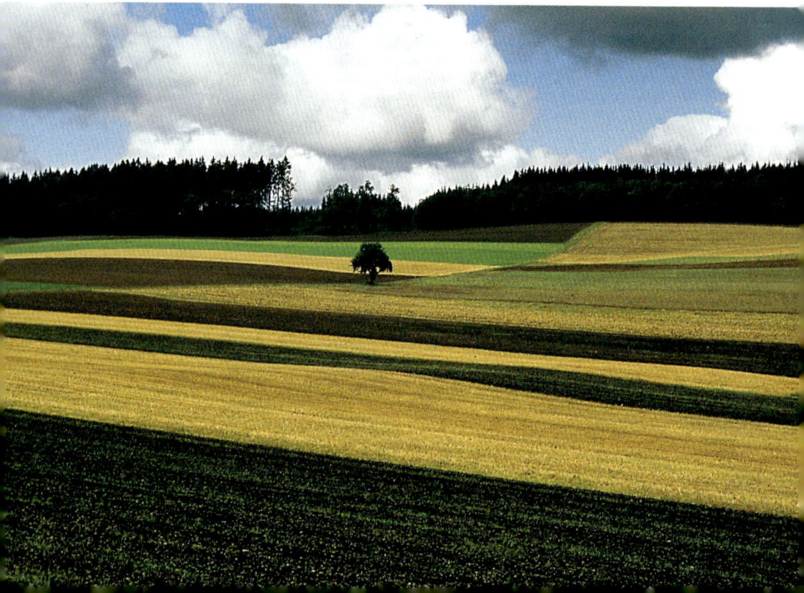

7.15 Std.
25 km

Donaueschingen – Lausheim

41

Unterkunft: Hausen vor Wald (725 m/500 EW) Gasthaus Löwen, 45 € ÜF, Tel. 07707 338. **Ewattingen** (734 m/1190 EW), **(1)** Pension Zum Hirschen, 36 €, Tel. 07709 13300, www.hirschen-wutach.de. **(2)** Gasthof Burg, 62 €, Tel. 07709 279, www.gasthof-burg.de. **Lausheim** (628 m/370 EW), Gasthaus Kranz, 77 €, Tel. 07709 261, www.gasthaus-kranz.de.

Die Strecke: Bis Mundelfingen geringe Höhenunterschiede auf gut begehbaren Wirtschafts- und Forstwegen. Dann folgt der Jakobsweg der Wutachschlucht, wobei die Wanderwege und Pfade im Abstieg zwar steil, bei trockener Witterung aber leicht zu begehen sind.

Höhenunterschied: 400 m im Auf- und 450 m im Abstieg.

Kritische Stellen: Der Abstieg in die Gauchachschlucht sowie der Wanderweg entlang des Flusses können bei feuchter Witterung schlammig und vor allem im Abstieg schlecht zu begehen sein. Auch im Wutachtal kann der Weg je nach Witterung zum Teil schlammig sein.

Landschaft: Diese Etappe führt durch eine der reizvollsten Landschaften im südlichen Baden-Württemberg. Über das Bregtal erreicht der Jakobsweg die bewaldete Gauchachschlucht. Der Fluss hat sich hier tief in das Gestein eingegraben und schlängelt sich in zum Teil recht engen Mäandern Richtung Süden bis zur Einmündung in die Wutach. Die naturbelassenen Landschaften der Gauchach- und Wutachschlucht sind wahre Kleinode.

Infrastruktur: Hüfingen (685 m/7910 EW) alles außer ; Hausen vor Wald ; Mundelfingen (737 m/700 EW) ; Wanderheim Burgmühle (Gauchachschlucht; 620 m) ; Kiosk bei Wutachmühle (570 m) ; Ewattingen ; Lausheim .

Information: Tourist-Info Hüfingen, Hauptstr. 18, Tel. 0771 60 09 24, www.huefingen.de.

Anmerkungen: (1) In Hausen vor Wald zweigt eine Variante des Jakobsweges über Blumberg nach Schaffhausen und Einsiedeln ab. Hier ist erhöhte Aufmerksamkeit erforderlich. **(2)** Ab Hausen vor Wald ist der Jakobsweg unzureichend ausgemuschelt, dafür weist meist die gelbe Raute den Weg.

Von der Altstadt **Donaueschingens (1)** folgen wir der Straße »An der Stadtkirche« und der Josefstraße in südliche Richtung zum Bahnhof. Wir gehen rechts und über die Bahngleise. Danach zweigen wir rechts ab und wandern parallel zu den Gleisen nach Allmendshofen, einem Vorort von Donaueschingen. Wir überqueren die Bahnlinie nach links, folgen kurz der Riedstraße, dann der nach rechts abzweigenden Bregstraße, die uns folgerichtig

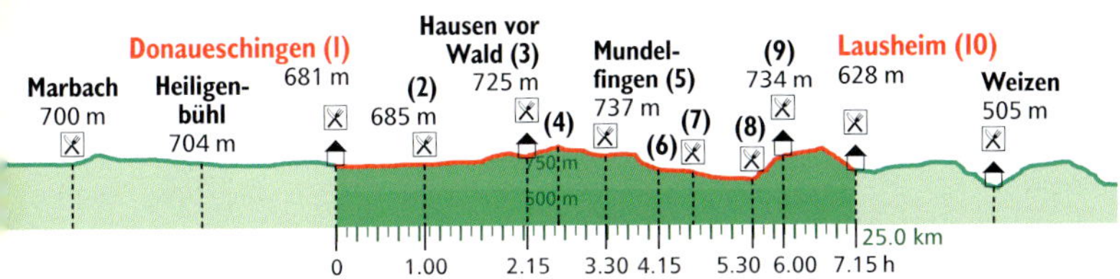

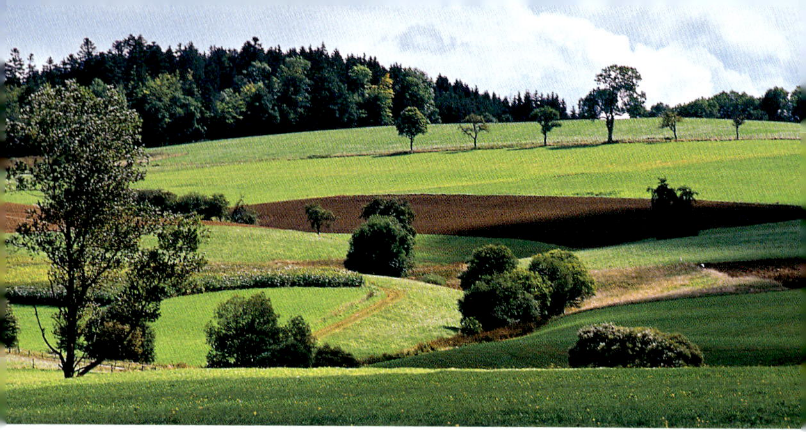

Verträumte Landschaft vor der Gauchachschlucht.

zum Flusslauf der Breg bringt. Wir folgen dem Dammweg und wandern dann am Kofenweiher entlang. Die Markierung leitet uns den Weg zur Dorfkirche St. Verena und Gallus (13. Jh.) von **Hüfingen** (**2**, gut 1 Std.).

i *Am südlichen Ortsrand befindet sich eines der ältesten Kastellbäder nördlich der Alpen. Die* ***Badruine Hüfingen*** *ist ein Zeugnis des Donau-Limes, an dessen westlichem Ende das Kastell Brigobannis 70 n. Chr. errichtet wurde. Das Badegebäude diente vor allem den römischen Soldaten, aber auch den Bewohnern der Siedlung.*

Wir verlassen den historischen Kern von Hüfingen in Richtung Süden, queren die Breg und folgen dann dem gut markierten Jakobsweg an der Straße entlang. Wir unterqueren die B 31, erreichen die Bahnlinie und halten auf den kleinen Wolfbühl zu. Am Waldrand gehen wir geradeaus am Wanderparkplatz vorbei und folgen auch im schönen Mischwald der Kennzeichnung des Jakobsweges bergan in Richtung Süden. Am Waldrand angekommen, wandern wir bergab durch Wiesen hindurch zum in einer lieblichen Mulde eingebetteten **Hausen vor Wald** (**3**, gut 1¼ Std.). Wir gehen im Ortskern nach links auf die Waldstraße, die uns nach den letzten Häusern auch zum Waldrand bringt. (Der Weg nach

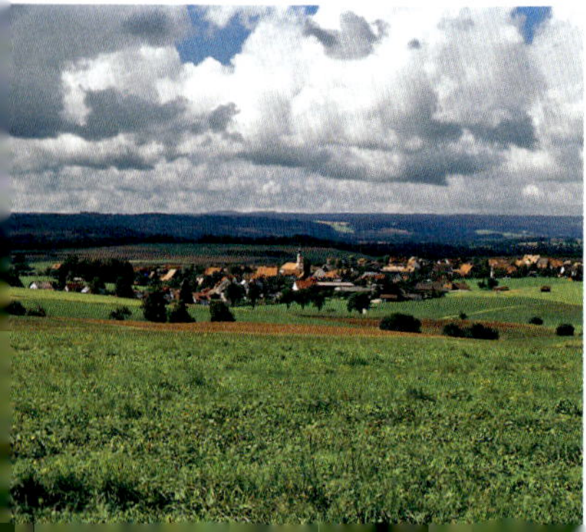

Blick auf die Gemeinde Mundelfingen.

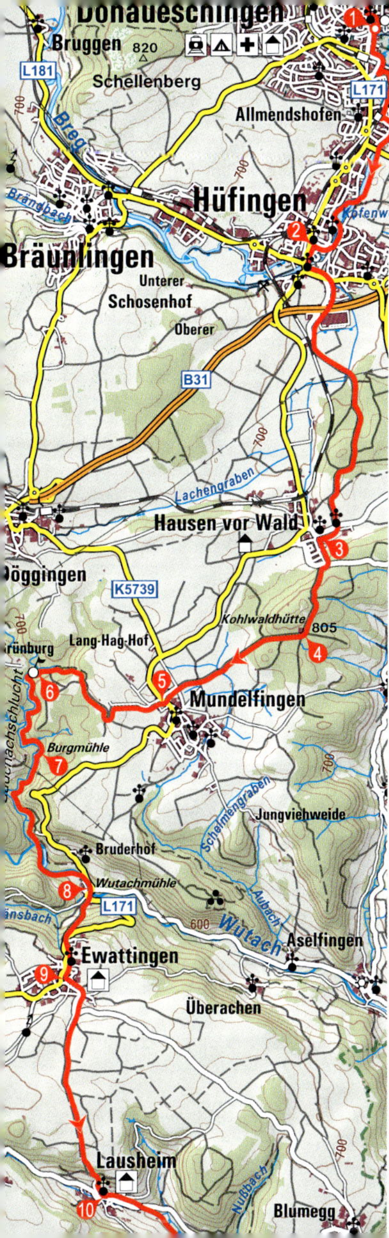

Schaffhausen folgt hier nach links der Straße K 5742 durch den Wald.) Auf einem geschotterten Waldweg durchwandern wir den Kohlwald zunächst ansteigend bis zur **Kohlwaldhütte** (**4**, knapp ½ Std.). Hier wenden wir uns nach rechts und gehen bergab, erreichen den Waldrand und passieren einen recht einladenden Grillplatz. Vor uns sehen wir das in die bewaldeten Hügel eingebettete Dorf Mundelfingen. Durch die Wiesen gehen wir auf einem Wirtschaftsweg auf den Ort zu, allerdings passieren wir nicht das Dorfzentrum, sondern nur kurz den nördlichen Ortsrand von **Mundelfingen** (**5**, ¾ Std.).

Von Mundelfingen wandern wir über Weiden und Wiesen auf die Gauchachschlucht zu. Der Abstieg erfolgt zunächst auf einem breiten Wirtschaftsweg in Richtung Lochmühle. Auf einer kleinen ebenen Freifläche wenden wir uns nach rechts und wandern auf einem Waldpfad weiter bergab durch einen lichten Mischwald. Nach einem kleinen Bachlauf gehen wir nach knapp 500 m an einer Gabelung nach links bergab. Der Pfad führt uns in einem relativ steilen Abstieg zur **Gauchachschlucht** (**6**, ¾ Std.), die wir bei der ehemaligen Lochmühle erreichen.

Vor uns liegt nun einer der reizvollsten Abschnitte des Jakobsweges in Südwürttemberg. In der fahrzeugfreien Gauchachschlucht gehen wir auf einem Wanderweg nach links. Im weiteren Wegverlauf queren wir mehrmals die Gauchach, bleiben auch stets in unmittelbarer Nähe des Flussbettes und kommen so zur **Burgmühle** (**7**, ½ Std.). Weiter durch das Tal gelangen wir zur Einmündung der Gauchach in die **Wutach** (knapp ½ Std.). Auf einer Brücke queren wir die Wutach und gehen flussabwärts bis zur **Wutachmühle** (**8**, ¼ Std.).

i *Das Wutachtal durchschneidet die südliche Baar vom östlichen Hochschwarzwald westwärts bis an den Trauf der Schwäbischen Alb, die hier in den Randen übergeht. Auf lediglich 20 Kilometer Luftlinie haben sich die Wutach und die Gauchach durch fast alle Gesteinsschichten der Süddeutschen Schichtstufenlandschaft gegraben. Die* ***Wutachschlucht*** *ist ein landschaftsgeschichtlicher Schauplatz von europäischer Tragweite: Hier zeigt sich die Geschichte der Umleitung der Donau. Zunächst entwässerte die Urdonau über die Burgundische Pforte in Richtung Frankreich in den Fluss Doubs, dann, aufgrund tektonischer Hebungen und Absenkungen im Zuge der Alpenfaltung und der Entwicklung des Oberrheingrabens, über die Oberrheinische Tiefebene in die Nordsee. Der heutige Oberlauf der Wutach war ein Quellfluss der Urdonau, der sogenannten Feldbergdonau. Während der Würmeiszeit (vor rund 70.000 Jahren) wechselte die Feldbergdonau ihre Entwässerungsrichtung. Sie orientierte sich zum Einzugsregime des viel tiefer liegenden Hochrheins und konnte seither gewaltige Erosionsleistungen entfalten und die steilen Schluchten schaffen.*

Bei der Sägemühle bietet sich ein kurzer Abstecher links über die Brücke an. Hier befinden sich ein Kiosk und Informationstafeln zur Geologie der Schlucht. Der Jakobsweg führt vor der Brücke rechts durch ein Waldstück bergan. Kurz vor dem Waldrand mündet der Pfad in eine Straße ein, der wir nach rechts folgen. In wenigen Minuten haben wir die Ortsmitte von **Ewattingen** (**9**, knapp ½ Std.) erreicht. Im Ort folgen wir der Straße Richtung Blumegg. Kurz vor dem Ortsende zweigen wir rechts auf einen Wirtschaftsweg ab, der uns durch die Getreide- und Maisfelder über einen weit gestreckten Höhenrücken führt. Wir genießen reizvolle Ausblicke auf den bewaldeten Eichberg und den Buchberg. Vor einer Linkskurve, die mit hohen Laubbäumen bestanden ist, biegt der Jakobsweg rechts ab. Stets geradeaus der Markierung bergab folgend erreichen wir **Lausheim** (**10**, 1¼ Std.).

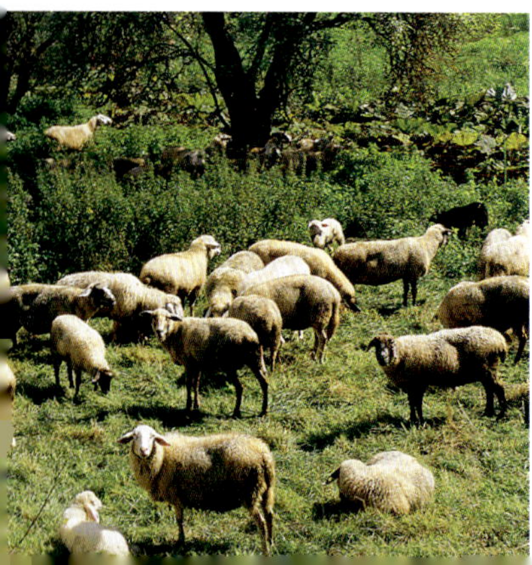

Nur noch selten sind Schafherden anzutreffen.

4.00 Std.
13,3 km

Lausheim – Stühlingen

42

Unterkunft: Weizen (505 m/560 EW), Gasthaus Kreuz, 58 € ÜF, Tel. 07744 335, www.gasthaus-kreuz.de. **Stühlingen** (501 m/5390 EW), **(1)** Gasthof Hotel Krone, 63 €, Tel. 07744 929 290, www.krone-stuehlingen.de. **(2)** Landgasthof Hotel Rebstock, 66 €, Tel. 07744 921 20, www.hotel-rebstock.de.
Die Strecke: Abwechselnd Wirtschaftswege und kleine Straßen über offene Hochflächen, in den Taleinschnitten durch Mischwälder. Hier sind die Forstwege und Waldpfade in den An- und Abstiegen mäßig steil. Die Etappe ist gut mit dem Muschelsymbol markiert.
Höhenunterschied: 250 m im Auf- und 380 m im Abstieg.
Kritische Stellen: Im Schambacher Wald vor Weizen kann der relativ steile Abstieg bei nasser Witterung recht rutschig sein. Die Waldpassagen sind in dieser Etappe bei Nässe häufig matschig.
Landschaft: Zwischen Wutachschlucht und dem Südrand des Schwarzwalds hat sich eine kleinteilige, abwechslungsreiche Hügellandschaft gebildet. Die meist landwirtschaftlich genutzten Hochebenen sind durch zahlreiche Bäche und liebliche Täler voneinander getrennt. In den Talsohlen und Hängen gehen Mischwälder, Weiden und Streuobstwiesen ineinander über.
Infrastruktur: Weizen ✕ ☐; Stühlingen: alles.
Touristeninformation: Fremdenverkehrsbüro Stühlingen, Schlossstr. 9, Tel. 7744 53 234, www.stuehlingen.de.

Wir verlassen **Lausheim (1)**, das bereits zur Gemeinde Stühlingen zählt, auf der Abt-Meister-Straße und biegen am Ortsrand nach rechts auf einen Wirtschaftsweg ab. Dieser asphaltierte Weg führt leicht bergan. Wir folgen dem Oberen Buchenweg durch Streuobstwiesen und dann dem Schutzhüttenweg durch den wunderschönen lichten Hangwald, wobei wir alle Abzweigungen ignorieren und uns auf die Kennzeichnung durch das Muschelsymbol verlassen. An der **Stühlinger Hütte** (**2**, gut 1 Std.), einer Waldschutzhütte, zweigt der Jakobsweg nach rechts ab und führt aus dem Wald auf ein kleines Hochplateau.
Hier erstreckt sich eine lang gezogene landwirtschaftlich genutzte Fläche, der Hochbühl. Zwischen den Äckern wandern wir an einem einladenden Grill- und Rastplatz vorbei auf eine schmale Straße zu. Von hier können wir einen ersten Blick auf das südlich gelegene Klettgau erhaschen, das wir in

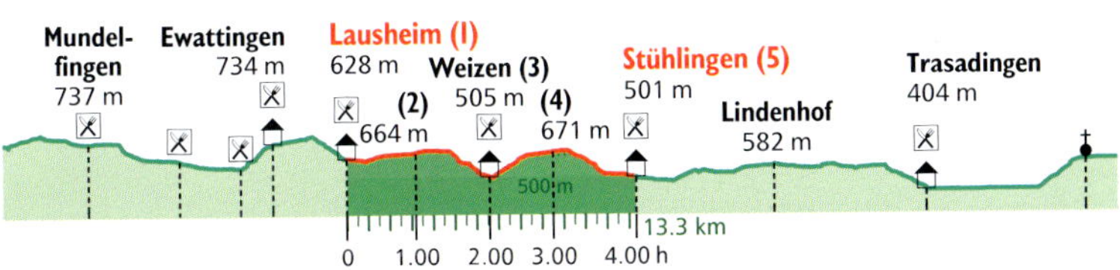

der folgenden Etappe durchqueren werden. Weiter geht es auf einem Feldweg bergab durch Äcker zum Waldrand des Schambacher Waldes. Der Mischwald schmiegt sich an ein kleines, relativ steiles Tal, das der Schambach in die Hochfläche erodierte. Ein Waldpfad, der bei nasser Witterung matschig und glitschig sein kann, führt uns durch dieses Forststück bis nach Weizen, einen Teilort von Stühlingen. Auf der Strickgasse gelangen wir bergab bis zur Ortsmitte von **Weizen** (**3**, gut 1 Std.).

Wir überqueren die Durchgangsstraße sowie den Ehrenbach und verlassen auf der ansteigenden Buchwaldstraße das Dorf. Rund 5 Minuten nach dem Ortsrand verlassen wir die Buchwaldstraße in einer Linkskehre auf den Buchweg nach rechts. Nach wenigen Metern biegen wir an einem Bildstock mit einer Darstellung der Pietà nach links ab. Nun geht es auf dem Niederholzweg etwas steiler bergan durch den hohen Buchenmischwald (auch dieser Weg kann bei Nässe schnell matschig werden). Wir folgen der Muschelmarkierung durch den Forst und halten nach dem Waldrand auf ein einzelnes Gehöft und eine Kapelle zu, die auf der Höhe des **Kalvarienbergs (4)** liegt (knapp 1 Std.).

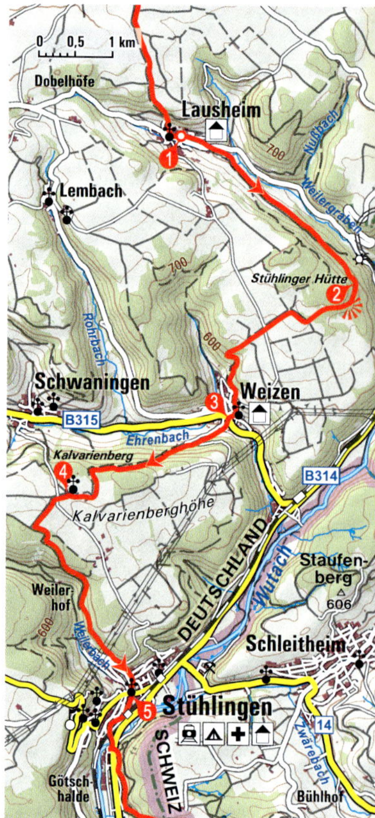

Nach dem Gehöft bleiben wir zuerst geradeaus auf einer Asphaltstraße und biegen dann nach links auf den »Stiegweg« ab. Bevor wir wieder den Waldrand erreichen, blicken wir von dieser landwirtschaftlich genutzten und freien Hochebene bis ins Klettgau. Am Waldrand folgen wir einem Wanderpfad, der uns mit mittlerem bis steilem Gefälle durch den Forst in das Weilertal bringt. Wir erreichen ein Wohngebiet und wandern auf der Oberen Rappenhalde und An der Steig bergab in den Talgrund. Bei der Stadtkirche von **Stühlingen** (**5**, 1 Std.) im kleinen Ortszentrum endet die Etappe.

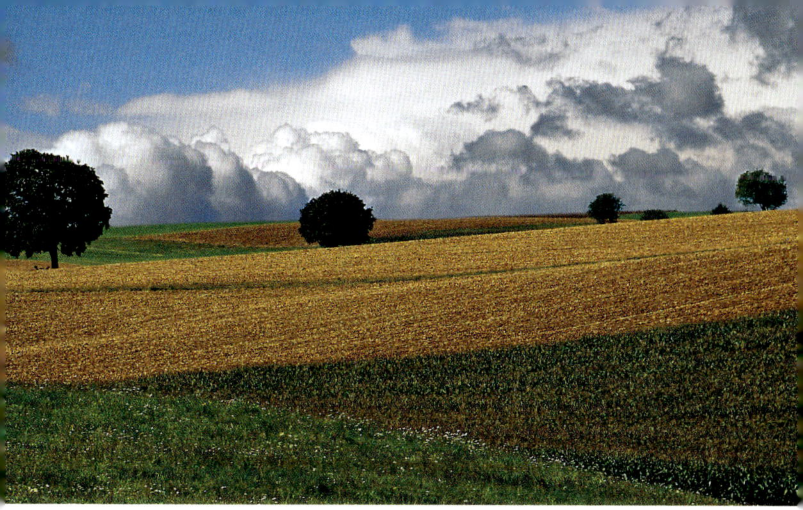

Die weiten und reizvollen Flächen des Hochbühls.

Der Luftkurort ***Stühlingen*** *liegt an der unteren Wutach am Südrand des Schwarzwalds in 449 bis 601 Meter Höhe, direkt an der Grenze zur Schweiz. Die pittoreske Oberstadt ist von schönen Staffelgiebelhäusern rund um den kleinen Marktplatz, einem barocken Kapuzinerkloster sowie der im Louis-Seize-Stil renovierten* ***Heilig-Kreuz-Kirche*** *geprägt.*

Funde aus römischer Zeit zeigen, dass die Region rund um Stühlingen schon früh besiedelt wurde. Im Jahr 1262 bekam der befestigte Ort hoch über dem Wutachtal vom Grafen zu Lupfen die Stadtrechte verliehen. Die Altstadt wurde nach habsburgischem Vorbild mit ovalem Grundriss und zwei Stadttoren errichtet. Die Stadt erhielt daraufhin auch das Marktrecht. Die Märkte fanden innerhalb der Stadtmauern statt, vor allem aber auf dem Platz beim Oberen Tor, dem heutigen Marktplatz. Die beiden Tore wurden allerdings Mitte des 19. Jh. abgerissen, um die Durchfahrt für Fuhrwerke zu erleichtern. Im Schweizerkrieg eroberten und brandschatzten die aufständischen eidgenössischen Bauern Stühlingen. Hierin ist die Legende vom letzten Überlebenden dieses Massakers begründet, dem ***Stühlinger Männle****. Dieses ziert seitdem das Wappen der Stadt Stühlingen.*

Das ***Schloss Hohenlupfen*** *entstand vermutlich auf einem einstigen Römerkastell. Die Grafen von Lupfen ließen bereits im 11. Jh. an dieser Stelle eine Burg errichten, die nach ihrer Eroberung im 15. Jh. neu aufgebaut wurde. Diese erfuhr 1620–24 einen Ausbau und eine Umgestaltung zum heutigen Schloss. Einer Legende zufolge soll das Schloss Hohenlupfen Ausgangsort des 1524 ausgebrochenen Bauernkriegs gewesen sein. Es ist seit 1639 im Besitz des Hauses Fürstenberg.*

43 Stühlingen – Dettighofen

6.45 Std.
26 km

Unterkunft: **Trasadingen** (Schweiz; 404 m/ 610 EW), **(1)** Fasshotel, 30 CHF, Tel. +41 526 813 656, www.fasshotel.ch. **(2)** Rüedi Weinfasshotel, 55 CHF, Tel. +41 795 989 221, www.rueedi-ferien.ch. **Albführen** (600 m nordwestlich des Jakobswegs; 600 m), Hofgut Albführen, 85 €, Tel. 07742 929 60, www.albfuehren.de. **Dettighofen** (500 m/1135 EW), **(1)** Gasthaus Löwen, Tel. 0152 288 736 70, gasthauslowen.business.site. **(2)** Haus im Dorf, 60 € DZ, Klostergasse 2, Tel. 0170 51 82 946. **(3)** Haus am Schwarzbach, 55 €/P, Tel. 07742 78 25 oder 0173 31 10 440, www.haus-am-schwarzbach.de.

Die Strecke: Zumeist Wirtschaftswege sowie Feld- und Forstwege durch das bewegte Relief des Klettgaus. Längere Anstiege und Abstiege als bei den vorangehenden Etappen. Die gesamte Strecke ist eher sporadisch mit der Jakobsmuschel gekennzeichnet. Über Kilometer findet sich keine Markierung, dann wieder nahezu an jeder Wegverzweigung.

Höhenunterschied: 400 m im Auf- und 400 m im Abstieg.

Kritische Stellen: Keine.

Landschaft: Die liebliche Landschaft des Klettgaus erstreckt sich über die Schweizer Grenze hinweg zu den Höhenrücken des Randens fast bis zum Rheinfall. Lang gezogene und dünn besiedelte Bergrücken trennen die weiten und fruchtbaren Täler, in denen die Weiler und Dörfer des landwirtschaftlich geprägten Klettgaus liegen. Wälder, Wiesen, Streuobstwiesen, Äcker und sogar Weinfelder bieten eine abwechslungsreiche Landschaft im Grenzgebiet zwischen der Schweiz und Deutschland.

Infrastruktur: Trasadingen; Vordereichberg (558 m/< 500 EW); Dettighofen.

Touristeninformation: Gemeinde Klettgau, Tel. 07742 93 50 oder 93 52 00, www.gemeinde-klettgau.de.

Anmerkungen: Ab Stühlingen verläuft der Weg bis kurz vor Albführen einige Kilometer durch die Schweiz. Auch beim Überschreiten der »Grünen Grenze« sollten die Ausweispapiere griffbereit sein. Im Grenzgebiet der Schweiz wird meist der Euro akzeptiert, ansonst kann in Stühlingen Geld gewechselt werden.

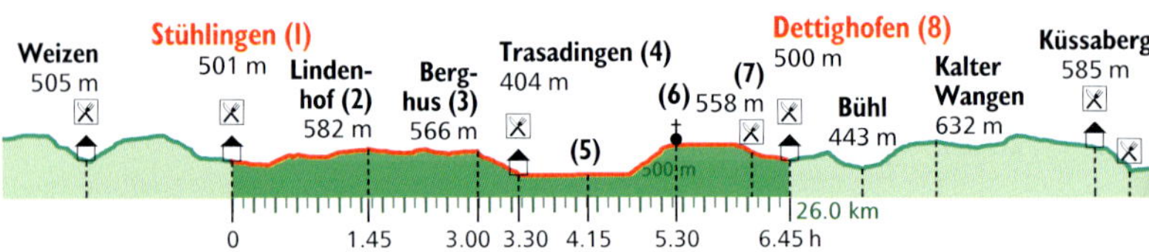

In **Stühlingen (1)** geht es von der Stadtkirche auf der Hallauer Straße durch ein Wohngebiet. Wir queren die Bahngleise sowie die Wutach und bei einem Industriegebiet die B 314. Nach der Unterführung folgen wir nach rechts parallel zum Waldrand dem Schinderwaldrundweg. Bei einem alleinstehenden Gebäude biegt der Jakobsweg nach links ab und folgt dem Geltelweg ansteigend in einen Hangeinschnitt. Im Wald passieren wir an einer Schranke die deutsch-schweizerische Grenze. Wir zweigen nach rechts und nach rund 5 Mi-

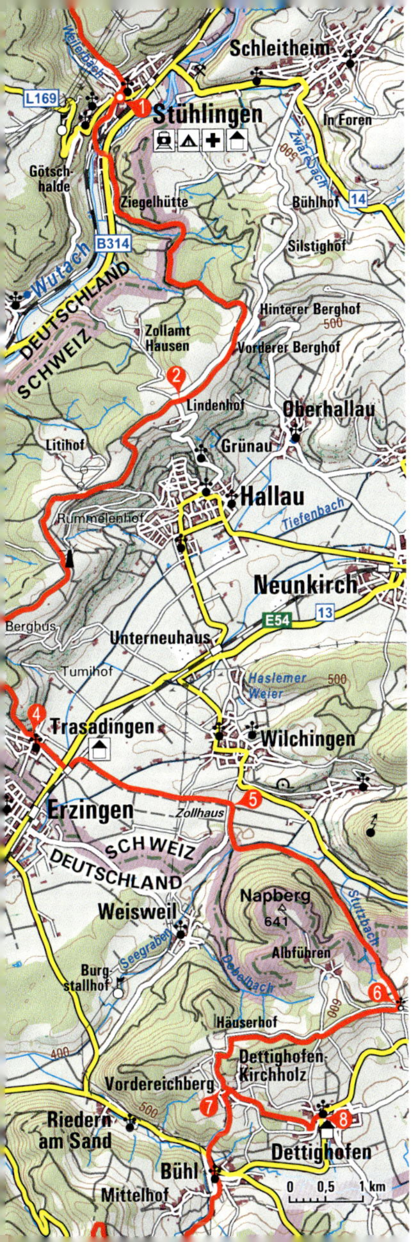

nuten am Waldrand nach links ab, dann folgen wir der gelben Beschilderung »Wanderweg«. Dabei bleiben wir auf dem Hauptweg bis zu einer Verzweigung am Waldrand. Die Markierung leitet uns halb rechts an Wiesen entlang zum **Vorderen Berghof** (1½ Std.).

Nun gehen wir nach rechts auf einer kleinen Straße über den Höhenzug des **Oberhallauerberges** zum **Lindenhof** (**2**, ¼ Std.). Von hier hat man einen weiten Blick ins lang gestreckte Settenbachtal mit den Gemeinden Hallau und Gächlingen. Am Hallauer Berghöf führt der Weg geradeaus über eine Straße auf einen Schotterweg in Richtung Trasadingen. Nach dem Rötiweiher verlassen wir den Waldrand und gehen nach links über die Wiesen zu einer kleinen Straße. Der Jakobsweg biegt nach rechts in die Straße ein, führt an einer Grillstelle vorbei und zweigt an der folgenden Gabelung links ab.

Wir passieren einen Aussiedlerhof auf der Anhöhe des Hallauer Berges, biegen nach links in die Zufahrtsstraße ein und verlassen sie nach knapp 150 m wieder. Der Wanderweg quert eine kleine Straße, wobei wir uns Richtung Trasadingen orientieren. Wir steuern auf den Höhenzug des **Wilchingerberges**, 552 m, den sogenannten »Mörderrain«, zu, den eine Linde markiert. Von hier geht es rechts auf dem Höhenzug des Wilchingerberges durch die Fluren. Geradeaus zeigen sich die Gipfel des südlichen Schwarzwaldes und des Halbbachtals. Am

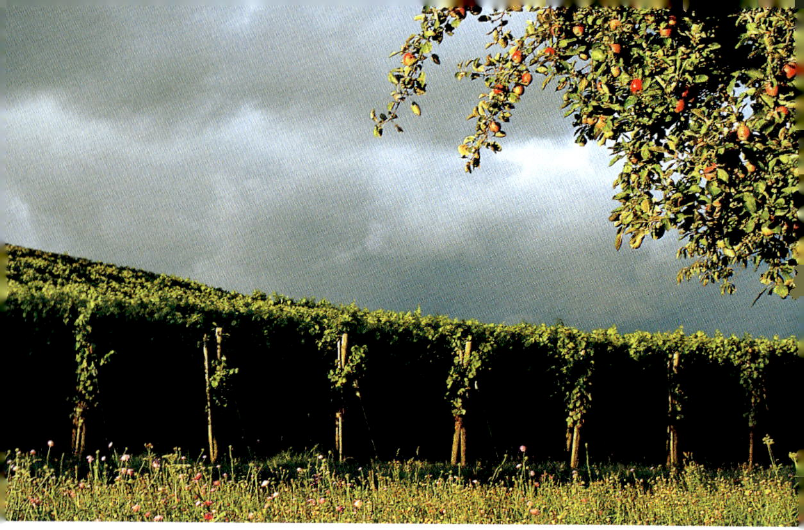

Üppige Weinberge des Klettgaus.

Gehöft **Berghus** (**3**, 1¼ Std.) folgen wir der Muschelmarkierung links auf einem Asphaltweg stets bergab durch die Felder und Weinberge nach **Trasadingen** (**4**, ½ Std.). Wir wenden uns am Dorfbrunnen nach rechts und dann nach links in Richtung Osterfingen (Schild: 1.35 Std.). Wir queren geradeaus eine viel befahrene Durchgangsstraße sowie die Bahngleise und biegen unmittelbar danach auf einen Rad-/Fußweg nach links ab. Vor einem Aussiedlerhof führt der Jakobsweg nach rechts durch die Fluren des Klettgaus. Wir ignorieren sämtliche Abzweigungen und wandern auf dem Feldweg geradeaus auf die grüne Kuppe des Rossberges zu. Am **Zollhaus** (**5**, ¾ Std.) zweigt der Wanderweg nach rechts ab auf den Napberg zu.

Am Fuße des bewaldeten Berges geht es nach links sanft bergan am Waldrand entlang. Dabei ignorieren wir alle Abzweigungen und gelangen nach rund 3,5 km wieder an den Waldrand und verlassen die Schweiz. Vor uns liegt in den hügeligen Fluren eine kleine Kapelle, auf die wir zusteuern. An der **Kapelle** (**6**, 1¼ Std.) wenden wir uns nach rechts wieder in ein Waldstück hinein. Dieser mit der gelben Raute markierte Weg bringt uns nach **Vordereichberg** (**7**, ¾ Std.). Wir folgen der Straße »Im Eichberg« durch die Links- und die Rechtskurve. Rund 400 m nach dem letzten Haus biegen wir nach einer weiteren Rechtskurve links ab. Wir passieren einen Fußballplatz, gehen vor dem Friedhof rechts und gleich links in die Eichberger Straße. Bei der nächsten T-Kreuzung gelangen wir nach links in die Dorfmitte von **Dettighofen** (**8**, ½ Std.).

Dettighofen – Waldshut-Tiengen

Unterkunft: Küssaberg (585 m/10 EW), Ghf. Küssaburg, 58 € ÜF, Tel. 07742 52 39, www.gasthof-kuessaburg.de. **Waldshut-Tiengen** (338 m/24.070 EW), **(1)** Waldshuter Hof, 79 € ÜF, Tel. 07751 875 10, www.waldshuter-hof.de. **(2)** Hotel Schwanen, Tel. 07751 309 96 81.
Die Strecke: Abwechslungsreiche Etappe auf lauschigen und angenehmen Pfaden durch größere Waldgebiete und auf kleinen Wirtschaftswegen durch die Wiesen und Weiden des hügeligen Klettgaus. Der Weg ist nicht eindeutig mit der Jakobsmuschel markiert. Im Text wird der Wegverlauf ausführlich beschrieben und auf andere gekennzeichnete Wanderwege verwiesen.
Höhenunterschied: 470 m im Auf- und 630 m im Abstieg.
Kritische Stellen: In Bechtersbohl findet sich die letzte Markierung an der Ritthauserstraße, dann verliert sich der Weg im Berchenwald. Wir folgen hier dem Wanderweg (blau/weiße Raute) durch den Forst.
Landschaft: Nochmals führt der Jakobsweg auf dieser letzten Etappe bis Waldshut-Tiengen durch die Hügellandschaft des Klettgaus. Die Höhenrücken sind meist mit lichten Mischwäldern bestanden und die Hänge und Talsohlen werden landwirtschaftlich genutzt. Vor allem Wiesen und Pferdekoppeln säumen unseren Weg. Kurz vor Waldshut-Tiengen erreichen wir erneut die Wutach, die unmittelbar danach in den Rhein mündet.
Infrastruktur: Küssaberg 🏠 ✕; Bechtersbohl (421 m/310 EW) ✕; Waldshut-Tiengen: alles.
Touristeninformation: Tourist-Info Waldshut-Tiengen, Wallstr. 26, Tel. 07751 83 32 00, www.waldshut-tiengen.de.

Wir gehen von **Dettighofen (1)** auf dem Weg vom Vortag nach **Vordereichberg** (**2**, ½ Std.) und mit der gelben Raute hinunter nach **Bühl** (**3**, ½ Std.).

i In ***Bühl*** *sind das gotische, schlossähnliche Pfarrhaus mit seinem Staffelgiebel und die Wallfahrtskirche, die der Schutzpatronin des Klettgaus, der heiligen Notburga, gewidmet ist, die auffälligsten Gebäude.*

In abgeschiedener Lage befindet sich der Alkenhof.

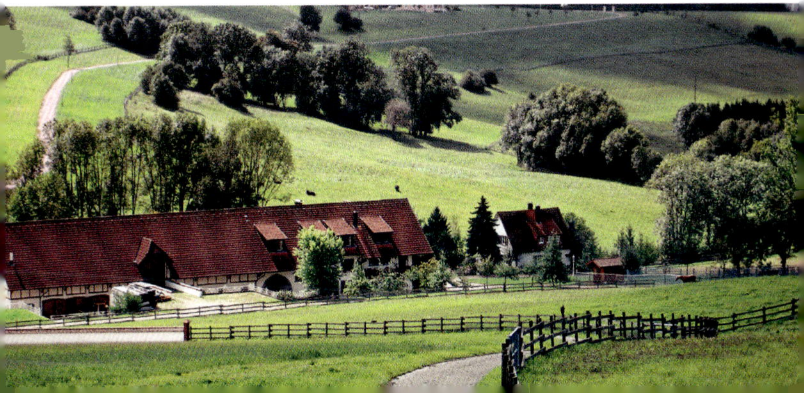

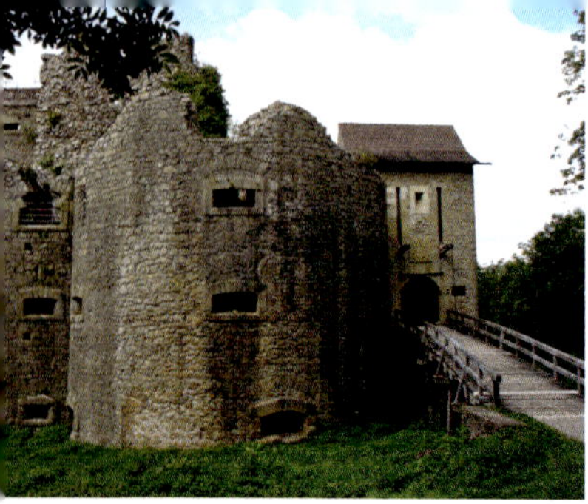

Burgruine Küssaberg.

Wir gehen von der Notburgastraße nach rechts in den Weg »Zu den Höfen« und direkt nach dem Kotbach nach links auf einen Feldweg. Die »gelbe Raute« leitet uns durch Wiesen und Weiden bergan zu einer kleinen Straße, auf der wir nach links weiter ansteigen. Nach knapp 250 m verlassen wir die Asphaltstraße nach rechts. Auf einem Wanderweg geht es weiter bergan. Der stattliche **Kaiserhof** (**4**, ½ Std.) mit seinen weitläufigen Pferdekoppeln bleibt rechts liegen. An einer Wegverzweigung auf einem lang gestreckten Bergrücken mit Wegekreuz orientieren wir uns an dem Wegweiser in Richtung Waldshut nach rechts und wandern am Waldrand entlang (weiß/blaue Raute). Durch das Waldstück am **Kalter Wangen** (**5**, gut ½ Std.) orientieren wir uns ebenfalls an der Wanderwegkennzeichnung bis zum Wanderparkplatz mit Schutzhütte und Grillstelle am **Bergscheuerhof** (**6**, ¼ Std.).
Wir gehen geradeaus an der Schutzhütte vorbei in den Wald. Auf einem Wiesenweg mündet der Jakobsweg kurz unterhalb eines Aussichtspunktes mit Wegekreuz in eine kleine Straße, der wir wenige Meter nach rechts bergan folgen. An einer Verzweigung am Fuße des Wannenbergs mit einer Infotafel über Zugvögel genießen wir die herrliche Aussicht auf das umliegende Hügelland des Klettgaus. Wir gehen nach links auf einem asphaltierten Weg weiter auf den Wannenberg. An einem Sendemast vorbei wandern wir auf

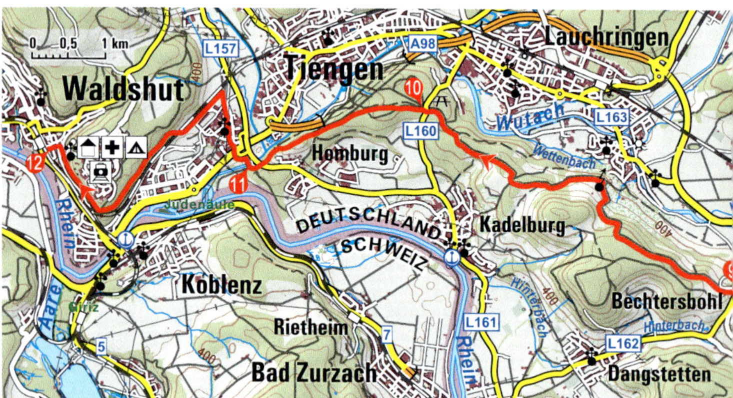

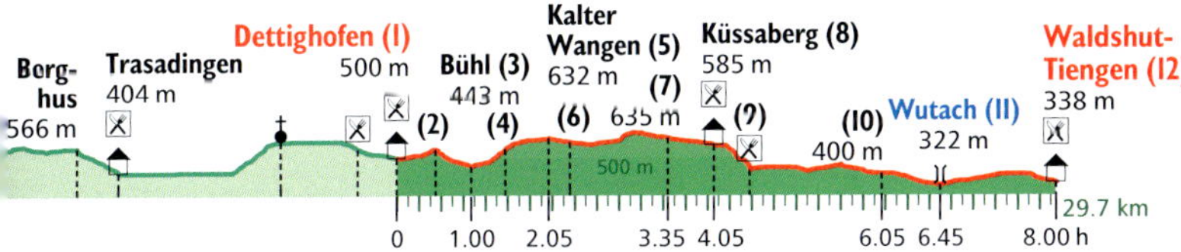

einem etwas schlammigen Waldweg geradeaus durch den Buchenmischwald. Wir bleiben stets auf diesem angenehmen Wanderweg, der uns mit Blick auf das feudale Anwesen **Alkenhof** (**7**, 1¼ Std.) und an einem schattigen Rastplatz vorbei leicht bergab bis nach **Küssaberg** (**8**, ½ Std.) bringt. An dem kleinen Weiler mit Gasthof vorbei gehen wir auf einem gepflasterten Fußweg rund 400 m bergan zur **Ruine Küssaburg**. Dort werden wir reich belohnt für die Mühen des Wegs: Der Blick reicht von den Gipfeln des südlichen Schwarzwalds ins Schwarzbachtal und erstmals auch ins Rheintal.

i *Der **Küssaberg** soll bereits von Kelten besiedelt worden sein und Reste eines Oppidums (befestigte Siedlung) aufweisen. Erste Belege der Existenz der Burg stammen von 1141. Unter der Herrschaft des Hochstiftes Konstanz wurde das Schloss ausgebaut und mit einer Ringmauer befestigt. Der kleinen Siedlung wurde im Jahre 1346 das Stadtrecht zugesprochen. 1499 tobte ein Krieg gegen die Eidgenossen und die Küssaburg wurde von etwa 500 Mann belagert. Im Dreißigjährigen Krieg war der endgültige Niedergang der Burg besiegelt, als sie von den schwedischen Truppen eingenommen und zerstört wurde. Erst ab 1932 wurde die Wehranlage wieder freigelegt. Sie ist seither ein beliebtes Ausflugsziel, das erahnen lässt, welch mächtige Burg sie einst war.*

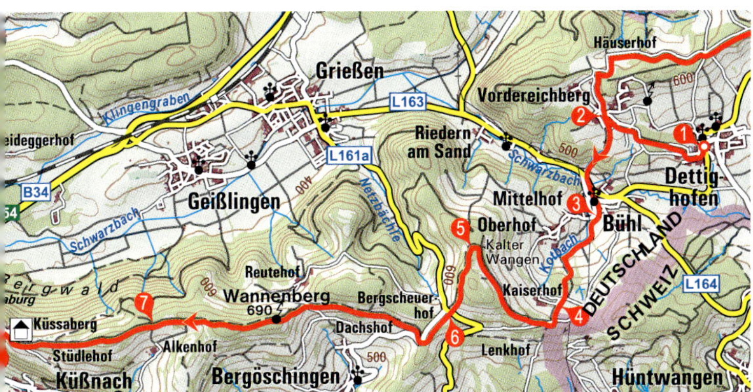

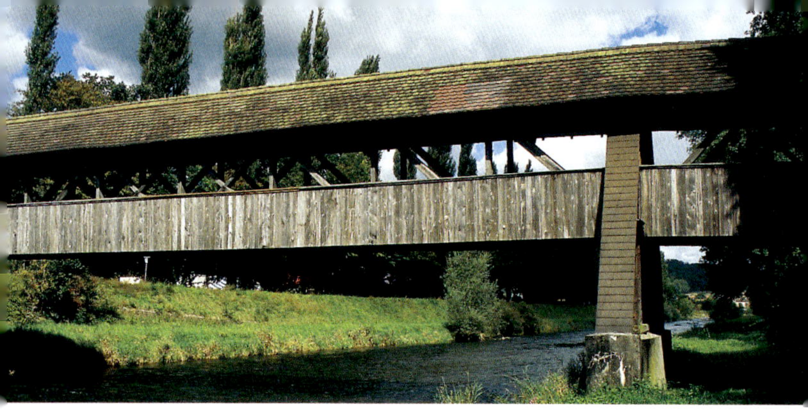

Holzbrücke über die Wutach.

Vom Küssaberg führt ein steiler Pfad bergab durch den Wald und trifft auf eine Straße. Wir folgen ihr kurz nach rechts und sogleich auf einem abkürzenden Fußweg und weiter auf dem Allmendweg bergab. Schon fast in der Ortsmitte geht es auf einem Stufenweg nach links zur Kirche im Ortszentrum von **Bechtersbohl** (**9**, ½ Std.). Wir gehen auf der Klettgaustraße nach rechts und zweigen mit der Markierung »blau/weiße Raute« nach links in den Buchholzweg ab. Auf diesem Wanderweg durchqueren wir den Berchenwald auf einer bequemen Forststraße. Nach gut ¼ Std. Gehzeit im Wald zweigt der Wanderweg »Küssabergweg« nach einer Hütte nach links ab. Wir gehen geradeaus durch den herrlichen Mischwald.

Bei den folgenden Abzweigungen leitet uns die Markierung sicher durch den Reiherwald. Wir treffen auf eine Straße, die wir geradeaus zu einem Waldparkplatz mit Grillstelle bei **Lauchringen** (**10**, 1¼ Std.) queren; hier gehen wir an der Verzweigung auf dem linken Forstweg weiter. Bald geht es bergab und dann parallel zur Wutach durch den Bürgerwald von Tiengen. Wir passieren einen Fahrradparcours und steigen zum Fluss hinab. Dabei unterqueren wir eine Straße und gehen auf einer Brücke über die **Wutach** (**11**, knapp ¾ Std.). Wir lassen den Stadtteil Tiengen rechts liegen und gehen unter der B 34 hindurch auf ein Gewerbegebiet zu, das wir auf der Von-Opel-Straße nach links durchwandern. Hier treffen wir auch wieder auf die Markierung des Jakobsweges, der wir nun bis Waldshut folgen können. Auf einem Wirtschaftsweg überqueren wir die Bahnlinie, wenden uns nach links und bleiben nun mehr als 3 km auf diesem Feldweg parallel der Bahnlinie. Durch den Wald sehen wir die Wutach und nach der Umwanderung des Bergausläufers den Rhein. Auf der Waldeckstraße erreichen wir die ersten Häuser von Waldshut. Dann zweigen wir nach links in die Theodor-Wagner-Straße ab, auf der wir den Bahnhof von **Waldshut** (**12**, 1¼ Std.) erreichen.

i *Zusammen mit **Tiengen** bildet das hübsche Städtchen **Waldshut** seit der Gemeindereform von 1975 eine große Kreisstadt am Hochrhein. Die beiden Nachbarstädte durchliefen eine recht unterschiedliche Geschichte, obwohl sie nur rund 5 Kilometer voneinander entfernt liegen. Anfang des 13. Jh. erbaute Rudolf von Habsburg **Waldshut** zum Schutz seines Gebiets. Unter den Habsburgern kam es schnell zu einer Blüte der noch jungen Stadt, in die der Vogt der vorderösterreichischen Verwaltung seinen Sitz verlegte. Mitte des 15. Jh. wurde die Stadt von eidgenössischen Truppen belagert. Nach sechs Wochen einigte man sich auf einen Friedensschluss, der Waldshut vor der Zerstörung bewahrte. In Gedenken an dieses Ereignis wird alljährlich im August die **Chilbi**, ein großes Heimatfest, gefeiert. Damit kehrte jedoch kein endgültiger Friede ein: Im 17. Jh. wurde die Stadt in den Wirren des Dreißigjährigen Krieges insgesamt dreimal erobert und zum Teil erheblich zerstört. Ab 1727 begannen sich die Bauern in den sogenannten Salpeterkriegen gegen die österreichische Verwaltung in Waldshut zu erheben. Doch erst 1803 erfolgte die Ablösung der Stadt und des Umlands vom Hause Habsburg durch die Angliederung an Baden. Zu den schönsten Gebäuden gehören das **Rathaus**, die **Alte Metzig** (das ehemalige Schlachthaus, das heute als Heimatmuseum genutzt wird) sowie das **Gasthaus Zum Wilden Mann**.*

*Menhire und römische Fundstücke zeugen von der frühen strategischen Bedeutung der Stadt **Tiengen**, die am Schnittpunkt der entlang des Rheintals und der Wutach-Aare verlaufenden Handelswege liegt. Die sogenannte Vier-Täler-Stadt war im Mittelalter Schauplatz der Mobilisierung des Zisterzienserabtes Bernhard von Clairvaux zum Kreuzzug (1146). Später gelangte Tiengen zum Bistum von Konstanz. Den Angriff der Schweizer im Jahr 1415 wehrte es erfolgreich ab. (Feiertag: **Tiengener Schwyzertag** am 1. Sonntag im Juli). Wahrzeichen von Tiengen ist der **Storchenturm**, ein Eckpfeiler der mittelalterlichen Stadtbefestigung, der als Gefängnis und Wachturm diente. Sehenswert sind die kunstvoll bemalten Bürgerhäuser, das Rathaus und das **Schloss** zu Tiengen, die ehemalige Residenz der Grafen von Sulz.*

Die Kaiserstraße in der Innenstadt von Waldshut.

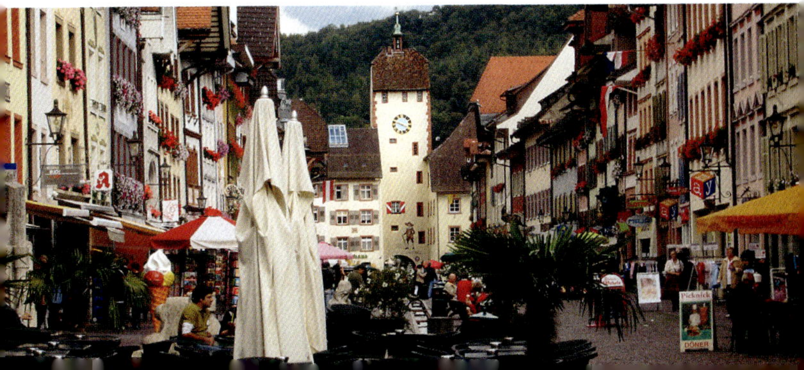

Stichwortverzeichnis

Noch mehr Wanderglück ...

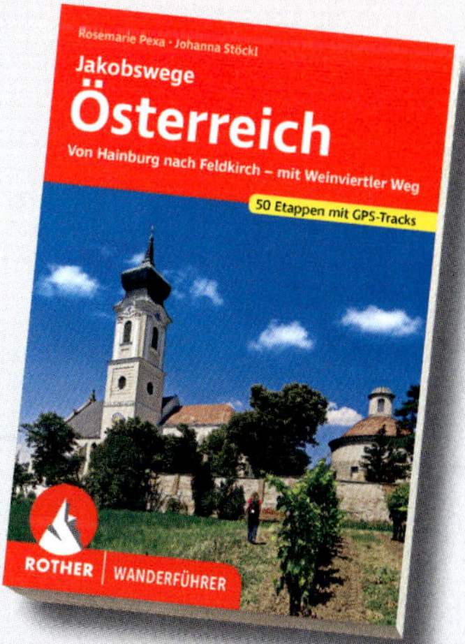

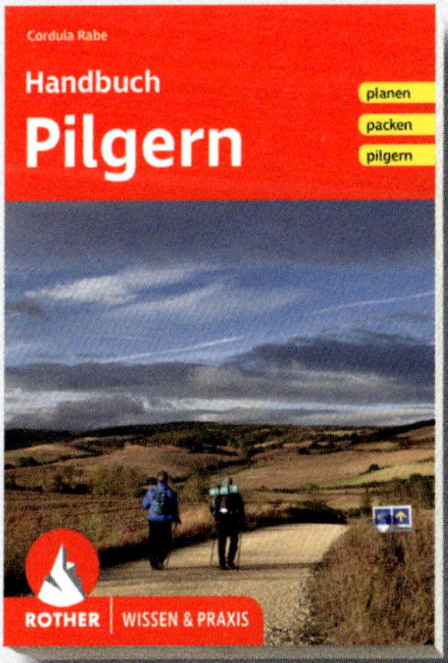

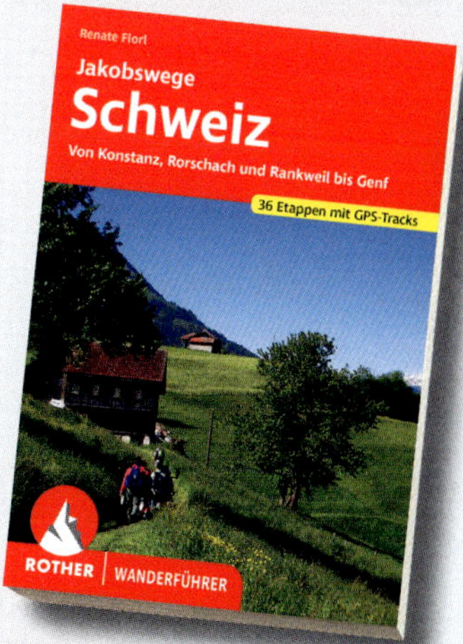

ROTHER WWW.ROTHER.DE

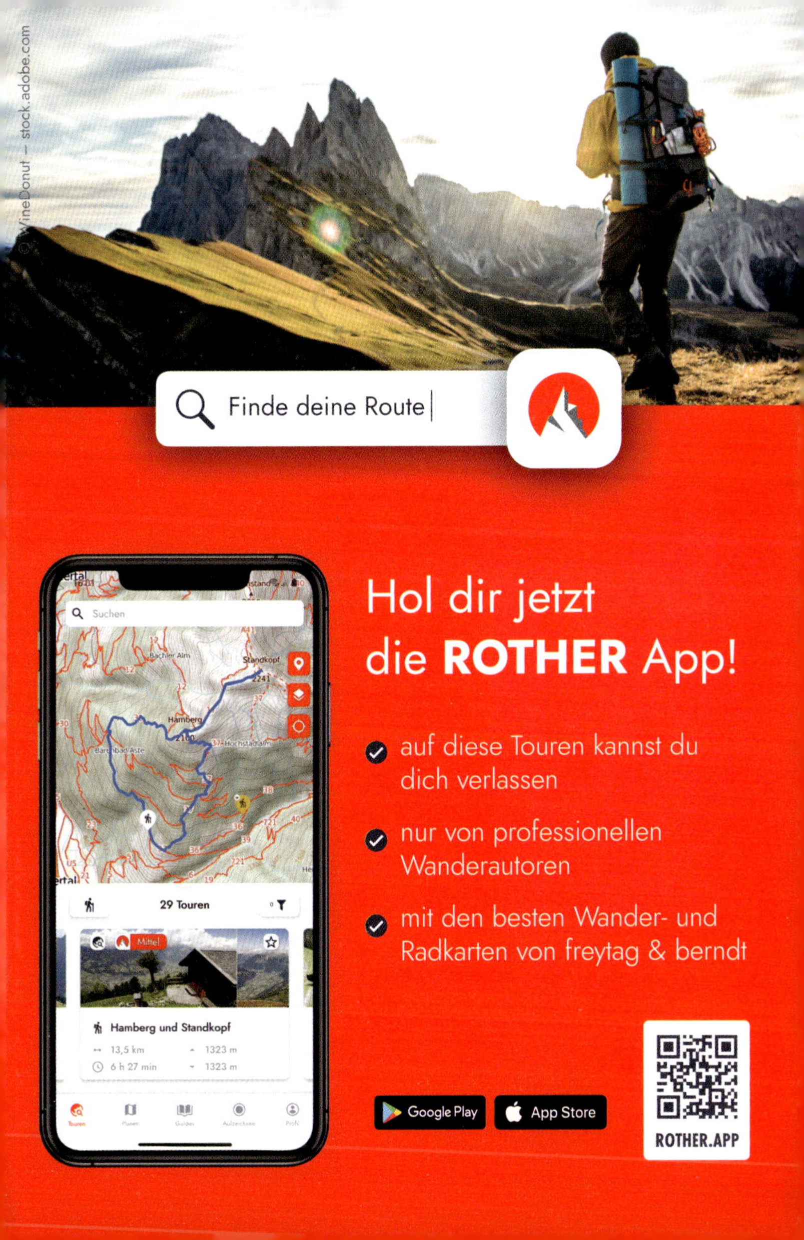
© WineDonut — stock.adobe.com
Finde deine Route
Suchen
29 Touren
Mittel
Hamberg und Standkopf
13,5 km
1323 m
6 h 27 min
1323 m
Hol dir jetzt
die ROTHER App!
auf diese Touren kannst du dich verlassen
nur von professionellen Wanderautoren
mit den besten Wander- und Radkarten von freytag & berndt
Google Play
App Store
ROTHER.APP

Umschlagbild:
Tübingens Altstadt am Neckarufer.

Bild im Innentitel:
Prächtiger Schwarzwaldhof im Mittleren Schwarzwald.

Foto S. 34/35: Im Frühjahr tragen die Streuobstwiesen ein herrliches Blütenkleid.

109 Fotos von der Autorin, Foto S. 102: Kulturamt Ravensburg.

Kartografie:
50 Wanderkärtchen im Maßstab 1:100.000, 6 Stadtpläne:
Geodaten © OpenStreetMap und Mitwirkende, kartografisches Design:
Freytag & Berndt Prag, www.freytagberndt.cz;
2 Übersichtskarten im Maßstab 1:1.800.000 und 1:3.200.000:
© Freytag & Berndt, Wien.

3., überarbeitete Auflage 2023

ISBN 978-3-7633-4642-4

FSC
www.fsc.org
MIX
Papier aus verantwortungsvollen Quellen
FSC® C021956

Wir freuen uns über jeden Korrekturhinweis zu diesem Wanderführer!
Bitte per E-Mail an: leserzuschrift@rother.de

ROTHER BERGVERLAG · München
D-82041 Oberhaching · Keltenring 17 · Tel. +49 89 608669-0 · www.rother.de